AF458280

L'ÉVOLUTION
INTELLECTUELLE ET MORALE
DE L'ENFANT

PAR

Gabriel COMPAYRÉ

CORRESPONDANT DE L'INSTITUT
ANCIEN INSPECTEUR GÉNÉRAL DE L'INSTRUCTION PUBLIQUE

SIXIÈME ÉDITION

OUVRAGE COURONNÉ PAR L'ACADÉMIE FRANÇAISE

PARIS
LIBRAIRIE HACHETTE ET Cie
79, BOULEVARD SAINT-GERMAIN, 79

1913

5 francs.

L'ÉVOLUTION
INTELLECTUELLE ET MORALE
DE L'ENFANT

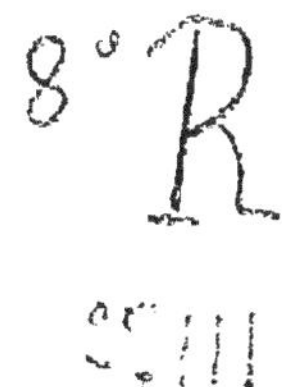

OUVRAGES DU MÊME AUTEUR

PUBLIÉS PAR LA LIBRAIRIE HACHETTE ET Cie

Histoire critique des doctrines de l'éducation en France depuis le XVIe siècle. 7e édition. Deux vol. in-16, brochés.......................... **7 fr.**

Ouvrage couronné par l'Académie française et par l'Académie des Sciences morales et politiques

Études sur l'enseignement et sur l'éducation. Un vol. in-16, broché.. **3 fr. 50**

Jules Gaufrès, sa vie, son œuvre. 1 vol. in-16, broché.................. **3 fr. 50**

Condorcet : *Rapport et projet de décret sur l'organisation générale de l'instruction publique* ; édition nouvelle, avec introduction et commentaires. Un vol. in-16, broché.. **1 fr.**

Locke : *Quelques Pensées sur l'éducation*, traduction nouvelle. 2e édition. Un vol. in-16, broché.. **2 fr. 50**

Montaigne : *de l'Institution des enfants*, et *extraits pédagogiques*, publiés avec une notice, une analyse et des notes. 2e édition. Un vol. in-16, broché. **1 fr.**

L'enseignement supérieur, l'enseignement secondaire aux États-Unis. Deux vol. in-8° (*épuisé*).

DES TRADUCTIONS DE L'ÉVOLUTION INTELLECTUELLE ET MORALE DE L'ENFANT ONT ÉTÉ PUBLIÉES EN ALLEMAND, EN ANGLAIS, EN ITALIEN, EN ESPAGNOL ET EN TCHÈQUE

6132-13. — Corbeil. Imprimerie Crété.

L'ÉVOLUTION INTELLECTUELLE ET MORALE DE L'ENFANT

PAR

Gabriel COMPAYRÉ

CORRESPONDANT DE L'INSTITUT
ANCIEN INSPECTEUR GÉNÉRAL DE L'INSTRUCTION PUBLIQUE

SIXIÈME ÉDITION

OUVRAGE COURONNÉ PAR L'ACADÉMIE FRANÇAISE

PARIS
LIBRAIRIE HACHETTE ET Cie
79, BOULEVARD SAINT-GERMAIN, 79

1913

À MES FILS

GEORGE ET MARCEL COMPAYRÉ

PRÉFACE DE LA DEUXIÈME ÉDITION

Le livre dont nous donnons aujourd'hui la deuxième édition n'a pas eu à se plaindre de l'accueil du public. A l'étranger, comme en France, il a été lu, commenté, critiqué. Nous remercions tous ceux qui ont bien voulu témoigner de l'attention qu'ils ont accordée à notre travail, soit par des objections dont nous avons reconnu parfois la justesse, soit par des encouragements dont nous sentons tout le prix (1). Notre but aura été atteint, si, par notre modeste essai, nous avons contribué à développer le goût d'une étude qui nous paraît avoir son importance, pour la connaissance non moins que pour la direction de la nature humaine.

Aussi bien, malgré quelques résistances, semble-t-on généralement d'accord pour admettre l'utilité de ces recherches. Sans doute il n'est pas question d'en exagérer la portée. La psychologie de l'enfance ne doit pas s'en faire accroire, ni enfler ses prétentions. Elle ne saurait se dissimuler l'insuffisance de ses moyens d'étude, ce qu'il y a de précaire dans ses méthodes d'information, et en même temps ce qu'il y a de borné, de court dans l'objet qu'elle étudie. Il ne faut pas surtout qu'elle oublie ce qu'elle doit à la psychologie proprement dite. Si par la conscience nous ne connaissions pas l'homme, il nous serait à peu près impossible de rien savoir de l'enfant. C'est la psychologie de l'homme fait qui éclaire la psychologie des tout petits, et qui seule nous permet d'interpréter les menus faits de la vie morale du premier âge.

Il n'en est pas moins vrai que la psychologie de l'enfant, si

(1) Nous remercions particulièrement l'Académie française qui a décerné, en 1894, à l'*Évolution intellectuelle et morale de l'enfant* un prix Marcelin-Guérin.

elle parvient à se constituer, sera à même de rendre à son tour quelques services à l'étude générale de l'homme. La question des origines, des commencements, est instructive en toutes choses. Par quelle exception singulière ne le serait-elle pas, quand il s'agit du développement intellectuel et moral de l'être humain? La psychologie de l'enfant n'est pas seulement une préparation utile à la science et à l'art de l'éducation : nous persistons à la considérer comme une introduction nécessaire à toute psychologie future.

Depuis trois ans qu'a paru la première édition de cet ouvrage, quelques publications nouvelles sont venues grossir les matériaux d'une science qui, comme l'enfant qu'elle observe, est, elle aussi, en voie de formation. Nous n'avons pas appris qu'en Allemagne les admirables travaux de Preyer aient suscité beaucoup d'imitateurs. Mais un peu partout des observateurs convaincus se mettent à l'œuvre, et ceux que nous connaissions déjà persévèrent dans leurs recherches. En Italie, M. Garbini a publié, il y a deux ans, l'*Évolution du sens de la couleur chez les enfants;* il avait déjà publié en 1889 l'*Évolution de la voix.* Mlle Paola Lombroso, la fille du célèbre auteur de *l'Homme criminel*, a écrit en 1894 un livre intéressant et personnel, les *Saggi di psicologia del bambino.* En Angleterre, en France M. Sully, M. Perez, d'autres encore, poursuivent des études auxquelles ils ont consacré, l'un quelques-uns des essais de son admirable talent, l'autre tout l'effort de sa vie.

Mais, c'est aux États-Unis surtout que le mouvement paraît se développer avec un succès marqué. Au congrès de Chicago, en 1893, une section spéciale avait été réservée à la psychologie de l'enfant, que M. Stanley Hall, un des chefs de la philosophie américaine, a popularisée par la publication de son journal *The pedagogical seminary*. La même année a été fondée une *Association américaine pour l'étude de l'enfant*, avec M. Stanley Hall encore pour président. De son côté, l'*Association nationale d'éducation* a constitué, en 1894, une section d'études pour le même objet. De toutes parts les observations se multiplient, et M. Harris, le directeur du *Bureau d'éducation*, a consacré aux résultats déjà obtenus un chapitre spécial de son dernier *Report*, celui de 1892-93, qui a paru il y a quelques mois C'est sous la forme de vastes enquêtes, et aussi d'expériences d'un caractère pratique, que les Américains aiment à procéder, avec les immenses ressources dont ils disposent. Depuis quelques années déjà, à l'école normale de Worcester, les élèves sont invités à observer avec attention les actes et les paroles des enfants confiés à leurs soins, et à noter par écrit tous les faits qu'ils peuvent recueillir. Toutes ces notes prises sur le vif sont réunies sous des rubriques distinctes : mémoire, imagination, colère, imitation, etc. L'école de Worcester possède à cette heure plus de 44 000 observations de ce genre. Mais on fait mieux encore. En Californie, dans la jeune et brillante Université Leland Stanford, le professeur Earl Barnes a établi une école expérimentale, « comme un service d'enfants à observer », analogue au service d'enfants malades et soignés dans les hôpitaux. « Des enfants de deux à douze ans, dit M. Barnes, sont reçus dans notre asile, entretenus aux frais de l'Université, ils ont avec notre *département* d'études pédagogiques les mêmes relations qu'un hôpital avec le *département* d'études médicales. » On ne se contente pas d'ailleurs de ce laboratoire psychologique d'un genre pourtant original. Dans une dizaine de villes de la Californie, l'Université a organisé des classes, dont les professeurs correspondent avec elle, et lui ont déjà envoyé plusieurs milliers d'observations sur le développement physique, sur le sens de la couleur, sur la peur, sur le sentiment religieux chez les enfants. C'est avec plus de précision et des moyens plus pratiques, quelque chose d'analogue à ce que M. Binet tentait récemment chez nous, en adressant à diverses personnes un questionnaire auquel elles devaient répondre, sur certains points de la psychologie de l'enfant.

Il n'est pas douteux que de tous ces efforts ne sortent peu à peu des acquisitions précieuses, dont profitera ce que les Américains appellent la « pédologie », la psychologie expérimentale, plus habituellement la *Child Study*. Remarquons pourtant qu'avec leurs idées surtout pratiques, les laborieux chercheurs des États-Unis se préoccupent moins, en étudiant l'enfant, de pénétrer les secrets de sa nature que de préparer les voies à une éducation meilleure. Des quatre périodes que M. Stanley Hall distingue dans la *Child Study* — la période de la vie intra-utérine (*prenatal age*); celle qui s'étend depuis la naissance jusqu'à la troisième ou la quatrième année; celle qui va de quatre ans à quatorze; celle enfin qui, s'ouvrant à quatorze ans, se termine à vingt ou vingt-quatre ans — c'est la troisième, l'âge scolaire, que ses compatriotes considèrent de préférence. Notre très regretté ami Henri Marion, qui, soit dans sa chaire de la Sorbonne, soit dans les journaux pédagogiques, avait tenu à marquer la sympathie que lui inspirait notre tentative, pensait lui aussi que la psychologie de l'écolier serait une suite utile, un complément intéressant de la psychologie du nouveau-né.

Nous n'en disconvenons pas: dans la petite vie sociale de l'école, dans les rapports journaliers avec ses camarades et avec ses maîtres, surtout dans son premier effort studieux à travers les éléments des connaissances, l'enfant manifeste des qualités, des défauts, des particularités morales qu'il serait d'un grand intérêt d'analyser. Des sentiments jusque-là ignorés et même des commencements de passion, des formes nouvelles de travail intellectuel, apparaissent. La croissance continue d'année en année. Il n'en est pas moins vrai que la période vraiment caractéristique, décisive, de la vie de l'enfant, demeure celle qui est le sujet de ce livre : les trois ou quatre premières années qui voient surgir une à une dans une évolution relativement rapide toutes les forces intellectuelles de la nature humaine, de sorte que, vers quatre ans, l'âme dans ses éléments essentiels est déjà tout épanouie. Et voilà pourquoi à toutes les enquêtes scolaires, dont nous ne contestons pas d'ailleurs l'importance, il faudra toujours préférer les journaux de famille, les recueils d'observations tenus par les parents. Seuls le père et la mère voient l'enfant assez tôt, et d'assez près, pour pouvoir saisir les premières et vagues manifestations de son activité morale; et c'est par conséquent aux pères et aux mères surtout que nous adressons cet essai; nous espérons qu'ils y trouveront des raisons suffisantes pour s'intéresser à l'étude attentive et raisonnée de leurs fils et de leurs filles, et qu'il sera pour eux tout au moins le point de départ de recherches plus précises encore, plus minutieuses, qui seules permettront de constituer définitivement dans l'avenir la psychologie de l'enfant.

Lyon, 20 avril 1896.

INTRODUCTION

De tout temps, l'enfant a été aimé, caressé et adulé par les mères; les poètes ont chanté ses louanges et célébré la grâce de son sourire :

Il est si beau, l'enfant, avec son doux sourire,
Sa douce bonne foi, sa voix qui veut tout dire,
Ses pleurs vite apaisés... !

Les peintres ont représenté avec complaisance son petit corps rose et arrondi, lui donnant, pour le diviniser presque, les ailes de l'Amour. De tout temps aussi, l'enfant a été soigné, élevé, instruit; surveillé par les hygiénistes, grondé et sermonné par les pédagogues... Mais parmi tous ces soins, toutes ces attentions et ce culte dont il était l'objet, il semble qu'on eût oublié jusqu'ici de l'étudier, de l'observer en lui-même, dans les humbles commencements de sa vie intellectuelle et morale, et les psychologues ne s'étaient guère occupés de lui. On ne songeait qu'à l'accabler de leçons, sans penser que c'est à lui, dans la simplicité inaltérée de sa nature, qu'il appartenait de nous donner tout au moins la première leçon de psychologie.

Les choses ont changé. En Allemagne, en Angleterre, en France, de nombreux travaux ont mis à la mode la « psychologie de l'enfant ». Les pères et les mères, les jeunes philosophes surtout se sont mis, avec un louable empressement, à tenir le journal des faits et gestes de leurs enfants. Les observations se multiplient de toutes parts. « Parmi tous les nouveaux champs d'investigation que la science moderne a ouverts, il n'y en a pas de plus attrayant, dit M. James Sully, que celui de la psychologie de l'enfant (1). » On nous excusera d'avoir cédé, nous aussi, à cet attrait, et d'avoir essayé, en publiant nos réflexions et nos expériences personnelles, de contribuer pour notre part au progrès d'un ordre d'études dont le succès est dès maintenant assuré (2).

Comment ne pas s'attacher, en effet, à un pareil sujet? Comment ne pas en comprendre l'intérêt? Si l'enfance est le berceau de l'humanité, l'étude de l'enfance est l'introduction naturelle et nécessaire à toute psychologie future. Plus d'une question obscure de philosophie générale peut être éclaircie ou tout au moins simplifiée par les révélations que nous apporte l'histoire des premières années de la vie. C'est là qu'il faut chercher, par exemple, la solution de ces lieux communs de la controverse philosophique, la question de l'origine des idées, la question de l'origine du langage. « Nous ne connaissons pas l'enfance, » écrivait Rousseau : et il mettait au compte de cette ignorance qu'il déplorait la responsabilité de tant de vains systèmes d'éducation, œuvres de chimère construites sur l'*a priori* des dogmes religieux ou des hypothèses philosophiques. Il n'est pas douteux qu'il faille attribuer à la même cause, à la même ignorance, nombre des erreurs propagées par les philosophes sur la nature de l'homme. Les exagérations en sens contraire de ceux qui se prononcent pour l'innéité absolue des idées et des sentiments, ou de ceux qui rapportent tout à l'expérience,

(1) M. JAMES SULLY, *Introduction* à la traduction anglaise du livre de M. PEREZ, *Les trois premières années de l'enfant*.

(2) L'origine du travail que nous publions aujourd'hui est déjà vieille de quelques années. En 1878-1879, à la Faculté des lettres de Toulouse, nous avions consacré toutes nos leçons publiques à l'étude de l'enfance, et, dans son numéro de mai 1880 (p. 600), la *Revue philosophique* annonçait : « Notre collaborateur G. COMPAYRÉ prépare la publication d'un ouvrage sur la *Psychologie de l'Enfant*. » Les circonstances firent que l'ouvrage resta à l'état de projet, et la règle d'Horace, le *nonumque prematur in annum*, nous a été imposée, et au delà. Nous ne nous en plaignons pas, puisque, grâce à ce retard apporté dans la rédaction définitive de notre livre, nous avons pu mettre à profit les nombreux et intéressants travaux qui ont paru depuis dix ans sur le même sujet.

ne tiennent pas debout, si on les confronte avec l'enfant. Quelques petits faits empruntés à l'évolution progressive, au développement spontané des facultés enfantines, suffisent pour mettre en déroute l'hypothèse idéaliste d'une âme d'emblée toute faite et en possession de tous ses attributs, aussi bien que la théorie sensualiste d'un esprit inerte, passif, dépourvu de toute activité propre et esclave des sensations.

C'est ce que Reid avait déjà très nettement compris. Le psychologue écossais n'hésitait pas à mettre en parallèle le profit qu'on peut attendre de l'étude de l'enfance et les résultats des spéculations systématiques des philosophes, et il accordait l'avantage à la psychologie infantile (1). « S'il était possible, disait-il, d'avoir une histoire claire et complète de tout ce qui s'est passé dans l'esprit d'un enfant, depuis le commencement de sa vie et de ses sensations, jusqu'au moment où il fait usage de sa raison, une histoire où nous apprendrions comment nos facultés naissantes agissent, comment elles produisent et développent toutes les notions, tous les sentiments que nous trouvons en nous à l'âge de la réflexion : ce serait là un trésor d'histoire naturelle qui nous fournirait probablement plus de lumières sur les facultés de l'homme que tous les systèmes des philosophes qui ont écrit sur ce sujet, depuis le commencement du monde (2). »

Mais ce n'est pas seulement le souci du progrès de la spéculation philosophique qui doit recommander et mettre en honneur ce qu'on pourrait appeler la *paidoscopie* (3). Il y a, à

(1) Reid, *Recherches sur l'entendement humain, Introduction*. Il est vrai que Reid ne croyait pas à la possibilité de ces recherches « que la nature, disait-il, n'a pas mises en notre pouvoir ».

(2) Si la psychologie de l'enfant est appelée à rendre de réels services à la psychologie générale, il ne faut pas oublier qu'en revanche elle n'est elle-même possible qu'à la lumière de la psychologie générale et des révélations que celle-ci doit à la conscience adulte. « L'idée de mouvement, de variation, d'évolution, écrivait récemment M. Paul Janet, s'introduira de plus en plus dans la psychologie, soit au point de vue des âges, soit au point de vue de l'histoire des sociétés, soit au point de vue des altérations morbides ; mais ces études comparatives n'excluent pas et même exigent une unité, un terme de comparaison, qui est l'homme adulte et l'homme sain » (*Revue des Deux Mondes*, juillet 1892).

(3) Nous risquons ce barbarisme, en imitation de celui qu'a imaginé M. Émile

étudier l'enfant, d'autres résultats à espérer, des résultats pratiques et positifs. Je me rappelle avoir entendu M. Marion, dans une de ses leçons de Sorbonne sur la psychologie de l'enfant, faire valoir ce qu'il appelait « l'intérêt esthétique » de son sujet. « Les enfants, disait-il, ce sont les hommes de demain : ils verront ce que nous pouvons seulement prévoir, ce que nous ne prévoyons même pas; ils participeront, comme témoins, comme acteurs, à des événements que nous ne soupçonnons point. » De là le charme dramatique, pour ainsi dire, qui poétise les actions de l'enfant, le charme d'un drame qui commence et dont on ignore le dénouement. Mais ce qui est autrement intéressant et important que cette poésie de l'enfance, c'est le secours que l'analyse minutieuse des facultés naissantes apporte aux études psychologiques et morales ; ce sont les gains, les bénéfices de l'éducateur et du moraliste. S'il est vrai que les enfants portent dans leurs petites mains l'avenir de l'humanité, il ne l'est pas moins qu'en les élevant mieux, en les moralisant davantage, on peut modifier cet avenir et améliorer les destinées morales de l'espèce humaine. Or, comment établir les principes et les règles de cette éducation meilleure, de cette moralisation plus efficace, si l'on n'a pas essayé de pénétrer les secrets de la nature enfantine et d'éclaircir les mystères de la psychogenèse?

Écoutons l'enfant! Il nous crie de toutes ses forces qu'il a besoin d'aide et d'appui, qu'il ne peut rien par lui-même, qu'il ne saurait, comme les animaux, se passer de ses parents :

> Heureux les animaux des champs! Nés sans effort,
> Ils croissent sans hochets, et sans tendres nourrices,
> Dont le babil sans fin apaise leurs caprices...
> La terre, toute à tous, les comble de largesses,
> Et l'active Nature a travaillé pour eux (1).

L' « active Nature » travaille aussi pour l'enfant, assurément, mais à la condition qu'elle soit sollicitée et soutenue. A

Faguet, la *néaniascopie*, pour dénommer l'enquête entreprise par tant de nos contemporains sur l'état d'âme de la jeunesse française.

(1) Lucrèce, *De Natura Rerum*, traduction André Lefèvre, t. V, v. 230 et suiv.

chaque page, ce livre démontrera l'insuffisance d'une spontanéité qui, pour être réelle, n'en est pas moins incapable d'achever son œuvre par elle-même, sans le concours de l'action éducatrice. Et en même temps qu'elle nous fait mieux comprendre la nécessité d'intervenir, d'une manière ou d'une autre, dans le développement de la nature, la psychologie de l'enfant nous indique les moyens de régler cette intervention avec précision et efficacité. Les médecins ne mettent pas en doute que, pour améliorer la race au point de vue physique, il est essentiel de mettre à profit les enseignements de l'embryogénie, et d'approfondir les lois de l'évolution anatomique et physiologique du corps humain, afin d'en déduire les prescriptions d'une hygiène appropriée. Les philosophes pratiques qui veulent former et diriger les âmes se convaincront de plus en plus que leurs efforts seraient vains, s'ils n'avaient pas commencé par apprendre, en se penchant sur les berceaux des nouveau-nés, dans quelles voies l'éducation doit s'engager pour aider la nature en la suivant, pour la gouverner sans la contraindre, à quelles forces spontanées il faut donner l'élan, à quelles faiblesses porter remède.

Le malheur est que la construction d'une psychologie de l'enfant n'est pas moins difficile qu'elle serait nécessaire. Les difficultés des recherches de ce genre sont si grandes qu'on en nie même la possibilité ; le caractère en est si délicat qu'on en conteste la légitimité.

Nous pourrions nommer tel philosophe distingué de notre temps qui, dans la délicatesse timorée de sa foi religieuse, ne veut pas entendre parler de la psychologie des nouveau-nés. La genèse de l'âme est, à ses yeux, un acte de la puissance créatrice qu'il convient de respecter, un mystère de la nature, qu'on profane, par une indiscrétion presque sacrilège, quand on prétend déchirer les voiles qui le recouvrent. Est-il besoin de dire que cette sorte de pudeur nous paraît inintelligible, qu'elle est, en tout cas, anti-scientifique, et que, avant d'interdire aux philosophes l'étude des commencements de la vie intellectuelle et morale, il faudrait avoir d'abord refusé aux médecins le droit de déterminer les lois de la génération et même de pratiquer l'art de l'accouchement

Autrement graves sont les objections qui portent, non sur la convenance même de nos études, mais sur les difficultés d'exécution.

« Voyons, nous dit-on, de quels moyens d'information vous disposez. La psychologie de l'adulte repose essentiellement sur la conscience de soi-même qui se prolonge dans le souvenir : cet instrument vous manque pour la psychologie de l'enfant. Vous n'avez rien à attendre de l'observation intérieure, de la réflexion personnelle. Vous prétendez connaître l'enfant, et l'enfant s'ignore lui-même ! Rien n'est demeuré dans votre mémoire de ce que vous avez fait, pensé ou senti dans les premières années de votre existence. Des caractères que l'action ou l'expérience quotidienne inscrit dans la conscience de l'enfant, dès qu'il a une conscience, aucune trace ne subsiste ; un oubli profond les recouvre. Vous ne pouvez rien ressaisir de votre passé enfantin ; et vous êtes réduit à conjecturer du dehors ce qui se passe dans la conscience de l'enfant que vous observez. Cette observation extérieure, la seule possible, vous reconnaîtrez bien qu'elle a tous les défauts, toute l'incertitude d'une interprétation, d'une traduction. Vous ne lisez dans l'âme de l'enfant qu'à travers son enveloppe matérielle. Ses mouvements, ses gestes, plus tard, quand il sait parler, ses paroles, ne sont que des signes auxquels vous attribuez, par analogie avec les phénomènes de votre propre conscience, un sens qui peut-être n'est pas toujours exact. Vous êtes obligé de confesser vous-même que les signes expressifs de l'enfant sont souvent disproportionnés à l'intensité réelle du sentiment qu'ils expriment, qu'il gesticule plus qu'il ne sent, qu'il parle plus qu'il ne pense, que, dans ses propos en apparence les plus intelligents, il n'y a pas autre chose parfois que le babil d'un petit perroquet qui répète sans comprendre... Convenez donc que vos méthodes d'investigation sont incertaines, que la plupart de vos conclusions sont hypothétiques, qu'elles vous laissent exposé à l'inexactitude et à l'erreur.

« Ce ne sont pas d'ailleurs vos procédés d'observation qui trahissent seuls votre bonne volonté. D'autres difficultés proviennent de la nature même de l'objet que vous essayez d'analyser. D'abord les phénomènes que vous étudiez sont inconscients, en partie, sinon en totalité ; pour les connaître, il faudrait dérober leur secret aux vibrations invisibles des nerfs. Ils s'accomplissent dans les dessous d'un organisme où votre regard ne pénètre point. Et quand ils sont devenus conscients, quand une lueur d'intelligence, indécise et vague, les éclaire, ils n'en sont pas moins difficiles à saisir : car ils changent et se modifient sans cesse ; ils sont ce qu'il y a de plus mobile et de plus fugitif au monde (1). Chez l'adulte, les facultés, depuis longtemps développées et fixées dans leurs formes définitives, sont, pour ainsi dire, au repos : vous avez le loisir de les considérer sous toutes leurs faces. Chez l'enfant, un phénomène ne s'est pas plus tôt montré qu'il fait place à un autre, qui non seulement en diffère, mais qui en est souvent l'opposé ; ce qui était inconscient hier, est conscient aujourd'hui ; en un éclair de temps, un même fait, tout à l'heure instinctif, est devenu volontaire. L'âme de l'enfant s'irise, en quelques instants, des couleurs les plus diverses. Tout en elle est changement, évolution perpétuelle. Comment sur ce fonds mouvant pourriez-vous bâtir quelque chose de solide ? Comment d'un spectacle qui se renouvelle à chaque minute prétendre dégager une image fixe et durable ? Autant vaudrait essayer de photographier le vol des oiseaux, la marche d'une armée ! Tout au plus pouvez-vous, par vos observations successives, recueillir une série d'*instantanés*, d'où il est bien malaisé de faire sortir des lois certaines et des vérités générales... »

Nous ne nous dissimulons pas la portée et la force de ces objections : mais elles ne sont pourtant pas de nature à arrêter les efforts ou à décourager les espérances des psychologues de l'enfance. Elles doivent les rendre circonspects, défiants, les

(1) « Tout est chez les enfants si fugitif et si vague qu'une sorte de vertige gagnerait bientôt l'observateur qui voudrait fixer leurs traits incertains. » (Mme NECKER DE SAUSSURE *l'Éducation progressive*, livre II, chap. I.)

engager à s'entourer de précautions, à vérifier, à contrôler sans cesse leurs observations, à conclure avec prudence. Elles signalent des obstacles réels, mais ces obstacles, si difficile qu'ils fassent l'accès du but poursuivi, ne le font pas impraticable.

D'abord, ce serait une erreur de croire que les faits extérieurs, directement observés chez l'enfant, n'ont pas par eux-mêmes une valeur psychologique. La vie de l'âme n'est point tout entière concentrée dans la conscience. Un fait psychique, dans son développement complet, comporte trois éléments : un antécédent nerveux, un acte interne de conscience, un mouvement extérieur. Mais cette série de trois termes n'est pas toujours complète ; sauf le premier terme, qui est la condition indispensable, c'est ou le second, ou le troisième qui peut manquer à l'appel. Dans les phénomènes inconscients, qui sont de tous les âges, mais que présentent surtout les commencements obscurs de la vie enfantine, la lacune provient du manque de connaissance. Dans la vie de l'adulte, lorsque l'habitude de la réflexion est prise, lorsque le courant de la pensée intérieure est solidement établi, c'est le troisième élément, la manifestation extérieure, qui le plus souvent fait défaut. Le phénomène expire avec la conscience ; rien ne le révèle au dehors. Mais l'enfant ne connaît guère ces inhibitions, ces arrêts de la pensée et des sentiments repliés sur eux-mêmes. Les moindres pulsations de son âme, pour ainsi dire, se reflètent sur sa physionomie. Sa conscience expressive et comme transparente éclate au dehors, d'abord dans ses gestes, plus tard dans son bavardage. De là l'intérêt particulier qu'offre l'observation de ses mouvements extérieurs, expression sincère de son activité mentale. D'ailleurs, ces mouvements que nous pouvons suivre et noter avec exactitude, pour peu que nous en soyons les témoins attentifs, sont en eux-mêmes des faits psychiques ; et ce serait déjà faire de la psychologie que les avoir décrits et analysés, même sans remonter à leur source. Il ne faudrait donc pas dédaigner cette étude du dehors de l'enfant, alors même qu'on lui refuserait toute portée introspective sur le dedans de son âme, et qu'on ne s'en servirait pas comme d'un instrument inductif pour deviner les opérations cachées de sa conscience.

Il est vrai que l'observation extérieure des actes de l'enfant ne saurait, en aucun cas, nous faire connaître la nature des phénomènes nerveux et musculaires sur lesquels reposent les phénomènes intellectuels et moraux. Mais, s'il y avait là un argument sérieux contre la possibilité de la psychologie du premier âge, le même argument vaudrait contre toute psychologie. L'observation intérieure, instrument de la psychologie de l'adulte, n'est-elle pas tout aussi impuissante à nous révéler les dessous de la conscience? Et cependant les actes les plus conscients, les plus réfléchis de l'homme mûr, accomplis dans la pleine lumière du sens intime, ont leurs racines ou tout au moins leurs antécédents au fond de l'organisme nerveux, tout aussi bien que les sensations ou les émotions demi-conscientes du nouveau-né. A ce point de vue, la psychologie de l'enfant n'est donc pas plus mal partagée que la psychologie de l'adulte ; dans les deux cas, c'est à l'anatomie, c'est à la physiologie que le psychologue aura recours, pour compléter ses informations sur la nature des faits qu'il observe.

Reste, il est vrai, ce désavantage évident que la conscience de l'enfant, impénétrable, en un sens, comme toute conscience, n'est ni assez claire ni assez réfléchie pour s'étudier elle-même et se rendre compte de ses actes. Des inductions peuvent seules nous permettre d'explorer ce monde invisible. Mais ces inductions sont-elles donc si téméraires qu'il faille nous en défier ? Avec l'enfant, nous n'avons à craindre ni dissimulation ni déguisements. Rien n'altère encore la candeur intacte de sa sincérité. Ses yeux sont bien le miroir de son âme. Il est tout abandon, toute confiance ; il ne saurait avoir de secrets pour le regard scrutateur qui l'épie.

C'est ce qu'a déjà fait observer un aimable écrivain, M. Anthoine : « J'ai entendu dire, que la psychologie de l'enfant n'était pas faite. — Pourquoi ? Est-ce que l'enfant est plus difficile à pénétrer que l'homme ? Si j'en croyais mes souvenirs personnels, je dirais non. Enfant, j'ai vécu entre une mère et une sœur, pour qui je n'ai pu rien avoir de caché; elles lisaient en moi, comme en un livre grand ouvert; en vain j'aurais voulu me dérober à elles ; elles auraient vite éventé mes petites ruses, mes détours ; quand leurs yeux s'attachaient à mes yeux (oh ! ce clair regard, après tant d'années écoulées, je le vois, je le sens encore), vaincu à l'avance, je me livrais. Du reste, elles me connaissaient mieux que je ne me connaissais ; que de fois elles m'ont forcé à remonter le cours de mes délibérations intérieures, à retrouver, sous les prétextes dont je prétendais payer les autres et moi-même, le motif vrai de ma conduite, celui qui l'avait décidée (1) !.. » Et M. Anthoine poursuivait cette agréable causerie, insistant avec raison sur la puissance de pénétration qu'acquiert l'œil d'une mère fixé avec un doux entêtement sur un être chéri. La force de la tendresse crée entre les parents et l'enfant des relations si étroites, une intimité morale si profonde, que les plus obscurs battements du cœur de l'enfant retentissent à l'oreille de ceux qui l'aiment. L'amour paternel et maternel comporte une sorte de divination. Comme on les devine en effet, comme on les pressent, les moindres pensées, les sentiments les plus fugitifs de ces petits êtres, toujours couvés du regard et suivis pas à pas. Mme de Sévigné disait à sa fille, dans un élan de tendresse : « J'ai mal à votre poitrine ! » Un père, une mère, affectueux et attentifs, peuvent presque dire à leur enfant : « Je ressens tes émotions ! J'ai conscience de ta pensée ! »

Nous pensons volontiers que les meilleurs psychologues de l'enfance sont ceux qui ont suivi avec vigilance et d'heure en heure le développement moral de leurs propres fils; mais nous ne songeons pas à exclure les célibataires de la participation à ces recherches, ni à leur interdire le succès. Si nous avions quelque velléité de le faire, les résultats déjà obtenus se chargeraient de nous donner un démenti. Pour ne citer qu'un exemple, M. Bernard Perez, après Rousseau, n'a étudié que les

(1) M. Anthoine, *A travers nos écoles, souvenirs posthumes*. Paris, Hachette, 1887, p. 16.

enfants des autres, et il a cependant écrit sur le sujet qui nous occupe des livres instructifs et intéressants. La conscience de l'enfant ne se défend pas contre l'observateur, quel qu'il soit. Il n'est pas besoin d'effraction pour pénétrer dans son âme, ouverte à tout venant, et s'offrant, pour ainsi dire, sans résistance à toutes les indiscrétions.

Si les journaux paternels ou maternels (1), où une main soigneuse enregistre au jour le jour les plus petits incidents de l'existence d'un enfant, sont assurément les sources d'observation les plus précieuses, toutes les informations, d'où qu'elles viennent, sont les bienvenues. C'est qu'en effet, il n'y a pas de sujet qui, par la complexité des questions qu'il soulève, réclame plus impérieusement la multiplicité des expériences, se complétant, se contrôlant les unes les autres. La psychologie de l'enfant est une œuvre compliquée, dont le succès ne peut aboutir que si un grand nombre de collaborateurs y mettent successivement la main. Des observations individuelles, quelque minutieuses et méthodiques qu'on les suppose, par exemple celles de M. Preyer sur son fils Axel, outre qu'elles peuvent être faussées par l'esprit de système, sont nécessairement incomplètes et par quelque endroit inexactes, parce qu'elles ne portent précisément que sur un seul individu. L'évolution des facultés de l'enfant est d'ailleurs trop rapide pour qu'un seul observateur puisse en une fois se rendre compte de ses démarches. Combien de fois, en observant nos propres enfants, n'avons-nous pu que constater nous-même l'impuissance de nos efforts! Le phénomène que nous voulions comprendre avait disparu, avant qu'il nous fût possible de le saisir complètement. Une question était posée, et nous pensions être sur le point de la résoudre ; mais le temps avait suivi son cours, l'étape du développement correspondant à la question examinée était déjà parcourue : et nos observations ayant marché moins vite que la nature, l'évolution, dont il fallait surprendre le mystère, était close, avant que l'en-

(1) Mme Necker de Saussure les recommandait déjà il y a cinquante ans : « J'exhorte vivement les jeunes mères, disait-elle, à tenir un journal exact du développement de leurs enfants... » (*L'Éducation progressive*, livre II, chap. I.)

quête fut terminée et la solution trouvée. Pour arriver à nos fins, il eût fallu avoir sous la main un autre exemplaire vivant de l'espèce humaine, saisi juste au point où nos investigations avaient dû s'arrêter, le premier sujet nous faisant défaut. Mais notre bibliothèque ne contenait pas d'autre volume, et force nous était de nous adresser ailleurs... Voilà pourquoi un recommencement incessant des mêmes observations s'impose particulièrement à la psychologie de l'enfant, les études inaugurées par les uns ne pouvant être achevées que par les autres, et les nuances successives d'un perpétuel devenir ne se laissant noter dans leurs détails et embrasser dans leur ensemble, que si elles sont patiemment examinées chez un très grand nombre d'individus.

Dans ses recherches sur l'enfant, l'observateur peut-il faire appel à l'expérimentation? Les essais heureux tentés par M. Preyer, par M. Binet, pour ne citer que ceux-là, permettent de répondre affirmativement. Mais ces petites épreuves, auxquelles on soumet les enfants, ne sauraient porter que sur des parties très limitées et très superficielles du développement humain, par exemple sur la perception des couleurs, sur l'appréciation des distances. Elles ne sauraient atteindre les profondeurs intimes et essentielles de l'évolution mentale. La véritable, la décisive expérimentation serait celle qui consisterait à isoler un enfant, à le sevrer de toute assistance sociale, à le laisser grandir à ses risques et périls, comme Hérodote raconte qu'un roi d'Égypte avait imaginé de le faire. On verrait alors ce que peut la nature, réduite à ses propres forces ; on ferait exactement le départ des influences de l'éducation, des suggestions sociales, et de l'action spontanée de l'hérédité ou de l'innéité... Mais qui voudrait autoriser sur son enfant ou se permettre à lui-même de pareilles violences à l'ordre naturel des choses ! C'est bien alors que la psychologie de l'enfant, si elle s'engageait dans cette voie, justifierait les colères de ceux qui la considèrent comme une profanation de l'œuvre sainte de la nature et presque comme un crime de lèse-enfance.

L'expérimentation permise et possible ne dépassera donc pas

certaines limites, celles que commande le respect de l'enfant, la crainte d'attenter aux droits d'une personnalité naissante. Et dans ces conditions, il est bien évident que l'expérimentation ne peut nous apporter qu'un faible surcroît de lumières. Il est d'ailleurs à remarquer que, même conduite avec discrétion et mesure, l'expérimentation a un inconvénient grave : c'est qu'elle modifie le sujet auquel elle s'applique, au point d'altérer et de fausser la marche régulière de la nature. Chez l'enfant qui, dès sa naissance, aura été assujetti à un régime continu d'expériences, dans ses opérations visuelles, par exemple, il est certain que la vision se développera plus rapidement et dans d'autres conditions que chez les enfants livrés à eux-mêmes. M. Preyer le confesse lui-même : amené à constater que les yeux de son fils suivaient un objet lumineux au vingt-troisième jour, alors que généralement cette faculté de fixer et aussi de déplacer le regard n'apparaît que plus tardivement, il écrit : « J'avais fait, il est vrai, dès le premier jour, des expériences presque quotidiennes sur ce point, et ces expériences avaient peut-être eu pour résultat d'avancer, de hâter, chez Axel, la formation du mécanisme de la convergence des yeux ! »

Les meilleures expériences, assurément, sont celles que la nature a instituées elle-même, en nous offrant, dans la diversité des tempéraments et des caractères individuels, les formes différentes, tantôt lentes, tantôt rapides, d'une même évolution. Ces expérimentations naturelles sont plus caractérisées, plus instructives encore, lorsqu'une lacune, une lésion de l'organisme, une faiblesse constitutionnelle, une cause quelconque de perturbation, mutilant l'âme humaine, entravant l'essor des facultés, laisse voir les conséquences de l'avortement d'un organe, de l'atrophie d'un sens, ou bien, par un arrêt de développement, immobilise un moment fugitif de l'évolution normale. Nous aurons plus d'un renseignement utile à demander à la psychologie des idiots et des imbéciles, ou à celle des aliénés. Les états définitivement anormaux de la maturité ne sont souvent que la représentation exacte d'une des périodes de transition, d'un des états passagers que traverse l'enfant dans sa croissance régulière Et de même les animaux, dont on a pu dire que « leur histoire était celle de la pensée avant l'homme », qui sont comme les ébauches de la nature s'essayant à l'organisation psychique, nous aideront, par comparaison, à mieux comprendre quelques-unes des actions de l'enfant. Les beaux travaux de M. Romanes sur l'*Intelligence des animaux*, sur l'*Évolution mentale des animaux*, renferment plus d'une considération suggestive, dont nous avons fait notre profit.

Avec ces éléments multiples d'information, il n'y a pas à désespérer qu'on puisse parvenir un jour, après de nombreuses reprises et d'incessantes revisions, non seulement à décrire avec exactitude, mais encore à expliquer avec sûreté l'évolution des facultés de l'enfant. Déjà des essais ingénieux et même des œuvres considérables ont paru. La meilleure preuve que le sujet est attrayant et l'entreprise pratique, c'est que la psychologie de l'enfant est à l'ordre du jour; c'est que de toutes parts physiologistes et psychologues se sont mis à l'œuvre, ont ouvert hardiment la voie, et se sont rapprochés du but, s'ils ne l'ont pas atteint tout à fait (1).

Ce n'est pas au moment où nous entreprenons nous-même un travail du même genre, qu'il peut nous convenir de signaler par où pèchent les tentatives de nos devanciers, tentatives qui ont rendu relativement faciles nos propres efforts. Nous aimons mieux en faire ressortir le mérite et les qualités diverses. Tous ceux qui ont lu l'esquisse biographique où Darwin a résumé ses observations sur son fils Doddy, reconnaîtront qu'il n'est pas possible de condenser en quelques lignes un plus grand nombre

(1) Voici les opuscules ou les ouvrages à signaler comme les plus importants : 1° un mémoire de THIERRY TIEDEMANN, traduit en 1869 par M. MICHELIS et publié dans le *Journal général de l'Instruction publique* (ce mémoire date de 1781); 2° DARWIN, *A Biographical sketch of an infant* (*Mind*, juillet 1877); 3° E. EGGER, *Observations et réflexions sur le développement de l'intelligence et du langage chez les enfants*. Paris, 1878; 3° BERNARD PEREZ, *Les trois premières années de l'enfant*. 5e édition, 1892 (la première édition date de 1878); 5° PREYER, *Die Seele des Kindes*, traduit en français par M. DE VARIGNY. Paris, Alcan, 1887. — Rappelons aussi les études sur le langage des enfants, publiées par POLLOCK, dans le *Mind*, juillet 1878, l'article de M. TAINE sur l'*Acquisition du langage*, dans la *Revue philosophique* (1re année, n° 1), et les observations de M. FERRI, dans la *Filosofia delle scuole italiane*, octobre 1879 et 1880, etc

de faits saillants et précis, et que l'illustre naturaliste anglais aurait pu écrire l'histoire de l'origine de l'âme avec plus de sûreté et de certitude que celle de l'origine des espèces. M. E. Egger, en interprétant des notes de famille, a montré combien les connaissances philologiques peuvent servir à éclairer l'étude des progrès du langage et par suite de l'intelligence elle-même. M. Taine, dans quelques pages trop courtes, mais très nourries et très pleines, a appliqué avec succès la méthode qu'il définit ailleurs en ces termes : « De tout petits faits bien choisis, importants, significatifs, amplement circonstanciés et minutieusement notés, voilà aujourd'hui la matière de toute science (1) ». Nous saluons dans le livre de M. Preyer un monument de patience germanique, et le plus riche répertoire d'observations que nous possédions encore (2). Enfin M. Perez, avec son abondance d'anecdotes, recueillant en tous lieux ce qui concerne la vie de l'enfant, à la sortie des écoles, dans les squares où les nourrices font prendre l'air aux bébés, jusque dans les faits divers des journaux, a beaucoup contribué à vulgariser, à populariser les études auxquelles il s'est consacré avec un zèle persévérant et passionné.

Mais ce n'est pas seulement dans les ouvrages spéciaux et, pour ainsi dire, techniques, qu'il faut chercher les matériaux de notre travail. Ne laissons pas dire que la psychologie de l'enfant soit chose entièrement nouvelle. Les éléments, quelques éléments au moins, en étaient épars depuis longtemps dans la plupart des écrits consacrés à l'éducation de l'enfance, notamment dans ceux qui, comme les œuvres mémorables de Locke et de Rousseau (3), ont été suscités par l'esprit philosophique. Il n'est pas d'éducateur, digne de ce nom, qui n'ait été entraîné par les besoins de son sujet à dire au moins quelques mots de la nature de l'enfant. De même les mémoires, « les autobiographies »,

(1) M. Taine, *l'Intelligence*, Préface.

(2) M. Preyer a observé son fils pendant trois ans « chaque jour, le matin, à midi et le soir ». (Voyez *Préface*, p. viii.)

(3) Qu'est-ce que l'*Émile* de Rousseau, sinon, comme le faisait déjà remarquer Maine de Biran, « une sorte de psychologie pratique dans tout ce qui concerne l'ordre successif du développement de nos facultés intellectuelles et morales... »?

sont sources utiles à consulter : à condition pourtant qu'on n oublie pas, d'abord que l'imagination de l'homme mûr, quand il revient par la pensée sur son enfance, est prompte à embellir, à transfigurer les souvenirs vagues de ses premières années ; en second lieu, qu'il n'y a guère que des esprits distingués, de grands écrivains qui se soient avisés de raconter les commencements de leur vie et les prouesses de leur jeune âge ; que, par conséquent, on s'exposerait, en prenant leurs écrits à la lettre, à se faire de la nature humaine une idée excessive, supérieure à la moyenne, et à ne connaître enfin que la psychologie des enfants prodiges.

S'il y a encore quelque indécision sur la question des méthodes à employer, il ne saurait y en avoir sur celle du but à atteindre. Il ne s'agit pas de dessiner seulement des portraits d'enfants, des portraits moraux, comme ceux qu'on trouvera dans l'*Enfant* de Dupanloup, des portraits de fantaisie poétique ou humoristique, comme en ont esquissé Champfleury, Gustave Droz, dans leurs livres sur l'*Enfant*, ou encore Gavarni dans ses légendes des *Enfants terribles*. Il s'agit de tracer un tableau complet de la nature humaine à ses débuts et de son évolution. Un des premiers fondateurs de la psychologie infantile, Tiedemann, attachait une très grande importance à la question des dates : l'enfant a suivi du regard la lumière et distingué les objets au trente-sixième jour ; il a souri ou pleuré à la seizième ou à la dix-septième semaine. Une chronologie psychologique a certainement son importance. Mais Tiedemann reconnaissait lui-même qu'il est impossible, en pareille matière, d'établir des règles générales et absolues. Il y a une telle différence d'un enfant à un autre, sous le rapport de la précocité (1), qu'on ne nous apprend pas grand'chose en nous disant : « Doddy a eu son premier bégaiement au centième jour ; Axel a fait son premier pas à quinze mois. » Tout au plus, en multipliant les expériences, peut-on

(1) C'est ce que fait remarquer M. Pollock, dans son étude sur les progrès du langage : « *Children differ so much in forwardness that the time of particular acquisition seems of little importance as compared with their order.* » (*Mind*, juillet 1878.)

arriver à une moyenne qu'il n'est pas inutile de connaître (1).

Mais ce qui a un tout autre intérêt que la question de dates, c'est de déterminer dans quelles circonstances le sourire, les pleurs apparaissent, dans quelles conditions et sous quelles formes se produisent les premières paroles ou les premiers pas ; c'est, en un mot, de déterminer l'ordre de développement ou d'évolution des faits psychologiques, ordre dont la marche peut être accélérée ou ralentie, mais qui, en lui-même, dans la succession et l'enchaînement des phénomènes qui le constituent, est toujours le même et reste invariable d'individu à individu (2).

Il y a évidemment des lois de la nature qui président à la genèse des facultés ; le tout est de découvrir ces lois.

Dans les explorations que nous allons diriger de ce côté, quelle est d'ailleurs la limite extrême, quel est le point final où s'arrêteront nos recherches? Nous ne dépasserons pas l'âge de six à sept ans : six ans, l'âge scolaire, sept ans, l'âge théologique, l'âge où « les péchés comptent ». M. Egger pousse ses observations jusqu'à la dixième année, et s'il ne va pas plus loin, c'est que, dit-il, « à partir de cet âge, le grand nombre et la variété des opérations apprises restreignent chaque jour le jeu spontané des facultés ». Cette raison, fût-elle la seule, serait de nature, nous semble-t-il, à nous arrêter beaucoup plus tôt, et tout au moins à l'entrée de l'école. Dans l'opinion générale, la première enfance s'étend jusqu'à sept ans (3). Mais au point de vue qui nous intéresse, la véritable enfance, la période de formation, s'achève un peu avant. Ce sont les trois ou quatre premières années qui importent surtout, pour

(1) Il est d'ailleurs bon d'ajouter que, même dans une existence individuelle, il ne saurait être question d'établir une date précise pour l'apparition de telle ou telle faculté : les facultés, loin d'avoir une éclosion soudaine, comportant toujours une lente et longue préparation.

(2) « Tel enfant se développe rapidement, tel autre lentement; on constate des différences individuelles des plus considérables, même chez les enfants des mêmes parents ; mais ces différences portent bien plus sur l'époque et le degré, que sur l'ordre de succession et d'apparition des divers phénomènes du développement; car l'essence de ces phénomènes est identique chez tous. » (M. PREYER, *Préface*, p. VIII.)

(3) « *Infantia primos septem annos ætatis habet* », disait Stahl.

qui veut se rendre compte de l'évolution des diverses fonctions psychologiques. À quatre ans, un enfant est sans doute encore la plus frêle des créatures, la plus ignorante et la plus déraisonnable. Et cependant ce petit être est déjà en possession de tous les éléments essentiels de son activité future. Il a acquis l'usage de tous ses sens, et le monde extérieur lui est ouvert. La locomotion et le langage l'ont mis en relations directes avec les choses matérielles, comme avec ses semblables. Les diverses formes de l'intelligence, depuis la perception jusqu'au raisonnement, ont fait leur trouée dans la conscience ; et le bambin, qui n'a pas encore droit d'entrée à l'école, sait déjà juger et raisonner à sa manière : avec des prémisses inexactes et parfois des conclusions ridicules, n'importe ! il a sa dialectique à lui. Ni les passions égoïstes, ni les émotions affectueuses ne lui sont étrangères. Et sa petite volonté se manifeste, ne serait-ce que dans les caprices qui sont comme des batailles que l'indépendance naissante de son caractère livre à la volonté des adultes. Toutes les parties de la nature humaine, en un mot, sont représentées dans cette âme de quatre ans. Les diverses routes de l'activité sont tracées. L'enfant n'a plus qu'à y marcher d'un pas chaque jour plus ferme, sous l'action de plus en plus féconde et décisive de l'éducation. Et voilà pourquoi nous le laissons au moment où il va apprendre à lire, à écrire, au moment où à l'enfant succède l'écolier.

Les faits que nous avons recueillis ici, de toutes mains, mais avec choix, comme ceux que nous avons empruntés à notre expérience personnelle, ont été distribués et classés dans les cadres ordinaires et d'après les divisions consacrées de la psychologie usuelle. Ce que l'on peut dire de mieux en faveur de cette distribution classique des matières, c'est qu'il n'y en a guère d'autre de possible. Nous avions été tenté tout d'abord d'adopter une division générale en deux parties distinctes : nous aurions examiné tour à tour « l'enfant avant qu'il parle » ; — « l'enfant pendant qu'il apprend et après qu'il a appris à parler ». Mais les difficultés d'exécution nous ont obligé à écarter ce plan, qui aurait bien eu pourtant son intérêt ; il nous eût fallu revenir à deux reprises sur les mêmes facultés, sur les mêmes fonctions; considérer, par exemple, la mémoire, l'imagination, avant et après l'acquisition du langage, et par suite nous condamner à tomber dans de perpétuelles redites : le langage, quelque influence qu'il ait sur le développement de la pensée, ne constituant pas une ligne de démarcation très nette et une coupure bien tranchée.

A vrai dire, ce qui vaudrait le mieux, ce serait pas de divisions du tout. Quel contraste en effet entre la réalité et l'image que nous essayons d'en tracer, entre le modèle et la copie, entre l'enfant, dans son unité vivante, développant harmonieusement et du même coup l'ensemble des puissances de son corps et de son âme, et les études morcelées, fragmentaires, auxquelles nous réduisent les nécessités de l'analyse ! Mais c'est là le tort commun de toutes les recherches scientifiques. Et ces nécessités sont peut-être plus impérieuses, comme les inconvénients qui en résultent sont plus sensibles encore, quand il s'agit de l'histoire de l'enfant, c'est-à-dire d'un être en formation, dont les facultés sont en train de s'organiser, chez qui les phénomènes divers, comme des caractères d'écriture enchevêtrés, s'effaçant en quelque sorte et s'obscurcissant les uns les autres, constituent comme des couches successives, comme une série de palimpsestes superposés. Il s'en faut que nous ayons encore atteint la période de différenciation complète, qui caractérisera la maturité. Nous assistons à une sorte de fermentation, où tout se mêle et se confond. De sorte que, pour s'y reconnaître, il est d'autant plus nécessaire de multiplier les distinctions, les divisions de l'analyse, et de répartir dans les compartiments d'une sèche nomenclature des faits que la nature agissante et toujours en mouvement a unis et associés. On se plaindra peut-être de trouver dans cet essai beaucoup trop de petites choses, beaucoup trop de minuties. Mais la psychologie de l'enfant ne peut être précisément qu'une collection de petits faits, si menus qu'on se demande parfois où l'on trouvera des mots assez fins pour les décrire. Ces petites choses d'ailleurs sont grandes par les conséquences qu'elles comportent, puisqu'elles contiennent les germes de l'âme future et de tout le développement de la personnalité humaine. Enfin elles participent du charme qui s'attache aux commencements de toutes choses, et plus particulièrement aux commencements de ce que le poète appelle « une frêle espérance d'âme ». Nous serions satisfait, quant à nous, si nous avions pu réussir à faire passer dans les pages de ce livre quelque chose de ce doux charme de l'enfant, et communiquer à nos lecteurs un peu du plaisir que nous avons trouvé à l'étudier avec amour.

L'ÉVOLUTION INTELLECTUELLE
ET MORALE DE L'ENFANT

CHAPITRE Ier

LE NOUVEAU-NÉ.

I Qu'il convient de commencer dès la première heure l'observation de l'enfant. — Raisons diverses qui rendent nécessaire la détermination exacte de l'état du nouveau-né. — Y a-t-il une psychologie du fœtus? — A quoi se réduisent les phénomènes psychiques dans la vie intra-utérine : à quelques sensations tactiles et à quelques mouvements. — *L'Éducation antérieure* de M. de Frarière. — Opinion de Malebranche sur la communication du cerveau de la mère avec le cerveau de l'enfant. — Opinion de Cabanis. — II. La psychologie de l'enfant ne commence qu'avec la naissance. — Le point de départ de la vie psychique est presque au niveau zéro. — Vie automatique et instinctive des premiers jours. — Développement des germes héréditaires. — L'enfant normal et le petit idiot. — Caractères particuliers de l'instinct chez le petit enfant. — Comparaison avec l'instinct des animaux nouveau-nés. — Faiblesse de l'enfant. — A quel moment commence la conscience ? — Que les sensations douloureuses l'emportent au commencement sur les sensations agréables. — Que les observateurs ont surtout insisté sur le tableau des souffrances de l'enfant. — Qu'il y a une contre-partie, et que la nature a ménagé au nouveau-né quelques impressions de plaisir.

I

Comment dire, sans être banal, qu'il n'y a pas dans la vie de l'enfant de moment plus intéressant à étudier que celui où il vient au monde, où, comme un fruit mûr, il se détache du sein de la mère? « L'enfant naît, quand son corps est préparé pour une vie organique indépendante (1). » Suffisamment armé par la nature, malgré la faiblesse et la délicatesse de ses organes, pour pouvoir désormais vivre physiquement de sa vie propre et affronter la lutte

(1) Roger de Guimps, *le Livre des Mères*, 1862, p. 17.

pour l'existence, le nouveau-né, qui va respirer, se nourrir, accomplir enfin les diverses fonctions de la vie matérielle, est aussi déjà, par quelques côtés, un être sentant. Un principe d'animation spirituelle existe en lui et se manifeste dès la première heure par quelques signes. Il n'est donc pas trop tôt pour interroger ce nouveau venu, qui entre en scène pour y remplir, à son tour et à sa manière, le rôle que tant de millions de créatures ont joué ou joueront dans la suite des temps. Et l'on ne peut que recommander à l'imitation des psychologues l'exemple des observateurs diligents et pressés, qui, comme M. Preyer, ne perdant pas de temps, n'attendent pas même que l'enfant ait cinq minutes d'existence pour le porter à la fenêtre et apprécier quelle action la lumière du jour exerce sur ses yeux; qui font mieux encore, puisque, anticipant sur la naissance complète, ils profitent de ce que la tête de l'enfant apparaît la première, pour expérimenter, en lui mettant le bout du doigt dans la bouche, la force de son instinct de succion...

Dans quelles conditions, avec quels germes déjà apparents de ses futures facultés, l'enfant, venant en ce monde, prend-il possession de l'existence? Quels signes porte-t-il au front qui annoncent déjà sa destination? A-t-il quelque conscience vague de sa vie commençante? Ses sens sont-ils organisés, prêts à agir? Sa sensibilité, dont il donne tout de suite des preuves indéniables, est-elle enfermée dans le cercle des impressions douloureuses et de la souffrance? ou bien est-elle déjà accessible au bien-être, au plaisir? En un mot, quel est au juste son état moral, si le mot n'est pas trop ambitieux pour un pauvre petit être, presque inconscient, qui n'aura guère tout d'abord que deux occupations, téter et dormir?

Autant de questions qu'il faut examiner, qui ne seront sans doute exactement résolues que par l'étude analytique des divers ordres de phénomènes, mais sur lesquelles il importe de jeter un coup d'œil d'ensemble, avant de les aborder en détail. Et cela pour deux raisons, tirées, l'une de l'avenir de l'enfant, l'autre de son passé, car il en a déjà un: — de son avenir, puisqu'il serait impossible de suivre avec précision l'évolution ultérieure des facultés enfantines, si l'on ne commençait par se faire une idée nette du point de départ; — de son passé, puisque une appréciation exacte des dons naturels qu'il apporte en naissant peut seule nous permettre de tirer au clair, dans la mesure du possible, l'obscure histoire des neuf mois de gestation, et de juger à leur valeur les hypothèses et les fantaisies que l'imagination de quelques rêveurs s'est plu à risquer sur les caractères de la vie intra-utérine.

Constatons d'abord que les premiers jours, tout au moins les premières heures de la vie, constituent une période de crise et un changement d'état qui a de profondes répercussions dans le physique et le moral de l'enfant. La vie indépendante du nouveau-né ne continue évidemment pas, avec des caractères identiques, la vie fœtale. Lorsqu'une rivière, jusque-là souterraine, coule enfin à découvert, ses eaux, sauf qu'elles reflètent maintenant les rayons du soleil, n'en conservent pas moins, avec des miroitements nouveaux, le même régime et la même allure. Il en est autrement de l'enfant, pour qui la naissance équivaut à une véritable métamorphose. De parasitaire qu'il était, l'être humain est devenu personnel ; il s'individualise ; il vit par lui-même (1). Son cœur qui battait à deux temps bat maintenant à trois temps. Ses poumons, jusque-là inertes, vont commencer le mouvement de va-et-vient qui ne cessera qu'avec la vie. D'autre part, ses sens, précédemment soustraits à l'action du monde extérieur, sont désormais exposés à des sollicitations continuelles; un flot d'impressions de toute espèce s'abat sur la frêle créature, au risque de froisser ses organes délicats et de provoquer ces troubles momentanés qu'on appelle des convulsions. Son corps enveloppé auparavant d'une chaleur égale, calfeutré et à l'abri de l'air, est maintenant soumis aux variations de la température, à l'influence du froid qui, s'il est trop intense, peut déterminer une maladie spéciale, la « silérine ». Ses membres, à peu près immobiles dans l'étroite prison qui les enfermait, s'étirent à l'aise et s'essaient aux libres mouvements.... Il y a dans tous ces changements, dans cette transformation générale, dans cette adaptation à un milieu nouveau, un passage plein de difficultés et de périls, une période de transition, avec ses caractères propres. Et cela est si vrai, que les médecins distinguent dans la première enfance deux âges : l'âge du nouveau-né, et l'âge de l'enfant à la mamelle (2).

S'il importe que l'observation du psychologue se fixe d'abord au seuil de la vie, c'est que, nous l'avons dit, l'enfant observé et étudié

(1) « Le premier sommeil du nouveau-né constitue une transition entre l'existence intra-utérine, intimement liée à celle de l'organisme maternel, et un mode d'existence relativement plus indépendant. » (D'Ammon, *Livre d'or de la jeune femme*. Paris, 1891.)

(2) Voyez, par exemple, dans le *Dictionnaire de médecine* du Dr Jaccoud, l'article *Ages*.

dès la première heure, nous raconte, bien confusément, il est vrai, mais enfin nous raconte dans une certaine mesure ce qui s'est passé dans la vie intra-utérine, ce qu'il a déjà ressenti, depuis qu'il existe. En tout cas, il nous apprend à quelle limite s'est précisément arrêté le développement psychique antérieur, si tant est qu'il y ait eu un développement de ce genre.

Au dire de certains philosophes, il y aurait une psychologie du fœtus; et la première page du livre de l'enfant, c'est-à-dire celle où est présentée la description du nouveau-né, comporterait elle-même une introduction, une assez longue préface, où devraient être dévoilés les secrets psychologiques d'avant la naissance. C'est un idéaliste, chose surprenante, qui, le premier, s'est épris de cette opinion. Malebranche ne répugnait pas « à considérer, comme il dit, le cerveau d'un enfant dans le sein de sa mère », avant d'examiner « ce qui lui arrive, dès qu'il en est sorti (1) ». Et il admettait « une communication admirable du cerveau de la mère avec celui de son enfant », communication d'où résulteraient, d'après lui, les dispositions particulières de l'imagination dans chacun de nous (2). La même thèse a été reprise dans un livre relativement récent : *l'Éducation antérieure* de M. de Frarière (3). C'est la mère, à ce compte, qui serait surtout responsable de la nature de l'enfant, et l'influence maternelle apparaîtrait sous un jour tout nouveau.

Mais on va plus loin encore. On ne se contente pas d'avancer que, d'une façon inconsciente et par des relations mystérieuses, le cerveau du fœtus subit l'influence du cerveau maternel: on attribue à l'enfant, avant la naissance, une véritable vie mentale. M. Ribot, tout en déclarant que les sens extérieurs sont à l'état d'engourdissement chez le fœtus — ce qui est d'ailleurs trop peu dire, car la vérité est qu'ils ne sont pas même complètement organisés — s'enhardit jusqu'à affirmer en propres termes, après Cabanis, que l'enfant, avant de naître « a déjà pensé et voulu » ; il n'en donne d'ailleurs qu'une preuve absolument insuffisante, c'est que, dans les derniers temps de la grossesse, l'embryon se meut et trépigne (4). Un

(1) C'est le sujet du chapitre VII du livre II de la *Recherche de la vérité*.

(2) Malebranche croyait cette communication intercérébrale assez puissante pour « engendrer des monstres, par suite du dérèglement de l'imagination de la mère ».

(3) *Éducation antérieure, influence maternelle pendant la gestation sur les prédispositions morales et intellectuelles des enfants*. Paris, Didier, 1862.

(4) M. Ribot, *De l'Hérédité*, 1re édition, p. 315.

auteur allemand, Küssmaul, va lui aussi jusqu'à soutenir que « dès la vie intra-utérine l'intelligence commence à se développer » ; il est vrai qu'il veut bien ajouter qu' « elle ne se développe que très imparfaitement ». M. Perez, qui cite Küssmaul, prétend, à son tour, que l'âme du fœtus « à demi formée, à demi active, est peut-être vaguement consciente (1) ». Et ailleurs, plus affirmatif, il écrit que « les expériences directes soit sur l'embryon enfermé, soit sur l'embryon prématurément venu au jour, indiquent, tout au moins pour la dernière période de la gestation, *un riche ensemble de facultés* aptes déjà à entrer en exercice (2) ».

Il est à peine besoin de dire que les faits cités à l'appui de ces hypothèses, de ces exagérations de langage, sont bien loin de les justifier. M. Perez lui-même, résumant le gros livre de M. Preyer, la *Physiologie spéciale de l'embryon* (3), le fait en ces termes : « On ne peut dénier au fœtus à terme, en fait de sentiments communs, un sentiment de plaisir et de douleur, le sens musculaire, et aussi la faim : voilà tout le bilan de la psychologie utérine (4). » Ce sont des résultats, on l'avouera, un peu maigres; et il nous paraît pourtant difficile, malgré les merveilles qu'on attend d'expériences nouvelles, dont le procédé est d'ailleurs à trouver, que l'on puisse aller beaucoup au delà.

C'est à l'élaboration de l'organisme matériel que la nature procède silencieusement, pendant les longs mois de la grossesse. La physiologie de l'embryon aura, par conséquent, d'intéressantes recherches à poursuivre, pour établir comment le cerveau fœtal se développe peu à peu, comment les organes des sens se constituent matériellement (5). Mais la psychologie proprement dite n'a presque rien à recueillir dans ces obscures coulisses où se prépare la vie ; non pas seulement parce qu'il est malaisé de savoir ce qui s'y passe, mais parce que, au point de vue mental, il ne s'y passe rien ou presque rien. Il était loisible à Malebranche, grâce à l'hypothèse d'une âme, pour ainsi dire, toute faite dès le premier jour, de croire que « l'enfant, dans le sein de sa mère, a les mêmes sentiments et les mêmes

(1) M. Perez, *Les trois premières années de l'enfant*, p. 3.
(2) M. Perez, *Revue philosophique*, juin 1887, p. 585.
(3) M. Preyer, *Physiologie spéciale de l'embryon*, traduction du Dr Wiet.
(4) *Revue philosophique*, 1887, p. 580.
(5) Sur le développement du cerveau, voyez dans l'ouvrage de Charlton Bastian, *le Cerveau organe de la pensée* (Paris, Germer Baillière, 1882, t. II), le ch. XIX du livre IV, *Développement du cerveau humain pendant la vie utérine*

impressions que sa mère (1) ». Mais quand on est convaincu, comme nous le sommes tous aujourd'hui, que le principe intellectuel ne peut se développer et agir que s'il y est provoqué par des excitations extérieures, qu'il reste inerte, à l'état de germe, jusqu'au jour où, comme un rayon de soleil fécondant les grains semés dans la terre, la sensation vient le vivifier, lui imprimer le branle et le mouvement initial, on ne saurait se faire illusion sur les prétendues pensées et volitions du cerveau fœtal.

Il ne faut point l'oublier, le fœtus est plongé dans un sommeil profond, dans un état léthargique; et la preuve, c'est que le nouveau-né ne parvient que difficilement à secouer cette torpeur, c'est qu'il retombe périodiquement, après avoir satisfait sa faim, dans le sommeil et l'engourdissement. La vie psychique est si peu développée avant la naissance, que la vie éveillée n'existe pas encore. Quelques sensations sans doute, légères et vagues, analogues à celles du dormeur qui rêve, parviennent péniblement, à travers tous les obstacles accumulés, à pénétrer jusqu'à l'enfant. Mais à quoi se réduisent-elles? Il ne saurait être question de sensations lumineuses, dans le cachot noir où il est confiné; ni même de sensations acoustiques, quoi qu'en ait pensé Cabanis (2). Si le nouveau-né est sourd, — et il l'est certainement dans les premières heures de la vie — comment soutenir sérieusement qu'il a perçu les vibrations sonores,

(1) Pour Malebranche, l'âme « ne s'engendre point » et, absolument indépendante du cerveau, de même que « la raison est indépendante de l'expérience », elle se trouve d'emblée en possession d'elle-même.

(2) Voyez Cabanis, *Rapports du physique et du moral de l'homme*, 10e mémoire, 2e section, *Des premières déterminations de la sensibilité* : « Il est nécessaire de faire observer, disait Cabanis, que le fœtus peut n'être déjà plus entièrement étranger à deux genres de sensations, dont cependant les organes propres ne sont dans une pleine activité qu'après la naissance : je veux parler des sensations de la lumière et du son. Beaucoup de faits physiologiques et pathologiques démontrent que l'action de la lumière extérieure n'est point indispensable pour que le centre cérébral et même l'organe immédiat de la vue reçoivent des impressions lumineuses. » Cabanis veut bien pourtant conclure sur ce point que le fœtus « ne peut avoir aucune idée de la lumière du jour, ni des couleurs ». Quant à l'ouïe, il prétend que « le fœtus peut avoir reçu des impressions de *son*, qu'il peut avoir du moins entendu des bruits confus; il paraît même assez difficile de concevoir que ces impressions ne se soient pas fréquemment renouvelées pendant le temps de la gestation ». Nous ne saurions être de cet avis, et nous pensons, non seulement, comme l'avoue finalement Cabanis, « que l'éducation de l'oreille n'est pas alors fort avancée », mais qu'elle n'est point commencée du tout. Il est intéressant de constater que le sensualiste Cabanis et l'idéaliste Malebranche se rencontrent dans les mêmes conclusions : l'un rêve d'une âme toute faite, l'autre d'un cerveau tout organisé avant la naissance.

alors que les causes d'obstruction étaient plus grandes et les conditions de pénétration moins favorables? L'uniformité du milieu — toute sensation supposant une diversité d'impressions, une « différenciation », comme on dit aujourd'hui — empêche aussi qu'il puisse y avoir pour l'enfant, baigné de toutes parts dans le liquide qui l'entoure, des sensations gustatives et olfactives. Il ne reste donc d'autre possibilité de sensations, que celle de la sensibilité tactile et cutanée; et encore, combien limitée! pour la raison que nous avons indiquée tout à l'heure, c'est-à-dire par la continuité ininterrompue, l'action uniforme, et par suite non sentie, d'un même milieu ambiant.

Quelles peuvent être d'ailleurs ces rares sensations tactiles? D'abord elles ne se produisent guère avant le centième jour. « Dès le quatrième mois, dit M. Luys, on peut reconnaître que le système nerveux commence à réagir et à révéler la vitalité des différents appareils qui le constituent. On sait en effet que, dès ce moment, le fœtus est sensible à l'action du froid, qu'on peut développer ses mouvements *spontanés*, en appliquant la main refroidie sur le ventre de la mère; on sait aussi qu'il opère des mouvements spontanés, pour se soustraire à des pressions qui le gênent et qui mettent en jeu sa sensibilité (1). » Il nous paraît y avoir quelque inexactitude, au moins pour l'expression, dans le passage que nous venons de citer : les mouvements dont parle M. Luys ne sauraient passer pour « spontanés », puisqu'ils sont déterminés par un contact gênant ou par une subite impression de froid. On ne saurait d'ailleurs en contester la réalité. Mais ce sont de purs réflexes, analogues à ceux qui se produisent chez le nouveau-né, quand on lui chatouille le pied avec une plume. A côté de ces mouvements provoqués, il y a aussi, à n'en pas douter, chez le fœtus même, des contractions musculaires vraiment spontanées, les premiers trémoussements de l'être qui vit et qui commence à se mouvoir (2). Ces mouvements, d'ordinaire, deviennent perceptibles pour la mère, entre le septième et le neuvième mois de la grossesse. De sorte que, avant la naissance, ont

(1) M. Luys, *le Cerveau et ses fonctions*. Paris, 1876, p. 100.

(2) « Si l'enfant trépigne dans les derniers temps de la grossesse, s'il s'agite avec une inquiétude d'autant plus impétueuse et plus continuelle qu'il est plus vivant et plus fort, ce n'est pas parce qu'il se trouve à l'étroit et mal à l'aise dans la matrice...; mais ses membres ont acquis un certain degré de force, il sent le besoin de les exercer. » (Cabanis, *Rapports du physique et du moral de l'homme* 10e mémoire.)

déjà apparu, mais sous quelle forme rudimentaire, on le voit, les deux opérations essentielles de toute évolution mentale : d'une part, l'excitation du dehors provoquant une réaction de la force intérieure; d'autre part, la spontanéité, la vitalité interne aspirant d'elle-même à l'action.

Ces mouvements d'ailleurs, soit réflexes, soit spontanés, supposent déjà une organisation au moins rudimentaire du système nerveux et du système musculaire, et un exercice approprié de leurs appareils. Mais la question est de savoir si ces phénomènes sont absolument plongés dans la nuit de l'inconscient, restant uniquement et exclusivement matériels, ou si, au contraire, ils ont déjà un envers et un endroit, les deux faces, l'une matérielle, l'autre spirituelle, de tous les faits psychiques; si enfin une lueur de conscience les accompagne et les éclaire, suffisante pour qu'ils produisent d'infiniment petites sensations de douleur ou de plaisir. Nous inclinons vers la seconde hypothèse — quoiqu'il soit impossible d'en établir la réalité — au moins pour les derniers mois de la gestation, alors que les mouvements se sont assez souvent renouvelés pour que leur choc répété excite au moins un léger tressaillement de conscience. Persuadé — et il est impossible de ne pas l'être — que la conscience comporte un grand nombre de degrés, qu'elle ressemble exactement au jour grandissant qui succède à la nuit, après qu'ont été franchies toutes les nuances du crépuscule et de l'aurore, nous ne voyons *a priori* aucune difficulté à admettre que les premiers jalons de cette lente évolution sont posés avant la naissance (1). Ce qui tend à confirmer cette supposition, c'est que l'enfant, dès qu'il paraît, se montre prêt pour le plaisir et la douleur. Il est permis, une fois le rideau levé, d'après les premiers faits et gestes de l'acteur qui entre en scène, d'induire et de conjecturer ce qui s'est préparé derrière le théâtre. Or les cris de l'enfant ne sauraient être interprétés comme des actes absolument mécaniques et inconscients. Les cris, son premier salut à la vie, qui expriment la souffrance ou tout au moins une impression désagréable produite par la surprise d'un milieu nouveau, et que certains philosophes ont traduits ainsi : « Je souffre, donc je suis » ; les cris témoignent tout au moins d'un

(1) C'est l'avis de la plupart des psychologues. Notons cependant des affirmations contraires : « Dans les derniers mois de la grossesse, le fœtus humain est seulement susceptible de motilité ; il s'agite, réagit sous le choc, mais inconsciemment. » (LÉTOURNEAU, *la Sociologie*. Paris, 1880, p. 526.)

commencement de sensibilité qui a dû, dans une certaine mesure, se préparer et s'exercer dans la vie intra-utérine.

Mais, quelque bonne volonté qu'on y mette, et en poussant même jusqu'à l'extrême faveur les conjectures sur l'état de l'embryon, il paraît impossible de lui accorder autre chose qu'un automatisme musculaire, dont les ébranlements sont plus ou moins ressentis dans le système nerveux : rien, en tout cas, qui ressemble à l'intelligence, à la perception claire et distincte (1). La nature sans doute n'est pas restée inactive. Elle a constitué, agencé les instruments. Toutes les parties essentielles de la machine sont à leur place, prêtes à fonctionner. Les divers organes du système nerveux, et le cerveau lui-même, ont atteint un degré déjà élevé de développement. Et cependant tout reste à faire, pour que les germes intellectuels et moraux déposés par l'hérédité passent de la puissance à l'acte.

Ces germes d'ailleurs, est-il vrai qu'ils soient en partie transmis à l'embryon par une communication mystérieuse dérivant du cerveau de la mère, comme le prétend l'auteur de *l'Éducation antérieure*? M. de Frarière, avec son imagination complaisante, grossit quelques petits faits assez insignifiants, leur attribue une portée qu'ils n'ont pas, et conclut qu'il a découvert une idée nouvelle « dont le développement, dit-il, laisserait entrevoir les plus heureuses conséquences pour l'avenir de l'humanité (2) ». En effet, s'il dépendait de la mère, par les pensées et les sentiments dont elle occuperait son propre esprit, de façonner à son image le petit être qu'elle porte dans son sein, on aurait presque trouvé le secret de faire à volonté des artistes dans tous les genres, et au point de vue moral, des hommes doux et bons. C'est sur la communication des impressions musicales que M. de Frarière insiste particulièrement. Pour expliquer les dispositions merveilleuses de tel ou tel musicien de talent et de génie, il suffirait de se souvenir que « madame sa mère faisait ou entendait force musique pendant sa grossesse (3) ». Mais ce n'est pas tout : l'influence des impressions reçues « dans les limbes maternels » s'étendrait à toutes les facultés de l'enfant.

Nous ferons d'abord observer que la théorie de M. de Frarière, qu'il

(1) Rien surtout qui ressemble à « la conscience du moi », que Cabanis attribuait au fœtus, sous prétexte qu'il a déjà reçu les premières « impressions dont se composent l'idée de résistance et celle de corps étrangers ».

(2) De Frarière, *op. cit.*, p. 1.

(3) *Ibid.*, p. 69.

croyait nouvelle, n'est que la réédition des rêveries de Malebranche, qui, nous l'avons déjà dit, s'imaginait lui aussi que le cerveau de la mère modèle à sa ressemblance, au physique et au moral, le cerveau et le corps de l'enfant. L'auteur de la *Recherche de la vérité* racontait même à ce sujet d'invraisemblables histoires, par exemple, celle d'une mère qui ayant considéré avec trop d'attention la tête de saint Pie, accoucha d'un monstre qui avait le visage d'un vieillard (1). Mais, pour n'être pas nouvelle, la fantaisie de l'éducation antérieure n'en est pas plus solide. Assurément la santé physique et morale de la mère exerce une action indirecte sur le développement normal de l'embryon. Et voilà pourquoi les médecins multiplient leurs prescriptions, pour recommander aux jeunes mères toute sorte de précautions dans leur régime physique et dans leur régime moral. Une imprudence matérielle, un excès quelconque, comme aussi une commotion morale, une crise nerveuse, peuvent coûter la vie à l'enfant, en provoquant un accouchement prématuré, ou encore lui infliger pour toujours soit une déformation organique, soit une maladie constitutionnelle. Mais personne ne songe plus à soutenir que les sentiments doux, joyeux, le calme et la sérénité d'esprit, qui sont les conditions d'une grossesse heureuse, puissent transmettre directement à l'enfant des dispositions de même nature (2).

Ce n'est pas dans un échange mystérieux qui s'accomplirait pendant la vie double de la mère enceinte, ce n'est pas non plus, malgré l'expression populaire, en suçant le lait maternel, que l'enfant acquiert les penchants, les dispositions latentes, les tendances instinctives qui dorment dans l'embryon et ne se réveilleront que lentement dans le nouveau-né. C'est la génération, non moins mystérieuse il est vrai, qui, avec la vie, fait passer dans l'être engendré et conçu les qualités universelles de l'humanité, et aussi certaines particularités de race et de famille. Montaigne savait déjà que la génération nous transmet, « non la forme corporelle seulement, mais les pensements et les inclinations de nos pères (3) ». S'il y a un fait établi aujourd'hui, quoiqu'il soit inexplicable, c'est que, grâce à l'hérédité, les manières d'être corporelles et mentales passent des ascendants aux descendants.

(1) « ... Il avait le visage d'un vieillard, autant qu'en est capable un enfant qui n'a point de barbe. » (*Recherche de la vérité*, l. III, ch. VII.)

(2) Cabanis a pourtant lui aussi accepté cette singulière hypothèse. Voyez le passage des *Rapports du physique et du moral* (10ᵉ mémoire) qui débute ainsi : « Je ne parlerai pas des affections sympathiques, engendrées dans le fœtus par les intimes rapports avec la mère. » etc.

Mais bien entendu, rien dans la vie utérine ne trahit l'existence des dispositions héréditaires : c'est seulement après la naissance que ces germes enveloppés pourront se déployer. Cabanis a beau dire que « le fœtus, avant de voir le jour, a déjà reçu, dans le ventre de la mère, beaucoup d'impressions diverses, d'où sont résultées en lui de longues suites de déterminations ; qu'il a déjà contracté des habitudes ; qu'il éprouve des appétits et qu'il a des penchants (1) ». Les appétits et les penchants, il ne les manifestera qu'une fois né, et il les tient de la nature, non d'impressions antérieures. Les habitudes, elles se réduisent à des dispositions dans la tenue de ses membres, et elles proviennent de la situation où son corps était placé : il tiendra les jambes plus ou moins recourbées, en forme de sabre, et quand on le mettra au bain, il aimera à appuyer les plantes des pieds l'une contre l'autre. Quant « aux longues suites de déterminations », c'est pure chimère ; et ce que Cabanis appelle ambitieusement l'« état idéologique » du fœtus, équivaut, pour ainsi dire, à zéro. L'enfant qui naît est *table rase* (2), non pas seulement par rapport au monde extérieur qu'il n'a point encore perçu, mais relativement aux impressions intérieures, qui, à supposer qu'elles aient existé et qu'elles aient vaguement provoqué un commencement de conscience, n'ont du moins laissé après elles aucune trace, aucun souvenir, ayant passé comme des ombres.

II

La psychologie de l'enfant ne commence qu'avec la naissance. Dès ce moment va s'opérer lentement un travail d'adaptation, d'accommodation du petit être humain au milieu où il est appelé à vivre. Le système nerveux, dans la mesure où il est déjà constitué, et à proportion qu'il se développera davantage, répondra aux excitations incessantes des objets extérieurs. Le cerveau, qui prend chaque jour plus de consistance (3), deviendra peu à peu le régulateur des

(1) CABANIS, *op. cit.*, 10e mémoire.

(2) Bien entendu, l'enfant n'est *table rase* que par rapport à la vie utérine ; nous ne songeons nullement à nier l'innéité et l'hérédité. V. plus loin, p. 303.

(3) *Sur le développement du cerveau chez les enfants du premier âge*, voyez, sous ce titre, dans les *Archives de physiologie normale et pathologique*, 1879, nos 5 et 6, les observations de M. PARROT. Il résulte de ces recherches que « le cerveau

actions de l'enfant et le siège de sa conscience. Dès le début, les instincts s'exerceront, préparant insensiblement l'apparition de la vie consciente. Les sensations succéderont aux sensations, de plus en plus claires et nettes, déterminant par leurs impressions répétées un sens intime, une conscience individuelle : conscience intermittente tout d'abord, qui se noue et se dénoue, se fait et se défait sans cesse, avec les alternatives de la veille et du sommeil, et qui ne peut guère se consolider, tant que le sommeil absorbe la plus grande partie de l'existence enfantine. En un mot la trame psychologique va se tisser, fil par fil, avec lenteur, semble-t-il, si l'on suit pas à pas les acquisitions quotidiennes, avec une merveilleuse facilité, si l'on considère le néant du point de départ.

Il ne faut point l'oublier, en effet, c'est presque à partir du niveau zéro que s'accomplit de jour en jour le développement mental du nouveau-né. De même que nous ne cédons pas aux illusions des poètes et des mères — l'amour maternel est le plus décevant des poètes — qui veulent voir une merveille de beauté dans le tout petit enfant, dans ce « je ne sais quoi de rose, mais aussi de grimaçant et de ridé », comme dit M. Gustave Droz (1) ; de même nous ne prêterons pas gratuitement à la pauvre créature qui vient au monde des sentiments et des émotions que ne comporte nullement son dénuement moral. « En même temps qu'il quitte les ténèbres et qu'il voit pour la première fois la lumière, disait Malebranche (2), le froid de l'air extérieur le saisit ; les embrassements les plus caressants de la femme qui le reçoit offensent ses membres délicats ; tous les objets extérieurs le surprennent ; ils lui sont tous des sujets de crainte, parce qu'il ne les connaît pas encore, et qu'il n'a de lui-même aucune force pour se défendre et pour fuir. Les larmes et les cris par lesquels il se console sont des marques infaillibles de ses

d'abord mou, semi-transparent, friable, très aqueux, de teinte à peu près uniforme et d'apparence homogène, se condense peu à peu, prend une solidité plus grande, et que deux colorations y apparaissent ». De mois en mois les progrès s'accusent. Un fait important à noter, c'est que « le développement est plus précoce à droite qu'à gauche ». Et à ce propos M. Parrot rappelle que la main droite est mise en mouvement par l'hémisphère gauche, que l'organe du langage articulé siège dans l'hémisphère gauche. « Or, dit-il, il faut bien remarquer que la prédominance de la main droite, de même que la parole, ne se manifeste que longtemps après la naissance, c'est-à-dire après une longue période de perfectionnement. »

(1) M. Gustave Droz, *l'Enfant*. Paris, 1885, p. 26.

(2) Malebranche, *Rech. de la vérité*, l. II, ch. viii.

peines et de ses frayeurs : car ce sont en effet des prières que la nature fait pour lui aux assistants, afin qu'ils le défendent des maux qu'il souffre et de ceux qu'il appréhende. » Sans doute c'est une conception séduisante, celle qui, poétisant les premiers jours de la vie, rêve un enfant capable d'éprouver des étonnements, des frayeurs et des peines ! Comme elle serait dramatique, la prise de possession de l'existence, si au monde qui s'ouvre pour la première fois devant lui, le nouveau venu présentait déjà le regard d'un spectateur intelligent et sensible ! Mais pour que ces émotions, ou effrayantes ou charmantes, fussent possibles, il faudrait que, dans le nouveau-né, il y eût quelqu'un : et le malheur est qu'il n'y a encore personne. C'est la nature, ce n'est point encore l'individu, qui se manifeste dans les premiers mouvements, dans les premiers cris de l'enfant. Ses sens, sauf le toucher, n'entrent pas tout de suite en exercice. Il est sourd, il est aveugle ; il est muet aussi, malgré ses cris : car c'est être muet que ne pas savoir donner de signification aux sons que l'on émet. Ses mouvements sont de purs réflexes, dépourvus de toute intention consciente, déterminés tout au plus par un instinct machinal. Résignons-nous à ne pas chercher un petit homme, où il n'y a encore qu'un automate.

Quoique détaché du sein de sa mère et vivant désormais d'une vie indépendante, l'enfant, dans les premiers temps, n'a rien encore d'individuel ni de personnel. Les premiers jours ne nous font assister qu'au développement des germes héréditaires et ne nous montrent rien qui ressemble à une physionomie mentale distincte. On peut dire de l'enfant ce que les naturalistes disent de l'animal : « L'activité psychique de l'animal n'a rien de personnel ; elle se transmet, sans changer de forme, de génération en génération ; l'instinct est donc au plus haut point héréditaire... Mais dès que la conscience se développe, l'intelligence proprement dite apparaît ; elle croît en même temps que la conscience ; une activité psychique personnelle se combine à tous les degrés avec l'activité héréditaire ; l'intelligence se superpose à l'instinct, le modifie, le transforme de mille manières : le canevas primitif se couvre de broderies (1). » Le canevas primitif, chez le nouveau-né, se réduit à quelques instincts, dont l'évolution se renouvelle sans cesse sous les mêmes formes. De même que les médailles sortent une à une d'un même creuset, portant les mêmes em-

(1) M. Edmond Perrier, dans la *Préface*, sur l'*Évolution mentale*, du livre de Romanes, *l'Intelligence des animaux*, traduction française. Paris, 1887, p. xxiv.

preintes et la même effigie, les générations successives de l'humanité répètent de siècle en siècle le même rôle, ou encore, dans leur vie naissante, épellent, pour ainsi dire, le même alphabet. S'il est vrai, comme l'assurent les anatomistes, que les embryons des espèces animales les plus diverses, en y comprenant l'espèce humaine, ont entre eux un air de famille très prononcé et peu flatteur pour notre vanité, il n'est pas moins certain que tous les nouveau-nés se ressemblent, trait pour trait, dans leurs actes instinctifs. L'innéité, je veux dire la nature personnelle avec ses caractères originaux, l'innéité, ce premier antagoniste de l'hérédité — l'éducation sera le second — ne se manifeste pas encore. C'est l'impulsion de l'hérédité, c'est la vie de l'espèce qui triomphe, n'ayant pas encore rencontré, soit dans les circonstances d'un milieu spécial, soit dans l'éclosion des dispositions particulières, dans le développement de ce que les médecins appellent l'*idiosyncrasie*, les forces contraires qui la modifieront plus tard.

Il n'y a pas à se le dissimuler, si la vie du nouveau-né est d'abord exclusivement instinctive et automatique, c'est qu'il n'y a pas encore de centre d'action et de direction organisé dans le cerveau. L'activité enfantine va se manifester d'abord dans des opérations locales, pour ainsi dire, répondant aux besoins ou à la sensibilité propre de chaque organe : mouvements non coordonnés des membres, mouvements réglés que détermine l'instinct de nutrition, premières impressions des sens. Le nouveau-né est bien, comme l'a défini Virchow, « un être purement spinal » ; et ce n'est pas sans raison qu'on a pu le comparer à un animal décapité.

Ce qui prouve bien que l'intelligence proprement dite, même sous ses formes les plus humbles, est encore absente, c'est ce fait significatif que des enfants, destinés par la nature, les uns à devenir intelligents, les autres à être idiots, présentent au début les mêmes apparences.

Voici, par exemple, comment M. Espinas nous peint au naturel un enfant étudié dès la première minute de son existence (1) : « 12 mars, naissance à terme, sexe masculin, constitution normale, poids moyen. Dès le premier jour, un certain nombre de mouvements définis se rapportant à la fonction de nutrition. Préhension buccale du doigt qu'on lui présente. Tend la tête en bâillant vers la poitrine

(1) M. A. Espinas, *Observations sur un nouveau-né*, dans les *Annales de la Faculté des lettres de Bordeaux*, 1883, p. 383.

de la personne qui le tient, cherchant le sein sans doute. Mouvements des bras non coordonnés; se heurte la figure avec ses doigts... »

Plaçons, à côté de ce portrait d'enfant normal et prédisposé à acquérir régulièrement toutes ses facultés, une observation prise par M. Bourneville sur une petite fille prédestinée à l'idiotie : « Naissance avec retard d'un mois... Pendant les six premiers mois, l'enfant ressemblait à tous les autres enfants. A partir de là, les mouvements ont diminué jusqu'à arriver à la presque immobilité des membres. La physionomie, qui exprimait la vivacité et les autres caractères communs aux enfants de cet âge, changea. Elle prit un air d'imbécillité qu'elle conserve encore (1) ».

Ainsi, dans la vie animale des premiers jours, de même que dans la vie végétative de l'utérus, rien ne trahit encore l'homme futur; et il n'est pas toujours possible de pronostiquer si l'on a affaire à des enfants normaux ou anormaux (2).

La vie instinctive du petit enfant a, d'ailleurs, des caractères propres qu'il convient de signaler. L'instinct humain n'est pas doué, semble-t-il, au même degré que l'instinct animal, de cette spontanéité, de cette infaillibilité qui distingue les mouvements et les actes des petits animaux, et d'où il résulte qu'en un clin d'œil l'établissement des opérations instinctives est chez eux un fait accompli. Chez l'homme, même en ce qui concerne les instincts, il y a, pour ainsi dire, des préparatifs, des gradations et des périodes. « Si nous examinons différents animaux au moment de leur naissance, disait Bichat, nous verrons que les instincts spéciaux à chacun d'eux dirigent l'exécution de mouvements particuliers. Les jeunes quadrupèdes cherchent les mamelles de leur mère, les oiseaux de l'ordre des gallinacés saisissent immédiatement le grain qui est leur nourriture appropriée; tandis que les jeunes oiseaux carnivores ne font qu'ouvrir le bec pour recevoir la nourriture que les parents apportent au nid. » Le développement de l'instinct affecte, chez l'enfant, des allures plus lentes. Les nourrices savent bien, par expérience, que pour amener les nourrissons à saisir le sein, il faut

(1) M. le Dr Bourneville, *Association française pour l'avancement des sciences*, 1889, seconde partie, p. 821. Il y a grand profit à tirer, pour l'étude des questions qui nous occupent, des observations minutieuses et précises que le Dr Bourneville poursuit depuis quinze ans soit à la Salpêtrière, soit à Bicêtre, sur les enfants idiots.

(2) Reconnaissons d'ailleurs que c'est là l'exception, et que le plus souvent le petit idiot laisse voir dès la première heure la misère de son état mental.

prendre toute espèce de précautions et de soins, les placer dans une position déterminée qu'ils sont inhabiles à trouver d'eux-mêmes : une sorte d'apprentissage, une véritable tactique est nécessaire. « Dans l'espèce humaine, le nouveau-né est passif; l'activité est tout entière du côté de la mère (1) ».

Quelle différence entre le petit animal qui, à peine né, marche déjà, qui sait retrouver sa mère, courir après sa nourriture, qui, enfin, se tire d'affaire tout seul, et le pauvre petit être humain, qui ne peut rien faire par lui-même, et qui périrait infailliblement, si ses parents ne lui venaient en aide ? « Le petit d'un oiseau ou d'un mammifère vient au monde avec une quantité et une précision de connaissances ancestrales qui sont vraiment étonnantes... Les poussins, dès les premiers jours, suivent de l'œil les mouvements d'insectes rampant à terre, tournant leur tête avec autant de précision qu'un volatile adulte... Ils picorent des miettes ou des insectes, montrant qu'ils ont la perception instinctive de la distance, et aussi la faculté de la mesurer avec une exactitude presque infaillible. Ils n'essaient pas d'atteindre des objets hors de leur portée, comme les enfants qui tendent les bras à la lune, et l'on peut dire qu'ils atteignent invariablement les objets visés : ils ne les manquent jamais de plus de l'épaisseur d'un cheveu, et cela même lorsque les points visés ne sont ni plus gros ni plus visibles que le plus petit point sur un *i* (2). » Et des observations du même genre nous montrent tout autant de précocité instinctive chez les petits des mammifères, sans qu'il soit possible d'expliquer, soit par une éducation rapide, soit par une imitation inconsciente, la perfection de leur activité (3).

C'est un tout autre spectacle que nous offre la faiblesse de l'enfant, qui ne peut ni tenir la tête droite, ni disposer de ses membres pour la préhension ou pour la marche (4), ni percevoir les objets, et encore moins apprécier la distance. Pour expliquer cet état d'infériorité, il ne suffirait pas d'invoquer le principe que plus un être a de fonctions élevées, plus son évolution est longue et pénible : il ne s'agit en effet, ici, que de fonctions communes à l'animal et à l'homme. Non, la vraie raison c'est que l'enfant, au moment de la naissance,

(1) *Dictionnaire de médecine* du Dr Jaccoud, article *Allaitement*.

(2) M. Romanes, *l'Évolution mentale chez les animaux*. Traduction française. Paris, Reinwald, 1884, p. 155.

(3) Voyez, par exemple, Charlton Bastian, *op. cit.*, t. I, p. 177.

(4) « L'enfant peut mouvoir ses membres, mais non marcher ou diriger ses mains de façon à saisir un objet qu'on tient devant lui. » (Spalding.)

n'a point atteint, dans son organisme, le même degré de maturité et d'avancement, que les petits des animaux.

L'instinct est une tendance naturelle à accomplir certaines actions, un *nisus*, un *stimulus* spontané ; mais il a besoin, pour s'exercer, d'instruments appropriés ; il suppose un certain développement des parties physiques, et particulièrement du système nerveux. De là l'apparition tardive, même dans les espèces animales, de certains instincts, par exemple, de la faculté de voler qui, naturellement, ne se manifestera que lorsque les jeunes oiseaux auront des plumes. De là aussi les hésitations, les tâtonnements de l'instinct chez l'enfant. Supposez, pour un moment, que le nouveau-né, au point de vue de l'excitabilité nerveuse et de la force musculaire, soit assez avancé pour tenir la tête droite, et surtout pour diriger ses jambes et marcher : et vous le verrez courir vers le sein de sa nourrice avec la même impétuosité que les jeunes mammifères vers les mamelles de leur mère (1). Un fait, entre autres, qui montre bien les relations de l'exercice de l'instinct et du degré de force des organes, c'est que l'enfant né avant terme est incapable de saisir le mamelon du sein maternel (2).

A quel moment, dans cet enfant chétif et dont l'activité est encore si restreinte, la conscience commence-t-elle ? Posé sous cette forme absolue, le problème est insoluble (3). Il ne saurait être question, en

(1) « Qui sait si dans plusieurs milliers de siècles il ne naîtra pas des enfants marchant tout seuls ? » (M. Dauriac, *l'Ame du nouveau-né, dans la Critique philosophique*, 1886, t. II, p. 350).

(2) *Dictionnaire de médecine* du Dr Jaccoud, article *Allaitement*, déjà cité.

(3) C'est une question du même genre que celle qui a tant préoccupé les théologiens et les scholastiques : « A quel moment et de quelle manière l'âme est-elle introduite dans le corps humain ? » On sait que deux opinions contraires ont successivement prévalu sur ce point : l'une, le *traducianisme* ou le *généralianisme*, admet que la transmission de l'âme s'opère du père au fils. C'est l'opinion de Tertullien, de saint Jérôme et de la majeure partie des premiers docteurs de l'Église. Luther a repris la même thèse, que Leibniz semble avoir acceptée lui aussi : « Je croirais que les âmes, qui seront un jour âmes humaines, ont existé dans les semences et dans les ancêtres jusqu'à Adam. » (*Essais de théodicée*, 1re partie, § 91. Leibniz ajoutait que ces âmes purement sensitives ou animales ne devenaient raisonnables qu'au moment de la génération des individus auxquels elles doivent appartenir. L'autre opinion est devenue la doctrine officielle des théologiens : c'est le *créatianisme*, qui veut que toutes les âmes soient créées directement par Dieu. « La formule au moyen de laquelle les écoles de théologie la définissent est bien simple : Dieu crée les âmes quotidiennement et les infuse dans les corps, au sein des mères, lorsque les corps sont prêts pour l'animation. » (Jean Reynaud, *Terre et ciel*, p. 154.) Déjà saint Thomas écrivait : *Hereticum est dicere quod anima intellectiva traducatur cum semine*. Ce sont les difficultés de tout ordre que sou-

effet, aux débuts de la vie, de la conscience proprement dite, c'est-à-dire de ce sentiment de nous-même qui nous permet de juger de notre existence. On peut dire de l'enfant comme de l'animal :

Vivit et est vitæ nescius ipse suæ.

Mais s'il n'y a pas encore conscience du moi, il y a certainement, dès les premiers jours, des impressions vaguement ressenties, et par conséquent conscientes d'elles-mêmes (1). Si l'on nous demandait quel est le premier fait de la conscience ainsi entendue, nous n'hésiterions pas à répondre que c'est un fait de souffrance, de douleur physique. « L'enfant se sent souffrir, dit M. Dauriac, donc il se sait souffrir; » la conclusion est fausse et dépasse la prémisse ; mais la prémisse est vraie, si l'on veut dire simplement qu'il y a de petites souffrances immédiatement éprouvées, ne seraient-ce que celles qui résultent des froissements du sens du toucher, le seul qui entre tout de suite en exercice.

Il n'est pas douteux que, dans les premières semaines de la vie, les sensations douloureuses ne l'emportent sur les impressions agréables. Et si l'on en voulait une preuve péremptoire, elle pourrait être tirée de ce fait que la mortalité des nouveau-nés est notablement supérieure à la mortalité moyenne. Que d'enfants succombent presque tout de suite dans la lutte que leur frêle organisme doit engager contre la nature! Pour combien d'entre eux le premier et le dernier soupir ne sont-ils séparés que par quelques mois, par quelques jours d'intervalle? Dans la première année, la proportion de la mortalité est du quart des enfants qui naissent; de un à six ans, elle est encore de 15 à 16 p. 100; dans la période suivante, de six à quatorze ans, elle tombe à 2 ou 3 p. 100 (2). Je sais bien que les parents, par leur incurie ou par leur ignorance, sont en grande partie les auteurs responsables du mal. Il faut s'en prendre plutôt à une éducation maladroite qu'à une nature imprévoyante et mauvaise,

lève cette théorie de l'*infusion* des âmes dans les corps, à une époque qu'on ne détermine pas d'ailleurs et qu'on laisse dans le vague, que font valoir les néoplatoniciens, comme Jean Reynaud, pour autoriser leurs rêveries sur la préexistence des âmes, sur leurs migrations de planète en planète, de corps en corps.

(1) C'est pour essayer de rendre compte de la diversité des faits communément compris sous le même mot de « conscience », que certains écrivains ont risqué le barbarisme de la « consciosité », laquelle serait à la conscience ce que la velléité est à la volonté.

(2) Dr D'Ammon, *op. cit.*, p. 242.

qui n'appellerait les enfants à l'existence que pour les vouer aussitôt à la mort. Mais il n'en est pas moins vrai que la prise de possession de la vie et le travail d'appropriation aux circonstances extérieures constituent par eux-mêmes une période de crise où les assauts de la maladie sont particulièrement nombreux et redoutables. « Que de portes ouvertes aux troubles fonctionnels et, pour ainsi dire, quelle opportunité morbide, écrit un médecin ! (1) » Les plus délicats, les moins bien soignés, meurent des atteintes du mal physique ; mais tous, même les plus sains, les mieux nourris, en sont frappés ; tous plus ou moins, dans le premier essai qu'ils font de leurs organes, ont à souffrir du chaud et du froid, des difficultés de l'alimentation, des rudesses du milieu, enfin de l'adaptation de leurs nerfs et de leurs muscles aux conditions de la vie.

Aussi est-ce le tableau des souffrances de l'enfant que la plupart des observateurs se sont plu à dérouler. Depuis Pline l'Ancien ou Lucrèce jusqu'à nos jours, on répète :

« Pareil au naufragé vomi du sein de l'onde,
L'enfant, quand la Nature aux rivages du monde
Le dépose, arraché d'un ventre endolori,
Git sur la terre, nu, sans armes, sans abri,
Sans parole ; et, du seuil de cette vie obscure,
Par un vagissement lugubre il inaugure
Le long cercle de maux, que lui promet le sort (2). »

Et de même ce sont les côtés douloureux que les écrivains modernes ont de préférence considérés chez le nouveau-né. « La douleur, dit Mme Necker de Saussure, introduit l'homme dans ce monde... Une foule de sensations tumultueuses assaillent l'âme à son début. L'air, comme un torrent rapide, force l'entrée des poumons de l'enfant et les irrite. La lumière éblouit ses yeux à travers les voiles transparents qui les recouvrent... Souffrance, étourdissement, vertige, voilà ce qu'apporte à l'âme le moment mystérieux qui le plonge dans le tourbillon de la vie... »

Il y a, dans ces sombres peintures, quelque exagération et un pessimisme de parti pris (3). Sans parler des plaisirs qui compensent

(1) Dr Lorain, article *Ages*, dans le *Dictionnaire de médecine* du Dr Jaccoud.

(2) Lucrèce, *de Natura rerum*, l. V, 223. Traduction André Lefèvre.

(3) L'opinion générale semble bien être que le petit enfant souffre sans compensation : « Au moment de la naissance, le nouveau-né est manifestement susceptible d'impressions douloureuses » (Letourneau, *op. cit.*, p. 526), et l'auteur ne

en partie pour l'enfant les douleurs du premier âge, il convient de ne point prendre au tragique ces douleurs elles-mêmes. Elles sont modérées et vagues; et l'état de demi-conscience, de demi-sensibilité, où est encore plongé le nouveau-né, s'il lui interdit les perceptions nettes et les plaisirs vifs, lui épargne aussi les souffrances trop cuisantes. Ne nous en rapportons pas à ses cris : le signe expressif chez l'enfant est toujours disproportionné à la chose signifiée. Les premières impressions de la sensibilité enfantine n'ont pas la rudesse brutale qu'on prétend. C'est par des transitions graduelles, et avec des ménagements infinis, que la nature conduit à la possession complète de la vue et de l'ouïe l'être aveugle et sourd qui vient de naître. Et s'il plait aux poètes, dans leurs fictions convenues, de nous représenter, pour la maudire, une puissance aveugle et mauvaise qui jetterait l'enfant nu sur la terre nue, la réalité nous montre tout au contraire un nature prévoyante, partout présente et agissante, qui a préparé à l'enfant, pour qu'il s'y repose, pour qu'il s'y nourrisse, le doux oreiller du sein maternel, avec sa tiède chaleur et ses moelleux contacts.

« Durant les premiers mois de la vie, dit le Dr Sikorski, les sentiments positifs ou agréables, ayant pour effet le contentement et la bonne humeur, sont soutenus par un grand nombre de sensations : l'action de téter, les bains tièdes, un lit chaud, une lumière modérée, des sons doux, un travail musculaire modéré... Étant donné que ces jouissances sont en profusion, l'enfant offre ordinairement l'aspect de la sérénité : il est tranquille, patient, gai; il fait beaucoup de mouvements; sa figure a une expression agréable; il a les yeux largement ouverts et les joues joufflues (1). » Il serait difficile de voir dans ce tableau l'image d'un être souffrant et malheureux, condamné par la nature à une vie de douleur.

Mais nous ne pourrions pousser plus loin ces études préliminaires, sans empiéter sur les analyses détaillées que nous consacrons, dans la suite de cet ouvrage, à chacune des formes de l'activité mentale Bornons-nous à rappeler que l'enfant, pris à la naissance, n'a d'un être formé que les apparences. Même au point de vue physique, il n'est encore qu'une ébauche : « Ses muscles, ses nerfs, ses organes sont de lait, pour ainsi dire ». Ses membres n'ont pas seule-

dit pas qu'il y ait manifestations d'impressions agréables. — « Le nouveau-né me parait exprimer par toutes ses attitudes la peur de vivre. » (DAURIAC, *loc. cit.*)

(1) *Revue philosophique*, t. XIX, p. 244. *Le développement psychique de l'enfant.*

ment à grandir : la consistance et la solidité leur manquent. Dans sa toute petite taille, avec son poids si léger, il n'est encore qu'un raccourci d'homme, un raccourci dont les lignes sont simplement esquissées et vaguement dessinées. Chose remarquable d'ailleurs, il y aura un rapport entre sa croissance physique et son évolution intellectuelle. On a souvent constaté le nanisme des idiots. Une mère dont la fille, à partir de cinq ou six mois, avait donné des signes évidents d'atrophie intellectuelle, disait : « Dès ce moment, l'enfant n'a point *poussé.* » Mais surtout ce qui fait défaut au nouveau-né, c'est tout ce qui relève des facultés mentales. A vrai dire, son âme n'est point encore née (1) ; elle se dégagera peu à peu du choc répété des impressions sensibles, du jeu d'actions et de réactions auquel va donner lieu la relation constante des excitations du monde extérieur et d'un organisme nerveux de plus en plus développé. La nature s'est contentée d'organiser tout ce qui est absolument indispensable à un minimum de vie matérielle ; et encore à une condition, c'est que l'aide des parents intervienne. Tout le reste est le champ libre de l'expérience ; les perceptions, les émotions, les idées, les volontés, en un mot les faits conscients dans leur ensemble, résulteront des acquisitions journalières et d'une lente évolution.

(1) Bien entendu nous ne prenons pas ici le mot « âme » dans son sens métaphysique, comme synonyme d'un principe immatériel. Dans ces études de pure observation, nous n'avons pas à nous engager dans les questions de substance et d'essence. L'« âme » est simplement pour nous l'ensemble des phénomènes intellectuels et moraux.

CHAPITRE II

LES PREMIÈRES FORMES DE L'ACTIVITÉ : LES MOUVEMENTS.

I. Les mouvements, première manifestation de la vie. — Période initiale de torpeur. — Extrême motilité de l'enfant. — La vivacité et la régularité des mouvements correspondent dans une certaine mesure aux aptitudes intellectuelles. — Contre-épreuve dans les observations faites sur les idiots. — Valeur psychologique des mouvements. — Classification des mouvements. — II. Qu'il n'y a pas seulement des mouvements réflexes chez le petit enfant. — Mouvements spontanés qui témoignent de l'énergie intérieure. — Mouvements automatiques et instinctifs. — Caractères des mouvements automatiques : ils sont sans but ; ils ne sont pas coordonnés. — Ces mouvements ne disparaissent pas avec l'enfance. — Mouvements purement réflexes : qu'ils sont plus compliqués que les mouvements automatiques. — Pourquoi, à l'origine, l'action réflexe est-elle limitée et paresseuse? — L'éternuement, type de l'action réflexe. — Autres actes réflexes. — De quelle partie du système nerveux dépendent-ils? — III. Mouvements instinctifs. — Deux excès contraires : de ceux qui voient partout des instincts ; de ceux qui n'en voient nulle part. — L'action de téter, type du mouvement instinctif. — L'instinct préexiste à toute excitation extérieure. — Précision remarquable des premiers mouvements de succion. — Modification rapide des instincts. — La conscience et le désir. — L'évolution des phénomènes moteurs précède l'évolution des représentations conscientes. — IV. Autres mouvements de l'enfant. — Les cris. — Diverses interprétations des cris. — Qu'ils sont en partie spontanés, en partie réflexes. — Qu'ils n'ont pas d'abord de signification morale. — La préhension des objets.

I

Le mouvement est une des premières manifestations de la vie chez l'enfant, la première même, à vrai dire, « le mode primaire » de l'activité : car les cris, l'éternuement, les pleurs, sont aussi des mouvements. La force intérieure qui plus tard sera sentiment, réflexion, pensée, ne se trahit à l'origine que par de petites tensions musculaires. Tout est encore endormi dans la conscience du nouveau-né, et déjà l'activité de l'être vivant se révèle dans une profusion extraordinaire de mouvements, dans une multitude de grimaces, de contorsions, de gestes de toute espèce; plus tard, quand l'enfant saura marcher, de sauts et de gambades. Sans doute, il y a une première période, où il semble que le sommeil complet de la vie intra-utérine se prolonge dans une sorte de torpeur habituelle et d'assoupissement sans fin (1). L'enfant est engourdi et presque inerte. Mais le moment arrive bientôt où, selon l'expression vulgaire, il ne fait que « gigotter ». On voit apparaître, non seulement des mouvements déterminés et utiles, tels que les mouvements des lèvres dans la succion, les mouvements des paupières pour soustraire les yeux à une lumière trop vive qui les blesse, mais un grand nombre de mouvements désordonnés et irréguliers. Quand il ne dort pas, quand il n'est ni malade ni fatigué, l'enfant de quelques mois est tout mouvement (2); les bras et les mains, les jambes et les pieds, les yeux, les lèvres, la tête, le corps entier, tout se meut. Rabelais a beau dire que l'enfant partage son existence entre trois choses : manger, boire et dormir; il oublie tout au moins une de ses occupations essentielles, celle qui consiste à se mouvoir, à se mouvoir tantôt sans but et par une sorte de jeu automatique des muscles, tantôt pour une fin précise et conforme à ses besoins.

Cette extrême motilité, qui est la caractéristique de l'enfance, ne cessera pas d'ailleurs avec l'éveil et le progrès de l'intelligence. Même quand l'enfant est capable de gouverner son attention, le mouvement reste comme l'accompagnement obligé de ses petits efforts intellectuels. Nous avons vu une petite fille qui ne consentait à prendre sa leçon de lecture qu'à une condition : c'est qu'il lui fût permis d'avoir en même temps ses doigts occupés et qu'elle pût coudre et tirer l'aiguille, tout en épelant les lettres de l'alphabet (3).

(1) D'après les observations de M. Preyer, pendant le premier mois, le sommeil est de seize heures par jour; pendant le troisième mois, de quatorze heures. La différence du sommeil intra-utérin et du sommeil du nouveau-né provient principalement, comme l'a fait observer le Dr Sikorski, de ce que, dans le premier cas, les appareils des organes des sens sont à l'abri de toute excitation extérieure, tandis que chez le nouveau-né le sommeil dépend de la fatigue qu'éprouvent très vite dans leur faiblesse les organes sensitifs. Le travail des muscles de la respiration, travail qui n'existe pas dans la vie fœtale, paraît être une des sources les plus considérables de la fatigue ressentie par l'enfant.

(2) « Vers trois mois et demi on mettait ma petite fille au grand air sur un tapis dans le jardin; là, couchée sur le dos ou sur le ventre, pendant des heures entières, elle s'agitait des quatre membres... » (M. Taine, *Revue philosophique*, t. I, p. 5.)

(3) « Quand les enfants apprennent à écrire, dit Darwin, ils tirent souvent la langue et la contournent d'une manière risible en suivant les mouvements de leurs doigts. »

Et lorsque les mouvements ne sont pas volontaires, concertés, comme dans l'exemple précédent, ce sont des mouvements incohérents, déréglés, qui, pour ainsi dire, font cortège à l'attention naissante. Entrez dans une école maternelle — je ne parle pas des récréations, où tout est pétulance et sautillement, mais de la classe elle même, pendant que la maîtresse donne sa leçon — voyez comme tout ce petit monde s'agite, se trémousse, comme il se rattrape de l'immobilité relative qui lui est imposée, pendant qu'il est assis, par toute sorte de mouvements de contrebande : les regards se portent à droite, à gauche; les bouches grimacent; les doigts se crispent ou s'étendent; les têtes se balancent...

L'étude des mouvements constitue donc un des chapitres importants de la psychologie de l'enfance. Et cette étude, intéressante en elle-même, offrira plus d'attrait encore, si l'on considère qu'il y a un rapport étroit entre l'évolution particulière de la faculté motrice et l'ensemble du développement des forces intellectuelles et morales dont dispose l'enfant. En règle générale, la vivacité et aussi la régularité des mouvements chez le nouveau-né ne sont pas seulement un signe de santé physique pour le présent : elles sont un gage d'activité intellectuelle pour l'avenir. Chez l'enfant normal, les mouvements présentent ce double caractère qu'ils sont très nombreux, très variés, et aussi que par le développement spontané d'une nature saine, non moins que par l'action de l'éducation, ils passent assez vite du désordre, du chaos des premiers jours, à un état de coordination progressive. Chez l'enfant idiot, au contraire, les observateurs constatent, ou bien l'inertie, l'immobilité obstinée, ou bien un défaut absolu de coordination dans des mouvements aussi déréglés qu'abondants. Le petit être disgracié qui, plus tard, ne pourra manifester ni intelligence, ni volonté, témoigne, dès les premières années, de la faiblesse et des vices de sa nature, soit par la pauvreté, soit par l'excès confus de ses mouvements : ou bien, il ne bouge pas, languissant et morne, assis sur sa chaise ou couché dans son lit; ou bien, et c'est le cas le plus ordinaire, il se livre à une véritable débauche motrice, il se meut sans trêve ni repos (1).

(1) Voyez sur ce point la *Psychologie de l'idiot et de l'imbécile*, par le Dr SOLLIER. Paris, Alcan, 1891, p. 87. De même M. ROMANES, dans *l'Évolution mentale chez les animaux* (p. 178) : « Un des faits, dit-il, qui doivent le plus frapper quiconque visite un asile d'idiots, c'est le caractère extraordinaire et la variété des tics inutiles et inconsidérés qu'il voit de toutes parts autour de lui. »

Dépourvues de régulateur, les diverses parties de la machine s'agitent dans tous les sens.

Les mouvements possèdent donc une véritable valeur psychologique; mais, outre leur importance, ils ont sur tous les autres phénomènes de la vie enfantine cet avantage qu'ils sont apparents, qu'ils tombent directement sous la prise de l'observation. En attendant que l'enfant sache parler, ils sont, comme dit M. Marion, « les seuls signes possibles de ce qui se passe en lui (1) ». Il y a donc intérêt à les étudier tout d'abord, puisque c'est à travers les mouvements que nous pouvons atteindre les phénomènes de la vie intérieure et particulièrement les premières émotions. Il n'y a que ce que fait l'enfant qui puisse nous apprendre ce qu'il est.

Nous n'avons pas d'ailleurs à nous préoccuper ici du mécanisme matériel des mouvements. C'est l'affaire de l'anatomiste ou du physiologiste de décrire les organes ou d'expliquer les fonctions de la motilité. Ce qui est au contraire de notre domaine, c'est de rechercher les origines cachées, les principes des mouvements : principes parfois obscurs, en tout cas très divers, mais dont la diversité même permet de classer en un certain nombre de catégories distinctes des phénomènes en apparence uniformes (2). En eux-mêmes, en effet, les mouvements ne sont jamais autre chose qu'une excitation nerveuse suivie d'une contraction musculaire : mais ils diffèrent profondément par leurs causes.

Dans la psychologie de l'homme fait, un travail de classification des mouvements paraît assez simple; on se contente en général de distinguer deux grandes classes : les mouvements volontaires et ceux qui ne le sont pas, ces derniers d'ailleurs provenant presque tous de l'habitude.

Chez l'enfant, il n'est pas contestable que les mouvements, dans leur première apparition, ne soient tous involontaires : aucune idée, aucune représentation intellectuelle, aucun choix ne concourt à les

(1) *Revue scientifique*, t. XVL, p. 769 et suivantes, article de M. Marion, *les Mouvements de l'enfant*.

(2) Hartley, qui a le premier essayé une classification des mouvements au point de vue de l'état mental qui les précède, distinguait seulement deux sortes de mouvements : automatiques et volontaires; les premiers dépendant des sensations ; les seconds des idées. Hartley n'avait pas vu qu'il y a des mouvements automatiques qui sont dus à des impressions non senties. La sensation n'est pas nécessairement l'antécédent de tout mouvement involontaire. Et par contre des mouvements automatiques peuvent avoir pour condition beaucoup plus qu'une sensation : une idée, par exemple dans le rire que provoque une idée comique.

produire. Mais, sous ce caractère commun, les diversités d'origine apparaissent. Il y a diverses formes de l'involontaire, comme il y a diverses formes de l'inconscient. Parmi les mouvements enfantins, les uns sont dus à une « excitation », à une « impression », nous n'osons pas dire à une « sensation » extérieure : nous les appellerons des mouvements *réflexes* (1); les autres témoignent au contraire d'une vitalité innée, d'une impulsion interne : ce sont les mouvements *spontanés*. Mais ces mouvements spontanés à leur tour sont de différente nature : les uns, indéterminés, sans but, ne relèvent que d'une activité automatique; les autres, très définis au contraire, très coordonnés, révèlent des instincts profonds, des besoins qui réclament satisfaction et trouvent tout de suite les moyens de l'obtenir : d'où deux autres catégories, celle des mouvements purement *automatiques*, et celle des mouvements *instinctifs*.

Ce sont ces modes primitifs du mouvement qu'il convient d'étudier tout d'abord, en ajournant l'étude des mouvements volontaires (2), de ces mouvements dont il suffit de définir les conditions pour comprendre qu'on ne saurait les rencontrer dans les commencements de la vie enfantine. Les mouvements volontaires, en effet, répondent à une période beaucoup plus avancée de l'évolution psychique, puisqu'ils supposent, à des degrés d'ailleurs très variables, la représentation intellectuelle du but à atteindre et celle aussi de l'action appropriée à ce but M. Preyer en a déterminé le type parfait avec une précision rigoureuse, quand il a ramené à quatre les conditions essentielles du mouvement volontaire : 1° une idée qui le précède et qui en est la cause ; 2° la connaissance préalable du mouvement à accomplir ; 3° un but défini ; 4° la faculté d'être arrêté, « inhibé », par d'autres idées, au moment où il va s'accomplir. Il n'était pas inutile de rappeler dès à présent les caractères

(1) Nous limitons à dessein le sens du mot *réflexe*. « Les actions réflexes, dit M. Bain, ont pour signe l'absence du caractère propre des actions volontaires, c'est-à-dire du stimulus d'un *sentiment* directeur. » A ce compte, toute action involontaire serait réflexe. Littré définit de même l'action réflexe, quand il dit qu'elle est « celle qui, indépendamment de l'intervention de la volonté, succède soit à des sensations, soit à des phénomènes de sensibilité sans conscience ». Nous demandons à circonscrire encore, dans l'intérêt de la clarté du sujet, le sens du mot *réflexe*. Nous ne l'emploierons que pour désigner les mouvements qui sont comme des réponses de l'organisme à une excitation produite à la périphérie et provenant d'une cause extérieure.

(2) Voyez plus loin, chap. XII.

de l'activité volontaire, afin de mieux mesurer l'espace que l'activité de l'enfant aura à franchir, avant de s'élever jusque-là (1).

II

C'est une tentation assez naturelle de croire que tous les mouvements du nouveau-né sont purement et simplement d'origine réflexe, qu'ils ont toujours pour caractère d'être provoqués par une excitation périphérique, que le petit enfant, en un mot, ne se meut pas par lui-même, qu'il est mû, pour ainsi dire, par des causes extérieures. Cette thèse peut flatter dans leurs préjugés les adversaires de l'innéité, mais elle est démentie par les faits. Il y a incontestablement quelque chose de spontané dans l'activité motrice du nourrisson. Ses actes dépendent souvent de causes internes, et l'innéité des mouvements est comme le prélude de l'innéité des émotions. Ici comme partout, il y a sans doute une part à faire aux influences du dehors, mais une part aussi, la plus considérable assurément, à l'action du dedans. On ne rendrait compte que d'une petite partie de la motilité de l'enfant, si l'on ne considérait que les mouvements purement réflexes. L'excitation de la lumière, par exemple, qui par son éclat trop vif blesse la délicatesse de l'œil, peut bien suffire pour expliquer que les paupières se ferment, mais elle n'explique nullement pourquoi les paupières s'ouvrent, pourquoi d'eux-mêmes les muscles de l'œil, quand l'organe a acquis assez de force, relèvent le rideau qui cachait à l'enfant la vue de la lumière et le spectacle des choses.

Cette activité innée, cette tendance naturelle au mouvement se révèle surtout, en attendant les mouvements volontaires, dans les mouvements définis, réglés, qui peuvent être considérés comme des mouvements instinctifs, l'action de téter, par exemple ; mais elle se manifeste aussi, et cela, dès le premier jour, dans un assez grand nombre de mouvements, qui, trop peu réguliers, trop peu déterminés pour être attribués à des instincts véritables, sont en même temps trop spontanés pour être confondus avec de pures actions réflexes, et qui témoignent deja, à leur manière, de l'énergie intérieure. Ce sont les mouvements que M. Bain appelle précisément « spon-

(1) M. Preyer, *op. cit.*, p. 160.

tanés (1) », M. Preyer « impulsifs (2) », et que, d'accord avec M. Marion, nous appellerons « automatiques ».

Le caractère des mouvements automatiques, c'est qu'ils devancent toute sensation, c'est que, en tout cas, ils se passent d'elle, qu'ils ne supposent en aucune façon une excitation préalable des nerfs de la vue ou des autres organes des sens, qu'ils surgissent tout entiers des couches profondes de l'organisme, dont l'énergie se dégage dans les nerfs moteurs. Ils seront d'autant plus nombreux que l'enfant est mieux portant, mieux nourri, qu'il a plus d'activité à dépenser. Ce sont des mouvements de ce genre qui se produisent déjà dans le fœtus, concurremment avec les mouvements réflexes que peut provoquer un contact, une pression. Chez le nouveau-né, il est assez facile de les reconnaître et de les distinguer de tous les autres : en effet, ils n'ont pas de but précis, et ils ne sont pas coordonnés. Tels sont les mouvements d'extension et de flexion des bras et des jambes, mouvements superflus, de luxe pour ainsi dire, qui agitent à tout instant les membres de l'enfant, même pendant son sommeil. Dès le premier jour on voit le nouveau-né se heurter le visage avec sa main, ou bien agiter ses pieds au hasard. On pourrait être tenté de soutenir qu'il n'y a là que les premiers tâtonnements maladroits d'une impulsion instinctive (par exemple, dans les cas cités, de l'instinct de la préhension et de l'instinct de la marche); les instincts eux-mêmes n'aboutissant pas d'emblée chez l'homme à une précision parfaite dans les actions qu'ils déterminent. Nous croyons pourtant que, dans la motilité spontanée de l'enfant, il y a autre chose que la préparation et l'essai encore gauche de l'activité instinctive. Il y a, comme le dit M. Bain, l'effet d'un trop-plein d'énergie qui se décharge pour la première fois, aveuglément et à l'aventure (3). Il y a

(1) M. Bain, *Senses and intellect*, ch. Ier. M. Sully les appelle *unprompted and random movements* (*Outlines of psychology*, p. 533).

(2) « Les mouvements impulsifs, dit M. Preyer, se distinguent de tous les autres en ce qu'ils se produisent sans excitation périphérique préalable, et en ce que leur cause réside exclusivement dans les processus organiques, nutritifs et autres. » (*Op. cit.*, p. 161.)

(3) « Je regarde les mouvements des petits enfants comme dus en grande partie à l'action spontanée des centres. La mobilité de ces petits êtres est très grande, et elle ne peut provenir que de trois causes : ou d'un stimulus venu du dehors par les sens, ou d'une émotion, ou enfin d'une force spontanée. Il n'est pas douteux que les deux premières causes ne soient pour quelque chose dans la gesticulation de l'enfance, mais je ne crois pas qu'elles l'expliquent tout à fait.... Il est des cas où nous ne pouvons attribuer les mouvements enfantins qu'à la vivacité, à l'exu-

comme le débordement d'une force qui n'a pas encore trouvé son emploi, d'un courant qui n'a pas été canalisé.

Ce qui peut servir à corroborer cette opinion, c'est que « ces mouvements de hasard », comme les appelle ingénieusement M. Sully, ne disparaissent pas avec l'enfance. Même chez l'adulte, alors que la volonté et l'habitude ont pris possession des muscles, la motilité spontanée exerce encore ses droits. Surveillons-nous un instant dans notre vie ordinaire, et nous constaterons que sous l'impulsion de *stimuli* organiques, nous nous abandonnons sans cesse à un grand nombre de mouvements sans but et sans caractère bien défini : nous étirons nos bras, nous nous remuons sur notre siège, nous dégourdissons nos jambes, comme on dit ; et ces mouvements n'ont rien de commun, ni avec les actions que nous accomplissons volontairement, ni même avec les manies musculaires, avec les tics que nous avons pu contracter. Il y a, autour de nos mouvements déterminés et voulus, tout un cortège de mouvements parasites, comme dans les champs une végétation de mauvaises herbes, autour des plantes cultivées. Lorsqu'un enfant apprend à écrire, a observé M. Lewes, il lui est impossible de ne remuer que les mains : il fait mouvoir en même temps la langue, les muscles de la face et même les pieds (1). Le temps et le progrès de l'âge atténueront ces mouvements inutiles, mais ne les supprimeront pas complètement. C'est après le sommeil surtout, quand les forces motrices se sont rafraîchies dans le repos, que cette gesticulation automatique est particulièrement active. N'est-il pas naturel que, au matin de la vie, alors que la vitalité est dans sa fleur et que les règles directrices de l'action n'ont pas encore emprisonné les muscles dans les liens de l'habitude, la force motrice se joue spontanément et librement dans toutes les parties du système musculaire ?

Mais pour n'être pas les seuls à se produire, les mouvements réflexes n'en ont pas moins une grande importance dans le premier âge. Assailli par les excitations du dehors, le petit être qui recueillera plus tard dans ces impressions extérieures la matière de ses idées, n'y trouve tout d'abord que l'occasion d'un grand nombre de mouvements. Il est à remarquer pourtant que l'opération réflexe,

bérance des forces musculaire et cérébrale, qui montent ou qui baissent en proportion de la vigueur et de la nutrition du système nerveux. » (M. BAIN, *Senses and intellect.*, chap. I.)

(1) LEWES, *Problems of the mind, Third series*, p. 37.

quelque mécanique qu'elle soit, quelque simple qu'elle paraisse, n'est pas aussi aisée que l'opération impulsive. Dans le mouvement automatique, l'impulsion part des centres moteurs et se propage par les nerfs jusqu'aux muscles : il n'y a pour ainsi dire qu'un seul courant d'action, il n'y a qu'une voie descendante à parcourir. Dans le mouvement réflexe, il y a des préliminaires : il faut qu'une impression venue du dehors excite les nerfs sensitifs, qu'elle remonte jusqu'aux centres moteurs, d'où elle reviendra pour suivre le même chemin que tout à l'heure. Il faut, en d'autres termes, comme dit très exactement M. Preyer, pour que le mouvement ait lieu dans ces conditions, toute une série d'opérations qui comprend « des impressions sensitives, des processus centripètes, intercentraux et centrifuges ». Notez d'ailleurs que chez le petit enfant, au moins dans les premiers jours, les impressions du dehors sont assez rares. Si l'action réflexe est relativement faible, lente, paresseuse, ce n'est pas, comme l'affirme le Dr Sikorski, que l'irritabilité des nerfs moteurs soit médiocre (1) ; ce n'est pas, comme le prétend M. Marion, « que la vitalité soit moindre, ni parce que ces mouvements, comme tous les autres, se perfectionnent par l'habitude » ; c'est plutôt, croyons-nous, parce que les nerfs sensitifs sont encore obtus, la sensibilité à peine née. Nous verrons ailleurs que, grâce à cette torpeur de la sensibilité, l'enfant n'est pas entièrement à la merci des sollicitations trop pressantes du monde extérieur, et qu'il se trouve comme protégé contre ce qu'aurait de trop brutal une révélation brusque du monde sensible (2). A proportion que la sensibilité se développera, les occasions de se produire se multiplieront pour l'action réflexe. Mais d'autre part, le développement de la sensibilité aura pour conséquence le progrès des idées, et le progrès des idées à son tour tendra à la suppression, à l'annihilation des réflexes, qui ne peuvent précisément exister, avec leur caractère fatal et mécanique, que grâce à l'absence des idées.

Il n'y en a pas moins chez le nouveau-né de nombreux et importants mouvements réflexes. L'action réflexe, nous le verrons tout à l'heure, joue assurément un rôle jusque dans le développement des mouvements instinctifs et des mouvements volontaires eux-mêmes. Mais elle se manifeste seule et sans mélange dans des phénomènes

(1) Voyez *Revue philosophique*, t. XIX, p. 533, article du Dr Sikorski, *le Développement psychique de l'enfant*.

(2) Voyez plus loin, chap. III.

tels que l'éternuement, la toux, le hoquet, le bâillement, le cri, et même, si l'on en croyait Darwin qui, sur ce point, se trompe, dans l'action de téter (1).

L'éternuement, qui est souvent le premier acte de l'enfant à son entrée dans le monde, présente dans toute sa pureté le type de l'action réflexe : il n'est que la riposte immédiate de l'organisme provoqué. Chez le nouveau-né, il est déterminé mécaniquement par une impression de froid, par la brusque invasion de l'air dans les poumons. Plus tard, il peut résulter de causes très diverses. « J'ai vu, dit M. Preyer, l'éternuement se produire au trente-huitième jour, après que j'avais aspergé le front de mon fils de quelques gouttes d'eau tiède; au quarante-troisième jour, quand j'avais répandu dans l'air des grains de lycopode; au cent-soixante-dixième, lorsque je soufflais simplement sur son visage. Une pareille susceptibilité est rare chez les adultes (2). »

Un autre exemple très net d'action réflexe est celui que cite Darwin : « Le septième jour je touchai la plante du pied à Doddy, avec un morceau de papier : il retira vivement son pied et en même temps il recourba ses orteils, comme le fait un enfant beaucoup plus âgé, quand on le chatouille. »

D'autres mouvements doivent encore être considérés comme des réflexes : d'abord, bien entendu une grande partie de ceux qui se rattachent aux opérations de la vie organique (l'autre partie devant être attribuée à des impulsions instinctives), et qui dépendent, soit des muscles qu'en physiologie on appelle « involontaires », les mouvements de la circulation, des organes digestifs; soit des muscles volontaires, les mouvements de la respiration; et aussi des mouvements qui se rapprochent davantage de la vie mentale : le clignement des paupières pour garantir l'œil d'une lumière trop vive, les contractions des membres pour se dérober à une impression pénible du contact, les déviations de la tête pour éviter un heurt ou un coup (3).

(1) « Pendant les sept premiers jours, mon petit enfant accomplissait déjà plusieurs actions réflexes, telles que celles d'éternuer, d'avoir le hoquet, de bâiller, de s'étirer, et naturellement de *téter* et de crier. »

(2) M. Preyer, *op. cit.*, p. 179.

(3) Voici deux faits de mouvement automatique observés par M. Binet chez des petites filles de six mois et de huit mois : « Lorsque l'enfant avait la main ouverte, il suffisait de gratter légèrement la paume de la main pour que les doigts étendus se fléchissent et la main se fermât; au contraire, lorsque la main était d'abord fermée, une légère excitation mécanique sur la face dorsale déterminait très

A l'origine, et dans leur simplicité primitive, les actions réflexes n'ont point d'antécédent psychique, à moins qu'on ne veuille prendre pour tel l'excitation obscure et inconsciente des nerfs sensitifs, qui n'est encore qu'une impression, et non une sensation, encore moins une perception. Mais quand la sensibilité a grandi, quand les organes exercés donnent naissance à des sensations agréables ou désagréables, l'acte réflexe, quoique toujours involontaire et machinal et bien qu'il s'accomplisse fatalement, peut être consécutif au plaisir ou à la peine ressentie, à la conscience vague d'un danger redouté ou d'un avantage recherché. L'enfant assis sur son banc et plongé dans sa lecture, si un rayon de soleil trop chaud vient lui frapper la tête, se détournera pour se mettre à l'ombre; de même si le froid gagne ses jambes, il les resserrera l'une contre l'autre pour se réchauffer.

Il y a donc des degrés à distinguer dans les opérations réflexes, et il est certain que les parties du système nerveux engagées dans les mouvements de cette espèce ne sont pas toujours les mêmes. M. Bain estime que les uns, les plus rudimentaires, sont entretenus par le système des nerfs et des ganglions sympathiques; d'autres le seraient par la moelle épinière ou la moelle allongée; d'autres enfin par des centres encore plus élevés du système cérébro-spinal, comme le mésocéphale et les tubercules quadrijumeaux (1). Dans l'état actuel des recherches physiologiques, il n'est guère possible d'arriver sur ce point à une précision absolue. Mais bien que nous soyons d'accord avec Virchow (2) pour admettre que, dans les premiers moments de son existence, « le nouveau-né est un être purement

rapidement l'extension des doigts. Cette petite expérience réussissait dans les conditions les plus diverses, que l'enfant fût réveillé ou endormi, qu'il fût attentif à ce qui se passait dans sa main ou que son attention fût occupée ailleurs. Un second exemple d'automatisme est la facilité avec laquelle on peut provoquer chez un petit enfant, pendant qu'il est distrait, des mouvements coordonnés dont il n'a pas conscience. C'est ce que je voyais maintes fois chez plusieurs petites filles. En voici un exemple pris entre plusieurs. Une petite fille de huit mois regarde attentivement une dame qui lui fait des sourires : sa main est ouverte et en pronation. On glisse dans la paume de la main un petit objet, une clef, une règle, etc. L'enfant occupé ailleurs ne paraît s'apercevoir de rien, mais ses petits doigts se replient autour de l'objet; ils se serrent et tiennent l'objet suspendu pendant un certain temps, quelquefois pendant plusieurs minutes; puis la main s'ouvre lentement ou brusquement, et l'objet tombe par terre, sans que l'enfant se soit douté de rien. »

(1) M. Bain, *op. cit.*, p. 240.

(2) C'est aussi l'opinion de M. Ribot, *les Maladies de la volonté*, p. 5.

spinal » et que son activité est placée sous la dépendance de la moelle épinière, il n'en est pas moins vraisemblable que le cerveau joue très promptement un rôle dans la production des réflexes (1).

Ce qui est certain, en tout cas, c'est que malgré des analogies apparentes, il ne saurait être question de confondre l'acte réflexe, même le plus simple, avec les mouvements purement mécaniques qui se produisent parfois dans certaines espèces du règne végétal. Sans doute il y a quelque ressemblance entre l'action du nouveau-né qui éternue ou qui cligne les yeux, et le frémissement de la sensitive, qui au moindre contact replie ses feuilles. L'enfant, qui serre les doigts autour des objets placés dans sa main, peut être comparé à la dionée attrape-mouches, qui ferme ses fleurs dès qu'un insecte s'y est posé. Mais il n'y a là que matière à comparaison, et le mouvement réflexe le plus élémentaire suppose toute autre chose que la simple contractilité des tissus : il dérive d'une harmonie préétablie, d'un *consensus* de diverses parties du système nerveux ; il met en jeu un véritable organisme, et ce qui suffirait à le prouver, c'est le phénomène, décrit par M. Preyer, de l' « irradiation des réflexes », c'est-à-dire des mouvements concomitants, qui, par exemple, accompagnent l'éternuement, le chatouillement (2).

III

Quoi qu'en disent certains physiologistes—Vulpian par exemple (3), qui se demande, sans dissimuler son embarras : « Où finissent les actions réflexes sensitivo-motrices? Où commencent les phénomènes instinctifs? » — les mouvements imputables à l'instinct se reconnaissent à des caractères très nets. Ils se distinguent des mouvements automatiques, en ce qu'ils sont coordonnés et tendent manifestement à un but défini ; et des mouvements réflexes, en ce qu'ils ont leur principe, non dans une excitation superficielle, venue du dehors, mais au plus profond de notre être, dans les habitudes

(1) « L'automatisme a été considéré pendant longtemps comme appartenant exclusivement à la moelle épinière et aux centres nerveux secondaires. Mais les travaux du Dr Carpenter et du Dr Laycok ont établi que le cerveau possède aussi une activité automatique qui lui est propre, et qu'ils ont désignée sous le nom de « cérébration inconsciente » ou « activité préconsciente de l'âme ». (M. Ribot, *l'Hérédité*, p. 313.)

(2) M. Preyer, *op. cit.*, p. 183.

(3) Vulpian, *Physiologie du système nerveux*, p. 194.

héréditaires ou les tendances innées de la nature humaine. Bien avant que la volonté personnelle apparaisse et se saisisse des muscles pour les soumettre à une direction intentionnelle, l'instinct a déjà établi une certaine régularité dans les mouvements de l'enfant. C'est que l'instinct, quelque involontaire et irréfléchi qu'il soit en lui-même, est déjà une puissance coordinatrice, un agent régulateur, soit qu'on le considère comme le résidu de toutes les volontés accumulées des générations passées, soit qu'on y voie l'effet direct de la volonté prévoyante de la nature.

Dans l'étude des instincts de l'enfance, il faut se tenir à égale distance, et de ceux qui en voient partout, et de ceux qui n'en voient presque nulle part. M. Perez, par exemple, prétend que « l'éternuement ne peut guère être séparé de l'instinct (1) » : il y aurait donc, sinon un dieu, comme chez les anciens, au moins un instinct de l'éternuement. D'un autre côté, M. Rabier déclare que chez l'homme « l'instinct n'existe pas ou existe à peine (2) ». Le dissentiment provient surtout d'une définition équivoque de l'instinct. Aux yeux de M. Rabier, en effet, l'instinct supposerait toujours, comme conditions et antécédents, des représentations intellectuelles, « une série d'images qui se déroule dans la conscience ». Nous pensons, tout au contraire, que, dans sa forme primitive, l'instinct est absolument aveugle, non seulement parce qu'il ignore sa fin, mais parce qu'il s'ignore lui-même. Dès que des représentations intellectuelles sont possibles et que la conscience est apparue, l'action instinctive chez l'homme fait place au désir, et le désir s'achemine peu à peu jusqu'à la volonté (3). M. Rabier n'est dans le vrai que s'il entend parler seulement de l'adulte, chez qui la raison et l'habitude ont fait disparaître presque complètement les impulsions de la nature animale ; mais chez l'enfant, qui par tant de côtés n'est encore qu'un petit animal, l'instinct est incontestablement le principe d'un très grand nombre d'actions (4).

(1) « Une des premières actions réflexes à noter chez l'enfant et qui paraît au premier abord ne pouvoir guère être séparée de l'instinct, c'est l'éternuement. » (M. Perez, *op. cit.*, p. 48.)

(2) M. Rabier, *Psychologie*, p. 606.

(3) « S'il s'interpose entre une sensation ou une idée et le mouvement qu'elle peut évoquer un sentiment d'un ordre émotionnel connu sous le nom de désir, ce mouvement a droit au titre de mouvement volontaire. » (Charlton Bastian, *op. cit.*, t. II, p. 171.)

(4) Conférez ce que dit Maine de Biran, dans l'Introduction de son *Anthropologie*, sur les caractères de la vie à ses débuts : « Cette existence purement sen-

Afin de nous rendre bien compte de la nature des mouvements instinctifs, prenons un exemple : l'action de téter et de sucer (1). M. Bain affirme bien que l'acte de téter est un acte réflexe qui se transforme en acte volontaire (2). Mais la première partie de son affirmation est inexacte, et on ne saurait douter que dans cette opération essentielle de la vie de nutrition, de laquelle dépend l'existence de l'enfant, il n'y ait plus qu'un mouvement consécutif à une excitation extérieure. La meilleure preuve qu'on en puisse donner, c'est qu'autant l'enfant, s'il a faim, est prompt à rechercher, soit le sein maternel, soit le biberon, autant, s'il est rassasié, il se montre disposé à le repousser. La présentation de l'objet est sans doute nécessaire pour que, au premier jour, le nouveau-né soit déterminé à satisfaire son instinct; mais elle ne suffit plus pour provoquer le mouvement, si le besoin intérieur, qui en est la vraie cause, a disparu. L'instinct préexiste donc à l'excitation extérieure, puisqu'il n'agit plus, quoique cette excitation persiste. Faut-il aller plus loin encore, et accepter le témoignage de certains observateurs qui prétendent que l'enfant, par certains signes, manifeste de lui-même l'instinct de téter, en dehors de toute sollicitation qui l'y excite? M. Espinas est de cet avis, et il croit avoir observé que le nouveau-né, sujet de ses expériences, dès le premier jour de sa vie, « tendait la tête en bâillant vers la poitrine de la personne qui le tenait dans ses bras, cherchant sans doute le sein »; chez le même enfant, nourri pourtant au biberon, on aurait encore constaté au quatorzième jour « le même mouvement de la tête vers le sein (3) ». Sans compter que les mouvements cités peuvent avoir été provoqués par l'odorat, il nous paraît que les observations de

sitive, ces appétits entraînants, ces penchants aveugles antérieurs à toute expérience, enfin tout cet ensemble de déterminations et de mouvements automatiques qui se manifestent à l'origine de l'existence et antérieurement même à la naissance de l'individu, peuvent être compris sous le nom d'instinct ou de principe sensitif : titre vague sans doute comme exprimant la force qui agite l'organisme au dedans, force aveugle qui s'ignore elle-même dans son exercice le plus énergique. » (MAINE DE BIRAN, *Œuvres inédites*, édit. Naville, t. III, p. 332.)

(1) « C'est sans raisonner qu'un enfant qui tète ajuste ses lèvres et sa langue de la manière la plus propre à tirer le lait qui est dans la mamelle. » (BOSSUET, *Connaissance de Dieu et de soi-même*, V, 3.)

(2) M. BAIN, *op. cit.*, p. 217. — Bien entendu nous n'employons toujours le mot *réflexe* que comme synonyme d'une action provoquée par une excitation extérieure.

(3) *Observations sur un nouveau-né*, dans les *Annales de la Faculté des lettres de Bordeaux*, 1883, p. 383.

M. Espinas auraient besoin d'être contrôlées et renouvelées : il se peut que des mouvements fortuits aient été confondus avec des mouvements instinctifs. Il n'est pas nécessaire, en tout cas, qu'elles soient démontrées vraies, pour que le caractère instinctif de l'acte de téter ressorte et éclate. Chez les animaux eux aussi, l'instinct le plus déterminé réclame pour agir des impressions qui l'excitent. « Le poussin, dit M. Marion, n'exécute pas sur un tapis le mouvement de gratter avec ses pattes; il l'exécute aussitôt posé sur le gravier, comme si la sensation des grains de sable était nécessaire et suffisante pour mettre le mécanisme en mouvement. »

Dès le premier moment, les actes assez compliqués que suppose la succion s'accomplissent avec une précision remarquable et, comme dit Bossuet, « de la manière la plus propre à tirer le lait qui est dans la mamelle ». M. Preyer, qui n'attend même pas que l'enfant soit tout à fait venu au monde pour commencer sur lui ses observations et ses expériences, M. Preyer nous raconte le fait suivant : « En décembre 1870, trois minutes après le dégagement de la tête, qui cria faiblement dès que la bouche se trouva libre, je touchai la langue de l'enfant; je promenai le bout de mon doigt sur la face supérieure de cet organe : l'enfant cessa aussitôt de crier et se mit à sucer activement (1). » Objectera-t-on, pour contester le caractère instinctif de la succion, que l'enfant, ce qui est vrai, ne réussit pas toujours du premier coup à saisir le sein de sa nourrice, qu'il faut parfois l'y aider? Mais ces hésitations de la première heure se rencontrent aussi chez les animaux. D'ailleurs elles proviennent, nous l'avons déjà dit, soit de l'insuffisance des organes de l'enfant, soit des difficultés d'adaptation avec d'autres organes. Les défauts d'un organisme anormal, chez des enfants particulièrement chétifs et malingres, ne sauraient rien prouver contre la réalité de l'instinct, dont cet organisme n'est que l'instrument. En quelques jours d'ailleurs tout est réglé, toute trace d'hésitation a disparu, et le mouvement s'exécute avec une régularité mécanique parfaite. Il en est du moins ainsi chez les enfants normaux. En un sens, l'intelligence future se révèle déjà, qui le croirait? dans la façon dont l'enfant tète. Chez les idiots de naissance, en effet, on remarque une véritable difficulté à téter : « Il semble, chaque fois que la nourrice leur présente le sein, que la chose soit nouvelle pour eux, et chaque nou-

(1) M. Preyer, *op. cit.*, p. 214.

velle expérience ne s'ajoute pas à la précédente pour déterminer chez eux une idée, si peu consciente qu'elle soit (1). »

La force de l'instinct, dans ce qu'elle a d'aveugle et de mécanique, éclate encore dans ce fait que l'enfant suce tout ce qui lui est offert, le doigt, une poupée de linge, un objet quelconque, dès que cet objet est placé au contact de sa langue et de ses lèvres. M. Preyer rapporte, en le blâmant d'ailleurs, l'usage des habitants de la Thuringe, qui, pour apaiser les enfants, leur laissent sucer pendant des heures une bouteille de caoutchouc vide. Bien que la succion, dans ce cas, ne produise pas l'effet attendu par la nature, qui veut se nourrir, le mouvement se prolonge quand même. On peut rapprocher de ce fait l'observation d'un médecin parisien, qui affirme que « le nouveau-né mesure son degré de satiété, non à la quantité de lait qu'il a absorbée, mais à la sensation de fatigue que lui procure la succion ; quand il a fait le mouvement des lèvres pendant quelques minutes, il se croit satisfait, même s'il est venu peu de lait. Beaucoup de mauvaises nourrices se trompent ainsi elles-mêmes (2). »

Après avoir insisté pour établir le caractère machinal et aveugle des mouvements de l'enfant qui tète, il faut se hâter de reconnaître que les choses changent rapidement de caractère, que la conscience se montre, et que le nourrisson se suspend bientôt au sein de sa mère, non plus sous l'empire d'un instinct obscur, mais avec le souvenir du plaisir qu'il a déjà éprouvé, le désir de retrouver ce plaisir et la représentation vague des mouvements qu'il va de nouveau accomplir, afin de satisfaire les besoins de la nutrition. Chez l'enfant, les phénomènes se modifient sans cesse dans leur caractère. On n'a pas plutôt défini un état passager de sa nature mobile et toujours en voie de développement, qu'il faut se hâter, pour rester exact, de définir un état différent, sinon opposé. L'enfant est comme un livre dont on feuillette les pages successives, sans pouvoir jamais s'arrêter dans sa lecture. Il n'est plus aujourd'hui ce qu'il était hier. Ses actions, qui au premier abord paraissent uniformes, toujours les mêmes, se transforment sans cesse dans la réalité de leur manière d'être, et elles changent de physionomie, si on les observe avec soin. Tout se mêle chez le petit enfant : des vestiges de vie animale et des commencements de vie intelligente. Aussi, quelque disposé que nous soyons

(1) Dr Sollier, *op. cit.*, p. 41.

(2) Dr Horace Bianchon, *Causerie médicale*, dans le journal *le Temps*, n° du 23 février 1891

à voir dans l'action de téter l'effet de l'instinct, force nous est de constater que les opérations réflexes y ont aussi leur part : le fait de fermer et de serrer les lèvres autour du mamelon est un pur réflexe que stimule le simple contact. Et de même, quoiqu'il nous paraisse certain qu'aucun antécédent, ni sensation de faim, ni idée quelconque, n'a précédé le premier élan de l'enfant vers le sein maternel, il n'est pas douteux que, peu de temps après la naissance, l'enfant, ayant désormais conscience de ce qu'il fait quand il tète, n'est déjà plus sous la domination exclusive de l'instinct. Il n'agit pas encore volontairement, mais le désir, l'envie d'obtenir de nouveau ce qui lui a été tant de fois donné, dirige, anime ses mouvements. Il connaît déjà cette demi-volonté qui implique, sinon le choix entre plusieurs actions, du moins la poursuite consciente d'un but connu. Et la preuve, c'est que la présence de la nourrice surexcite son désir : l'enfant, qui tout à l'heure ne songeait nullement à téter, réclame avec impatience le sein, dès qu'il voit apparaître la personne qui l'allaite.

Les psychologues contemporains ont mis en lumière cette loi que tout état de conscience tend à se traduire au dehors par des mouvements. Chez l'enfant, et dans l'évolution originelle de nos facultés, c'est, au contraire, le mouvement qui précède la conscience (1); c'est la répétition du phénomène moteur inconscient qui semble appelée à produire l'état conscient, émotion, désir et plus tard volonté. Ce n'est certainement qu'après avoir plusieurs fois pris le sein machinalement, que l'enfant qui tète devient conscient du mouvement qu'il exécute. La vie mécanique devance et prépare la vie consciente (2). Les enfants se comportent d'abord comme s'ils désiraient, comme s'ils voulaient; et ce n'est qu'après avoir traversé ces simulations de l'instinct qu'ils parviennent à la réalité du désir et de la volonté. Il ne suffit pas de dire que parmi les mouvements involontaires de l'enfant les uns sont conscients, les autres inconscients: la vérité est qu'il y a des degrés dans la conscience; il y a des états subconscients, demi-conscients, qui flottent, pour ainsi dire, entre l'obscurité et la lumière.

(1) Nous entendons par là, soit la connaissance de l'acte au moment où il se produit, soit la faculté de se le représenter avant qu'il se produise.

(2) Conférez M. Marillier, article de la *Revue scientifique* (1890, p. 398) sur *les Phénomènes moteurs et la volonté* : « L'évolution des phénomènes moteurs précède celle des représentations. »

L'étude des autres instincts de l'enfant révèle la même complexité et l'intervention des divers principes d'activité propres à l'homme. L'habitude elle-même, quelque inattendue qu'elle soit chez un être qui commence à vivre, ne tarde pas à jouer un rôle dans la direction de la motilité. Nous avons déjà vu (1) que, dans l'attitude générale de son corps, dans la position que ses jambes et ses pieds recherchent de préférence, et aussi dans les mouvements par lesquels il porte les mains à son visage, l'enfant obéissait aux souvenirs musculaires de la vie intra-utérine. De même, les actions nouvelles qu'il accomplit, une fois né, sous l'empire de l'instinct ou de l'activité automatique, peuvent devenir, elles aussi, des habitudes. Il n'est nullement nécessaire, pour qu'un mouvement s'accomplisse par habitude, que la volonté ait présidé à sa première manifestation. Toute action volontaire ou involontaire, une première fois produite par une cause ou par une autre, tend à se répéter, à se renouveler inconsciemment. Il n'est pas rare d'observer, chez les *bébés* aussi bien que chez les vieillards, de véritables tics, de petites manies musculaires, qu'il est difficile de corriger, si on laisse prendre pied à l'habitude. Les observations faites sur les idiots, — les tics, les grimaces sans fin qu'on rencontre chez eux, — nous montrent, comme dans un miroir grossissant, le caractère de ces mouvements d'habitude qui, chez l'enfant normal, peuvent être assez promptement réprimés par l'action de l'intelligence et de la volonté naissante, mais qui persistent et se perpétuent, quand la nature laisse dominer « la partie de l'homme par laquelle l'homme est machine ».

IV

Les analyses qui précèdent permettent de se reconnaître au milieu des mouvements si variés qui, dans les premiers mois, constituent presque exclusivement l'activité de l'enfant. Plus tard, chez l'adulte, la vie intérieure se suffira jusqu'à un certain point à elle-même. Nous vivrons au dedans de nous-mêmes. Nos réflexions, nos soucis absorberont notre activité, et ils ne se traduiront pas toujours au dehors. Le langage, d'ailleurs, sera l'instrument régulier du besoin que nous avons de communiquer avec autrui, le canal par où s'écouleront les sentiments et les pensées. Mais l'enfant qui ne pense

(1) Voyez chapitre Ier p. 11.

pas, qui ne parle pas, que ferait-il, pendant les heures insensiblement plus longues qu'il dérobe au sommeil, s'il ne se mouvait pas? La perception extérieure sans doute, la sensation tout au moins, va de plus en plus occuper une partie de sa vie éveillée. Mais cette activité des sens elle-même est accompagnée de mouvements. Chez l'enfant, il y a beaucoup de mouvements sans idée, mais il n'y a guère d'idée, c'est-à-dire de perception ou de sensation, sans mouvements.

Examinons donc, sans avoir la prétention de les analyser toutes, dans quelle catégorie pourraient être rangées les manifestations de la motilité dont nous n'avons pas encore parlé. Peut-être de notre examen résultera-t-il la conclusion qu'elles participent toutes plus ou moins des différents types que nous avons esquissés.

Les cris, par lesquels l'enfant débute dans la vie, et dont il aura tant de peine à se déshabituer, nous sont représentés par M. Preyer comme de purs réflexes. Il n'est plus question, assurément, de leur attribuer une signification morale, d'y voir, avec des littérateurs trop poétiques, ou même avec des philosophes trop symbolistes, la plainte de la créature jetée dans le monde pour y souffrir. Kant lui-même n'avait pas échappé à cette illusion. Le cri, d'après lui, serait chez le nouveau-né le signe de l'irritation et de la colère : « Ce n'est pas qu'il souffre, disait-il, mais quelque chose lui déplaît; sans doute, il voudrait mouvoir ses jambes, et il sent son impuissance, comme il sentirait une chaîne qui entraverait sa liberté (1). Quel a pu être le but de la nature, en le disposant à pousser des cris qui, pour la mère et pour lui, à l'état de nature, seraient des plus dangereux? » Et il ajoute ailleurs : « Si un animal, en venant au monde, criait comme font les enfants, il deviendrait infailliblement la proie des loups et des autres bêtes sauvages qui seraient attirés par ses cris. » Nous accorderons volontiers à Kant que le but de la nature est ici assez obscur, et qu'il est difficile de découvrir l'utilité des premiers cris. Mais nous ne saurions les interpréter avec lui comme les signes expressifs du mécontentement d'un être faible, qui s'emporte contre sa

(1) Kant a varié dans son interprétation des cris. Parfois il semble n'y voir qu'un phénomène mécanique : « Par leurs cris les enfants facilitent le déploiement des parties intérieures de leur corps. On leur rend par suite un très mauvais service, en cherchant à les apaiser aussitôt qu'ils crient. » (*Traité de pédagogie, Éducation physique.*) Ailleurs il dira : « Lorsque l'enfant est capable de rire et de pleurer, il crie avec réflexion, si obscure que soit encore cette réflexion. Il pense toujours qu'on veut lui faire du mal. »

faiblesse. Faut-il, d'autre part, avec M. Preyer, les considérer simplement comme des réflexes respiratoires, causés par le refroidissement de la peau ou par toute autre impression désagréable? Nous pensons qu'il y a quelque chose de plus dans ces cris qui se prolongent, qui ne cessent que pour recommencer aussitôt, et qui sont assurément hors de proportion avec les impressions de souffrance que peut ressentir l'enfant. Ils sont spontanés et automatiques en grande partie. Ils dérivent, chez le nouveau-né, du besoin général d'action, et peut-être aussi d'un besoin particulier d'affirmer son existence, bien qu'ils soient dépourvus, non seulement de toute signification intentionnelle, mais, à l'origine, de toute conscience. Et quand, par la répétition fréquente, grâce au progrès général du système nerveux, ils ont pris conscience d'eux-mêmes, ils sont si loin d'exprimer un sentiment de faiblesse, comme le pensait Kant, qu'ils deviennent plutôt la manifestation naïve d'un sentiment de force. L'enfant qui crie a souvent plaisir à crier. Désagréables pour tout le monde, excepté pour lui, qui s'y complaît, les cris font partie de cet ensemble de signes naturels, sons de voix variés, petits grognements, murmures et gazouillements, qui sont les préludes du langage : simple gesticulation vocale, au début, en attendant qu'ils deviennent des signes d'appel, lorsque l'intelligence aura compris de quelle utilité ils peuvent être.

Le sourire, le rire, nous le verrons ailleurs, ne sont que des mouvements automatiques, avant de devenir l'expression définie d'un sentiment de plaisir ou d'affection. Les pleurs de même. Les sanglots et les soupirs, qui se produisent d'assez bonne heure, n'ont d'abord aucune portée expressive (1). On ne saurait trop y insister : c'est une loi générale que l'activité de l'enfant, jusqu'à l'âge de quatre ou cinq mois, n'offre rien qui ait véritablement un sens moral, encore moins rien d'intentionnel et de voulu. Le mécanisme réflexe, automatique ou instinctif, s'organise d'abord : la pensée et la volonté s'en emparent ensuite.

Prendre la mamelle avec les lèvres, c'est affaire d'instinct ; prendre un objet quelconque avec les mains, pour le saisir et le palper, c'est

(1) Nous ne nous occuperons pas de certains mouvements qui se produisent fréquemment chez l'enfant, purs réflexes, qui n'ont pas de valeur psychologique, le ronflement, le bâillement, le hoquet, etc. ; pas plus que des mouvements respiratoires qui dérivent d'une fonction purement physiologique. Quant aux mouvements qui accompagnent l'exercice des sens, voyez plus loin, chapitres III et IV.

aussi un acte instinctif. La préhension, qui est une faculté si importante pour l'homme, et qui sera plus tard, dans la complication de mouvements qu'elle exige, l'instrument assoupli de la volonté et de l'habitude, la préhension s'exerce d'abord spontanément. C'est à tort que Mme Necker de Saussure a écrit : « Il s'écoule plus de cinq mois avant que l'enfant ait encore l'idée de tirer aucun parti de ses mains ; leur destination lui est longtemps inconnue ; et l'extrême lenteur qu'il met à la deviner prouve que cette découverte est chez lui l'œuvre tardive de l'expérience (1). » Bien avant cinq mois, dès les premiers jours même, le nourrisson presse de ses mains le sein maternel, comme pour le retenir. L'enfant observé par M. Espinas poussait le biberon contre sa bouche « avec le dos de ses mains, quelquefois aussi avec les doigts ». Les tâtonnements maladroits de la préhension commençante témoignent seulement de la faiblesse des organes, et ne prouvent pas qu'en elle-même la tendance à saisir les objets soit une acquisition de l'expérience. Si l'enfant qui a péniblement réussi à prendre dans ses mains un jouet, un hochet, le laisse échapper presque aussitôt, le regardant ébahi rouler à terre, ce n'est pas le désir de le retenir qui lui manque, c'est seulement la force ou l'adresse (2).

M. Preyer a minutieusement étudié les phénomènes moteurs de la préhension, et nous ne saurions mieux faire que de rapporter ici quelques-unes de ses observations (3). D'abord on peut constater que la préhension par les doigts, aussi bien que l'opposition du pouce qui en est la condition indispensable, peut se produire sans intention, « d'une façon réflexe, comme conséquence de l'excitation cutanée que détermine le contact d'un corps étranger ». Ainsi, pendant que les mains de l'enfant s'agitent dans tous les sens, si elles rencontrent le doigt tendu de la nourrice, elles le serrent machinalement. De même pour le hochet, qu'on a eu d'ailleurs la précaution de lui attacher au cou avec un cordon, parce qu'on sait qu'il est incapable d'une tension assez prolongée de ses muscles pour ne pas le laisser échapper. Mais, vers le quatrième mois, le désir commence à diriger les mouvements des bras. Si la main se porte

(1) Mme Necker de Saussure, *l'Éducation progressive*, l. II, ch. II.

(2) « Qui n'a été témoin et surpris, dit M. Luys, de la mobilité incessante, de l'appétition soutenue des jeunes enfants, pour connaître le monde extérieur, l'embrasser avec leurs petites mains, toucher tout ce qui les environne, et prendre connaissance de tout ce qui les entoure ? » (M. Luys, *le Cerveau*, p. 158.)

(3) M. Preyer, *op. cit.*, p. 201-213.

sur le visage, on ne peut plus dire qu'elle y arrive, comme par hasard, au cours de ses innombrables mouvements en tout sens : elle y est conduite. Les bras s'étendent en avant vers l'objet désiré, et un commencement d'effort se manifeste pour l'atteindre. « C'est pendant la dix-septième semaine, dit M. Preyer, que j'ai constaté pour la première fois des efforts sérieux pour prendre un objet avec la main. Cet objet était une petite balle en caoutchouc, qui se trouvait à portée; mais l'enfant passa à côté. Quand on la lui eut mise dans les doigts, il la tint longtemps serrée, la dirigea vers sa bouche et ses yeux : le tout avec une expression de physionomie nouvelle et plus intelligente. Le jour d'après, les efforts malhabiles, mais énergiques, de l'enfant, pour saisir toute sorte d'objets placés devant lui, devinrent plus fréquents... Quelques jours plus tard, l'enfant me tendit pour la première fois les deux bras, quand j'allais le voir le matin, et son visage présenta une expression indescriptible de désir. » Ce n'est pas seulement le désir, c'est aussi l'attention, exprimée par le mouvement bien significatif de la protrusion des lèvres, qui animait le fils de M. Preyer dans ces premiers efforts conscients et intentionnels de préhension. En quelques semaines, on le voit, la transition s'est opérée ; et ce qui était d'abord exclusivement machinal est en train de devenir volontaire.

L'histoire de tous les mouvements de l'enfant est donc à peu près la même : impulsions irrésistibles, aveugles et fatales, au commencement; puis, peu à peu désirs conscients, irréfléchis, mais éclairés par une représentation intellectuelle, par l'idée d'un but à atteindre; enfin, volonté et efforts : telles sont les causes successives qui les déterminent. L'enfant qui ne sait rien d'abord, ni de ses organes, ni de ses pouvoirs moteurs, ni de la relation qui existe entre ses mouvements et la satisfaction de ses besoins, apprend tout cela peu à peu; il se rend compte de ses mouvements et de leurs résultats; il parvient à les conduire, quoique condamné à ignorer comment ils s'exécutent. Nous retrouverons des exemples caractérisés de cette évolution complexe dans les mouvements dont nous remettons à plus tard l'examen, parce qu'ils correspondent à un développement ultérieur, à une période plus avancée de la vie de l'enfant : dans les mouvements expressifs (1), dans les mouvements imitatifs (2), et même dans le mouvement par excellence, la marche,

(1) Sur les mouvements expressifs, voyez chapitre V.
(2) Sur les mouvements imitatifs, voyez chapitre IX.

la locomotion (1). Dans ces phénomènes, quoiqu'on emploie pour les désigner le mot de « volontaires », il y aura toujours une part à faire aux mouvements réflexes et aux mouvements spontanés que nous venons d'étudier.

(1) Sur les mouvements volontaires, voyez chapitre XII.

CHAPITRE III

DÉVELOPPEMENT DE LA VISION.

I. Le nouveau-né est à demi aveugle. — Photophobie naturelle. — Observations de M. Cuignet. — Premières manifestations de l'appétence pour la lumière, pour la lumière diffuse d'abord, pour les objets lumineux ensuite, enfin pour les objets simplement éclairés. — Le champ de la vision très limité à l'origine. — La portée de la vue d'abord fort courte. —— II. Le rôle des muscles de la vision. — Mouvements des paupières. — Rien que pour savoir ouvrir l'œil, il faut une sorte d'apprentissage. — Mouvements correspondants des deux yeux. — D'abord incoordonnés, ces mouvements se règlent peu à peu. — Quoique coordonnés, ils sont encore involontaires. — Que la vision elle-même contribue à développer le mécanisme musculaire. — Comment l'enfant arrive à suivre du regard les objets en mouvement. — L'accommodation de la vision n'est pas immédiate. —— III. Comment s'éclaire et se détermine peu à peu le tableau d'abord confus des choses extérieures. — Progrès de la participation du cerveau. — Indépendance relative de la rétine et des centres nerveux. — La distinction des couleurs. — Observations de M. Binet. — Le jaune et le rouge, premières couleurs distinguées. — Hypothèse de Hugo Magnus. — Évolution progressive du sens des couleurs. — La couleur, première révélation du monde sensible. — Du monde des couleurs, l'enfant passe dans le monde des formes. — Le fait de reconnaître les objets et les personnes implique la perception des figures et des formes. — Appréciation des longueurs. — Rôle de l'attention. — Influence des causes morales sur le développement de la vue. — Imperfection de la vision chez les imbéciles et les idiots. —— IV. La perception visuelle de l'espace. — Nativistes et empiristes. — La perception de la distance n'est pas innée. — Observations de M. Preyer. — L'enfant témoigne, par les mouvements maladroits de la main, qu'il ne se rend pas compte des distances. — Observations sur les aveugles-nés. — La perception de l'espace, construction de l'expérience. — Les impressions visuelles et les impressions tactiles ne se rejoignent pas tout de suite.

En abordant l'étude de la vision et des autres sensations ou perceptions de l'enfant, nous entrons dans le domaine de la vie intellectuelle et dans l'histoire des humbles commencements de l'esprit. Quelque simple que paraisse le fait de percevoir, ce premier élément intellectuel, il ne faudrait pas croire que la perception soit possible dès le premier jour. Et pour ne parler d'abord que du plus important de tous les sens, je veux dire la vue, ce n'est nullement un paradoxe de dire que le nouveau-né apprend à voir, comme il apprendra plus tard à marcher, comme il apprend à entendre, à toucher. « Pendant les trois premiers mois environ de leur première année, disait déjà Kant, les enfants n'ont pas la vue formée. Ils ont bien la sensation de la lumière ; mais ils ne peuvent pas distinguer les objets les uns des autres. Il est facile de s'en convaincre en leur montrant quelque chose de brillant : ils ne le suivent pas des yeux. » Une sorte d'évolution, d'éducation naturelle, est nécessaire pour acclimater les yeux de l'enfant à la lumière, ensuite pour l'habituer à diriger son regard, à fixer les objets, à les reconnaître, à en discerner la couleur et la forme, enfin à apprécier les distances. Ici, comme partout, se révèle une des lois caractéristiques du développement de la nature humaine, la loi qui veut que, sauf un petit nombre d'actions immédiatement réglées par l'instinct, parce qu'elles constituent un minimum d'opérations indispensables à la conservation de la vie, l'enfant acquière par l'exercice et apprenne par l'expérience tout ce que la nature enseigne d'emblée aux animaux inférieurs, tout ce qu'elle leur suggère par des impulsions aveugles et irrésistibles.

I

Tout enfant, à la naissance, est jusqu'à un certain point un petit aveugle. Il y voit assez pour être blessé, incommodé par la lumière, si elle est vive, trop peu pour distinguer les objets. Sans doute il ne tardera pas à se montrer avide de sensations lumineuses. Dans quelques jours la clarté d'une bougie suffira pour le jeter dans une sorte d'extase. Mais dans les premières semaines, il manifeste par des signes certains que, loin d'aimer la lumière, il en a peur, pour ainsi dire. C'est à tort que des observateurs, d'ailleurs consciencieux, de la nature enfantine ont admis comme une vérité démontrée que le nouveau-né, dès les premiers moments de la vie, recherchait avec avidité et percevait avec plaisir la clarté du jour. Tiedemann n'hésite pas sur ce point : « On sait, dit-il, que les enfants, quand ils viennent au monde, et ensuite aussi souvent qu'ils se réveillent, tournent les yeux vers la lumière : ce qui prouve qu'elle produit par elle-même une impression agréable (1). » Les faits contredisent formellement cette assertion. Les médecins ont observé chez les adultes ce qu'ils appellent des *photophobies* morbides, que déterminent certains états nerveux ou bien les inflammations de l'œil. Chez l'enfant qui vient de naître, la peur de la lumière, une sorte de « photophobie » naturelle, est l'état normal. Lorsque, échappant au sommeil presque ininterrompu où il se complaît, le nouveau-né ouvre les yeux, il les referme presque aussitôt, comme ébloui par l'éclat du jour. Dans ce premier contact de ses organes délicats avec les ondes éthérées, au sortir de la prison noire où il a vécu pendant neuf mois, il éprouve, à un degré intense, l'impression de malaise que cause même aux yeux exercés de l'adulte l'apparition soudaine du jour succédant à l'obscurité. C'est pour cette raison sans doute que l'enfant a une tendance marquée à dormir le jour plutôt que la nuit : « Les yeux du nouveau-né, constate M. Espinas, s'ouvrent de préférence au crépuscule et le soir (2). » M. Preyer, qui ne peut être accusé de manquer de précision et de vigilance dans ses expériences, puisque son fils n'était pas au monde depuis cinq minutes que déjà il le tenait devant la fenêtre, à l'aube, pour observer l'effet produit sur lui par la lumière, M. Preyer reconnaît lui aussi que l'enfant, au début, ressent pour la lumière « une véritable antipathie (3) ». M. Cuignet, à qui nous devons de très intéressantes observations sur deux enfants étudiés depuis la naissance jusqu'au complet développement de la faculté de la vision, est de son côté très affirmatif : « Le deuxième jour l'enfant aime mieux l'obscurité que la lumière ; il n'ouvre les yeux que dans l'obscurité (4). » S'il entr'ouvre les paupières, pendant qu'il fait jour, il cligne aussitôt les yeux. Ne cherchons pas encore chez lui ces beaux regards fixes et clairs qui rendront plus tard sa physionomie adorable. Le nouveau-né louche ; il louche pour se dérober à l'éclat de la lumière. « Il a dès la naissance un pouvoir convergent très accusé, qui lui permet d'abriter son œil dans le compartiment obscur constitué par le grand angle (5). » De

(1) L'erreur est assez générale. Nous la retrouvons dans le livre de M. Ribot, *la Psychologie allemande* (p. 11, en note) : « Quelques heures après la naissance, l'enfant suit déjà des yeux le mouvement d'une lumière un peu éloignée. »

(2) *Annales de la Faculté des lettres de Bordeaux*, 1883, p. 383.

(3) M. Preyer, *op. cit.*, p. 5.

(4) *Annales d'oculistique*, Bruxelles, t. LXVI, p. 117.

(5) *Ibid.*, *id.*

même que nous faisons une légère inclinaison de tête pour éviter la pierre qui va nous heurter, de même l'enfant, pour se dérober à la lumière aveuglante, détourne la pupille par une sorte de strabisme instinctif (1).

Les observations faites sur les aveugles-nés qu'une opération heureuse a rendus à la lumière confirment par analogie ce que nous venons de dire des premières impressions de l'enfant. Chez une femme aveugle de quarante-six ans, opérée par Wardrop, l'éclat soudain du jour produisit une sensation désagréable : la malade se plaignait de la clarté « qui blessait ses yeux (2) ». De même chez une enfant de douze ans, soignée par Home, la lumière fut manifestement désagréable pour l'œil : la pupille était claire, mais la patiente ne pouvait supporter le jour (3).

D'après M. Cuignet, le strabisme du nouveau-né durerait jusqu'au vingtième jour. Il est probable que cet état de gêne et de souffrance ne se prolonge pas aussi longtemps. C'est dès le quatorzième jour que l'enfant observé par M. Espinas « ne redoutait plus la lumière ». Mais ce qui est certain, c'est que de très bonne heure, vers la troisième semaine, commence une seconde période, où les yeux de l'enfant, ayant déjà fait leur apprentissage, témoignent d'un goût très vif et d'une appétence manifeste pour la lumière. Si l'enfant pleure, s'il crie, bien souvent il ne faudra pour l'apaiser que faire le jour autour de lui. Je sais bien qu'il n'est pas encore capable de suivre du regard un objet, ni même de le fixer : mais la lumière répandue autour de lui, la lumière diffuse lui plaît, lui apporte d'agréables sensations. M. Cuignet constate lui-même que, dès le sixième jour, son fils paraissait s'ennuyer d'une trop longue obscurité, qu'il se taisait, dès qu'on allumait une bougie, qu'il paraissait jouir « d'un doux éclairage des objets environnants ».

Mais bientôt l'enfant ne se contente plus du plaisir vague qu'il trouve à être plongé, pour ainsi dire, dans un bain de lumière. Après quelques semaines, ses yeux ont acquis assez de force pour

(1) Conférez l'observation suivante : « Nous avons vu un enfant de trois mois dont on approchait une lumière, tandis qu'il était couché dans son berceau, blessé sans doute du trop vif éclat de cette lumière, tirer peu à peu sa couverture par des mouvements mal concertés jusque sur ses yeux et s'en cacher entièrement. » (M. Espinas, *les Sociétés animales*, p. 52.)

(2) Voyez *Philosophical transactions of the Royal Society*, Londres, 1826, t. III, p. 529-540.

(3) *Ibid.*, 1807, t. I, p. 85-87.

considérer les objets lumineux. Darwin prétend même que, dès le neuvième jour, le regard de son fils Doddy se fixait sur une bougie allumée. La lumière modérée et diffuse d'abord, ensuite la lumière vive, pas trop vive pourtant, concentrée dans un objet lumineux voilà ce qui plaît à l'enfant. « Jusqu'au quarante-cinquième jour, dit encore Darwin, aucun autre objet ne parut attirer les yeux de Doddy au même degré que la bougie allumée. » Il faut, bien entendu, que la bougie soit placée à une distance relativement assez grande trop rapprochée, elle obligerait l'enfant à clignoter ou même à clore complètement les paupières. Mais, cette réserve faite, il paraît établi que l'enfant voit et regarde tout d'abord les objets lumineux, la flamme d'une lampe, le feu qui brûle dans le foyer. Les objets qui reflètent simplement la lumière n'appelleront son attention que plus tard, en commençant par les plus éclairés, par ceux dont les couleurs sont les plus éclatantes : par exemple, le gland à couleurs voyantes, contemplé avec admiration par Doddy au quarante-neuvième jour, comme en témoignaient et la fixité de son regard et l'immobilité soudaine de ses bras; ou encore le rideau rose, vivement éclairé par le soleil, que le fils de M. Preyer saluait au vingt-troisième jour par un rire de contentement.

C'est dans l'éducation de la vue, c'est-à-dire du plus essentiel, du plus compliqué de nos organes de perception sensible, que la nature a accumulé le plus de degrés, de petites progressions, et qu'elle a le plus usé de ménagements et de lenteurs pour conduire à son développement final une faculté en apparence innée. De degré en degré, comme il vient d'être dit, la vue s'accoutume à des lumières de plus en plus intenses et recule les limites de l'éblouissement (1). Mais cette lumière elle-même, répandue dans l'air ou rassemblée sur un seul point, les yeux ne peuvent pas la saisir tout de suite dans tous les sens, ni la percevoir à une grande distance : d'une part le champ de la vision est restreint pour le nouveau-né; d'autre part la portée de la vision est limitée et courte.

Pour peu qu'on observe l'enfant dans les premiers tâtonnements de son regard, on se convainc que ses yeux ne perçoivent pas les objets situés à gauche ou à droite de son petit corps. Le nouveau-né

(1) Certains animaux peuvent exercer leur vue avec moins de lumière que les enfants; il n'est pas douteux que, par suite, l'éblouissement commence plus tôt pour eux, et que la lumière intense du soleil de midi, par exemple, ne leur cause une impression très désagréable.

ne voit que devant lui en ligne droite. Sa vue est comme emprisonnée dans un couloir étroit : des deux côtés il y a, pour ainsi dire, un mur qui empêche la vision de s'exercer. Qu'on déplace, par exemple, de quelques centimètres à droite ou à gauche, ou bien en haut ou en bas, la bougie qu'il a fixée un instant, et l'on reconnaîtra qu'il la perd de vue, qu'il laisse son regard errer vaguement ailleurs.

Il est aisé de comprendre pourquoi le champ de la vision, à l'origine, est aussi limité. La première raison, c'est que l'enfant n'a pas encore la faculté de mouvoir avec aisance le globe de l'œil, et qu'il n'a pas surtout celle de remuer la tête, puisqu'il ne peut pas même la tenir droite. Or c'est seulement grâce aux mouvements de l'œil et de la tête que le regard agrandi atteindra plus tard de tous les côtés son étendue normale. Une autre raison plus délicate, c'est que, d'après les observations des physiologistes, la sensibilité de la rétine, dans les premiers jours de la vie, serait limitée à la région centrale ; les parties périphériques ne deviendraient sensibles à la lumière que plus tard et peu à peu (1). Par suite l'insuffisance de la perception visuelle, chez le nouveau-né, ne dépendrait pas uniquement de la faiblesse musculaire, de l'impuissance à tourner les yeux de côté et d'autre : elle aurait aussi pour cause l'imperfection de l'organe naissant. Réduite à une sensibilité centrale, la rétine ne serait pas encore en état de répondre aux sollicitations latérales des objets environnants (2).

Un autre fait non moins incontestable, c'est que la vue n'a d'abord qu'une portée fort courte. Placez une bougie allumée à deux ou trois mètres d'un enfant âgé de quinze à vingt jours : il la regardera fixement; si vous l'éloignez à trois, quatre ou cinq mètres, il deviendra évident que l'enfant a perdu de vue la lumière, et au vague de son regard vous vous apercevrez qu'il ne perçoit plus rien. Ici encore il y a un développement progressif, et il est difficile de dire à quelle époque exactement l'enfant acquiert la portée régulière de la vision. D'après M. Cuignet, un enfant de deux mois et demi verrait jusqu'à sept ou huit mètres de distance. D'après M. Espinas, l'enfant, à deux mois, ne percevrait rien au delà de cinquante centimètres;

(1) Voyez sur ce point le livre de M. Hugo Magnus traduit en français par M. Jules Soury : *Histoire de l'évolution du sens des couleurs*, p. 125.

(2) D'après M. Cuignet, à deux mois et demi, l'enfant ne posséderait encore que la vision centrale.

à trois mois, au delà d'un mètre (1). Ces contradictions proviennent peut-être de ce que, dans les deux séries d'observations, les objets considérés n'étaient pas de même nature : dans le premier cas, la flamme d'une bougie ; dans le second cas, un objet simplement éclairé, le visage d'une personne. Quoi qu'il en soit, et sans oublier que, dans l'éducation de la vue comme pour tout le reste, les inégalités naturelles de santé et de force peuvent avancer ou reculer la date du développement complet des organes et de leurs fonctions, il est prouvé que l'adaptation, l'accommodation, qui permet à l'œil de voir à des distances de plus en plus grandes, ne s'organise que lentement et progressivement. Tout nouveau-né est un myope provisoire (2). Le tableau de la nature extérieure, avec tous ses plans, ses profondeurs et ses enfoncements, ne se déroule pas du premier coup devant le regard étonné et ravi de l'enfant. Il n'entre pas dans le monde, comme nous arrivons au théâtre, devant une scène toute arrangée à l'avance et que le spectateur embrasse d'un coup d'œil d'ensemble ; c'est morceau par morceau, pièce par pièce, que le monde des choses visibles se montre à ses yeux, et que le rideau qui les recouvrait se déchire et se relève.

Au progrès de la portée en avant, comme au progrès de l'étendue latérale de la vision, concourent les deux causes que nous avons déjà signalées : d'abord l'état de la rétine, qui acquiert peu à peu, du centre à la périphérie, toute sa sensibilité, de sorte que l'image qui doit se former exactement sur la rétine, et non en avant ou en arrière, pour que la vision soit claire et distincte, a désormais plus de chances de se produire dans les conditions voulues; en second lieu l'accroissement de la force des muscles, de ceux qui permettent au globe de l'œil de se mouvoir et de changer de position dans certaines limites, aussi bien que de ceux qui assurent les mouvements de la tête elle-même. C'est de ce dernier point que nous allons maintenant nous occuper.

II

La vision, on le sait, ne résulte pas seulement de la sensibilité particulière aux organes optiques : elle suppose des mouvements dé-

(1) A un an, l'enfant observé par M. Preyer distinguait des hommes occupés à scier du bois à plus de cent pieds de distance.

(2) C'est ce que confirment les expériences faites en 1861 par von Jager et visées par M. Preyer (p. 17). Il est vrai que le même auteur cite des expériences

terminés, qui seuls rendent possible la vision nette et complète (1). La perception visuelle n'est pas, comme on pourrait le croire, une simple réception passive du rayon lumineux, venant frapper un écran tout prêt à le recevoir. Déjà apparaît ici, comme elle apparaîtra partout, cette condition nécessaire de tout phénomène mental : la collaboration, la participation de l'activité intérieure, qui se réduit, il est vrai, dans le cas présent, à des mouvements. Et ces mouvements, même les plus rudimentaires, ne s'accomplissent pas régulièrement dès le premier jour. Lorsque l'enfant vient de naître, ce n'est pas seulement sa sensibilité optique qui est faible et incomplète, comme nous l'avons montré; ce n'est pas seulement l'attention et la force intellectuelle qui lui manquent, soit pour fixer et regarder les objets, soit pour interpréter les apparences sensibles : c'est le mécanisme physiologique qui est encore imparfait; c'est l'appareil matériel, c'est l'appareil musculaire qui ne fonctionne pas normalement. Il y a là toute une période de tâtonnements, analogues à ceux d'un astronome qui cherche à braquer ses lunettes, et qui ne parvient à apercevoir avec netteté l'étoile, qui est l'objet de ses investigations, que s'il a mis l'instrument au point.

Si nous en étions encore à nous imaginer que, dans l'exercice du sens de la vue, il n'y a rien d'acquis, que tout est inné, il suffirait, pour nous détromper, d'examiner les mouvements des paupières, et de constater qu'il faut une sorte d'apprentissage, rien que pour ouvrir les yeux. Il s'agit pourtant en ce cas de mouvements bien simples. Il s'agit en même temps d'une condition essentielle de la vision, puisque les mouvements des paupières, quand ils sont coordonnés, n'ont d'autre but que de soulever en même temps pour les deux yeux, et au moment voulu, le voile, le rideau qui nous cache la nature, quand il est baissé. Or pendant quelques semaines les mouvements des paupières ne présentent ni coordination, ni symétrie. Un œil s'ouvre pendant que l'autre reste fermé. D'autre part les paupières n'accompagnent pas régulièrement la pupille dans ses mouvements propres. Tous les observateurs sont d'accord sur ce point, et ils affirment que la coordination des mouvements du globe oculaire

contradictoires, et qu'il conclut à la nécessité de nouvelles observations sur ce sujet. Nous croyons dès à présent que la « presbytie innée » ne saurait être que l'exception.

(1) MAINE DE BIRAN, dans son *Mémoire sur l'habitude*, écrivait déjà : « Il est difficile de dire dans quelles bornes étroites les fonctions de la vue seraient circonscrites, si nous faisions abstraction de la mobilité particulière de cet organe. »

avec ceux des paupières n'existe pas tout de suite. Un seul mouvement paraît inné, et encore Darwin le conteste : celui qui pour éviter à l'œil le froissement d'une lumière trop vive abaisse la paupière et resserre la pupille. Quant au clignement et au battement des paupières, que détermine instinctivement chez l'adulte l'approche d'un objet, ce que M. Preyer appelle « l'épreuve de la main agressive », il ne se produit pas non plus dans les premières semaines.

Mais ce qui est autrement important, c'est l'agencement, progressif lui aussi, des contractions spéciales par lesquelles les muscles assurent les mouvements correspondants des deux yeux. L'enfant apprend à se servir des muscles oculaires, afin de voir, comme bientôt il apprendra à gouverner les muscles cruraux, afin de marcher. Et dans cette éducation il y a plusieurs phases : d'abord des mouvements non coordonnés ; ensuite des mouvements réglés, mais involontaires ; enfin, et c'est seulement alors que l'enfant possède véritablement la faculté de diriger son regard, des mouvements volontaires.

A l'origine, il est aisé de constater chez l'enfant des mouvements incoordonnés des deux yeux. L'œil droit regarde d'un côté ; l'œil gauche se porte de l'autre côté. Il n'y a pas encore association, convergence dans les mouvements qui déterminent les yeux à regarder en bas ou en haut, en dehors ou en dedans, à droite ou à gauche. « L'observation attentive et soutenue des mouvements oculaires, dit M. Preyer, pendant les six premiers jours en particulier, m'apprit que le mouvement simultané des deux yeux vers la droite ou vers la gauche n'est pas réellement coordonné d'une façon symétrique, comme il le sera chez l'adulte. Chez un enfant de dix heures et chez un autre de six jours, dont les yeux étaient grands ouverts, je constatai à plusieurs reprises des mouvements en apparence associés des deux yeux. Mais, à un examen plus attentif, ces mouvements se révélèrent comme n'étant pas complètement dirigés dans le même sens. En résumé, j'ai constaté que, chez le nouveau-né, très souvent un œil se meut indépendamment de l'autre, et que la tête se dirige dans un sens opposé à celui que suit le mouvement des yeux (1) ».

Ce tableau qui nous représente l'enfant grimaçant et laid, dans l'incohérence de ses mouvements oculaires, on est d'abord tenté de

(1) M. Preyer, *op. cit.*, p. 38

l'écarter comme inexact et faux. Qui n'a vu, dira-t-on, de tout petits enfants, avec une parfaite aisance, porter leurs regards ou du moins leurs yeux du même côté, par exemple, sur le visage de leur mère ou de leur nourrice, quand elle leur parle ou qu'elle leur sourit? Assurément il y a, dès les premiers jours, des exemples nombreux de concordance dans les mouvements des yeux ; ce qui reste vrai cependant, c'est que pareille concordance est fortuite; elle dérive de l'excitation produite par un objet bien éclairé qui, se trouvant placé dans le champ de la vision, retient le regard vague de l'enfant et lui impose, pour ainsi dire, la régularité de ses contractions musculaires. C'est bien précisément ce que pense M. Preyer, qui déclare qu'il n'a rencontré chez aucun enfant l'existence exclusive de mouvements coordonnés, et qu'il a constaté des mouvements incoordonnés jusqu'à l'âge de trois mois.

Il faut donc qu'un peu de temps s'écoule pour que les mouvements inutiles, déréglés, qui ne profitent pas à la vision, s'effacent dans le grand courant de la vie normale, afin de faire place aux seuls mouvements utiles, à ceux qui permettent de mieux voir; et pour que de cette espèce de petit chaos primitif sorte insensiblement un ordre, une direction régulière. Voilà l'enfant qui au vingt-sixième jour, dit M. Espinas, sait suivre des yeux la lumière d'une lampe que l'on change de place (1) ; qui, à deux mois, dirige de mieux en mieux ses regards et les fixe sur les yeux mêmes de la personne qui lui parle. Et de même M. Cuignet nous montre l'enfant, au vingtième jour, regardant autour de lui, sans remuer la tête, « par la seule excursion des globes oculaires ». Le mécanisme de l'appareil musculaire se consolide de jour en jour; la tête s'habitue à accompagner les mouvements des yeux, et la vision, promenée ainsi de côté et d'autre, acquiert toute son étendue.

Mais il ne faudrait pas se figurer que la volonté soit pour quelque chose dans cette régularisation progressive des mouvements oculaires. La volonté n'existera que beaucoup plus tard. S'il était vrai, comme l'affirme M. Preyer, que « toute fixation du regard est un acte de volonté », il faudrait en conclure que la fixation du regard est chose inconnue à l'enfant. Elle ne l'est pourtant pas. Nous avons tous observé les contemplations prolongées auxquelles se complaît le tout petit enfant, devant les fleurs d'un rideau, devant un objet

(1) Conférez l'observation de M. Preyer qui a constaté le même fait au vingt-deuxième jour. (*Op. cit.*, p. 35.)

brillant : elles font ressembler parfois son visage, ordinairement si mobile, à celui d'un méditatif ou d'un extatique. La cause en est, non dans une intention volontaire, dans un effort personnel, dans un pouvoir intérieur de concentrer son regard où l'on veut, mais simplement dans l'excitation produite par les perceptions lumineuses, qui attirent et captivent l'enfant. C'est le mécanisme musculaire qui, une fois réglé, permettra à la vision de s'étendre dans tous les sens, de rayonner dans toutes les directions, de devenir ce merveilleux toucher à distance, qui saisit une étoile dans l'infini du ciel. Mais c'est la vision elle-même qui, dans le principe, provoque le développement du mécanisme musculaire. En effet, lorsque l'enfant a contemplé un certain nombre de fois des objets naturellement placés à sa portée et dans sa ligne de vision. ses muscles oculaires prennent, pour ainsi dire, l'habitude d'associer leurs mouvements ; ils la prennent par la force même des choses, sous l'empire d'une sensation dominante, continuée ou souvent renouvelée. Et une fois qu'ils ont pris docilement le pli, ils le conservent : je veux dire qu'ils deviennent aptes à s'associer spontanément, sous l'impulsion d'un désir, d'une curiosité intérieure; de sorte que le jour où la volonté apparaîtra, elle trouvera le mécanisme optique tout prêt à fonctionner sous ses ordres.

C'est encore le fait de la vision qui, coïncidant avec le développement des forces musculaires, avec la consolidation des muscles, explique comment l'œil devient mobile, comment l'enfant parvient à déplacer son regard, à suivre le mouvement des objets. Il n'y parvient d'ailleurs que lentement. « Je fus surpris, dit Darwin, de voir avec quelle lenteur mon fils acquit la faculté de suivre des yeux un objet que l'on balançait devant lui assez rapidement; même à l'âge de sept mois et demi, il n'y était pas encore complètement arrivé. » — « C'est au vingt-neuvième mois seulement, dit M. Preyer, que je vis pour la première fois l'enfant suivre du regard le vol d'un oiseau. Il lui fallut beaucoup de temps encore avant de suivre des yeux les objets et jouets qu'il laissait tomber à terre, après s'en être amusé. » Ce sont d'abord les objets qui se déplacent lentement, le balancier d'une pendule, un chariot pesamment chargé, que l'enfant accompagne du regard. Sa vision, prisonnière de la sensation lumineuse qui la captive, détermine les mouvements musculaires qui sont nécessaires pour que cette sensation se continue, pour que l'objet qui se meut reste dans le champ de la vision. Si le déplacement des objets est trop brusque, les yeux s'arrêtent; il y a rupture de continuité; les muscles ne sont encore ni assez forts ni assez exercés; ils ne peuvent faire rapidement opérer au globe oculaire le déplacement indispensable pour que la vision s'adapte à une nouvelle distance. L'enfant, dont les yeux suivent déjà la fumée d'une bouffée de tabac ou la marche d'un nuage dans le ciel, ne peut encore mobiliser son regard aussi vite que l'hirondelle qui fend l'air, ou même que le jouet qui glisse de ses genoux à terre. Dans le premier cas, l'accommodation, c'est-à-dire la faculté que possède l'œil de s'adapter, pour bien voir, à des distances différentes, s'opère insensiblement; le regard, comme doucement mené en laisse, obéit et se plie à l'action de la sensation lumineuse, à la façon d'un jeune chien qui se laisse conduire par le bout de ficelle qu'on lui a mis dans les dents et qu'il ne veut pas lâcher. Dans le second cas, la transition n'est pas assez douce pour que les mouvements de l'œil puissent s'accomplir, et le regard dépisté perd la trace de l'objet. Il faudra un assez long exercice des muscles sous la première forme, pour que la seconde opération devienne possible, pour que les muscles du cou et les muscles oculaires acquièrent une souplesse suffisante, et pour qu'ils fassent concorder exactement la position de la tête et des yeux avec la situation dans l'espace de l'objet qui se meut et tend à se dérober au regard.

Concluons donc que l'appareil musculaire qui seconde la vision ne s'exerce pas immédiatement dans les conditions normales, chez l'homme tout au moins; car il semble que les choses se passent autrement chez les animaux, chez le poussin, par exemple, qui à peine sorti de l'œuf se rend compte des distances pour picorer le grain, qui suit avec une précision infaillible les mouvements d'un insecte rampant à terre. Chez l'homme il n'y a pas d'accommodation, d'adaptation héréditaire ou innée des fonctions visuelles. La nature ne fournit directement à l'enfant, — et encore, nous l'avons vu, elle ne le fait qu'au bout de quelques jours, quand les organes se sont assez affermis pour supporter l'excitation nerveuse de la lumière, — la nature ne fournit à l'enfant que les sensations lumineuses, la vision plus ou moins distincte des objets placés en face de lui, à une distance déterminée. Pour que la vue achève de conquérir l'espace, il est nécessaire que les muscles entrent en jeu, et c'est l'exercice seul qui assouplira les muscles, qui les fortifiera peu à peu, qui fera leur éducation.

III

Un aveugle-né, à qui on demandait quelle impression il ressentait, quelques jours après l'opération qui lui avait rendu la vue, répondait : « Je vois un champ lumineux étendu, où tout me paraît trouble, confus et en mouvement (1). » C'est probablement ainsi que le tableau des choses extérieures apparaît au premier regard de l'enfant. Même à deux ou trois mois, le nouveau-né ne distingue pas les objets les uns des autres. Quelques points brillants, la flamme d'une lampe, les yeux reluisants de sa mère et de sa nourrice, un jouet aux couleurs éclatantes, viennent parsemer d'abord la scène « confuse et trouble » que lui présente le monde (2). Des images nouvelles se détachent peu à peu de l'ensemble vague des choses, se dessinent avec netteté, se particularisent dans des sensations précises, selon que les objets se montrent à lui avec une lumière ou une coloration plus intense. L'enfant va de découverte en découverte; du deuxième au troisième mois, il semble qu'il aperçoive pour la première fois des objets ou des personnes qui pourtant sont devant lui depuis sa naissance. La toile s'anime insensiblement ; toutes les parties s'en éclairent. Les couleurs y sont d'abord distinguées, et avec elles consécutivement les formes qu'elles déterminent, plus tard le relief, la profondeur des corps. Comme dans un décor que le machiniste organise peu à peu, pour récréer la vue du spectateur, chaque objet vient successivement prendre sa place dans le champ de vision qui, en même temps qu'il s'élargit, s'étend en profondeur.

Dans ce travail d'élaboration qui agrandit l'horizon visuel de l'enfant, qui fait la clarté complète autour de lui, qui le met en état de discerner et d'interpréter les apparences sensibles, qui, en un mot, aux sensations confuses substitue de vraies perceptions, il faut faire la part de la cause générale qui est la condition de tout développement mental, et qui seule rend possible la vision complète : je veux dire le progrès de la participation du cerveau. Les premières impressions lumineuses n'intéressent que la rétine, le nerf optique et les couches optiques; elles ne se communiquent pas au cerveau, lequel n'est pas

(1) *Philosophical transactions of the Royal Society*, 1841, I, p. 59.

(2) « Il est certain pour moi, dit M. Taine, que pendant les deux premiers mois le monde environnant ne se compose pour l'enfant que de sons et de taches de couleur qu'il ne sait pas situer. » (*De l'Intelligence*, livre II, ch. II.)

encore en mesure de les recevoir utilement. Le cerveau de l'enfant, ne l'oublions pas, est en voie de développement. C'est au deuxième mois seulement qu'apparaissent les circonvolutions et les cellules ganglionnaires. « Dans les premiers mois de la vie intra-utérine, disent les anatomistes, la rétine est absolument indépendante des centres nerveux encéphaliques; ce n'est qu'à une époque plus reculée que les éléments nerveux rétiniens et les masses cérébrales se réuniront par l'intermédiaire des nerfs optiques (1). » Il est vraisemblable que cette conjonction ne s'opère pas tout de suite après la naissance; et il faut, en tout cas, un exercice répété, pour que les voies d'association s'organisent, larges et aisées, entre les diverses parties du système nerveux; pour qu'une correspondance, une communication régulière s'établisse, entre les images qui se forment sur la rétine et les centres cérébraux dont la coopération est indispensable à toute véritable perception.

Mais s'il faut tenir compte de l'organisation progressive du cerveau et de son action qui domine tout, il n'en est pas moins vrai qu'il s'accomplit dans l'œil lui-même, dans l'état de ses éléments nerveux, comme dans son appareil musculaire, un travail local, pour ainsi dire, qui achemine peu à peu la vue de l'enfant au *summum* de son développement.

Nous n'avons encore parlé que de la distinction du clair et de l'obscur, du jour et de la nuit, c'est-à-dire de la sensibilité à la lumière blanche ou diffuse. Mais l'enfant témoigne assez vite qu'il est sensible aussi aux accidents de la lumière, c'est-à-dire aux couleurs. Des rubans roses ou rouges que le soleil éclaire, des cadres dorés qui resplendissent à la lumière d'une lampe, un bouquet de fleurs, enfin tout ce qui est coloré, tout ce qui est brillant, appelle le regard des enfants et les met en joie.

A quel moment l'œil de l'enfant, dépassant la simple sensibilité à la lumière, en vient-il à discerner les couleurs? C'est ce que nous ne saurions dire exactement. Les observations très minutieuses, très précises, que M. Preyer et M. Binet ont faites sur le sens des couleurs, ne portent que sur des enfants de deux ou de trois ans (2). Elles ont

(1) Article *Œil*, dans le *Dictionnaire de médecine et de chirurgie* du Dr Jaccoud.

(2) « Pour savoir comment les choses se passent pour les couleurs simples, j'ai fait plusieurs centaines d'expériences sur mon fils, à partir de la fin de la deuxième année. » (M. Preyer, *op. cit.*, p. 6.) — « J'ai étudié la sensibilité chromatique chez une petite fille de deux ans et demi à trois ans... » (M. A. Binet, *Revue philosophique*, article *Perceptions d'enfants*, 1890, t. XXX, p. 584.)

pour caractère commun de présenter à l'enfant des échantillons de couleurs diverses, et de constater combien de fois il nomme correctement le rouge, le vert, le jaune, etc. Ce sont plutôt, à vrai dire, des expériences sur le langage et les progrès de la mémoire ; car il est évident que l'enfant peut parfaitement distinguer les couleurs, et en fait il est certain qu'il les distingue, bien avant qu'il possède la faculté infaillible d'associer à chacune d'elles le nom qui la désigne dans le langage des hommes. C'est précisément pour cette raison que M. Binet a lui-même substitué, à ce qu'il appelle « la méthode d'appellation » de M. Preyer, « la méthode de reconnaissance », qui consiste à faire retrouver à l'enfant, dans un tas d'échantillons diversement colorés, un morceau d'étoffe qu'on lui a préalablement montré. Cette méthode a l'avantage d'écarter les complications que crée le maniement inexpérimenté du langage, et d'éviter la confusion des mots, qui ne correspond pas toujours à une confusion des choses. Mais elle implique pourtant que l'enfant comprend déjà ce qu'on veut lui dire, quand on l'invite à rechercher et à retrouver l'échantillon, d'abord présenté, puis soustrait, à ses yeux. Elle ne peut donc elle-même être employée avec le tout petit enfant, et M. Binet ne l'a appliquée en effet qu'à des sujets de deux ou trois ans.

Ces expériences, quoique un peu tardives, nous apportent néanmoins quelques renseignements sur ce qui s'est passé antérieurement dans les yeux du nouveau-né. S'il est prouvé en effet que, vers deux ans, l'enfant reconnaît ou nomme avec plus de sûreté telle couleur que telle autre, il est permis d'en induire que cet ordre de désignation plus ou moins correcte correspond précisément à l'ordre d'acquisition et en est la conséquence, et qu'il nous révèle l'ordre d'évolution d'après lequel la rétine est devenue successivement sensible aux différentes couleurs. Or, sans être tout à fait identiques, puisque c'est le rouge que les enfants observés par M. Binet reconnaissaient le mieux, tandis que c'est le jaune que le fils de M. Preyer nommait le plus sûrement, les résultats de ces deux séries d'observations semblent prouver que ces deux couleurs sont celles qui affectent le plus tôt la sensibilité chromatique des enfants.

Le rouge et le jaune, ce sont justement les couleurs que l'hypothèse, un peu fantaisiste d'ailleurs, de quelques évolutionnistes contemporains, nous représente comme ayant été les seules perçues par les peuples primitifs. D'après M. Hugo Magnus, le monde des choses matérielles n'aurait pas toujours apparu au regard de l'homme, avec les couleurs qui le parent aujourd'hui, pour nos sens perfectionnés par l'hérédité. L'humanité, il y a deux mille ans, n'aurait été capable de percevoir que l'extrémité du spectre solaire, le rouge, l'orange, le jaune, sans pouvoir distinguer le vert, le bleu, le violet. Et M. Hugo Magnus pousse le paradoxe jusqu'à soutenir que l'auteur des poèmes homériques, aussi bien que ceux de la Bible et des Livres sacrés de l'Inde, en était encore à n'apercevoir dans l'univers que du rouge et du jaune. On a fait justice de ces fantaisies (1); on a montré que, dans la prétendue insensibilité des peuples primitifs à l'égard de certaines couleurs, il ne fallait voir qu'une impuissance du langage à exprimer des sensations pourtant distinctes. Mais sans songer à reprendre en elle-même l'hypothèse de M. Hugo Magnus, comme une formule générale, applicable à l'évolution du sens des couleurs dans l'humanité, il semble qu'elle exprime du moins assez exactement l'histoire de la perception des couleurs chez le petit enfant.

Si les yeux du nouveau-né paraissent d'abord indifférents aux couleurs, les choses changent au bout de quelques semaines. Il doit se produire chez lui, la première fois qu'on lui montre des objets richement colorés, ce qui, au témoignage de Wardrop, se produisit chez un aveugle-né, opéré avec succès de la cataracte : le monde visible l'émouvait beaucoup. « Un jour, dit Wardrop, je lui donnai des habits neufs aux couleurs éclatantes; cela le réjouit au delà de toute expression; c'est la plus interessante scène de plaisir sensible à laquelle j'ai jamais assisté (2). » L'enfant nous offre ce que Haeckel a appelé « un état brut du sens des couleurs »; il est peu sensible encore aux nuances délicates, aux teintes douces, au bleu ou au gris, et recherche de préférence les coloris violents qui choqueront plus tard les yeux de l'adulte (3). Un petit garçon, cité par M. Preyer, commença, dès l'âge de quatre mois, à préférer le rouge vif aux autres couleurs.

De ces faits il résulte, à vrai dire, non que l'enfant est incapable de percevoir les couleurs douces, mais surtout qu'il les aime moins. Il est cependant probable que la perception et le goût marchent de pair, que les couleurs les plus aimées sont en même temps les premières perçues : d'autant que la disposition naturelle à distinguer

(1) Voyez notamment l'ouvrage de M. Grant Allen.

(2) Voyez Dugald Stewart, *Éléments de la philosophie de l'esprit humain*, traduction Peisse, 1844. Tome I, p. 332.

(3) « Selon toute vraisemblance, l'enfant d'un an perçoit encore le vert et le bleu presque comme étant du gris; en tout cas il ne les distingue pas aussi nettement l'un de l'autre qu'il le fera plus tard. » (M. Preyer, *op. cit.*, p. 146.)

d'abord le rouge et le jaune parait s'expliquer par ce fait, que ces deux couleurs correspondent aux ondes d'éther les plus longues et les plus puissantes. N'oublions pas que, dans le spectre, le rouge est le premier rayon visible. En tout cas, comme il a été démontré, par les expériences de Th. Young et de Helmholtz, que les éléments nerveux impressionnés par les couleurs élémentaires ne sont pas également distribués dans la rétine, comme d'autre part la sensibilité de la rétine se développe peu à peu du centre à la périphérie, on a quelque droit d'affirmer qu'il y a chez l'enfant une évolution progressive du sens des couleurs.

Mais ce qui est indiscutable, ce qui serait *a priori* certain, à supposer que l'expérience ne nous en apportât pas la confirmation, c'est que l'enfant, dans un ordre ou dans un autre, perçoit assez vite les principales couleurs. Et c'est par les couleurs que le monde extérieur se révèle à lui et devient l'objet des perceptions visuelles. L'univers n'est pas tout d'abord, pour l'enfant, un ensemble de choses solides et profondes, indépendantes les unes des autres, placées à des distances variables: il ne se montre à lui que comme une étendue de surface, diversement colorée, comme un tableau où tous les corps seraient peints. D'abord des sensations de lumière, puis des sensations de couleur: voilà les deux étapes que traverse la vision, avant de parvenir à des perceptions vraiment objectives. Il y a une période, qui dure plus ou moins de temps, pendant laquelle les choses ne sont pour l'enfant que des morceaux, des lambeaux de couleurs, qui forment à ses yeux comme une mosaïque aux teintes variées. Ce qui se passe à ce moment, dans le cerveau de l'enfant, doit ressembler de très près aux impressions que Gaspard Hauser déclarait avoir ressenties, un jour que peu après son arrivée à Nuremberg on lui fit regarder par la fenêtre, du haut d'une tour, un vaste paysage: « J'eus, dit-il, l'impression analogue à celle que m'aurait donnée un contrevent très rapproché de mes yeux, sur lequel un barbouilleur aurait étalé, les uns à côté des autres, des pâtés blancs, bleus, verts, jaunes et rouges. Je ne pouvais alors distinguer et reconnaitre les objets isolés, comme je les vois aujourd'hui. »

C'est du monde des couleurs que la vue de l'enfant passe dans le monde des formes. La couleur coïncide en effet avec la surface, avec l'étendue à deux dimensions, et par le sens de la vue seul, sans avoir besoin de recourir à l'intermédiaire du toucher, sans qu'il soit nécessaire que l'enfant palpe avec les doigts les angles et suive les contours des objets, il reconnait très certainement la figure des choses. Jusqu'à présent il n'avait reçu de la vision que des sensations presque exclusivement subjectives; il va maintenant lui devoir des connaissances, des perceptions tout à fait objectives. Les images ne se dessinent plus seulement dans la rétine et dans les couches optiques; elles se dressent dans le cerveau et dans l'esprit. Et ces images acquièrent vite assez de précision pour que l'enfant en vienne à les distinguer les unes des autres; comme il le fait évidemment, dès qu'il est en état de reconnaître les personnes, et qu'il ménage un accueil différent à sa mère, à sa nourrice, dont l'arrivée éveille son sourire et sa joie, et à un étranger, qui l'étonne et lui fait peur. M. Preyer constate que son fils, à deux ans, reconnaissait les photographies des personnes qui lui étaient familières. Mais, bien longtemps avant, l'enfant salue d'un air significatif, qui prouve qu'il se rappelle leur physionomie, et qu'il les a par conséquent distinguées dans ses perceptions, les personnes elles-mêmes. Ce fait n'est explicable qu'à une condition, c'est que le visage, la stature, le corps tout entier de ces personnes aient laissé à l'enfant une impression distincte de leur forme. « A quatre mois, dit Darwin, le baby a montré par des signes certains qu'il reconnaissait et distinguait les personnes... A quatre mois et demi, il lui arrivait souvent de sourire, en voyant dans un miroir mon image et la sienne. » De même, à six mois, l'enfant observé par M. Preyer, ayant aperçu dans une glace le visage de son père, le considéra avec attention, puis se retourna vers son père, comme s'il avait eu l'intention de comparer l'image avec l'original. Au cinquième mois, Tiedemann constate que son fils se détournait des personnes habillées de noir, avec des marques visibles de répugnance : ici c'est la sensation de couleur qui domine dans l'impression visuelle. Mais ce même enfant, trois mois après, donnait des signes manifestes d'affection aux personnes qu'il connaissait, et, dans ce cas, c'est la perception distincte et nette qui guidait la sensibilité affectueuse. L'enfant observé par M. Cuignet reconnaissait sa mère à deux mois ; il la regardait attentivement et lui souriait, tandis qu'il ne souriait pas aux autres personnes et que déjà il hésitait à se laisser prendre par des inconnus. On pourrait multiplier les exemples du même genre. Tous nous avons vu de très bonne heure nos enfants faire la distinction des personnes : ce qui n'est possible, répétons-le, qu'à la faveur d'images visuelles, retraçant exactement le portrait de ces personnes.

Il est même permis de croire que, dans ce travail de représentation des lignes et des figures, la perception de l'enfant est d'une exactitude remarquable. On pourrait en trouver la preuve dans les observations que M. Binet a entreprises, au point de vue de l'appréciation des longueurs (1) : il en résulte, en effet, qu'une fillette de deux ans et demi, appelée à considérer tour à tour des lignes inégalement longues, se rendait compte de toutes petites différences, et témoignait presque d'autant de précision dans le coup d'œil qu'une grande personne. « Rien n'était plus curieux, dit M. Binet, que de voir cette enfant placer avec assurance son index sur chacune des deux lignes, en disant chaque fois, sans jamais se tromper : « Ça, c'est la plus petite ; ça, c'est la plus grande ! » Je ne disconviens pas que, à deux ans et demi, la perception visuelle a déjà fait des progrès considérables, et qu'on ne peut, de ce qui se passe à cet âge, inférer que les choses sont toutes pareilles à dix ou à quinze mois. Il est pourtant à supposer que, de bonne heure, le coup d'œil de l'enfant est déjà assez exact et assez précis. C'est une loi de l'évolution des facultés que les fonctions inférieures, celles qui ne supposent pas encore le raisonnement atteignent très vite un degré élevé de perfection. L'enfant, qui, comme force de jugement, comme puissance d'abstraction, est si visiblement inférieur à l'adulte, se montre presque son égal, quand il s'agit de voir, de mesurer d'un coup d'œil les surfaces et les lignes, et surtout de se représenter avec netteté les formes des réalités matérielles.

Pour que l'enfant d'ailleurs, comme un petit géomètre, apprécie les longueurs, et aussi pour qu'il puisse, par un dessin mental, se représenter, soit les personnes, soit les objets qu'il connaît, il a besoin, bien entendu, d'autre chose que du développement normal de l'appareil nerveux et de l'appareil musculaire, qui constituent les organes matériels de la vision : l'attention doit intervenir. C'est précisément le défaut d'attention qui, au dire de M. Binet, a plus d'une fois faussé le résultat des expériences auxquelles il soumettait ses enfants. Et non seulement l'attention, mais la curiosité, la sympathie, l'étonnement, les instincts intellectuels et moraux, qui germent et commencent à poindre, jouent un rôle important dans le développement progressif de la vision. Les yeux qui, dans les premiers mois, ne s'ouvrent grandement que sous l'empire d'un

(1) *Revue philosophique*, 1890, t. XXX, p. 68 et suiv.

plaisir matériel (par exemple chez l'enfant qui tète), s'ouvriront à huit ou dix mois, sous l'influence de la surprise. Il y a une première période durant laquelle l'enfant, pour ainsi dire, voit automatiquement; plus tard il voit avec intelligence, il regarde. Dans le premier cas, il est plongé dans une sorte de contemplation vague, hébétée; dans le second cas, il montre une physionomie satisfaite qui révèle l'intelligence, et c'est alors seulement que son regard devient beau.

Cette influence des causes morales ressort avec force de la contre-épreuve que l'on peut faire, en examinant les enfants idiots ou imbeciles, et en constatant chez eux les lenteurs, les défaillances du sens de la vue. La perception ne suppose pas seulement une action produite par les phénomènes extérieurs sur des organes appropriés: elle comporte aussi une réaction du cerveau ou, en d'autres termes, de l'intelligence et du sentiment. Avec des organes sensibles parfaitement sains, l'idiot et l'imbécile n'ont, dans leur enfance, qu'une vision très imparfaite. Ils voient, mais ils ne regardent pas. Leurs yeux, toujours mobiles, ne peuvent se fixer; ou au contraire, plongés dans une immobilité morne et obstinée, ils ne savent pas se déplacer et suivre les objets. « Et cependant, remarque M. Sollier, outre que, à la lumière, les modifications pupillaires montrent que l'œil lui-même n'est pas atteint, on les voit, sous l'influence d'un excitant approprié, changer la direction de leur regard (1) ». Il est donc établi que les imperfections de leur vision proviennent de ce que le ressort intérieur manque, l'intelligence et le sentiment n'étant pas assez développés chez eux pour mettre en branle le mécanisme de la vue.

IV

Il nous reste une dernière question à traiter, celle de la perception visuelle de la distance ou de l'espace; question des plus controversées, on le sait. D'une part, les *nativistes,* Müller, Hering, Giraud-Teulon, pour ne citer que ceux-là, de l'autre, l'école *empiristique*, comme l'a appelée Helmholtz, un de ses chefs, sont aux prises: les uns soutenant que la perception de la troisième dimension des corps et de la distance est innée pour l'homme, comme elle l'est certaine-

(1) Dr P. SOLLIER, *op. cit.*, Paris, 1891, p. 48.

ment pour les petits des animaux, et qu'elle résulte immédiatement du jeu d'un mécanisme héréditaire, tout organisé dès la naissance; les autres affirmant au contraire — et nous croyons que l'étude de l'enfant leur donne raison — qu'elle est une acquisition plus ou moins lente de l'expérience, l'effet d'une accommodation progressive du sens de la vue.

Essayons d'abord de montrer par les faits que la perception de l'espace n'est pas immédiatement donnée à l'enfant; nous chercherons ensuite comment cette perception devient possible.

Tout le monde a remarqué combien l'enfant tâtonne et se trompe, quand il s'agit d'apprécier la distance des objets. M. Preyer a noté au jour le jour un grand nombre d'observations, d'où résulte avec évidence ce défaut d'aptitude. Au quatrième mois, l'enfant tend les mains, pour saisir des objets qui sont éloignés de deux fois la longueur de son bras, et, quoiqu'il ait échoué, il recommence plusieurs fois. A un an, dans un compartiment de chemin de fer, avec une persévérance qui ne se lasse pas, il porte ses bras vers la lampe qui éclaire le wagon. A vingt-deux mois, il semble vouloir se jeter dans les bras de son père, qu'il aperçoit à la fenêtre de la maison, au deuxième étage, pendant qu'il est lui-même dans le jardin (1). Si l'enfant pouvait parler et interpréter ses actions, il nous dirait que, s'il agite ainsi ses mains vers des objets éloignés, c'est qu'il croit pouvoir les saisir; il en distingue la grandeur et la forme, mais il est incapable de juger s'ils sont à sa portée ou non. A vrai dire, la notion d'éloignement n'existe pas encore pour lui; la perspective lui est inconnue; il ne sait pas encore projeter au dehors, *extérioriser*, à la distance voulue, les images pourtant très nettes des objets qui frappent ses yeux.

Les observations faites sur les aveugles-nés, qui eux, au moins, peuvent exprimer ce qu'ils éprouvent, quand ils voient pour la première fois, éclairent tout particulièrement la question. Je sais bien qu'on a reproché à Cheselden de n'avoir pas noté avec assez de précision les faits qu'il a été le premier à constater. Mais sa relation n'en a pas moins une grande valeur, d'autres expérimentateurs plus exacts étant venus après lui, qui ont établi à leur tour l'impuissance de l'aveugle à reconnaître tout de suite, dès qu'il commence à voir, la troisième dimension de l'étendue et la distance des

(1) M. Preyer, *op. cit.*, p. 43 et suiv.

objets. « La première fois qu'il vit clairement, raconte Cheselden de son aveugle (il omet de dire combien de jours après l'opération), il appréciait si mal les distances qu'il s'imaginait que tous les objets, quels qu'ils fussent, étaient en contact avec ses yeux, « touchaien ses yeux », comme il disait lui-même, de même que ce qu'il touchait était en contact avec sa peau (1). » M. Paul Janet prétend qu'il n'y a là qu'une métaphore; métaphore toute naturelle chez un aveugle, qui n'a eu encore que des impressions tactiles. Mais, heureusement pour la thèse empiristique, d'autres témoignages sont plus décisifs. Tel est celui d'un aveugle-né opéré à l'âge de douze ans par Éverard Home. « Comme la plupart des aveugles-nés, cet aveugle, avant toute opération, distinguait déjà le jour de la lumière, l'éclat du soleil de celui d'une lampe; et il disait qu'il lui semblait que le soleil touchait ses yeux; ce qui n'était pas surprenant, le soleil ne se manifestant encore à lui que par l'intensité de sa lumière, et non par l'apparence de sa forme. Mais, une fois opéré de l'œil gauche, il ne fut guère plus avancé. A une question de l'opérateur, qui lui demandait ce qu'il voyait, il répondit : « Votre tête, qui m'a semblé toucher mes yeux. » L'œil droit opéré à son tour, on ne recommença pas tout de suite les expériences. Mais vingt-sept jours après la seconde opération, près de trois mois après la première, il lui semblait que le soleil et les autres objets étaient situés à une très petite distance (2). » Wardrop, Franz ont recueilli des faits analogues. Wardrop, dont l'observation est des plus minutieuses, opère, à quarante-six ans, une femme aveugle de naissance. Au dix-huitième jour, la patiente éprouve encore de grandes difficultés à découvrir le degré d'éloignement des choses; quand on place un objet tout près de ses yeux, elle cherche à le prendre, mais elle étend la main bien au delà du point où il se trouve, tandis que, dans d'autres cas, elle cherche très près de son visage des objets qui en sont éloignés (3). On retrouvait donc exactement chez cette personne, pourtant âgée et intelligente, la maladresse dont le petit enfant nous donne chaque jour le spectacle, quand il étend la main au hasard pour saisir ce qui est hors de sa portée. Franz a fait, en 1840, à Leipzig, des expériences dont le résultat a été le même. Plusieurs jours après l'opéra-

(1) Voyez les *Philosophical transactions*, etc., avril, mai et juin 1728, p. 447 et suiv.

(2) *Ibid.*, 1807, I, p. 83-87.

(3) *Ibid.*, 1826, III, p. 552-554.

tion. son aveugle, âgé de dix-sept ans, en était encore à confondre une surface plane et un objet profond. « On place devant lui un cube et une sphère : il déclare qu'il voit un carré et un disque. On enlève le cube et on le remplace par un disque de même dimension que la sphère : il déclare qu'il voit deux disques... Les objets extérieurs lui paraissaient tous si rapprochés, ajoute Franz, qu'il craignait parfois de se heurter contre des meubles pourtant très éloignés de lui... Bien qu'il eût appris par le toucher que, dans le visage humain, le nez est proéminent et que les yeux sont enfoncés, il voyait le visage humain comme un plan (1). » Dans une observation, toute récente, sur une aveugle-née âgée de treize ans, on a constaté que la vision de l'espace était nulle au début, et imparfaite encore huit jours après l'opération : « Quatre ou cinq jours après que la patiente avait recouvré la vue, on lui montra je ne sais plus quel objet situé à trente mètres au moins. Elle déclara qu'elle le toucherait bien avec la main, et elle étendit son bras pour le saisir (2). »

Nous avons insisté sur ces observations, parce qu'elles sont, par analogie, caractéristiques et probantes, au point de vue qui nous occupe. L'aveugle-né est véritablement un enfant, en ce qui concerne la vision. S'il se trouve d'une part dans des conditions plus défavorables, soit parce que l'opération qu'il a subie ne lui a rendu qu'un seul de ses yeux, soit parce que ses organes, malades et endoloris, ne s'exercent pas tout d'abord dans l'intégrité complète d'un sens naturellement sain, il est évident qu'il a d'autre part sur l'enfant des avantages. Depuis longtemps, par l'usage de ses mains, il a recueilli un grand nombre d'expériences tactiles, qui peuvent tout de suite guider sa vision; en outre le pandeau qui recouvrait ses yeux n'est presque jamais assez épais, assez opaque, pour les rendre absolument insensibles à l'action de la lumière. Les aveugles dont la cécité n'est due qu'à une lésion du cristallin peuvent même reconnaitre les couleurs, selon qu'elles sont plus ou moins brillantes ou éclatantes; et cette perception, quoique confuse, leur permet, dans une certaine mesure, — l'objet coloré éclairant plus ou moins largement le champ visuel, — de se rendre compte des limites, des dimensions de cet objet, de juger même s'il est plus ou moins rapproché, l'illumination de l'œil étant plus ou moins vive. L'aveugle-né a sur l'enfant, dans l'éducation de la vue, la supériorité que lui assurent

(1) *Philosophical transactions*, etc., 1849, I, p. 59-69.
(2) *Revue philosophique*, janvier 1889.

son âge plus avancé, son expérience tactile, sa raison toute formée. De ce que l'on constate chez l'aveugle-né, on a donc le droit d'inférer ce qui probablement se passe chez l'enfant, et conclure *a fortiori* que ce dernier doit éprouver des difficultés au moins égales.

Reste à savoir comment s'opère cette construction mentale de la perception des distances et de la profondeur des corps. L'enfant nous le révélera lui-même, si nous l'observons avec soin. Pourquoi le voit-on sans cesse tourner et retourner dans ses doigts les objets qu'il saisit, une boîte, un lorgnon, un livre? Par un secret besoin d'activité assurément, et pour le plaisir de remuer ses mains. Mais aussi, croyons-nous, par curiosité, afin de se rendre bien compte, grâce aux indications du toucher, des contours des objets, de leur nature et de leur manière d'être. Et pendant que les perceptions du tact se précisent, la vue qui agit en même temps reçoit des impressions variées. Des images diverses correspondent à des situations différentes des corps maniés et palpés, non seulement à raison de leur forme particulière, mais aussi à cause de leur position dans l'espace, l'enfant les rapprochant ou les éloignant de ses yeux. Une correspondance, une association s'établit lentement entre les données des deux sens : de sorte que, après nombre d'expériences, l'enfant parvient à interpréter les apparences visuelles et à les prendre comme signes de telle ou telle connaissance tactile.

Ce n'est pas du premier coup en effet que les perceptions du toucher rejoignent les perceptions de la vue (1), et s'ajustent avec elles pour former dans l'esprit de l'enfant la notion de la dimension et de la profondeur des objets. L'aveugle opérée par Wardrop, près de vingt jours après l'opération, ne pouvait encore distinguer, avec les yeux seuls, un porte-mine en argent et une grosse clé, quoiqu'elle les reconnût parfaitement au toucher. De même l'aveugle de Cheselden avait besoin de considérer avec attention les choses qu'il avait déjà maniées, avant de pouvoir dire ce qu'elles étaient. Il était même obligé de reprendre dans ses mains, pour les palper de nouveau, des objets familiers, avant d'établir nettement une association définitive entre l'image visuelle et la représentation tactile. « Après avoir souvent oublié qui était le chien, qui était le chat, il eut honte de poser une

(1) Vers trois mois, la petite fille observée par M. Taine « a commencé à tâter avec ses mains, à mouvoir les bras pour atteindre les objets, partant à associer aux taches colorées des impressions tactiles et musculaires de distance et de forme ». (*De l'Intelligence*, l. II, ch. II.).

nouvelle fois la question, et ayant pris le chat qu'il reconnaissait au toucher, il le regarda fixement et longtemps; puis le posant à terre, il dit : « Bien, Pussy, désormais je te reconnaîtrai!... »

Les choses se passent à peu près de même pour la perception des distances. Ici encore il y a une association qui s'établit, entre les apparences visuelles — dimensions plus ou moins considérables, contours plus ou moins précis, couleurs plus ou moins vives — et la réalité de l'éloignement. On a quelque raison de supposer que l'enfant n'acquiert véritablement la notion de la distance relative des corps que lorsqu'il sait marcher, et que pouvant mesurer, en le parcourant, l'intervalle qui le sépare des choses qu'il voit, il constate que l'arbre grandit quand il s'en rapproche, que la maison se rapetisse quand il s'en éloigne. Mais bien avant qu'il puisse marcher, l'enfant a pu déjà apprécier la variation des images sensibles dans son rapport avec le plus ou moins de proximité des objets. Il a remarqué que le livre qui est à sa portée lui apparaît dans d'autres conditions que le livre qu'il essaie vainement de saisir. Rien qu'en étendant les bras, l'enfant peut déjà mesurer de petites distances, et commencer le long travail qui lui permettra de se représenter le monde des choses matérielles, non comme une surface plane, mais comme une profondeur où les réalités s'espacent dans une succession de plans de plus en plus éloignés.

Le monde visible ne se présente d'abord à l'enfant, nous ne saurions trop le redire, que comme un tableau où un peintre maladroit, appliquant mal les lois de la perspective, n'aurait pas su produire pour les yeux l'illusion de l'éloignement. C'est peu à peu que les choses, pour ainsi dire, se reculent, s'étagent aux différents points de l'espace. La distribution des lumières et des ombres, le relief accusé des objets plus rapprochés, les teintes grises qui estompent les objets plus éloignés, en un mot les apparences visibles, deviennent, grâce à l'expérience et à l'habitude, les signes de représentations tactiles possibles; et chose remarquable, sans que nous prétendions d'ailleurs l'expliquer, ces signes sont immédiatement interprétés, traduits, au point qu'ils disparaissent de la conscience et qu'il semble que la vue saisisse d'elle-même, dans le texte original, en quelque sorte, ce qu'elle n'aperçoit pourtant qu'à travers une traduction, grâce aux expériences du toucher ou à celles de la locomotion. Les perceptions naturelles de la vue se réduisent à la couleur et à l'étendue de surface : tout le reste est acquis. Et si l'on veut accorder aux nativistes ce fait, qui d'ailleurs ne paraît pas contestable, que les mouvements des yeux contribuent pour une petite part à la perception de l'espace; si l'on admet, avec M. Maillet (1), que le sentiment de l'effort de convergence de nos yeux, convergence qui est d'autant plus grande que l'objet à voir est plus rapproché de nous, nous donne jusqu'à un certain point une notion vague de la distance : il en résulterait bien que la vue commence par elle-même, sans l'aide du toucher, la construction de l'espace, nullement qu'elle puisse l'achever.

(1) M. Maillet, *Éléments de psychologie de l'homme et de l'enfant*, p. 193.

CHAPITRE IV

L'OUIE, LE GOUT, L'ODORAT ET LE TOUCHER.

I. L'ouïe. — Surdité temporaire du nouveau-né : ses causes. — Premières sensations auditives. — Progression insensible et états intermédiaires. — Les sons, dès l'enfance, sont de toutes les impressions celles qui ébranlent le plus vivement les nerfs. — Les sons ont aussi, dans certaines conditions, un pouvoir modérateur. — Rudiments du sentiment musical. — Le bruit pour le bruit. — Impression produite sur l'enfant par la voix humaine. — Sensations et perceptions. — La direction et la distance du son. — II. Le goût et l'odorat. — Les impressions du goût, les premières par la date. — La sensibilité tactile associée à la sensibilité gustative. — Distinction des saveurs différentes. — Le goût des saveurs douces et sucrées, première habitude de l'enfant — Répugnance pour les aliments nouveaux. — Goûts et dégoûts naturels. — Rapports du goût et de l'odorat. — L'inutilité générale des sensations d'odeur en retarde le développement. — Les sensations d'odeur sont les plus faibles de toutes. — Elles ne valent que surajoutées aux sensations de saveur. — L'enfant est plutôt inattentif aux odeurs qu'incapable de les sentir. — III. Le toucher. — Caractère particulier des impressions tactiles. — Le toucher passif et le toucher actif. — Impressions, sensations et perceptions. — Impressions thermiques. — Le plaisir accompagne-t-il les premières impressions tactiles? — Plaisirs du toucher actif. — Le sens musculaire. — La notion de l'extériorité. — Comment l'enfant parvient à reconnaître son corps comme lui appartenant à lui-même. — La douleur aide à distinguer le sujet de l'objet.

I

Il s'en faut que le développement du sens de l'ouïe comporte les complications, les lenteurs d'adaptation et d'agencement musculaire que nous a présentées le sens de la vue. Sans doute tout nouveau-né commence par être sourd. Mais cette surdité passagère ne durera que quelques heures, quelques jours au plus, et d'ailleurs elle tient à des causes toutes matérielles ; de sorte que, ces obstacles physiques une fois écartés, et ils le sont rapidement, l'enfant entre en possession immédiate du sens de l'ouïe, en ce qu'il a d'essentiel.

La principale raison de cet état de surdité temporaire, c'est en effet l'absence d'air dans la chambre tympanique. Pour que l'enfant puisse entendre, il faut que les liquides qui, pendant la vie intra-utérine, obstruaient cette cavité, s'écoulent et fassent place à l'air atmosphérique; et c'est grâce aux mouvements respiratoires que cet échange a lieu. Il n'est plus question de soutenir, comme le faisaient, aux beaux jours de l'innéité, certains physiologistes d'autrefois, qu'il existe « un air héréditaire, un air inné », qui remplirait l'oreille du nouveau-né (1). Plusieurs heures de respiration, tout au moins, paraissent nécessaires pour que les voies auditives soient complètement dégagées. Une autre cause contribue d'ailleurs à empêcher tout d'abord le jeu des opérations de l'ouïe : c'est l'occlusion du canal auditif externe, dont les parois sont, à l'origine, tellement accolées l'une à l'autre que les ondes sonores ne peuvent pénétrer jusqu'au tympan (2).

Mais ces empêchements matériels disparaissent vite; un peu plus tôt, un peu plus tard, suivant les cas, sans que les différences individuelles soient bien considérables. M. Preyer, qui a étudié avec sa conscience habituelle les progrès de l'audition chez l'enfant, déclare que ce fut seulement au matin du quatrième jour qu'il reconnut, à des signes certains, la disparition de la surdité chez son fils : « Tandis que, repu et bien au chaud, il restait confortablement allongé, je n'avais qu'à battre des mains ou à siffler pour que ses yeux à demi clos se fermassent complètement. Comme ce fait se reproduisit au cours du quatrième jour, alors que rien de pareil n'avait eu lieu au cours du troisième, il me paraît certain que, au quatrième jour seulement, le tympan avait commencé de fonctionner, et que jusque-là il était resté inactif (3). » Mais, chez d'autres enfants, les choses marchent plus vite ; et dès le deuxième jour, parfois dès le premier, des mouvements caractéristiques, tels que clignement des yeux, plissement du front, agitation des bras, nous apprennent que les vibrations des ondes sonores ont pénétré dans les canaux du labyrinthe, jusqu'aux fibres du nerf auditif, et que le nouveau-né est sensible au son.

Dans quelle mesure il l'est déjà, par quels degrés passe l'ouïe, comment l'acuité auditive se développe insensiblement par l'exer-

(1) M. Preyer, *op. cit.*, p. 60.

(2) Il est vraisemblable aussi que les osselets, qui transmettent jusqu'au fluide contenu dans le labyrinthe les vibrations communiquées par la membrane du tympan, ne sont pas tout de suite en état de fonctionner, et qu'il faut quelque temps pour que leurs mouvements s'exécutent régulièrement.

(3) M. Preyer, *op. cit.*, p. 60.

cice, dans quel ordre l'oreille parvient à percevoir les diverses qualités du son, c'est ce qu'il est à peu près impossible de savoir ; les seuls signes qui trahissent pour l'observateur les sensations auditives n'étant pas de nature à nous renseigner sur les nuances, sur les proportions de ces sensations, et ne nous révélant qu'en bloc ce fait que l'enfant entend. Ce qui est probable, c'est qu'à la surdité totale des premiers jours doivent succéder, jusqu'au moment où la faculté acoustique est parfaite, des états intermédiaires; l'organe se développant et se fortifiant peu à peu, de manière à accueillir sans dommage, sans en être blessé, des impressions sonores de plus en plus intenses. Qu'adviendrait-il, si, dès les premiers jours, un cri strident, un sifflement aigu, un grondement retentissant pouvaient affecter la sensibilité, autant qu'ils le feront plus tard ? Pour avoir entendu trop tôt, l'enfant risquerait fort de ne plus entendre de toute la vie. Si le bruit du canon peut déterminer parfois la surdité chez les adultes, à combien plus forte raison des sons trop intenses ne menaceraient-ils pas, s'ils étaient perçus, de froisser, de léser un organe aussi délicat et encore inexercé; de même qu'une vibration trop forte brise, en les secouant, les cordes d'une harpe ou d'un violon? En tout cas, une sensibilité auditive trop précoce présenterait d'autres dangers : elle pourrait provoquer une surexcitation nerveuse violente, peut-être des convulsions. La nature a sagement protégé l'enfant contre le choc de sensations immédiatement trop vives ou trop nombreuses, en le laissant dur d'oreille pendant quelques semaines. Cette surdité relative du nouveau-né, comme sa demi-cécité, donne à l'organisme le temps de se consolider, afin qu'il puisse résister plus tard à toute la force et à toute la multiplicité des sensations. C'est surtout à l'enfant que peuvent s'appliquer ces paroles de Hartmann : « Que deviendraient nos pauvres âmes, si elles devaient répondre sans discontinuer à la multitude infinie des excitations qui se jouent sans cesse autour de nous ? »

Dès les premiers jours de l'enfance, l'ouïe apparaît pourtant avec les caractères que ce sens gardera toute la vie; c'est celui dont les impressions ébranlent le plus vivement les nerfs et excitent le plus profondément les émotions intimes de l'âme. A tout âge, nous le savons, le son l'emporte sur la forme et même sur la couleur, comme agent d'excitation. Il y a, je ne dis pas seulement dans la voix humaine, mais dans toute espèce de son, je ne sais quoi de pénétrant et de vif, qui nous fait tressaillir avec autrement de force que les images les plus colorées et les plus saisissantes. Et en même temps, par un privilège singulier, les sons, s'ils savent être caressants et doux, s'ils ont quelque chose d'harmonieux, ont la vertu de calmer, d'assoupir les passions, et d'établir dans l'âme une sorte de quiétude heureuse.

Les faits démontrent que l'enfant ressent, à ces deux points de vue, l'action particulièrement forte des impressions auditives. De très bonne heure, le moindre bruit fait sursauter le nouveau-né. « Pendant la première semaine, dit Darwin, mon petit enfant tressaillait souvent et clignait les yeux, en entendant du bruit... Il était âgé de soixante-six jours, lorsqu'il m'arriva d'éternuer près de lui. Il s'agita vivement, fronça le sourcil, eut l'air effrayé et pleura assez fort. Pendant une heure entière, il resta dans un état qui, chez une personne plus âgée, serait appelé nerveux. » Assurément les objets nouveaux qui frappent la vue ont aussi pour effet de provoquer, chez l'enfant, des mouvements de surprise et des soubresauts de peur; néanmoins, comme l'a observé encore Darwin, les sons font tressaillir l'enfant bien plus fréquemment, et nous ajouterons, bien plus violemment, que les sensations de la vue.

D'un autre côté, nous avons tous constaté le pouvoir modérateur que les impressions auditives, dans certains cas et dans certaines conditions, exercent sur la sensibilité de l'enfant. Ses cris cèdent à l'appel de la voix de sa mère ; ses pleurs s'apaisent aux chansons de la nourrice (1). Et il semble que le sentiment esthétique — sous la forme d'un goût rudimentaire pour la musique — s'éveille plus vite pour l'ouïe que pour les autres sens. A l'âge d'un mois et quelques jours, le fils de Tiedemann entendit pour la première fois jouer du piano, et en parut tout égayé. M. Preyer a noté les progrès de cette sensibilité musicale : « A la sixième semaine, dit-il, l'enfant restait calme, les yeux tout grands ouverts, quand il entendait chanter sa mère... A la huitième semaine, il témoignait son contentement, à l'audition d'un morceau de piano, par une attention toute particulière du regard, par de rapides mouvements des bras e. des jambes, par ses rires et ses sourires... A la treizième semaine, il devint facile de captiver l'attention de l'enfant avec des notes isolées, des gammes, des accords; à peine les entendait-il, qu'il se calmait, au milieu des

(1) A un mois et deux jours, l'enfant observé par M. Espinas, « quand il était porté et promené par une personne qui chantait, ne tardait pas à se calmer; il recommençait ses cris, dès qu'elle se taisait ».

crises les plus violentes, et qu'il prenait un air des plus attentifs (1). »

Il ne faudrait pourtant pas exagérer, en ce qui concerne la délicatesse musicale de l'enfant. Sans doute ce qui convient le mieux pour le calmer, ce sont les douces intonations, les chants murmurés à mi-voix. Sans doute, il préférera tout ce qui est rythme, cadence, harmonie ; mais le son par lui-même lui plaît, quelle qu'en soit la qualité ; il aime le bruit pour le bruit. Dès que ses organes sont en état de la supporter, l'intensité du son est pour lui un élément de plaisir. Ce qui nous assourdit, ce qui nous paraît bruyant et criard, fait sa joie, peut-être parce qu'il s'est habitué lui-même, par ses cris perçants et aigus, aux sons les plus discordants, mais surtout parce que toute excitation est agréable pour la sensibilité naissante et l'est même d'autant plus qu'elle est plus forte. Pour les enfants, comme pour les sauvages, il ne saurait être question de goût ; le goût supposant un travail de sélection, un discernement réfléchi que ne comporte pas la nature primitive.

Il n'en est pas moins vrai que s'il est amusé par tous les bruits, le petit enfant est charmé par les sons harmonieux et musicaux. C'est l'ouïe qui la première éveille chez l'enfant le sens confus de l'ordre, de la régularité, et par conséquent de la beauté. C'est elle aussi qui la première semble émanciper son intelligence. Nous avons dit que l'enfant, au bout de quelques mois, reconnaissait les personnes familières, à leur visage, à leur physionomie ; mais les impressions auditives, devancent, je crois, sur ce point, les impressions visuelles. A un mois, l'enfant observé par M. Cuignet ne reconnaissait encore personne avec les yeux ; peu lui importait qui le promenait, qui le prenait dans ses bras ; mais déjà il distinguait sa mère à la voix. Il faudrait modifier le vers du poète et dire :

Incipe, parve puer, *lingua* cognoscere matrem !

La voix humaine, la voix maternelle surtout, qui est comme l'appel de l'intelligence en acte à l'intelligence en puissance, est peut-être, de toutes les impressions sensibles, celle qui trouve le plus vite e chemin de l'attention de l'enfant. Des affinités naturelles expliquent cette puissance particulière, mais il convient de remarquer en outre que, la parole humaine étant le son que l'enfant a le plus souvent l'occasion d'entendre, il se familiarise plus vite avec elle.

(1) M. PREYER, *op. cit.*, p. 67-68.

Enfin, c'est la parole de la mère qui résonne du plus près à l'oreille du nouveau-né, qui s'y insinue le plus doucement, dans les longues heures passées ensemble.

Il faudra d'ailleurs beaucoup de temps pour que l'impression de la voix humaine elle-même devienne autre chose qu'une sensation confuse, pour qu'elle soit une perception distincte. L'enfant apprendrait à parler bien plus rapidement qu'il ne le fait, s'il était apte à discerner tout de suite les diverses articulations. La difficulté qu'il éprouve au début, pour reproduire les sons, ne provient pas seulement de l'inexpérience de l'organe vocal : elle est due en partie à ce qu'il y a de vague, de peu précis dans les premières perceptions de l'ouïe, qui est surtout sensible dans les commencements à l'intensité, à la hauteur ou à la tonalité des sons, mais qui ne parvient que peu à peu à distinguer le timbre et l'articulation.

L'ouïe n'arrive pas non plus tout de suite à percevoir la distance et la direction du son. M. Espinas dit bien avoir vu un enfant, à sept jours, lever déjà et diriger les yeux vers une personne qui, tout près de lui, parlait à voix haute. Mais, dans ce cas, il était facile de reconnaître la direction de la voix, puisque la personne qui parlait se trouvait à quelques pas et « bien en face de l'enfant (1) ». Si le son est éloigné, la difficulté est tout autre, et l'enfant ne la surmonte pas aisément, bien qu'il soit aidé, comme nous le sommes nous-mêmes, par ce fait que l'organe de l'ouïe est double, et que les ondes sonores, selon leur origine et leur provenance, impressionnent plus ou moins l'oreille droite ou l'oreille gauche. Le fils de Darwin, malgré sa sensibilité aux sons en général, même à l'âge de quatre mois, « ne savait pas encore reconnaître facilement la direction d'un son, de manière à tourner les yeux vers sa source ». Pour arriver à trouver la direction du son, ne l'oublions pas, il faut commencer par avoir senti le besoin de la chercher; et le petit enfant n'est pas encore assez dominé par l'instinct de la causalité pour avoir l'idée, un bruit quelconque étant entendu, d'en rechercher la cause.

Il en est de même de la perception de la distance, qui ne peut résulter que de l'expérience et du raisonnement. Nous jugeons qu'un son, que d'ailleurs nous connaissons, que nous avons déjà entendu plusieurs fois, est rapproché, s'il est fort; éloigné, s'il est faible. Or

(1) A deux mois et demi la petite fille observée par M. Taine reconnaissait manifestement la direction de certains sons : par exemple, entendant la voix de sa grand'mère, elle tournait la tête vers elle.

il est impossible de demander à l'enfant cette appréciation, d'ailleurs toute approximative, tant que son ouïe, d'une part, n'aura pas assez de sensibilité pour discerner facilement l'intensité relative des sons, tant que son jugement, d'autre part, n'aura pas assez de force pour conclure du degré d'intensité à la différence d'éloignement. De même que l'aveugle de Cheselden voyait les objets très près de ses yeux, peut-être dans ses yeux, de même un sourd, qui entendrait tout à coup, s'imaginerait sans doute que les sons qu'il entend touchent ses oreilles.

II

Si nous avions suivi, dans l'étude des sensations et des perceptions de l'enfant, l'ordre chronologique, c'est par le sens du goût que nous aurions dû commencer (1). A part quelques vagues impressions tactiles qui les ont précédées, et cela dès la vie intra-utérine, les sensations du goût sont certainement les premières à se produire. Le sens du goût, dès la naissance, est tout constitué et en état de fonctionner. Il n'y a pas de développement ultérieur à attendre d'un organisme qui est très peu compliqué, puisqu'il ne comprend que la langue, la muqueuse qui la recouvre, et les nerfs dont les ramifications s'y répandent. Au premier contact avec une substance sapide, le sens pourra donc s'exercer immédiatement. Et tandis que le besoin de nourriture et les mouvements instinctifs de succion suspendront le nourrisson au sein de sa mère, d'agréables impressions de saveur viendront encourager cet effort et contribuer, par une excitation sensible, à l'accomplissement d'une fonction essentielle. Sans vouloir abuser des causes finales, il est difficile de ne pas reconnaître, dans cette coordination de moyens divers en vue d'une même fin, les intentions d'une nature bienveillante et prévoyante.

C'est donc du sein de la mère que viendra à l'enfant, non seulement la substance qui le nourrit, mais aussi, ou peu s'en faut, le premier plaisir, la première sensation. Cette sensation d'ailleurs n'est pas exclusivement une sensation de saveur : le toucher y a sa part;

(1) « Les fonctions du goût et de l'odorat tiennent le premier rang dans la vie animale; le nouveau-né en fait usage dès la première fois, sans tâtonnement et sans expérience; il sent d'abord l'odeur du lait, l'appète, en savoure le goût. Ce sont les premières déterminations qu'il porte avec lui en venant au monde. » (MAINE DE BIRAN, *Fondements de la psychologie*, part. II, sect. II.)

la langue et les lèvres possèdent en effet une vive sensibilité tactile. Et c'est peut-être en pressant dans sa bouche le sein maternel que l'enfant acquiert aussi la première notion confuse de l'extériorité.

Nous n'oserions soutenir pourtant que, du premier coup, l'action de téter et les impressions gustatives qui en résultent soient vraiment accompagnées de conscience. C'est par une impulsion toute instinctive que le nourrisson avance la tête ou les lèvres, pour se rapprocher de la source de sa vie, et le renouvellement répété d'un acte tout machinal à l'origine est probablement nécessaire pour que la conscience apparaisse. Mais ce qui n'est pas contestable, c'est que, de très bonne heure, l'enfant sait faire la différence entre la saveur particulière du lait dont il est nourri et les autres saveurs.

On voit fréquemment des nourrissons qui ne peuvent s'accoutumer à une nouvelle nourrice; et quoique les impressions de l'odorat, sans parler des habitudes de la sensibilité générale, puissent expliquer en partie cette répulsion, il est certain que le sens du goût y intervient pour la plus grande part. De même que nous reconnaissons si le vin qu'on nous sert aujourd'hui est ou n'est pas le même qu'on nous servait hier, de même l'enfant s'aperçoit tout de suite qu'il y a changement dans le lait dont il est abreuvé. J'ai vu allaiter un enfant au biberon, et je me rappelle avec quelle énergie désolée il repoussait le breuvage qu'on lui offrait, s'il était un peu moins sucré que d'habitude. L'allaitement étant l'acte essentiel où se concentre presque tout entière la vie du nouveau-né, c'est dans ce cercle d'impressions que se développe d'abord la faculté de comparaison entre des sensations différentes, et c'est là aussi que se révèle la force de l'habitude. En effet, si l'enfant, pendant l'allaitement et après le sevrage, témoigne d'une préférence marquée pour les saveurs douces et les substances sucrées, ce n'est pas seulement affaire d'instinct et de goût inné (1), ni parce que l'organisme

(1) Nous n'hésitons pas à reconnaître ce qu'il y a d'instinctif et d'inné dans le goût de l'enfant pour les saveurs sucrées, et par conséquent pour le lait. Il y a sur ce sujet une vieille expérience de Galien qui, en ce qui concerne les animaux, paraît décisive. Galien choisit un chevreau nouveau-né et n'ayant pas encore pris la mamelle; il le plaça devant une rangée de vases semblables, mais remplis chacun d'un produit différent : lait, vin, huile, miel et farine. Le chevreau flaira chaque vase, mais choisit celui qui contenait le lait. M. Romanes, qui rappelle cette expérience (*Évolution mentale*, etc., p. 156), en conclut que « l'on ne saurait mettre en doute le fait de la mémoire héréditaire ou de l'instinct chez le chevreau ». Il ajoute : « Il doit en être probablement de même, *en partie du moins*, chez l'enfant. » Et il cite, à l'appui de cette hypothèse, les expériences du

appelle, pour ainsi dire, le sucre par une sorte d'appétit naturel : c'est en partie l'habitude qui détermine cette préférence — l'habitude d'une alimentation toujours la même, uniformément douce et sucrée — et qui rendra difficile et pénible la transition à une autre nourriture.

Il est à remarquer en effet que l'enfant, une fois sevré, manifestera presque toujours une sorte d'appréhension et une répugnance, au moins passagère, quand on lui présentera des aliments nouveaux. Même ceux qu'il aimera le plus, quand il y aura goûté plusieurs fois, il est rare qu'il ne les repousse pas au premier abord. Toute sensation inaccoutumée de saveur déconcerte l'enfant, à un bien plus haut degré que les impressions nouvelles de la vue ou de l'ouïe. M. Preyer a constaté le fait chez son fils, à un an et demi, et encore à quatre ans : « A chaque nouveau mets qu'on lui présentait, il secouait la tête, fermait les yeux; sa physionomie prenait une expression d'étonnement; et cependant l'aliment lui était agréable, puisque aussitôt après il en redemandait souvent, avec une expression de satisfaction. » L'habitude exerce un empire tyrannique sur les goûts et les dégoûts de l'enfant; et la preuve en est dans la diversité si étonnante qu'offre, à ce point de vue, la sensibilité des adultes eux-mêmes, le même aliment, qui provoque des nausées chez les uns, étant au contraire le mets favori des autres.

Ceci dit, et tout en accordant qu'il peut y avoir des saveurs à peu près indifférentes en elles-mêmes, et que les habitudes de l'alimentation font seules aimer ou détester, nous n'en croyons pas moins que, naturellement et instinctivement, le goût du tout petit enfant distingue des impressions agréables et des impressions désagréables. La nourrice, dans *Roméo et Juliette*, raconte comment, le jour où elle sevra Juliette, elle avait enduit d'absinthe le bout de son sein : « Quand elle eut senti que c'était amer, la petite folle! il fallait voir quelle grimace elle fit, et comme elle quitta le sein! (1) » Mais, sans attendre le sevrage, c'est dès les premiers jours que les saveurs amères, acides, salées, etc., provoquent chez le nouveau-né des

professeur Küssmaul, d'après lesquelles, même avant d'avoir pris le sein, les nouveau-nés manifesteraient une préférence pour les saveurs sucrées. « Si l'on mouille leur langue avec des solutions sucrées, ou avec des solutions salées, du vinaigre, de la quinine, les enfants dans le premier cas témoignent de la satisfaction, mais dans le second cas font toutes sortes de grimaces. » Tout en faisant la part de l'instinct, il y a, croyons-nous, à tenir compte aussi de l'habitude.

(1) *Roméo et Juliette*, acte I, scène IV.

mouvements de répulsion, des grimaces de déplaisir. Tandis qu'il suce avidement un morceau de sucre, il rejette avec violence une médecine. Plus tard les prédilections marquées, les répugnances invincibles s'accentueront encore. Nous avons vu un enfant de quatre ans, généralement très docile, ne céder à aucune prière, à aucune menace, quand on voulait le forcer à manger d'un plat de petits pois. Et cet instinct de répulsion violente est si puissant que la vue seule des mets détestés déterminera parfois une véritable scène de colère; tout au moins l'enfant mettra la main devant les yeux, pour ne pas voir l'aliment qui lui déplaît. Nous n'avons jamais observé, quant à nous, les effets de cette heureuse et facile suggestion verbale que M. Preyer prétend avoir employée avec succès, lorsque, pour décider son fils à prendre un aliment, il se contentait de lui dire avec énergie : « C'est bon! » et que l'enfant convaincu le trouvait bon aussi. Bien qu'il y ait, dans les impressions du goût, une part considérable à faire à la fantaisie, aux délicatesses qui peuvent être corrigées, aux habitudes qu'il eût été possible d'enrayer, nous y trouvons aussi un fond résistant, dérivé de l'innéité ou de l'hérédité, de dégoûts ou d'appetits instinctifs. Et M. Preyer est mieux inspiré quand, se mettant un peu en contradiction avec lui-même, il déclare qu'il s'est imposé comme règle pratique de n'obliger jamais un petit enfant à prendre des aliments dont la saveur lui déplaît (1).

L'odorat collabore avec le goût, et ces deux sens, dont les organes sont localement si voisins, ont entre eux une grande similitude (2). L'appareil olfactif se réduit lui aussi à peu de chose : une membrane qui tapisse l'intérieur du nez, et un nerf spécial qui s'y ramifie. Il semblerait donc naturel que le développement des sensations de l'odorat dût être aussi rapide, aussi précoce, que l'est celui des sensations du goût; et il en serait probablement ainsi, si elles étaient aussi utiles. L'utilité, c'est-à-dire l'appropriation à une fin que réclament les besoins de la nature, c'est, dans l'évolution des fonctions comme dans le développement des organes, le grand agent de l'accélération. Et voilà pourquoi les sensations de l'odorat, dont l'inutilité générale n'est guère contestable dans la vie humaine, alors

(1) M. Preyer, *op. cit.*, p. 103.

(2) Il n'est pas certain qu'il y ait, dès le début, différenciation entre les deux sens. Il n'y a peut-être pas tout d'abord des odeurs et des saveurs, mais des saveurs-odeurs : l'odeur du lait par exemple jointe à la saveur du lait. Lorsqu'on présente une fleur à l'enfant pour qu'il la sente, il ouvre la bouche. Voyez M. Perez, *op. cit.*, p. 18.

qu'elles sont au contraire si importantes dans la vie des animaux, se développent si peu chez l'homme et si tardivement chez l'enfant. L'indifférence pour les odeurs, chez le nouveau-né, provient du même principe que la puissance merveilleuse du flair chez le chien. Condillac ne s'inquiétait nullement de l'ordre naturel d'évolution des facultés sensibles, ou en tout cas il ne le respectait pas, lorsque, animant sa statue, il lui faisait en premier lieu sentir une rose. Roses et fleurs ne parlent d'abord qu'aux yeux de l'enfant, par leurs contours et leurs formes : leurs parfums le laissent insensible. Rousseau l'a observé avec raison : « Il est certain, dit-il, que le sens de l'odorat est encore obtus et presque hébété chez la plupart des enfants (1). »

La première raison à en donner, nous l'avons dit, c'est que les odeurs sont les plus inutiles de toutes les sensations. Les couleurs le sont bien aussi en elles-mêmes : mais les couleurs coexistent avec l'étendue; elles sont perçues en même temps que les formes, et contribuent par conséquent à la connaissance du monde extérieur. Au contraire les émanations odorantes des choses ne nous apprennent rien ou presque rien de la nature des objets. Elles flottent dans l'air; elles manquent de base pour ainsi dire. Sauf en ce qui concerne les aliments (et nous verrons tout à l'heure que, sur ce point précisément, la règle que nous établissons comporte une exception), elles ne peuvent servir en rien aux satisfactions de la vie matérielle (2), pas plus qu'elles ne sauraient contribuer au développement de l'intelligence et satisfaire la curiosité. Elles sont d'ailleurs, chez l'enfant, ce qu'elles seront toujours, les plus faibles de toutes les impressions sensibles. Elles n'ébranleront jamais fortement la sensibilité, qu'elles peuvent tout au plus caresser, pour ainsi dire, quand elles sont agréables, et légèrement offusquer, dans le cas contraire. Enfin elles n'ont guère de prix par elles-mêmes, et ne valent que parce qu'elles s'ajoutent à d'autres impressions, parce qu'elles

(1) *Émile*, livre II. Rousseau en donne d'ailleurs cette raison bizarre que l'odorat est le sens de l'imagination.

(2) C'est parce qu'elles sont au contraire de la plus grande utilité dans la vie animale que les sensations d'odorat sont si développées chez les carnassiers et particulièrement chez le chien. M. Romanes cite l'exemple d'un chien qu'il s'était amusé à perdre dans une promenade publique, un jour de fête. Pour le dépister, il fit dans l'allée où il se promenait un très grand nombre de tours et de détours; puis il s'assit sur un banc et attendit. Lorsque le chien s'aperçut qu'il n'avait plus son maître à côté de lui, il revint à l'endroit où il l'avait vu pour la dernière fois, et là, retrouvant sa piste, il la suivit dans tous les zigzags qu'il avait décrits, jusqu'à ce qu'il arrivât à lui.

parfument la fleur que nous avons plaisir à voir, le fruit que nous aimons à savourer.

C'est précisément sous cette dernière forme, comme élément surajouté à l'impression de saveur, que l'odeur affecte surtout l'enfant. Nul doute que ce qu'on appelle une odeur appétissante n'excite la sensibilité du nourrisson quand il n'a plus faim. Le sens de l'odorat étant si intimement uni au sens du goût que nous ne pouvons rien goûter que nous ne le sentions et flairions en même temps, les deux séries de sensations se mêlent, se confondent et se surexcitent mutuellement. Il est probable que l'odeur, plus que le souvenir des impressions antérieures, guide et attire le nouveau-né, lorsque, placé près du sein de sa mère, il se retourne vivement pour le saisir (1). M. Perez cite des enfants de quelques semaines qui repoussaient une nourrice nouvelle venue, uniquement parce que la mauvaise odeur de son haleine ou de son corps les impressionnait d'une façon désagréable (2). L'odeur enfin est assurément pour une bonne part dans les répugnances ou les préférences que les enfants témoignent pour tel ou tel aliment.

Ce qu'il importe de remarquer enfin, c'est que, chez le petit enfant, il y a plutôt manque d'attention aux odeurs qu'incapacité de les sentir. Les expériences rappelées par M. Preyer le prouvent surabondamment. « Küssmaul a vu, dit-il, que les nouveau-nés, même endormis, si l'on fait arriver sous leur nez des vapeurs d'*assa fœtida*, par exemple, resserrent vivement les paupières, grimacent, deviennent agités, remuent les bras et la tête, se réveillent, puis se rendorment, quand l'émanation odorante s'est évanouie. » Genzmer a fait des constatations analogues. Pour compléter ces observations, M. Preyer demande que les nourrices viennent à son aide, et qu'elles veuillent bien enduire d'une substance d'odeur forte, soit l'extérieur du biberon, soit même le bout de leur sein : « De pareilles recherches, ajoute-t-il, sont très désirables. » Et il semble qu'il ait déjà réussi à les susciter autour de lui, puisqu'il parle d'une petite fille de deux jours « qui refusait obstinément le sein, lorsqu'on l'avait préalablement enduit d'un peu de pétrole ». M. Preyer n'en conclut pas moins,

(1) Conférez M. PREYER, *op. cit.*, p. 109 : « Le refus de prendre du lait de vache, qu'on a observé chez plusieurs enfants qui avaient déjà pris du lait de femme, doit être attribué plutôt à l'odeur qu'au goût, puisqu'ils écartent le lait de vache sans y avoir goûté. »

(2) M. PEREZ, *op. cit.*, p. 38.

comme nous, que les impressions olfactives tardent à se manifester nettement. A dix-sept mois, son fils était encore hors d'état de distinguer les odeurs et les saveurs, et c'est vers sa bouche, non vers son nez, qu'il portait les fleurs de jacinthe qu'on voulait lui faire sentir. C'est seulement au quinzième mois que l'eau de Cologne lui procura manifestement du plaisir (1). Et enfin pour finir sur une observation plus importante : c'est seulement quand il y est provoqué, quand on lui met sous le nez les substances odorantes, que l'enfant les sent et les flaire ; de lui-même, il ne semble nullement disposé à rechercher ce genre de sensations, et il n'y a, pour ainsi dire, aucune spontanéité active de l'odorat.

III

Le toucher se présente dans les conditions les plus favorables à un développement large et immédiat, et les impressions tactiles sont tout de suite à la disposition de l'enfant. D'abord l'appareil est encore moins compliqué que celui de l'odorat ou celui du goût, puisqu'il se compose uniquement de nerfs aboutissant à la peau. En même temps, la sensibilité tactile est répandue sur toute la surface du corps, quoique à des degrés très différents : la langue, les lèvres, les mains et surtout les doigts en étant particulièrement doués. En outre, l'opération qui met en jeu le sens du toucher est des plus simples : un contact mécanique, une pression. Enfin il n'est pas douteux que ce sens, par un privilège exclusif, ne se soit exercé, dans une certaine mesure, dès la vie utérine. Sur ce point, M. de Frarière et les partisans de l'éducation antérieure ont raison. L'enfant, dans le sein de sa mère, a déjà ressenti des frôlements, de vagues contacts ; et c'est aux sensations confuses, aux réactions qui sont provoquées, soit par les membres mêmes de l'enfant, se heurtant les uns contre les autres, soit par des poussées extérieures, qu'il faut attribuer en partie les mouvements qui trahissent la vie du fœtus.

On peut donc affirmer que, dès la naissance, l'enfant est en possession du sens du toucher, au moins sous sa forme élémentaire et dans ses opérations purement passives. Le toucher s'exerce en effet de deux façons très différentes : d'abord, comme une simple susceptibilité qui s'émeut aux contacts extérieurs ; ensuite, et c'est alors sur-

(1) M Preyer, *op. cit.*, p. 107 et suiv.

tout qu'il acquiert son importance, comme un organe actif, où les mouvements du corps viennent ajouter leur contingent de sensations spéciales aux impressions propres du toucher.

Nulle part il n'est plus aisé de distinguer la marche naturelle de progression qui règle les phénomènes relatifs aux sens : d'abord de pures impressions subjectives, qui donnent lieu à des contractions musculaires; en second lieu, des sensations de plaisir ou de peine; enfin de véritables perceptions, où le sujet n'est plus seulement affecté en lui-même, et où se fait le dédoublement, que suppose la connaissance des choses, d'un sujet sentant et de l'objet senti.

Tout se réduit, à l'origine, à des excitations nerveuses, qui ont pour conséquence, non une notion intellectuelle, ni peut-être tout de suite une sensation agréable ou désagréable, mais simplement des actions réflexes et des mouvements sans conscience. Nous citerons, comme exemples, les mouvements de succion qu'on détermine rien qu'en touchant le bout de la langue ou les lèvres, les mouvements qui se produisent dans les paupières, si l'on chatouille le nez, les mouvements qui agitent les jambes, si l'on pique la plante du pied, etc. « Le septième jour, dit Darwin, j'ai touché la plante du pied de mon fils avec un morceau de papier : il a retiré vivement son pied, et en même temps il a recourbé ses orteils, comme le fait un enfant beaucoup plus âgé, lorsqu'on le chatouille. » Il suffirait d'avoir vu un nouveau-né à la cérémonie de son baptême, pour constater combien il est sensible aux attouchements.

Il est vrai que dans ce dernier cas, le jour du baptême, lorsque l'eau froide mouille le front de l'enfant, le sens du toucher n'agit pas exclusivement comme sens du contact, de la pression ; il s'exerce comme sens thermique, que la température, le chaud et le froid impressionnent vivement. Quand le nouveau-né, sortant de sa chaude prison de neuf mois, passe brusquement à l'air libre, il éprouve un refroidissement subit qui, entre autres réflexes, provoque l'éternuement. Le besoin de la chaleur et l'aversion pour le froid, à supposer même qu'il n'en résulte pas de prime abord des souffrances ou des jouissances, déterminent chez l'enfant, selon qu'ils sont contrariés ou satisfaits, des réactions diverses, soit un mol allongement de tout le corps, qui s'étend à l'aise dans un bain tiède ou dans un lit bien chaud, soit des crispations et des contorsions, au contact de l'eau froide.

Il est difficile de dire avec certitude si le plaisir et la douleur accompagnent ou non ces premières impressions de l'organisme. Et sur ce point, les observations paraissent contradictoires. M. Preyer raconte que « ayant mis un doigt ou un bout d'ivoire dans la bouche d'un enfant dont la tête était à peine dégagée, celui-ci se mit à le sucer, ouvrit de grands yeux et témoigna, par une expression significative, que ses sensations étaient fort agréables ». D'autre part, il est possible que les compressions subies par l'enfant, pendant le passage du col de l'utérus, soient déjà douloureuses. « J'ai entendu crier deux fois, dit encore M. Preyer, un enfant dont la tête seule était sortie, et l'expression du visage, durant cette période de demi-naissance, était celle d'un grand déplaisir (1). »

L'enfant à demi né aurait donc éprouvé déjà du plaisir ou de la peine! Rien n'est moins certain, et les cris que M. Preyer interprète comme des signes expressifs de souffrance pourraient bien n'être que des mouvements automatiques. L'enfant se laisse manier par la sage-femme, par la nourrice, avec une tranquillité hébétée, qui donnerait envie de croire à une insensibilité complète, à une sorte d'anesthésie naturelle. En tout cas, ici comme partout, la nature observe la loi de modération, ou d'intensité moindre, des premières sensations. L'enfant qui vient de naître a moins de sensibilité, que l'adulte, aux contacts douloureux. Dans sa chair encore molle et tendre, sur sa peau fine et délicate, il semblerait que la moindre piqûre dût exciter des frémissements extraordinaires de sensibilité. Il n'en est rien, et la bienveillance de la nature a sagement amorti, émoussé l'effet des premières impressions de contact. Il ne faut pas nous laisser tromper par les apparences, par la vivacité des cris et des pleurs de l'enfant, qui sont presque toujours disproportionnés à la quantité réelle de sensation éprouvée.

Quoi qu'il en soit, sinon le premier jour, du moins au bout de quelques semaines, la sensibilité proprement dite, en tant que principe de plaisir et de peine, se manifeste à propos des impressions tactiles, soit quand elles sont réduites à elles-mêmes, soit quand elles intéressent aussi le sens de la température. L'enfant crie dans son berceau, parce qu'il souffre d'être mouillé. Il crie, quand on le lave, si l'eau est trop froide, si le linge ou la main est trop rude. Il crie encore, si on le serre trop fort dans son maillot, ou si un pli d'étoffe froisse son épiderme délicat. Il repousse certains aliments, non que

(1) M. Preyer, *op. cit.*, p. 70.

le goût lui en déplaise, mais parce qu'il ne les trouve pas assez chauds. Qui a assisté aux scènes parfois terribles du *débarbouillage*, aux trépignements, aux résistances violentes dont cet épisode quotidien de la vie enfantine est souvent l'occasion, est assurément fixé sur le degré de sensibilité cutanée qui existe chez l'enfant.

Tous les observateurs sont d'accord pour reconnaître, chez les enfants âgés de quelques semaines, l'existence d'impressions tactiles désagréables, dont le résultat, dit M. Perez, est « de les faire grimacer, crier, agiter les bras, remuer le corps, porter automatiquement les mains sur le visage ». En revanche, M. Perez croit pouvoir affirmer qu'il n'a pas trouvé trace de plaisir tactile chez les enfants âgés de moins de deux mois (1). C'est, croyons-nous, que la douleur se décèle plus aisément que le plaisir. De ce que les sensations agréables, déterminées par la douce pression du sein maternel, par le frôlement d'une main caressante ou d'une étoffe moelleuse, ne se manifesteraient pas chez l'enfant, il n'en faudrait nullement conclure que ces sensations ne se sont pas produites : c'est l'expression extérieure qui seule leur a manqué. On ne saurait le contester, la douleur trouve plus tôt que le plaisir les moyens de s'exprimer, et il est facile de comprendre les raisons de cette priorité. L'expression de la douleur est en effet une expression de besoin et de nécessité, parce que la douleur, anormale quoique fréquente, provient du trouble des fonctions, compromet la vie ou la santé, et par suite réclame du secours. Le plaisir au contraire, correspondant à un état sain des organes, à un développement régulier des facultés, n'aspire pas avec la même énergie à sa manifestation au dehors. Il n'y a pas d'inconvénient à ce qu'il reste latent; et l'expression du plaisir est, si je puis dire, une expression de luxe, dont l'enfant peut se passer pendant quelque temps.

C'est surtout le toucher actif qui donnera lieu à des plaisirs très vifs et sans cesse renouvelés. Mais les impressions passives de l'épiderme suffisent à produire des sensations agréables. L'attraction du petit enfant pour sa mère ou sa nourrice n'est pas seulement l'effet du besoin de nourriture ; elle dérive aussi, pour une petite part au moins, des plaisirs procurés par un contact doux et chaud. M. Preyer cite un enfant de sept jours, dont le sommeil n'était point troublé par un bruit même assez fort, mais que le contact du visage de sa mère réveillait immédiatement.

(1) M. Perez, *op. cit.*, p. 38.

Avec le développement du toucher actif, l'enfant n'éprouvera pas seulement des sensations de bien-être ; son plaisir s'exaltera jusqu'à la joie; et nous abordons ici une des sources les plus riches des sensations agréables de l'enfance. Lorsque l'enfant porte à sa bouche tous les objets qu'il peut saisir, lorsqu'il suce et presse entre ses lèvres n'importe quel morceau de matière, il ne faut pas voir là seulement une réminiscence de la succion du sein maternel, une illusion de gourmandise dupée, ni croire avec M. Preyer que, s'il s'obstine à sucer le doigt qu'on lui tend, « c'est qu'il espère dans sa naïveté que le doigt se décidera à lui fournir du lait »; c'est simplement qu'il a plaisir à toucher, à palper avec les lèvres tout ce qui peut lui procurer l'occasion d'exercer à la fois ses nerfs et ses muscles. Et quand il saura se servir de ses mains et de ses doigts, quelle joie n'éprouvera-t-il pas à tourner, à retourner de cent façons le même jouet ou un objet quelconque, non pas seulement parce que sa curiosité intellectuelle sera satisfaite, mais surtout parce que cet exercice du toucher lui est en lui-même agréable?

Sous cette nouvelle forme, le sens du toucher n'est qu'une annexe de ce que la psychologie moderne distingue avec raison sous le nom de « sens musculaire ». Les muscles, pour ainsi dire, transportent et déplacent les organes du toucher. Ils permettent à la main de se mouvoir autour du corps qu'elle touche; ils donnent aux doigts cette flexibilité, cette souplesse, dont ils ont besoin pour se promener sur les différentes faces d'un livre, sur les angles ou les contours d'un objet carré ou rond. En un mot, grâce aux muscles, le sens du toucher se complique; il devient un ensemble de sensations spéciales et immédiates, et de mouvements donnant lieu à d'autres sensations consécutives et aussi à de véritables perceptions. C'est alors surtout que le toucher devient réellement actif, et que, sensible à la pression, au poids, à la résistance des objets matériels, il prépare l'acquisition de la notion d'extériorité.

Aquisition lente d'ailleurs et qui suppose une série de tâtonnements. Nous ne devons pas oublier que la notion du non-moi suppose celle du moi; et combien de temps ne faut-il pas pour que l'enfant parvienne à cet acte de conscience, en apparence si simple, par lequel il se place en opposition avec tous les objets extérieurs ! Il n'y a pas à en douter, le nouveau-né ne distingue pas tout de suite son propre corps des autres corps. Dans la confusion de ses premières sensations, ses pieds qu'il aime tant toucher et palper, sa main, quand il la porte à la bouche, malgré l'impression différente qui doit résulter de la double sensation simultanée qu'il éprouve dans ce cas, ne se distinguent pas nettement pour lui de tous les autres objets qu'il a occasion de saisir. « A l'âge d'un an, dit M. Romanes, l'enfant ne connait pas son propre organisme, en tant que partie de lui-même, ou plus correctement, en tant que partie ayant des relations spéciales avec ses sensations. M. Preyer a remarqué que son fils, ayant déjà plus an, mordit son propre bras, comme si ce bras eût été un corps étranger; on peut dire qu'il avait encore moins conscience de ce membre, comme appartenant à sa personne, que ne l'avait le perroquet de Buffon, qui commençait par se demander à lui-même : « La patte ? », et qui ensuite acquiesçait à sa propre demande, en mettant la patte dans son bec, exactement comme il l'eût donnée à n'importe qui la lui eût demandée de la même façon (1). »

M. Preyer a fait sur le sujet qui nous occupe un grand nombre d'observations : « Avant qu'il soit en état de reconnaître, comme lui appartenant, les parties de son corps qu'il peut toucher et voir, l'enfant, dit-il, doit passer par un grand nombre d'expériences... Vierordt pense que la distinction du sentiment général d'avec les sensations qui se rapportent au monde extérieur existe dès le troisième mois. Mes observations ne me permettent pas d'adopter cette opinion... Au neuvième mois encore, l'enfant manipule ses pieds avec ardeur et met les orteils dans sa bouche, comme si c'était un jouet nouveau. Même au dix-neuvième mois, l'idée de ce qui fait partie du corps et de ce qui n'en fait pas partie n'est pas claire. L'enfant avait perdu un de ses souliers; je lui dis : *Donne le soulier.* Il se pencha, le saisit, et me le donna. L'enfant était debout dans la chambre, je lui dis : *Donne le pied,* voulant dire par là de le tendre, afin que je pusse lui remettre son soulier ; il saisit le pied des deux mains et s'efforça pendant longtemps de le prendre et de le tendre, comme il avait fait pour le soulier (2). »

Les sens, à l'origine, ne sont pas à proprement parler les organes de la perception du monde extérieur. Le monde extérieur n'existe pas encore pour l'enfant. Ses premières sensations et perceptions ne sont ni objectives ni subjectives : elles sont simplement des impressions ou des représentations, qui pour ainsi dire flottent en l'air et que l'enfant ne localise pas. C'est la douleur, plus encore peut-

(1) M. Romanes, *l'Évolution mentale de l'homme*, p. 199.

(2) M. Preyer, p. 440 et suiv.

être que la comparaison des perceptions tactiles et des perceptions visuelles, qui lui apprendra à distinguer le sujet de l'objet. Cette localisation de la douleur ne se produit pas d'ailleurs tout de suite. « Les animaux nouveau-nés, dit Houzeau, sont en état de localiser leurs douleurs. Il n'en est pas de même de l'enfant. A quatorze mois, Émile, ajoute M. E. Egger, s'est fait au doigt une écorchure ; il pleure sans montrer son doigt, sans y porter l'autre main. Quelques jours auparavant, il a fait une chute sur le nez, et le sang en a jailli, sans qu'il ait mieux compris, en apparence du moins, où était le siège du mal (1). »

En promenant sa main sur son corps, en se livrant à toutes les petites expériences qu'il tente sur sa tête et sur ses membres, il acquiert peu à peu l'idée de la forme et des limites de son propre corps, mais sans savoir encore peut-être que ce corps est à lui. On a beau parler d'une sorte de sens vital, « qui nous donnerait conscience de la diffusion de notre être matériel, qui nous suggérerait, dans une certaine mesure, l'idée d'une région où bat notre cœur, d'une autre où pense et réfléchit notre cerveau (2) ». Nous ne savons où est notre cœur que depuis que l'anatomie nous l'a appris ; et le petit enfant serait fort embarrassé sans doute, si on lui demandait où réside le siège de sa pensée. Mais ce qu'il peut apprendre de lui-même, aidé par la vue et le toucher, c'est que c'est son corps, c'est sa chair qui souffre, qui dans la maladie est tiraillée par la douleur, qui se brûle ou qui frissonne de froid ; ou bien, inversement, qui se délecte de plaisir au contact d'une main douce et caressante. C'est ainsi que commence le sentiment général du moi, bien entendu d'un moi indivisible et indistinct, et pour lequel il n'est pas encore question de considérer le corps comme extérieur à notre âme. Et ce sentiment général une fois formé, grâce aux localisations de la sensibilité, plus encore que par la perception, visuelle ou tactile, de la forme et de la résistance des diverses parties matérielles de son être, l'enfant est désormais en état, en regardant, en touchant, en maniant les objets, de reconnaître ce qui est distinct de lui et extérieur à sa petite personne.

(1) Egger, *op. cit.*, p. 26.
(2) M. Maillet, *op. cit.*, p. 109.

CHAPITRE V

LES PREMIÈRES ÉMOTIONS ET LEUR EXPRESSION.

I. Balance des plaisirs et des peines. — Les impressions désagréables des sens. — Les fonctions organiques. — Sensations de malaise causées par la faim, par la privation de mouvement, par le besoin de sommeil. — La crise de la dentition. — Le sevrage, et la tristesse. — Plaisirs corrélatifs. — Les sensations les plus simples, sources de plaisir. — II. Phénomènes plus complexes de la sensibilité. — Petites passions. — La gourmandise. — Émotions égoïstes. — La peur. — Est-elle innée ou acquise? — La peur du nouveau, de l'inconnu. — La peur de l'obscurité. — Du rôle de la surprise dans les peurs de l'enfant. — Analogies avec les observations faites chez les animaux. — Diverses formes de la peur. — Que la peur est une émotion dérivée de l'intelligence et de l'imagination. — Appréhension générale d'un mal possible. — III. Transition des émotions égoïstes aux émotions affectueuses. — Tendance instinctive à aimer. — Spontanéité relative de la sympathie. — L'affection chez l'enfant provoquée par l'affection des parents. — Caractères de l'égoïsme enfantin. — Sympathie de l'enfant pour les animaux. — Contagion des sentiments. — IV. Expression des émotions. — Puissance de l'expression chez l'enfant. — Le sourire et le rire. — Caractère purement automatique des premiers sourires. — Date de l'apparition du sourire. — Diverses causes du sourire expressif. — Influence des dispositions générales de l'âme et du corps. — Les larmes. — Date des premières larmes. — Leurs différentes significations. — Autres signes expressifs de l'enfant.

I

A voir les choses sans parti pris, la vie de l'enfant, comme toute la vie humaine, est un mélange de plaisirs et de peines, et si, dans les premiers temps, la balance penche du côté du mal, l'équilibre ne tarde pas à se rétablir, pour se rompre de nouveau, vers la deuxième année, une fois le travail de la dentition passé, au profit du bien.

Laissons de côté la question de savoir si le nouveau-né débute dans la vie par une impression agréable ou désagréable. Dans son livre *du Plaisir et de la douleur*, M. Bouillier affirme, pour des raisons métaphysiques surtout, que le plaisir doit précéder, ne fût-ce que d'un instant insaisissable, l'apparition de la douleur (1). Nous ne croyons pas que cet ordre de prééminence et de succession soit la loi nécessaire de la sensibilité, la douleur, quoi qu'on en dise, étant aussi positive que le plaisir. Quoi qu'il en soit, la question, d'une manière ou d'une autre, est réglée dans la vie intra-utérine et l'enfant n'a pas attendu de naître pour souffrir et pour jouir, pour ressentir un vague bien-être ou d'infiniment petites peines.

Commençons par les peines. Nous ne reviendrons pas sur celles qui dérivent de l'exercice des cinq sens (2). Remarquons seulement que, à l'origine, toutes les impressions sensitives, à l'exception de la saveur du lait ou de la chaleur, sont désagréables à l'enfant. Ce qui sera tout à l'heure source de plaisir, la vision, l'audition, n'est au début que source de souffrance. Les nerfs, dans leur délicatesse, ne peuvent supporter encore ni la lumière ni le bruit. Et ce qui n'est pas moins remarquable, c'est que, dans une seconde période, lorsque les sensations auront pris quelque consistance, toutes les impressions visuelles et auditives, ou peu s'en faut, plairont à l'enfant, parce que toutes elles exciteront ses organes désormais fortifiés et consolidés. Il faudra du temps pour qu'une sélection naturelle établisse, dans les formes, dans les couleurs et dans les sons, les deux catégories de l'agréable et du désagréable; pour que l'enfant, tout d'abord séduit par tout ce qui brille, par tout ce qui résonne, fasse une différence entre un affreux polichinelle aux couleurs criardes et une poupée artistique aux nuances savamment combinées, entre le bruit de la crécelle et la mélodie du piano.

En général, d'ailleurs, les impressions des cinq sens, et il en sera ainsi toute la vie, sont plutôt désagréables, quand elles le sont, que réellement douloureuses. Localisées dans une partie du corps, elles n'ont pas un retentissement assez profond dans l'organisme pour aboutir à la douleur. Il convient de faire exception pour les sensa-

(1) « Toute douleur ayant pour cause un arrêt de notre activité, une entrave quelconque aux divers principes d'action de notre être, il faut conclure, contrairement à Leibniz et à Kant, que le fait primitif de notre nature n'est pas la douleur, mais le plaisir. » (F. Bouillier, *du Plaisir et de la douleur*, p. 101.) Leibniz au contraire considérait que des douleurs imperceptibles, ou demi-douleurs, étaient la condition nécessaire du plaisir : « Sans ces demi-douleurs, disait-il, il n'y aurait pas de plaisir, et il n'y aurait pas moyen de s'apercevoir que quelque chose nous aide et nous soulage, en ôtant quelques obstacles qui nous empêchent de nous mettre à notre aise. » (*Œuvres philosophiques*, éd. Erdmann, p. 248.)

(2) Voyez plus haut chapitre III et IV.

tions du toucher, tout au moins pour les sensations thermiques. L'enfant est très sensible au froid (1). Gâté par la chaude température de l'utérus, il a de la peine à s'acclimater à l'air libre; s'il fait des scènes, quand on veut le laver, c'est moins l'eau que la froideur de l'eau qu'il redoute (2). Nul doute qu'un froid intense, s'il y est exposé, ne lui cause de véritables souffrances; car il peut en mourir.

Une seconde série de peines et de douleurs, ce sont celles qui dérivent des fonctions organiques, nutritives, respiratoires, et des besoins qui correspondent à ces fonctions. De toutes les petites misères de l'enfance, il n'y en a pas qui éprouve la sensibilité du nourrisson plus qu'une alimentation insuffisante, ou mal réglée, ou viciée par une cause quelconque. J'ai vu couler les premières larmes d'un de mes fils, à quatre mois et demi; la cause en était toute prosaïque : sa nourrice avait mangé trop de haricots verts! On raconte le cas d'un enfant de trois mois que sa mère mit au sein, aussitôt après avoir éprouvé un violent accès de colère: l'enfant, après qu'il eut tété, devint pâle comme la mort, et le résultat fut une crise de convulsions dans le côté droit du corps, la paralysie dans le côté gauche. La faim est le premier besoin de l'enfant; si elle n'est point satisfaite régulièrement, le malaise qui en résulte provoque chez le nourrisson des cris, des pleurs, et si ces souffrances se renouvellent trop souvent, elles prépareront peut-être pour la vie un tempérament irritable et nerveux. Que l'on compare, au point de vue du caractère, les enfants abondamment nourris et ceux qui ne le sont que pauvrement : les uns tranquilles, sages, satisfaits, les autres agités et inquiets. On n'exagérera rien, en disant que quelques-uns des défauts du caractère définitif de l'homme ont germé sur le sein d'une nourrice irrégulière ou mal portante. Un bon allaitement n'est pas seulement condition de santé : il est aussi principe de bonne humeur. Notons d'ailleurs que, pendant les premiers mois, la faim et la soif, dans leurs retours périodiques, reparaissent plus fréquemment et réclament satisfaction à des intervalles plus rapprochés. Comme le fait observer M. Preyer, plus l'estomac est petit, plus souvent il est vide; plus sa contenance est grande, plus long est l'intervalle

(1) Le sens de la température n'existe peut-être pas tout de suite, étant donné que l'enfant a été soumis à une température uniforme pendant la vie intra-utérine. Mais les variations auxquelles il est exposé, dès sa naissance, développent vite la sensation du froid et du chaud.

(2) « L'usage de l'eau froide, si préconisé de nos jours, ne convient pas aux enfants d'un âge très tendre. » (Dr D'AMMON, *op. cit.*, p. 155.)

entre les moments où la nourriture est nécessaire, et plus rare la faim (1). Au début, une tétée toutes les deux heures paraît exigée par les besoins de la nature; à trois mois, l'intervalle entre les repas pourra être de trois ou quatre heures; il ira en grandissant encore, et l'enfant s'affranchira peu à peu de la servitude qui, pendant les premières semaines, le suspendait à chaque instant au sein de sa mère.

Les sensations causées par l'insuffisance ou l'impureté de l'air, l'oppression, la suffocation, celles qui dérivent des troubles de la circulation du sang, ne méritent pas une attention particulière chez l'enfant. Il en est autrement des sensations, particulièrement vives dans le premier âge, qui proviennent du sens musculaire et du besoin de mouvement. Lorsque l'enfant crie dans son berceau, ce n'est pas toujours la faim qui l'obsède: ce sont ses vêtements qui le gênent, son maillot qui le serre trop fort. Sans doute, la sensibilité propre de l'épiderme a sa part dans ces impressions de malaise (2). Ce qui ne serait qu'un frôlement léger pour l'adulte, peut être un contact douloureux pour l'enfant. Quand nous pensons le caresser doucement avec la main, nous froissons, nous blessons, sans nous en douter, sa peau délicate. Mais c'est surtout des entraves apportées à la liberté de ses mouvements que souffre l'enfant. Ligotté dans ses langes comme une momie, il ne peut étendre ses membres, il ne peut exercer ses muscles, et à la gêne d'une compression pénible s'ajoute le déplaisir de ne pouvoir agir.

Il est vrai que si la privation de mouvement est pour l'enfant une cause de chagrin, l'action à son tour, pour peu qu'elle se prolonge, ouvre une nouvelle source de malaises. Je veux parler de la sensation de fatigue, qui accompagne presque tout de suite les excitations nerveuses des sens ou l'exercice des muscles. Pour y échapper, l'enfant se plonge et se replonge sans cesse dans le sommeil. Avec le peu de forces dont il dispose, la mesure de l'effort possible est aisément atteinte et vite dépassée. Rien que pour avoir crié ou tété, l'enfant est fatigué et s'endort. Mais, quand il est trop surexcité pour trouver le sommeil, il est visible qu'il souffre. Rien de plus malheureux que l'enfant qui a besoin de dormir et qui ne peut dormir. Le traducteur français de M. Preyer, M. de Varigny, écrit dans une note de sa traduction, qu'il a été souvent frappé de la sottise des enfants qui veulent

(1) M. Preyer, *op. cit.*, p. 127.

(2) Bien entendu cette sensibilité ne se montre pas tout de suite, et il est certain que, dans les premiers jours, la sensibilité au contact est à peine développée.

s'endormir : « Souvent, dit-il, ils grognent, ils pleurent pendant un quart d'heure ; il serait pourtant bien plus simple, semble-t-il, de s'endormir sans tant de façons (1). » Cela serait plus simple assurément ; mais l'enfant, pas plus que l'adulte, n'a le pouvoir de commander au sommeil, et nous savons tous combien est pénible cet état d'insomnie où, plus nous recherchons le repos, plus il semble nous fuir.

La faiblesse de l'enfant se trahit sans cesse dans la fatigue qu'il ressent et dont il donne à chaque instant des preuves, soit par son état de somnolence, soit par des cris suivis d'un sommeil soudain. Et il n'est pas douteux qu'à cette sensation de fatigue et d'épuisement ne corresponde une impression désagréable. Le pouvoir d'action de l'enfant est encore si limité que le plaisir même le fatigue vite. Axel, à l'âge de deux mois, après avoir écouté pendant quelques minutes les sons du piano, s'endormit pendant six heures sans se réveiller : ce qui ne lui était jamais arrivé (2). La mobilité, l'inconstance, si souvent reprochée à l'enfant, dérive souvent de sa faiblesse ; chacune de ses fonctions ne pouvant disposer que d'une provision très restreinte de forces, qui sont vite épuisées, il est obligé de passer vite d'une occupation à une autre, d'exercer l'une après l'autre ses diverses facultés.

Pour achever d'esquisser ce tableau des peines qui sont le lot de l'enfant, peines toutes physiques d'ailleurs, et où l'intelligence, la sensibilité morale n'ont rien à voir, il resterait à décrire les crises de la dentition et du sevrage. Mais ce sont là questions médicales plutôt que psychologiques. Nous emprunterons pourtant à un observateur de l'enfance quelques traits qui montrent combien le travail de la dentition trouble profondément la sensibilité : « L'enfant devient inquiet... Quelquefois il pousse subitement des cris et se calme aussitôt... Son sommeil est souvent interrompu par des tressaillements d'effroi. On voit que les gencives lui font mal, car il porte à la bouche tout ce qui lui tombe sous la main, et mâche avidement le premier objet venu. Dans une seconde période, au contraire, il évite de prendre des objets dans sa bouche, et pousse des cris, s'il lui arrive de mordre quelque chose par mégarde... Le teint de son visage est soumis à des variations soudaines. Il est agité ; s'il est sur les bras de la personne qui le soigne, il manifeste le désir d'être couché dans

(1) M. Preyer, *op. cit.*, p. 124, en note.
(2) *Ibid.*, p. 101.

son lit; à peine l'y a-t-on déposé qu'il demande de nouveau à retourner dans les bras de sa mère ou de sa bonne. Rien ne lui plaît... Il paraît tourmenté par un sentiment confus qui ressemble à de la peur et qui ne lui laisse pas un moment de repos (1). »

Nous n'aurions rien dit du sevrage, qui intéresse surtout les hygiénistes, si cet événement considérable de la vie de l'enfant n'avait pour effet de faire apparaître parfois une émotion d'un genre tout nouveau, je veux dire la tristesse. Si le sevrage est prématuré, s'il est brusque, s'il n'est pas secondé par le progrès naturel de l'organisme, aspirant de lui-même à une alimentation nouvelle, il peut non seulement déterminer le dépérissement de l'enfant, mais le jeter dans une sorte d'abattement moral, qui a déjà tous les caractères de la tristesse et du regret, la tristesse et le regret de la première habitude rompue.

Ce que nous venons de dire des malaises et des souffrances de l'enfant nous dispense presque d'établir la contre-partie, c'est-à-dire d'énumérer les plaisirs qui viennent les contre-balancer. Plaisir et peine sont en effet corrélatifs. Ils émanent d'un même principe; et il ne saurait y avoir de sensibilité pour le mal, sans qu'il y ait en même temps sensibilité pour le bien. C'est donc de l'exercice progressif et mesuré des organes des sens, c'est de la satisfaction des besoins organiques, que dériveront les premiers plaisirs de l'enfant. Dans les premières semaines, ils résulteront presque uniquement de l'apaisement de la faim, des douceurs de l'allaitement. Balzac a mis ces paroles dans la bouche d'une jeune femme : « Ce petit être ne connaît absolument que notre sein. Il l'aime de toutes ses forces; il ne pense qu'à cette fontaine de vie; il y vient, et s'en va pour dormir; il ne se réveille que pour y retourner. » Le plaisir pour l'enfant résultera encore du bien-être que procure au corps tout entier le bain où on le plonge, et aussi des sensations agréables que lui cause une lumière douce et modérée. Les plaisirs de l'ouïe s'y joindront plus tard, et aussi ceux du toucher. Il ne faut pas l'oublier : il y a pour l'enfant, dans le premier exercice de ses muscles et de ses nerfs, des sources de plaisir, que l'adulte ne soupçonne pas, parce qu'elles se sont pour ainsi dire taries pour lui, sous l'influence de la répétition et de l'habitude. Songeons à tout ce que doivent représenter de petites sensations agréables, soit les impressions ressenties dans les premières promenades, la clarté du jour, l'azur du ciel, dont un aveugle-né, quelques

(1) Dr D'AMMON, *op. cit.*, p. 182.

jours après l'opération, disait que c'était ce qu'il y avait de plus beau au monde, soit la sensation de l'air pur et frais qui vient pour la première fois battre la jeune tête de l'enfant. Et de même, quand l'enfant s'est familiarisé avec les objets extérieurs, quand il a surmonté ce premier effet de surprise et de peur que détermine l'apparition de toute chose nouvelle, n'est-il pas certain que les perceptions les plus simples elles-mêmes, celles qui plus tard nous laisseront indifférents, ne le trouvent pas insensible, et que, dans ce monde des choses réelles, où chaque regard qu'il jette est une découverte, laissant, comme dit le poète, « laissant errer sa vue étonnée et ravie », il éprouve, sinon des plaisirs très nets et très distincts, du moins un vague contentement? On ne comprend pas pourquoi M. Preyer prétend que, pour les enfants du premier âge, « le plaisir provient plutôt de l'absence de causes de déplaisir, que de la présence de causes réelles de plaisir (1) ». Dès la première journée, l'enfant qui a réussi à prendre le sein de sa mère, fait l'expérience d'un plaisir positif, qui se renouvelle plusieurs fois par jour. Et au bout de quelque temps, lorsque l'activité musculaire pourra s'exercer, lorsque l'enfant saura étendre et mouvoir ses membres, lorsqu'il émettra quelques sons, lorsqu'il maniera les objets, tous ces mouvements l'égaieront et le réjouiront : plaisirs déjà très vifs, en attendant ceux que lui réserve la joie des premiers pas, le jour où il marchera.

On peut donc conclure que, les premières semaines exceptées, il y a dans le premier âge de la vie, comme à tout âge, une balance, un mélange équitable de biens et de maux. Seulement, nous l'avons déjà dit, l'expression est plus prompte, plus énergique, dans le malaise, que dans le bien-être. « Quand leurs sensations sont agréables, disait déjà Rousseau, les enfants en jouissent en silence (2) ; » assertion trop absolue, car l'enfant qui éprouve du plaisir sait le dire dans son langage : il gazouille, il gesticule, il sourit. C'est à tort qu'on a soutenu que l'explication des premiers mouvements et des premiers symptômes de la vitalité doit être cherchée dans quelque malaise, que les premières émissions vocales, par exemple, dépendent uniquement d'une souffrance (3). Non, l'enfant a aussi des mouvements de plaisir, et, à un âge un peu plus avancé, des tre-

(1) M. Preyer, *op. cit.*, p. 118.
(2) Rousseau, *Émile*, livre I.
(3) M. Souriau, *Esthétique du mouvement*.

pignements de joie, de petits cris aussi, comme un ramage de contentement et de satisfaction. Si les états pénibles de sa sensibilité ont tout de même une tendance plus marquée à se manifester, c'est qu'ils réclament soulagement et secours; et ils donnent ainsi au tout petit enfant l'apparence d'être plus malheureux qu'il ne l'est en effet.

II

Les plaisirs et les peines que nous venons d'énumérer sont liés, soit aux organes des sens, soit à des fonctions organiques, et localisés dans différentes parties du corps. Ils correspondent d'ailleurs, est-il besoin de le dire, à autant de désirs et d'aversions, de goûts et de répugnances : le plaisir et la peine n'étant que les phénomènes conscients qui révèlent des inclinations, des besoins innés. Ils constituent ce qu'on pourrait appeler les « éléments de la sensibilité », de même que les perceptions particulières, isolées, successives, sont les éléments de l'intelligence. Est-il donc impossible de signaler chez l'enfant des phénomènes sensibles d'un ordre plus complexe, dérivant, non immédiatement et directement de l'organisme musculaire ou nerveux, mais d'un groupement, d'une association d'éléments divers, c'est-à-dire de sensations déjà éprouvées, d'images et de souvenirs; et même d'y noter de véritables sentiments qui, tout en s'appuyant sur des plaisirs matériels déjà ressentis, n'en témoignent pas moins de leur virtualité et de leur énergie propre?

La réponse ne saurait être douteuse; les états affectifs de l'enfance nous présentent la série complète des phénomènes de la sensibilité : des sensations, nous l'avons vu, et aussi, comme nous allons le montrer, des émotions, même de petites passions.

On ne s'avancera pas trop, en effet, en affirmant que le besoin de la nourriture cesse vite d'être simplement un besoin instinctif, et que, surexcité par le souvenir des satisfactions déjà éprouvées, il devient une passion, avec son caractère d'idée fixe, de domination tyrannique et exclusive. Au bout de quelques mois sans doute, les facultés naissantes s'équilibreront et se feront contre-poids. Mais, à l'origine, l'enfant n'est qu'un petit monomaniaque de gourmandise, qui rapporte tout à l'unique action de téter et qui s'endort dès que son estomac est satisfait. « Ses premières amours sont celles d'un gastronome (1). » Plus tard, il se laissera distraire de sa pensée dominante :

(1) Parlant d'un enfant de deux mois, un correspondant de M. Perez écrit :

mais dans les premiers mois, rien, pas même un jouet qu'on lui montre, ni un bruit éclatant qui résonne à ses oreilles, ne peut le détourner de sa convoitise toute animale pour la nourriture. « Même du neuvième au dixième mois, dit M. Preyer, la nourriture et tout ce qui y touche, voilà ce qui intéresse le plus vivement l'enfant, qui, les yeux étincelants, tend les bras vers ses aliments, tant qu'il n'est pas rassasié. » Et voilà pourquoi il porte à sa bouche tous les objets qu'il saisit, suce son doigt ou le doigt de sa nourrice, goûte enfin tout ce qu'il peut toucher. Rien de curieux comme cette manie de l'enfant. Nous avons vu un baby de quelques mois, qui, pendant qu'il nous entendait tambouriner de la main sur les vitres de la fenêtre voisine, remuait ses lèvres et ouvrait la bouche : on eût dit qu'il voulait happer le bruit. Et de cette habitude il restera quelque chose, le baiser, qui n'est sans doute qu'un ressouvenir du mouvement des lèvres, s'avançant pour saisir le bout du sein maternel.

La gourmandise est la première des passions. Sans doute elle ne se montrera dans toute sa force que chez l'enfant de deux ou trois ans, chez celui que les friandises ont gâté ; mais l'enfant à la mamelle n'en est pas exempt. Il est certain que le nourrisson demande à téter plus qu'il n'a faim. Et ce qui prouve bien qu'il y a là déjà, en raccourci bien entendu, les caractères d'un besoin passionné, c'est que les émotions qui font d'ordinaire cortège à la passion, la colère, la jalousie, y trouvent la première occasion de s'exercer (1). L'enfant s'irrite contre sa nourrice, si ses mamelles appauvries ne lui fournissent pas sa ration habituelle de lait. Et de même Tiedemann raconte que son fils témoigna un vif mécontentement, un jour qu'on avait placé, par plaisanterie, sur le sein de sa mère, un enfant étranger : il s'agitait et cherchait à écarter l'intrus.

Ce sont naturellement les émotions personnelles, celles que détermine l'aversion toute égoïste de la souffrance ou le désir du plaisir, qui se manifestent les premières. La plus caractérisée de toutes, chez l'enfant, c'est la peur.

C'est une question de savoir si la peur est instinctive et innée, si elle devance l'expérience du danger. Assurément la plupart des

« C'est une vraie petite bête, vorace à l'excès... Je n'aurais jamais cru qu'un petit enfant fût si absolument un animal, sans autre instinct que la gloutonnerie. » (M. Perez, *op. cit.*, p. 68.)

(1) Nous parlons ailleurs de la colère et de la jalousie chez l'enfant. Voyer chapitre XIII.

frayeurs de l'enfant correspondent à des souffrances déjà ressenties. Il a fait de bonne heure l'expérience du mal; il en redoute l'approche et le retour. Et il est à remarquer que, dans certains cas, exposé à un danger réel, il ne s'émeut pas, par ignorance et par inconscience. L'intrépidité de l'enfant n'est le plus souvent que l'imprévoyance du péril. Un enfant qui n'a jamais éte battu, par exemple, ne comprend pas le sens des menaces et ne s'en effraie pas. Vous vous avancez vers lui, la main ouverte pour le frapper: il vous répondra par un joli sourire. Il ne connaît que vos caresses; il ne devine pas la signification de votre geste de colère: comme un jeune chien qui accueille par des gambades et des sauts joyeux la badine dont vous allez le frapper pour la première fois.

Mais si l'enfant a parfois des sourires pour les dangers réels, il a des pleurs aussi pour les périls imaginaires. En d'autres termes, le souvenir d'un mal déjà éprouvé n'est pas toujours nécessaire pour que l'enfant ait peur (1). Et la preuve, c'est qu'il témoignera d'une vive crainte, à l'occasion de choses absolument inoffensives. Soit influence de l'hérédité, soit sentiment de faiblesse, sans expérience préalable, le petit enfant manifeste des appréhensions naturelles, spontanées, et cela sous deux formes : la peur du nouveau et de l'inconnu, la peur de l'obscurité (2).

Il faudrait, pour l'usage de l'enfance, retourner le vieux dicton, et dire : « Tout nouveau, tout laid. » Tout ce qui est chose nouvelle, non familière, fait tressaillir et pleurer l'enfant. A la vue d'un visage inconnu, il se rejette en criant sur le sein de sa nourrice. Et c'est bien la nouveauté de l'impression seule qui l'effraie; car l'étranger, auquel il refuse aujourd'hui de tendre la main, dans quelques jours, il se familiarisera assez avec lui pour se jeter à son cou. De même les animaux domestiques, le chien, le chat, qui deviendront bientôt les objets favoris de la tendresse de l'enfant, lui causent tout d'abord d'indicibles terreurs. Un simple changement dans le costume de sa mère ou de son père le fait crier et pleurer. Et voilà pourquoi une petite fille de quatre mois, citée par M. Preyer, se mettait à pleurer, quand sa maman s'approchait d'elle avec un grand chapeau sur la

(1) « Il est tout à fait erroné de croire que l'enfant, à qui l'on n'a pas appris la peur, ne la connaît pas. » (M. PREYER, *op. cit.*, p. 137.)

(2) « La peur, dit le Dr Sikorski, est un sentiment inné ; elle paraît très tôt, avant que l'enfant ait eu des raisons d'éprouver la crainte. Les petits enfants éprouvent une terreur panique, à la vue d'un chat ou d'un chien qui s'approche d'eux de l'air le plus débonnaire. »

tête, et se reprenait à sourire, dès que le chapeau était enlevé. Ce sont là des cas de ce *misonéisme*, de cette *néophobie* que la science moderne étudie (1), qu'on retrouve encore chez l'adulte et chez l'homme fait, mais qui est surtout la caractéristique du premier âge. Tout ce qui est inattendu, imprévu, est insupportable à l'enfant, et provoque soit la peur, soit plus tard la colère. J'ai vu un de mes fils, à quatre ans et demi, entrer dans de véritables rages, toutes les fois que je lui parlais dans le patois de mon pays ; l'inusité de mon langage avait le don de l'impatienter et de l'irriter à un degré extraordinaire.

L'étonnement, chez le petit enfant, est synonyme de peur, de même qu'il sera plus tard synonyme d'admiration. Surprenant et effrayant sont pour lui même chose. « A quatre mois, dit Darwin, mon fils accueillait, comme d'excellentes plaisanteries, tous les bruits étranges et assez forts que j'avais pris l'habitude de lui faire entendre; mais un jour je me mis à ronfler bruyamment, ce que je n'avais jamais fait jusque-là : il prit aussitôt l'air grave et fondit en larmes. Vers le même temps je m'approchai de lui à reculons, et je m'arrêtai tout à coup : l'enfant parut fort surpris, et il allait se mettre à pleurer, si je ne m'étais retourné; tout aussitôt son visage s'éclaira d'un sourire. »

Une autre forme très caractérisée des craintes puériles, c'est la peur de l'obscurité. D'où vient cette terreur des ténèbres, qui n'est point d'ailleurs particulière à l'enfant? « La nuit, dit Rousseau, effraie naturellement les hommes et quelquefois les animaux (2). » Elle vient d'abord, comme le fait observer encore Rousseau, « de l'ignorance des choses qui nous environnent et de ce qui se passe autour de nous (3) ». L'enfant, ne pouvant plus exercer le sens de la vue réelle, peuple l'obscurité de fantômes, de visions fantastiques. Tout ce que sa petite imagination, trop souvent surexcitée par les contes de nourrice, peut concevoir de choses effrayantes, tout cela surgit dans l'ombre (4). Un enfant, à qui l'on demandait pourquoi il n'aimait pas se trouver dans un lieu sombre, répondait: « Je n'aime

(1) Voyez *Revue scientifique*, du 1er novembre 1881.

(2) LOCKE est d'un avis contraire : « Si les enfants étaient laissés à leurs propres inspirations, ils ne seraient pas plus effrayés dans les ténèbres qu'ils ne le sont en plein jour. » (*Quelques pensées sur l'éducation*, § 130.)

(3) ROUSSEAU, *Émile*, livre II.

(4) Le Dr Sikorski affirme que ses enfants n'ont jamais eu peur dans l'obscurité, parce qu'ils n'ont jamais entendu « de contes à faire peur ».

pas les ramoneurs! » Et cet exemple prouve bien que l'enfant n'a pas besoin qu'on lui ait farci la tête de sottes histoires, pour s'épouvanter dans les ténèbres. Ce ne sont pas seulement des êtres surnaturels que son imagination évoque : ce sont aussi des êtres réels, des voleurs, des ramoneurs!... Où il ne voit rien, il imagine tout. Joignons à cela cette répugnance naturelle pour le noir, qui est généralement constatée par les observateurs de l'enfance. M. Preyer cite un enfant qui, à dix-sept mois, avait peur même de sa mère, quand il la voyait habillée de deuil (1). Le fils de Tiedemann, au cinquième mois, se détournait des personnes vêtues de noir, avec des marques visibles de répugnance. « Le noir, couleur de l'obscurité, désigne par lui-même quelque chose de désagréable. » Ajoutons enfin que c'est la solitude qui effraie encore plus que les ténèbres. Même quand il n'est pas seul, l'enfant, plongé dans l'obscurité, croit qu'il est seul. Ses yeux ne peuvent plus se reposer sur les personnes ou sur les choses qui sont les soutiens familiers de sa faiblesse. Il se sent comme abandonné, délaissé. Tel est le sens de la réflexion de cet enfant qui disait à un de ses camarades : « N'allons pas de ce côté ; il n'y a personne ; on pourrait nous faire du mal! »

Est-il nécessaire, pour expliquer les appréhensions instinctives du premier âge, de faire appel à l'hérédité, comme le veut M. Preyer, comme le veut Darwin ; et d'admettre que « les craintes de l'enfant, lorsqu'elles sont tout à fait indépendantes de l'expérience, sont les effets héréditaires des dangers réels et des superstitions grossières qui datent de l'époque de la vie sauvage ? ». Ce serait tout à fait grossir les choses, et aller chercher, bien inutilement, dans un passé préhistorique, une explication qu'on a, pour ainsi dire, sous la main. Dans les deux catégories de frayeurs que nous avons examinées, celles que détermine l'imprévu d'une impression nouvelle, ou bien l'absence de la lumière, il s'agit précisément de craintes chimériques, dont l'expérience démontre l'inanité. L'expérience de nos ancêtres n'a donc rien à y voir. Darwin semble s'appuyer, il est vrai, sur d'autres faits, et en particulier sur l'exemple suivant : « Lorsque mon fils n'avait encore que deux ans et trois mois, je le menai au Jardin zoologique, et il eut grand plaisir à regarder les animaux qui ressemblaient à ceux qu'il connaissait — chevreuils, antilopes,

(1) Mme Necker de Saussure prétend cependant que la peur du noir est un simple effet de l'habitude. « En Afrique, dit-elle, les petits nègres ont peur des blancs. » (*Éducation progressive*, l. II, chap. IV.)

tous les oiseaux et même les autruches — ; mais il eut grand' peur des animaux de grande taille qu'il vit enfermés dans des cages; dans la suite, il disait souvent qu'il aimerait à retourner au Jardin zoologique, mais non à voir *les bêtes dans des maisons.* » Et Darwin conclut que cette frayeur serait inexplicable, si on ne la considérait pas comme le souvenir des luttes sanglantes que nos ancêtres ont eu à soutenir contre les fauves, dans la vie primitive. Le phénomène est pourtant, ce semble, beaucoup plus simple. Darwin remarque lui-même que l'enfant ne s'effrayait nullement à la vue des animaux dont les formes lui étaient familières, et qui vivent en liberté. Si les fauves, emprisonnés dans leurs cages, lui causaient une autre impression, c'était un simple effet de surprise. Par leurs formes, par leurs dimensions, peut-être par leurs mouvements, s'ils bondissaient derrière les barreaux, surtout par le fait qu'ils étaient enfermés « dans des maisons », selon le mot même de l'enfant, le lion et le tigre étonnaient et par suite épouvantaient son imagination.

Non, ce n'est pas dans une remémoration inconsciente de la vie des ancêtres, c'est dans la nature même de l'enfant qu'il faut chercher l'origine de ses frayeurs. Ce sont les dangers réels, ne l'oublions pas, qui l'émeuvent le moins; et même, quand il n'a pas été maltraité dès les premiers jours, il semble traverser une période initiale que caractérise l'absence de la peur (1). Mais, au bout de quelques mois, il a éprouvé la souffrance, il a vaguement entrevu sa faiblesse. Et dans sa petite expérience du mal, par une généralisation naturelle, il soupçonne le danger partout : comme un malade, dont le corps endolori s'effraie d'avance de tout mouvement et de tout contact. Il pressent un danger surtout derrière les choses qu'il ne parvient pas à comprendre, parce qu'elles ne cadrent pas avec son expérience. Sur ce point les observations recueillies par M. Romanes (2), dans ses études si intéressantes sur l'intelligence des animaux, éclaircissent singulièrement la question; elles prouvent que les chiens, par exemple, ne s'épouvantent de ceci ou de cela que parce qu'ils en ignorent la cause. Un chien, qui avait peur du tonnerre, fut pris d'un état d'angoisse, un jour qu'il entendit un grondement, imitant le tonnerre, et produit par un tas de pommes que l'on jetait sur le plancher

(1) C'est l'opinion de M. Preyer, *op. cit.*, p. 135. M. Preyer pose en loi que « moins l'enfant a éprouvé de sensations douloureuses, plus l'apparition de la peur est retardée et *vice versa* ».

(2) M. Romanes, *Évolution mentale des animaux.*

du grenier; aussitôt qu'on l'eût conduit dans le grenier, il parut comprendre la cause du bruit, et redevint calme et gai, comme auparavant. Un autre chien avait l'habitude de jouer avec des os desséchés ; M. Romanes attacha un jour un fil ténu et peu visible à l'un de ces os, et tandis que le chien jouait avec lui, le tira lentement; en présence de cet os, qui semblait se mouvoir spontanément, le chien recula de terreur... De la même façon les chevaux ombrageux manifestent de l'effroi, tant que la cause du bruit qui les épouvante reste inconnue et invisible pour eux. Il en est de même de l'enfant. Devant toutes ces choses qui l'entourent et dont il n'a aucune idée, devant ces objets sonores, ces formes, ces mouvements, dont il ne devine pas les causes, il est naturellement en proie à de vagues alarmes. Il est comme nous serions nous-mêmes, si le hasard nous jetait tout d'un coup, sans transition, dans un pays inexploré, devant des êtres et des objets étranges; nous serions soupçonneux, toujours sur le qui-vive, disposés à voir des ennemis imaginaires derrière chaque buisson, pressentant un péril nouveau à chaque tournant du chemin.

Le chapitre de la peur serait long, si l'on voulait entrer dans le menu détail, et examiner toutes les formes que revêt cette émotion, depuis la terreur, pleine d'angoisses, que pendant quelques instants éprouve le petit enfant, en présence d'un incendie, par exemple, jusqu'à la timidité, cette crainte diffuse, qui paralyse tous les mouvements de l'enfant de trois à quatre ans et qui est comme le résidu des frayeurs du premier âge. Il y aurait bien des espèces à distinguer : par exemple, la peur de tomber, qui ne se manifestera pas seulement chez l'enfant qui marche d'un pas chancelant encore, mais qui apparaît déjà chez l'enfant à la mamelle, quand il se serre de toutes ses forces contre le sein de sa nourrice, pour ne pas glisser par terre, une sorte d'« agoraphobie » puérile, une peur du vide très caractérisée (1). A en croire M. Preyer, l'enfant aurait aussi une peur instinctive de l'immensité de la mer. « Au vingt et unième mois, mon fils manifesta tous les symptômes de la peur, quand sa bonne le porta tout près de la mer. Il commença à se plaindre; il se cram-

(1) Conférez TIEDEMANN, *op. cit.* : « L'enfant était dans son cinquième mois. Alors on vit qu'il voulait se servir de ses mains pour se retenir. Quand, après l'avoir tenu sur ses bras, on l'abaissait avec rapidité, il s'efforçait de se tenir ferme avec les mains, pour ne pas tomber. Il lui était désagréable aussi d'être levé très haut. Il ne pouvait avoir aucune idée de chute. Aussi la crainte n'était pas autre chose chez lui qu'une simple impression machinale, du genre de celles que l'on ressent sur une hauteur escarpée, à peu près analogue au vertige. »

ponnait des deux mains, même quand le flot était tranquille, le vent calme et la mer basse. » Il ne faut voir là assurément que l'effet d'une sensation de surprise, en face du spectacle d'une grande nappe liquide. De même, la peur du tonnerre n'est, chez l'enfant, que la conséquence de l'impression inattendue d'un bruit retentissant, dont la cause est inconnue. Et la preuve, c'est qu'on voit des enfants de deux ans qui, une fois familiarisés avec le phénomène, rient aux éclats, en entendant tonner, et s'amusent à imiter avec la main le zigzag des éclairs.

Ce qui importe plus que de cataloguer les diverses espèces de la peur, c'est de constater que, dans le développement de la sensibilité enfantine, la peur, en général, marque un véritable pas en avant. M. Sully dit avec raison qu'elle est « la forme la plus élémentaire d'*une émotion pure et simple*, c'est-à-dire d'un sentiment qui dérive directement de l'activité mentale » : Il y a, en effet, autre chose ici qu'une sensation immédiatement provoquée par un objet présent ; il y a un acte d'intelligence et d'imagination ; et une sorte d'induction vague. L'enfant qui, une ou plusieurs fois, a souffert d'un mal, est désormais disposé, non seulement à craindre le renouvellement du même mal, mais à supposer la possibilité de maux du même genre. Locke a écrit : « On peut constater, je crois, que lorsque les enfants viennent de naître, tous les objets visibles, qui ne blessent pas leurs yeux, leur sont indifférents : ils ne sont pas plus effrayés en voyant un nègre ou un lion, que leur nourrice ou un chat (1). Qu'est-ce donc qui plus tard les épouvante dans les objets d'une certaine forme ou d'une certaine couleur ? Rien que l'appréhension du mal que ces objets peuvent leur faire (2). » C'est précisément cette appréhension, cette idée d'un mal possible, qui se glisse dans les frayeurs même les plus instinctives, et qui donne à la peur, quelque ridicule, quelque sotte qu'elle soit, un caractère intellectuel, sinon intelligent.

La peur, à vrai dire, dans l'ensemble de ses manifestations, n'est, comme l'appétit de la faim, qu'une des formes de l'instinct de conservation, un des moyens que la nature emploie pour préserver l'individu, un des instruments de la lutte pour la vie. Elle est ex-

(1) Cela n'est vrai, croyons-nous, que dans les premiers jours de la vie, tout au plus, alors que l'enfant est encore à peu près indifférent aux perceptions extérieures.

(2) LOCKE, *Quelques pensées sur l'éducation*, § 115.

clusivement un sentiment personnel, égoïste, comme l'instinct de la propriété, comme l'amour-propre ; et nous avons maintenant à chercher comment, par une transition autrement difficile, la sensibilité, qui est déjà passée des sensations aux émotions personnelles, s'élève aux émotions affectueuses.

III

On ne saurait le nier : c'est dans l'égoïsme même de l'enfant que germent ses sentiments affectueux. Les premières affections naissent du souvenir des petits plaisirs personnels que la nourrice et la mère ont procurés à l'enfant (1). Le petit enfant n'aime que ce qui lui fait plaisir ou ce qui l'amuse : et voilà pourquoi un objet inanimé, un jouet, une poupée, un animal favori, un chien, un chat, ont peut-être dans ses affections le même rang que son père et sa mère. Sans doute, il s'en faut que l'amour d'autrui, même sous sa forme puérile, soit simplement un groupement d'impressions agréables, concentrées par l'association des idées autour d'une même personne; pas plus que le jugement et le raisonnement ne sauraient être confondus avec une collection de sensations. Mais ces impressions agréables sont les occasions, les circonstances qui sollicitent le besoin d'aimer, et qui le dirigent dans un sens ou dans un autre. L'analyse, pour expliquer la sympathie tendre que l'enfant témoigne à sa mère, peut bien énumérer les divers éléments apparents et, pour ainsi dire, extérieurs du sentiment filial : la reconnaissance pour les services rendus, le souvenir des caresses reçues, toute la série des impressions qui ont flatté l'instinct utilitaire ou séduit les sens de l'enfant. Mais il y a quelque chose que l'analyse n'atteint pas; il y a l'apport de la nature, la tendance instinctive à aimer, qui sort des profondeurs de l'âme. En d'autres termes, nous pouvons bien rendre compte des raisons qui attachent à telle ou telle personne le cœur de l'enfant, de même qu'en étudiant la croissance d'une plante grimpante, nous pourrions dire pour quelles circonstances de proximité elle a

(1) Comparez ce qui se passe chez les animaux : un jeune chien que j'ai observé témoignait une affection très vive à la domestique qui était chargée de pourvoir à sa nourriture. Ce chien tombe malade et ne mange plus; il n'a plus faim. A partir de ce moment, il ne fait plus guère attention à la servante, et recherche de préférence la compagnie des autres personnes de la maison qui se contentent de le caresser. Chez l'enfant il en est de même : l'affection lui est d'abord inspirée par le souvenir reconnaissant des soins matériels qu'il a reçus.

accroché ses vrilles à un arbuste plutôt qu'à un autre; nous pouvons bien parvenir à expliquer pourquoi l'enfant aime sa mère ou sa nourrice, mais on ne saurait dire pourquoi il aime.

On a souvent répété que l'enfant apprenait à aimer en se sentant aimer lui-même, en voyant les autres s'aimer. L'affection serait surtout un acte de retour, ou une imitation. Nous n'y contredirons pas; on ne saurait trop insister sur ce qu'il y a de social, de familial, et par conséquent d'acquis, dans le développement de la sensibilité individuelle. Comme le dit M. Guyau, « c'est à force de recevoir que le cœur finit par donner (1) ». C'est de la collaboration de plusieurs, c'est du contact et de la corrélation avec d'autres personnalités déjà formées, que dérive peu à peu la personnalité aimante de chaque individu. Un enfant sevré d'amour, jeté par la fatalité de sa naissance dans un milieu de sécheresse et de froideur, risquerait fort de ne pas connaître les émotions sympathiques et affectueuses. Ce n'est pas absolument par un *motu proprio*, c'est par une sorte de réponse du dedans à l'appel du dehors, que la sensibilité, comme l'intelligence, se dégage des entraves de l'inconscient.

Mais la spontanéité relative de la sympathie, chez l'enfant, n'en est pas moins un fait certain, et elle se manifeste d'abord par le besoin qu'il ressent de la sympathie d'autrui. Notre fils ne nous demande pas seulement des soins matériels, des gâteries extérieures, pour être heureux : il nous demande notre amour. Dans ses notes sur sa fille Annie, morte à dix ans, Darwin a écrit ces lignes touchantes : « Lorsque sa gaité devenait trop turbulente, un seul regard de ma part, non pas de colère (je remercie Dieu de ne l'avoir presque jamais regardée ainsi), mais de manque de sympathie, altérait pendant quelques minutes son visage. Son humeur affectueuse se montrait déjà, quand elle était tout enfant, en ceci qu'elle ne demeurait réellement tranquille dans son lit, que lorsqu'elle pouvait toucher sa mère. »

Le besoin d'être aimé ne va pas sans une certaine faculté d'aimer soi-même; et sur ce point encore, nous invoquerons le témoignage de Darwin. « La sympathie s'est manifestée chez mon fils, à l'âge de six mois et onze jours; toutes les fois que la nourrice faisait semblant de pleurer, il prenait un air de tristesse, bien caractérisé par l'abaissement des coins de sa petite bouche. Mais ce n'est qu'à l'âge d'un peu plus d'un an qu'il a commencé à exprimer ses affections

(1) GUYAU. *Éducation et hérédité*, p. 63.

par des actes spontanés, par exemple, en embrassant à plusieurs reprises sa nourrice qui venait de faire une courte absence. »

Nous ne saurions souscrire au jugement qu'un philosophe généralement mieux informé, M. E. Naville, a porté sur l'enfance : « Les petits enfants, dit-il, sont de parfaits égoïstes. Ne le leur reprochons pas. Comment pourraient-ils éprouver de la sympathie ? Ils ignorent qu'il y ait dans le monde d'autres joies et d'autres souffrances que les leurs. Les personnes qui les entourent ne sont pour eux, à l'origine, que des choses. Derrière ces corps qui se meuvent sous leurs yeux, ils n'ont pas encore deviné des âmes. Oui, quand une mère penche un visage plein d'amour sur le berceau de son tout petit enfant, elle n'est pour lui qu'une chose qui bouge. Il verra bien des fois couler ses larmes, avant de comprendre qu'elle souffre. Et c'est seulement quand il l'aura compris, que pourra se lever dans son cœur l'aube de la sympathie et de la vie morale (1)... » Il est difficile d'accumuler en quelques lignes plus d'erreurs, et cette demi-page suffirait à démontrer combien la psychologie de l'enfant tâtonne et s'égare encore, combien, après cent ans, Rousseau aurait raison de redire dans sa propre patrie : « On ne connaît point l'enfance ! » D'abord, l'enfant n'est pas « un parfait égoïste », puisque le véritable égoïsme suppose la préférence calculée que nous accordons à nos propres intérêts. Incapable de calcul, l'enfant, s'il est égoïste, n'est qu'un égoïste sans le savoir. Son égoïsme aimable, innocent, n'est que la recherche instinctive du plaisir. Mais ce qui est surtout hasardé, c'est de prétendre que les personnes ne sont aux yeux de l'enfant que des choses; alors que, tout au contraire, il considère et traite les choses inanimées elles-mêmes comme des personnes : la poupée, par exemple, qu'il aime, qu'il personnifie jusqu'à l'aimer comme une petite sœur, jusqu'à s'apitoyer sur ses malheurs imaginaires (2). On n'accordera pas enfin à M. Naville que les enfants soient aussi lents qu'il le croit à interpréter les signes des sentiments d'autrui, à comprendre, par exemple, le sens des larmes. Il y a dans l'expression naturelle de la douleur une force de signification, qui n'échappe pas longtemps à l'intelligence divinatrice de l'enfant.

(1) *Revue philosophique*, 1881, II, 654.

(2) Conférez M. PREYER, *op. cit.*, p. 124 : « On découpait pour mon fils âgé de vingt sept mois des bonshommes en papier : quand un coup de ciseau maladroit leur enlevait un bras ou une jambe, il se mettait à pleurer. »

Il n'est pas à contester d'ailleurs que, dans les émotions affectueuses de l'enfant, l'égoïsme ne se mêle à l'affection désintéressée. Mais n'en sera-t-il pas toujours ainsi ? N'est-il pas bien rare de rencontrer un sentiment d'affection absolument dégagé de toute préoccupation personnelle ? C'est ainsi que l'enfant aime sa mère pour lui-même, beaucoup plus que pour elle-même ; il l'aime dans l'intérêt de son propre bien-être que la mère assure par ses caresses et par ses soins (1). Le fils de Tiedemann, vers l'âge d'un an, s'était attaché insensiblement à sa sœur et à un petit chien, qui jusque-là lui avaient été parfaitement indifférents : « Il ne voulait pas qu'on fît mal à l'un ou à l'autre; car tous deux commençaient à lui servir de passe-temps dans ses jeux. » De la même façon, plus tard, l'amitié ne sera, dans ses débuts, que le plaisir de jouer avec des camarades. L'impression égoïste reste toujours le point de départ, de même que, à la racine de toute idée abstraite et générale, il y a toujours une perception sensible ou une image particulière.

Remarquons d'ailleurs que les affections de l'enfant sont guidées par ce sentiment particulier qu'on appelle la sympathie, au sens propre du mot, c'est-à-dire la tendance à reproduire, à refléter, pour ainsi dire, les sentiments d'autrui. C'est pour cette raison sans doute que les animaux sont les meilleurs amis de l'enfant. Il sympathise naturellement avec des êtres qui lui ressemblent par tant de côtés, chez lesquels il retrouve des besoins analogues aux siens, le même appétit de la nourriture, la même tendance au mouvement, le même désir de caresses. Se ressembler, c'est déjà s'aimer. L'animal qui souffre, qui crie, qui a faim, qui désobéit, qui est grondé, rappelle à chaque instant à l'enfant les aventures de sa propre vie. C'est pour cette raison qu'il recherche sa compagnie, qu'il trouve un charme particulier aux histoires qui lui parlent des bêtes. La sympathie n'est pas un instinct aveugle ; elle est déjà un sentiment, je veux dire que les représentations intellectuelles y ont leur

(1) « L'allaitement, avec les caresses qui l'accompagnent, constitue l'agent le plus important dans le développement du sentiment. C'est de « cette source physiologique de la connexion de la mère avec son enfant », selon l'expression de M. FONSSAGRIVES (*Leçons d'hygiène infantile*. Paris, 1882), que jaillissent les sentiments à venir de la solidarité humaine et de l'altruisme. Comme l'a dit M. MOREL (*Maladies mentales*, 1860, p. 561) : L'éducation maternelle première, grâce à une foule de soins attentifs, de caresses instinctivement ingénieuses, grâce à une longue incubation morale, si l'on peut s'exprimer ainsi, nous enfante à la vie spirituelle, comme nous avons été enfantés à la vie physique, et nous rend deux fois le fils de nos mères. » (Dr SIKORSKI, *Rev. phil.*, t. XIX, p. 252).

place, qu'elles en sont même la condition nécessaire : la représentation tout au moins des pensées, des émotions que nous avons plus ou moins vaguement expérimentées en nous-même, et dont, à des signes certains, nous reconnaissons la trace dans les autres êtres. Ne demandons pas à l'enfant par conséquent de sympathiser, en général, avec les grandes personnes : leurs actions, leurs sentiments, leurs idées sont trop au-dessus de sa portée, pour qu'il les comprenne. Rien ne les rapproche d'elles. Il en est autrement des parents qui se font petits avec les petits, qui témoignent à l'enfant, par leur sollicitude incessante, qu'ils sont de moitié dans tout ce qu'il sent, dans tout ce qu'il souffre, qu'ils partagent ses amusements et ses peines. L'enfant qui aura deviné au regard de sa mère qu'elle participe à ses souffrances, sera préparé, par cette communion intime de son âme avec une autre âme, à sympathiser à son tour avec les émotions de sa mère. Il sera triste quand il la verra pleurer, joyeux quand elle sera joyeuse. Toujours puissante à tous les âges de la vie, la force de la sympathie, la contagion de sentiments qu'elle engendre, est particulièrement remarquable chez les enfants : comme le prouvent, par exemple, vers la quatrième ou la cinquième année, ces accès de fou rire, ou au contraire d'indignation violente, qui se communiquent de proche en proche dans toute une bande de gamins.

IV

Il nous reste à étudier les signes expressifs des diverses émotions que nous venons de décrire, émotions qui ne nous sont connues du reste, tant que l'enfant ne parle pas, que par ces signes expressifs eux-mêmes. « Les enfants, écrivait déjà Charles Bell, expriment plusieurs émotions avec une force extraordinaire : en effet, à mesure que nous avançons en âge, quelques-unes de nos expressions ne proviennent plus de la source pure et sans mélange, d'où elles jaillissent pendant l'enfance (1). » L'enfant, personne ne le conteste, possède à un très haut degré la faculté de l'expression. Tout ce qu'il y a d'âme en lui éclate au dehors dans les mouvements de son corps souple, dans sa gesticulation immodérée, dans sa physionomie ouverte et franche. Aucun calcul ne vient troubler encore l'ordre naturel qui, à toute émotion intérieure,

(1) CH. BELL, *Anatomy of expression*, p. 198.

associe un signe extérieur. C'est des yeux de l'enfant surtout qu'on peut dire qu'ils sont les miroirs de l'âme. Plus tard, l'homme apprendra à dissimuler ses sentiments, à ensevelir au plus profond de son être tout ce qu'il voudra cacher. Des passions ardentes se déroberont souvent derrière un masque impassible, ou ne se trahiront que par des signes imperceptibles. L'enfant, lui, ne veut rien retenir de ce qu'il sent, et il le voudrait qu'il ne le pourrait pas, les organes de l'expression n'étant pas encore maîtrisés par la volonté. Le dualisme qui s'établit chez l'homme fait, pour mettre d'un côté la volonté autonome et les facultés morales, de l'autre un corps discipliné et docile, est à peine ébauché chez l'enfant. Sa petite âme rayonne dans tous ses muscles. Elle se reprendra, se ressaisira chez l'adulte ; mais dans les premières années de la vie, elle s'abandonne, avec une prodigieuse exubérance ; et aucun contre-ordre de la volonté, aucune inhibition des facultés de réflexion ne vient arrêter dans son élan, dans sa prodigalité excessive, le besoin d'expression d'une âme naissante qui, pour ainsi dire, ne fait encore qu'un avec le corps. Il y a presque toujours disproportion entre les facultés expressives et les impressions ressenties; mais tandis que dans l'âge mûr l'expression reste au-dessous de la réalité, dans l'enfance elle la dépasse. L'enfant embrasse plus qu'il n'aime ; il crie, il pleure plus qu'il ne souffre; il rit, il sourit plus qu'il ne s'amuse; et quand il saura parler, il parlera plus qu'il ne pense.

Ce n'est pas du premier jour d'ailleurs que les cris, le sourire, les larmes, les gestes acquièrent une signification. Avant de devenir des mouvements expressifs, ils ne sont que des mouvements impulsifs. Nous l'avons déjà établi pour les cris (1), nous allons le montrer pour le sourire, le rire et les larmes. Le même mouvement peut être tour à tour un pur réflexe, une action automatique, un signe involontaire, enfin l'expression volontaire de tel ou tel état d'âme. Sans doute, un observateur attentif pourrait noter dans le mouvement lui-même, suivant qu'il parcourt l'une ou l'autre de ces diverses phases de son évolution, des différences assez sensibles ; il constaterait, par exemple, que les cris de l'enfant ne se ressemblent pas, quand ils n'expriment rien, ou quand au contraire ils expriment une sensation, une émotion, la faim, la colère; que le sourire n'est plus le même, qu'il se transfigure, même matériellement, quand il correspond à un senti-

(1) Voyez plus haut, chap. II, p. 40.

ment. Mais ces nuances sont difficiles à saisir, et les parents s'y méprennent souvent, trop disposés à voir des signes et des choses signifiées, là où il n'y a encore que pur automatisme.

Les poètes, les philosophes eux-mêmes s'entendent à embellir les choses. Nous avons déjà cité les vers de Victor Hugo sur le « doux sourire » de l'enfant. M. Paul Janet, dans une page charmante, salue dans le premier sourire le commencement de la vie morale « l'éclosion d'une âme raisonnable (1) ». Rien de tout cela, à vrai dire, n'est inexact : ni l'enthousiasme du poète, ni l'interprétation du philosophe. Mais pour avoir le droit d'attribuer au sourire, soit ce charme esthétique, soit cette haute signification morale, il faut choisir son moment ; il faut attendre que, par une lente évolution, le sourire soit devenu ce qu'il n'est pas tout d'abord. Dans le prosaïsme des faits, le sourire n'est, à l'origine, qu'un mouvement automatique ou une action réflexe. Il n'échappe pas à la loi générale qui veut que la vie inconsciente précède la vie intelligente, et que la signification morale ne s'ajoute que peu à peu à des actes d'abord purement mécaniques. Quand la mère triomphante s'écrie, vers le deuxième ou le troisième mois : « Il a souri ! Elle a ri ! » il faut bien le lui dire : derrière ce premier sourire, il n'y a aucune intention encore, peut-être même aucun sentiment de plaisir. Ce premier sourire n'est qu'un corps sans âme. Il n'est qu'une grimace, grimace qui s'est produite au hasard, ou parce que le mécanisme des muscles du visage le voulait ainsi. On a l'apparence, le masque du sourire ; on n'en a pas la réalité. Darwin l'a fait observer : « Ceux qui soignent des enfants jeunes, dit-il, savent bien qu'il est difficile de reconnaître sûrement si certains mouvements de leur bouche expriment quelque chose, c'est-à-dire, de reconnaître s'ils sourient réellement (2). » La preuve que le sourire et le rire peuvent être dus à des causes purement physiques, qui n'ont encore rien à voir avec la sensibilité, c'est que le chatouillement provoque chez l'enfant des éclats de rire immo-

(1) M. P. Janet, *la Famille*, p. 149 : « On peut dire que la vie morale de l'enfant commence avec le premier sourire, ce sourire si doux à l'œil des parents, si indifférent aux étrangers, mais si digne d'attention et d'admiration pour l'observateur et le philosophe, qui y découvrent en quelque sorte l'éclosion d'une âme raisonnable, etc. »

(2) Darwin, *l'Expression des émotions*, p. 237. Conférez M. Preyer, p. 214 : « Le plus souvent le premier sourire est mal interprété... Pas plus chez l'enfant que chez l'adulte, il ne suffit, pour que le sourire existe, du simple mouvement de la bouche : il y faut un sentiment de plaisir ou une idée agréable. Il faut que tous deux soient assez vifs pour provoquer une excitation des nerfs du visage. »

dérés, en même temps qu'une convulsion de tout son petit corps. « Combien a été longue à se produire, a écrit Guyau, cette première manifestation de l'amour, qui est le sourire ! On la croit naturelle, spontanée; qui sait tout ce qu'il a fallu d'efforts accumulés, de persévérance, de volonté à l'enfant, pour mettre au jour cette merveille du sourire, qui est déjà l'ébauche du désintéressement? Suivez de l'œil la vie morale de l'enfant reflétée sur son visage : vous verrez peu à peu cette première ébauche se revêtir de mille nuances, de mille couleurs nouvelles; mais combien lentement! Nul tableau de Raphaël n'a coûté plus d'efforts (1). »

Le sourire expressif, celui qui trahit, soit les petits plaisirs de l'enfant, soit ses premières affections, celui qui, en même temps qu'il entr'ouvre la bouche, donne de l'éclat aux yeux et éclaire tout le visage, n'apparaît donc pas tout de suite. Il suppose, aussi bien que les pleurs et les larmes, un développement graduel; et avant d'arriver au sourire véritable, il y a comme des esquisses, des ébauches, qui sont des demi-sourires, des quarts de sourire.

D'après Darwin, le sourire ne serait que le diminutif du rire, un rire affaibli, le vestige et comme le résidu, chez l'enfant, de l'habitude acquise par nos ancêtres, pendant une longue série de générations, de témoigner leur joie par le rire. Il semble pourtant qu'il y ait entre le sourire et le rire autre chose qu'une différence de degré, puisqu'ils n'expriment pas l'un et l'autre les mêmes sentiments. Le sourire est le signe d'une émotion modérée de plaisir ou d'un sentiment affectueux; le rire répond à une joie intense, et, chez l'adulte, à des causes plus compliquées. Le rire, en effet, pas plus que les larmes, ne dérive des mêmes principes chez l'enfant et chez l'homme; et si les psychologues ont quelque peine à analyser les origines du rire humain, il est assurément beaucoup plus aisé d'expliquer le rire enfantin, qui est toujours ou presque toujours l'expression simple des mouvements joyeux de l'âme. Les enfants rient plus souvent, plus facilement que les grandes personnes. Leurs jeux ne sont souvent qu'un long éclat de rire. Le moindre événement, le plus léger motif suffit pour exciter ces infatigables rieurs. Et cependant, il est à remarquer que les catégories des choses risibles sont moins nombreuses à cet âge. L'enfant ne connaît guère le rire par moquerie, ni le rire provoqué par une surprise, par un

(1) Guyau, *Éducation et hérédité*, p. 63.

contraste vif et brusque, qui lui donnerait plutôt envie de pleurer.

C'est vers l'âge de six semaines, d'après Mme Necker de Saussure, que « le rire apparaît » : le sourire plutôt. Darwin a constaté, pour la première fois, un véritable sourire, chez deux enfants, au quarante-cinquième jour; chez un autre, un peu auparavant. Mais ce ne sont là que des apparitions fugitives et rares, et le sourire, à deux mois, n'est pas encore devenu une habitude.

Dans ses premières manifestations, le sourire est, pour ainsi dire, concentré sur lui-même : il ne s'adresse à personne. L'enfant sourit de plaisir, après s'être gorgé de lait, dans l'état de bien-être où le laisse son repas achevé. « J'ai vu mon fils, dit M. Preyer, au dixième jour, endormi après s'être rassasié de lait, faire faire à sa bouche exactement le mouvement du sourire. Les fossettes des joues étaient très nettement dessinées, et malgré que les yeux fussent fermés, l'expression du visage était particulièrement charmante (1). » Plus tard, l'enfant sourit à sa mère; plus tard encore, aux objets qui l'amusent, à ses jouets. Et ces divers sourires ne se ressemblent pas. La physionomie de l'enfant qui sourit à sa mère, vers le troisième mois, se distingue aisément, à la direction du regard, de la physionomie de l'enfant rassasié, qui sourit sans y penser. Qui pourrait suivre et noter exactement les nuances progressives du sourire, y retrouverait en abrégé l'histoire de l'âme enfantine : d'abord, les simples satisfactions matérielles du petit animal repu; plus tard, le sentiment de gratitude du nourrisson pour qui l'a nourri, soigné et caressé; plus tard encore, et à un degré plus élevé, l'affection sympathique, l'amour, la tendresse désintéressée; enfin, lorsque l'intelligence est éveillée, l'esprit pénétrant et fin qui saisit dans les choses un rapport amusant, dans la conversation un trait divertissant.

Le sourire, comme le rire, ne suppose pas seulement une cause spéciale qui le provoque au moment où il se produit : il est en relation avec la santé, avec l'état général du corps et de l'âme. Marcel vient d'être malade : tout le temps qu'il a souffert, le sourire a disparu; il revient à mesure que les forces physiques se refont. Chez 'enfant, beaucoup plus peut-être que chez l'homme, le sourire et le rire dépendent des dispositions générales de l'organisme tout entier. Comment expliquer, autrement que par un état diffus de bien-être et

(1) M. Preyer, *op. cit.*, p. 215.

de contentement, ces rires intarissables de l'enfant qui n'en finissent pas et qui semblent ne pas avoir de cause déterminée?

C'est une question de savoir si le sourire expressif vient spontanément sur les lèvres de l'enfant, ou s'il a besoin d'être provoqué, s'il n'est qu'une imitation, ou tout au moins une réponse à un autre sourire. Guyau n'hésite pas et dit : « C'est à force de voir sourire que l'enfant sourit. » L'affirmation est trop absolue. Sans doute, le plus souvent les petits enfants ne sourient que si on leur en donne l'exemple, *videntibus arrident*.... Excité par un son de voix caressant et par la vue d'une figure souriante, le nourrisson se trémousse, agite ses petites mains, semble vouloir se lever, et en même temps toute sa figure s'illumine de joie. Mais vers le quatrième ou le cinquième mois, d'après mes observations personnelles, l'enfant commence à faire preuve d'initiative dans son sourire. A cet âge, Marcel, couché dans son berceau, se plaît beaucoup à considérer un rideau à fleurs rouges; il lui parle en son langage, il lui sourit. A six mois, le même enfant n'attend plus que je lui sourie pour sourire à son tour; il prend les devants et sourit le premier. L'imitation, ce grand ressort de l'éducation, exerce sans doute, dans le développement des signes expressifs, comme pour toutes les autres parties de l'évolution intellectuelle, une influence incontestable. Mais nous n'en croyons pas moins que le sourire, héréditaire ou inné, est une grâce naturelle de l'enfant. Il en est du sourire comme de tout le reste : d'abord reflet, pour ainsi dire, réaction et réponse; ensuite initiative personnelle. Même s'il vivait avec des parents sombres et mélancoliques, au milieu de visages renfrognés, l'enfant sourirait, moins souvent peut-être, mais il égaierait encore de son gai et charmant sourire cette société de personnes attristées et malheureuses.

Une fois que le sourire est devenu une habitude, l'enfant ne le désapprendra plus, même l'enfant le plus maladif, le plus souffreteux; car il y aura toujours chez lui, même au milieu des plus grandes souffrances, des éclaircies de bien-être, de plaisir relatif, qui permettront au sourire d'éclore sur ses lèvres, comme le soleil perce à travers les nuages. Et, d'un autre côté, il y a toujours assez de tendresse au cœur de l'enfant pour que le sourire désintéressé, expression de sympathie toute pure, dégagé de tout sentiment de reconnaissance, de tout souvenir de sensation agréable, se développe chez lui. A quatre mois, Marcel me sourit presque autant qu'à sa mère, et cependant ma vue ne lui rappelle encore aucun plaisir.

Le rire, sous ses formes diverses, rire modéré, éclat de rire, fou rire, c'est en un sens le sourire adulte, en tant que le sourire est simplement signe de plaisir. C'est défaut de force, si le sourire du tout petit enfant satisfait et heureux n'éclate pas en rire bruyant. Déjà, chez l'enfant de deux mois, le sourire est accompagné de sons qui semblent préparer le rire ; « d'une sorte de petit bêlement », dit Darwin, qui ajoute : « A l'âge de cent treize jours, ces légers bruits changèrent de caractère; ils devinrent plus brisés ou saccadés, comme dans le sanglot : c'était le commencement du rire (1). »

Il en est des pleurs comme du sourire et du rire : là encore il y a un développement graduel. « Un certain exercice, dit Darwin, est nécessaire pour les pleurs, aussi bien que pour l'acquisition des mouvements ordinaires du corps, tels que ceux de la marche (2). » Avant d'être l'expression de la douleur, les larmes ne sont qu'un phénomène purement matériel, dépourvu de toute signification morale. « Toutes les fois, dit encore Darwin, que les muscles péri-oculaires se contractent avec énergie pour protéger les yeux, en comprimant les vaisseaux sanguins, la sécrétion lacrymale s'active, et souvent devient assez abondante pour que les larmes coulent le long des joues. Le phénomène s'observe sous l'influence des émotions les plus opposées, *aussi bien qu'en l'absence de toute émotion* (3). » Des impressions purement physiques, et qui n'émeuvent pas la sensibilité, peuvent déterminer les larmes. Même chez l'adulte, il suffira d'une pelure d'oignon pour faire pleurer les yeux. Mais très vite les pleurs s'associent avec les cris que pousse l'enfant, quand il souffre, quand il se plaint ; et ils deviennent le signe de la souffrance physique, avant d'être, à un degré plus élevé de l'évolution, le langage naturel de l'affliction et de la douleur morale.

Il importe, d'ailleurs, de remarquer que les larmes n'accompagnent pas tout de suite les premiers cris du nouveau-né. L'époque où coulent les premières larmes est très variable. Darwin a fait des expériences sur ses enfants et les enfants de ses amis. Chez les uns, les yeux ne se sont mouillés de larmes que vers trois ou

(1) DARWIN, *l'Expression des émotions*, p. 227-228.

(2) Il est à remarquer d'ailleurs que les enfants diffèrent notablement entre eux sous le rapport des pleurs, rares chez les uns, très fréquents chez les autres. Le Dr SIKORSKI a analysé longuement les causes de ce qu'il appelle la « pleurnicherie » : les maladies, les mauvais soins, les conditions de naissance, etc. Voyez *Revue phil.*, t. XIX, p. 248 et suivantes.

(3) DARWIN, *l'Expression des émotions*, p. 176.

quatre mois; chez d'autres, les pleurs ont apparu vers la fin de la troisième semaine. M. Preyer prétend que ses propres observations témoignent d'une apparition un peu plus prompte, et il proteste au nom des enfants allemands qui, eux du moins, montreraient plus de précocité : « J'ai vu, au vingt-troisième jour, des larmes couler déjà des yeux de mon fils (1). »

Peu importent ces contradictions qui ne portent que sur une question de jours ou de semaines tout au plus. Ce qui est dès à présent établi et hors de doute, c'est l'ordre d'évolution des causes qui déterminent les pleurs, du jour où les pleurs ont acquis une signification : d'abord la souffrance physique, plus tard des émotions d'un autre ordre, la colère, le caprice, le chagrin; plus tard enfin la douleur morale. Et il est à remarquer que, dans la vie adulte, c'est ce dernier degré qui subsistera presque seul. Chez l'homme tout au moins, sinon chez la femme, les larmes deviendront de plus en plus rares, et ne couleront plus guère pour les peines physiques : les peines morales seules mettront des pleurs dans les yeux (2).

N'oublions pas de le constater d'ailleurs, aux larmes se joignent, pour exprimer les états pénibles de l'âme, un certain nombre de mouvements de la physionomie, de même que le rire n'est pas seulement un mouvement des lèvres, et se complète par un ensemble d'autres signes. Darwin après d'autres, après Lebrun par exemple, a décrit avec exactitude la physionomie de l'enfant qui pleure : froncement des sourcils, abaissement des angles de la bouche, etc. L'enfant qui pleure crie en même temps, et les deux verbes anglais *to weep* et *to cry* (pleurer et crier) sont deux termes synonymes. Le froncement des sourcils, les rides qui plissent le front, se produisent d'ailleurs isolément, et n'encadrent pas toujours les cris et les larmes ; M. Preyer en effet a observé ces mouvements dès le deuxième jour (3). La mère d'un enfant de quelques jours, lui voyant froncer le sourcil, disait : « Il pense à des choses sérieuses! » Non, comme tous les autres, ces mouvements n'en arrivent qu'au bout de quelque

(1) « Le fait énoncé par Darwin que les nourrissons ne versent habituellement pas de pleurs avant le deuxième ou le quatrième mois n'est pas exact pour les enfants allemands. » (M. Preyer, p. 253.)

(2) Le rire, dit Darwin, ressemble aux larmes qui ne coulent chez l'adulte que sous l'influence de la douleur morale, tandis que chez l'enfant elles sont excitées par toute souffrance, physique ou autre, aussi bien que par la frayeur et la colère.

(3) M. Preyer, *op. cit.*, p. 257.

temps à représenter réellement une situation morale, et ils n'ont pas tout d'abord de causes psychiques.

Ajoutons enfin que les larmes, comme le rire, même à l'âge où elles sont devenus des signes expressifs, ne sont pas nécessairement reliées à l'expression de la souffrance. Ce qui prouve bien qu'il n'y a souvent dans le rire qu'une surabondance de vie, la décharge d'un surcroît de force nerveuse, c'est qu'il suffit parfois d'une circonstance futile, d'un rien, quand les enfants commencent à rire, pour les faire passer du rire aux larmes et réciproquement. Les larmes accompagnent parfois le contentement, la satisfaction. Il arrive à l'enfant de verser modérément des pleurs pendant qu'il tète. Chez l'adulte aussi il y a des larmes de joie (1).

Il s'en faut que les cris, le sourire et les larmes épuisent le langage naturel de la sensibilité. Dans les moments de joie ou de vif plaisir, le corps tout entier s'agite; les membres se meuvent; l'enfant bat des mains; plus tard il sautera de joie. Dans la colère, l'enfant deviendra tout rouge; dans la frayeur, tout pâle. Il paraît peu probable que la rougeur colore les joues chez les enfants pour les mêmes raisons que chez les adultes. « Il semble, dit Darwin, que les facultés intellectuelles des enfants ne sont pas encore suffisamment développées pour leur permettre de rougir (2). » Sans parler des facultés intellectuelles, il est certain que les sentiments qui causent le plus fréquemment la rougeur, la honte, les blessures d'amour-propre, sont rares chez l'enfant. Darwin cite pourtant deux petites filles qui rougissaient à l'âge de deux ou trois ans, et un enfant de quatre ans « qui rougissait lorsqu'on le reprenait de quelque faute ».

La multiplicité des états affectifs de l'enfant ne saurait être mieux établie que par l'étude de sa physionomie. L'humilité ou le courage, le sentiment de la faiblesse ou de la force, la surprise, l'étonnement, l'admiration se peignent en traits vifs sur son visage, ou

(1) Si le rire est le propre de l'homme, il n'en est pas de même des larmes. « On sait, dit Darwin, que l'éléphant indien pleure quelquefois. Sir E. Tennent, décrivant les éléphants qu'il a vu capturés et prisonniers à Ceylan, s'exprime ainsi : Quelques-uns restaient immobiles, accroupis sur le sol, sans manifester leur souffrance autrement que par les larmes qui baignaient leurs yeux et coulaient incessamment. » (Darwin, *l'Expression des émotions*, p. 180.)

(2) « La rougeur, dit Darwin, est la plus humaine de toutes les expressions. Nous pouvons provoquer le rire en chatouillant la peau, les pleurs ou le froncement des sourcils en donnant un coup; mais nous ne pouvons provoquer la rougeur par aucun moyen physique... C'est l'esprit qui doit être impressionné » (*op. cit.* p. 336).

se révèlent dans son attitude. Quoi de plus expressif que la moue, que la protrusion des lèvres, ce signe de la mauvaise humeur! Il y aurait un livre entier à écrire sur ce sujet, et aussi toute une galerie de photographies à prendre et à recueillir, comme celles qu'on a déjà essayées sur les enfants qui crient et sur les enfants qui pleurent; où l'on fixerait ce qui est si fugitif, ce qui par sa mobilité incessante défie l'observation la plus rapide, l'attention la plus soutenue, ce qui témoigne enfin par là même d'un des principaux caractères de la sensibilité enfantine : l'inconstance perpétuelle de ses émotions capricieuses et légères.

CHAPITRE VI

LA MÉMOIRE AVANT ET APRÈS L'ACQUISITION DU LANGAGE.

I. Opinions de Rousseau et de Mme Campan. — A quelle date remontent nos premiers souvenirs? — Pourquoi ne nous rappelons-nous rien de nos premières années? — Développement de la mémoire enfantine. — La continuité ou tout au moins la répétition des perceptions est nécessaire pour en fixer le souvenir. — Par suite le souvenir des faits accidentels s'efface. — La multiplicité des impressions et surtout l'absence de coordination, causes de la caducité des premiers souvenirs. — L'idée du moi, point de ralliement nécessaire, n'existe pas encore. — Impuissance à localiser les souvenirs dans le temps et dans l'espace. — Caractère passif de la mémoire enfantine. — La présence des choses nécessaire pour réveiller les souvenirs. — La mémoire impersonnelle de l'enfant et la mémoire organique. — Que la mémoire précède en un sens la conscience. — La reconnaissance. — L'association des idées et le langage. — II. Le développement ultérieur de la mémoire. — Puissance d'acquisition de la mémoire enfantine. — Raisons physiologiques. — Raisons psychologiques. — Chez l'adulte, l'encombrement de la mémoire nuit à l'acquisition des idées nouvelles. — Autres caractères de la mémoire chez l'enfant. — L'enfant ne sait pas oublier. — Les souvenirs de l'enfance sont particulièrement vivaces; dans les amnésies morbides ils disparaissent les derniers. — Défauts de la mémoire enfantine : elle est littérale et mécanique. — La mémoire chez les imbéciles. — Inégalité et formes diverses de la mémoire. — Importance de la mémoire.

I

« La mémoire ne se développe qu'à l'âge de trois ans, » écrivait Mme Campan (1). J.-J. Rousseau, plus absolu encore, a déclaré que les enfants, n'étant pas capables de jugement, n'avaient pas de véritable mémoire (2).

(1) Mme Campan, *de l'Éducation*, liv. III, ch. 1er.

(2) Rousseau, *Émile*, livre II. : « Quoique la mémoire et le raisonnement soient deux facultés essentiellement différentes, cependant l'une ne se développe véritablement qu'avec l'autre. Avant l'âge de raison, l'enfant ne reçoit pas des idées, mais des images. »

Ce que ces appréciations ont en apparence d'insolite et de faux s'explique aisément, si l'on tient compte, non de ce qu'ont l'air de dire, mais de ce que veulent dire en effet les deux auteurs cités. Si Rousseau paraît refuser la mémoire à l'enfant, c'est qu'il vise seulement la mémoire des idées, la mémoire adulte, qui est en état de suivre et de retrouver tous les fils d'un long raisonnement. Il est le premier à affirmer que « les enfants retiennent des sons, des figures, des sensations » : ce qui revient à avouer qu'ils se rappellent tout ce qu'ils peuvent percevoir et sentir, les idées abstraites n'étant pas encore à leur portée.

Quant à l'affirmation de Mme Campan, elle se rattache à ce fait d'observation générale que l'homme mûr ne se souvient pas des premières années de sa vie. « Dans mon plus lointain souvenir, qui remonte, si je ne me trompe, à mon âge de quatre ou cinq ans... », ainsi s'ouvrent les *Mémoires d'un enfant,* de Mme Michelet (1). « Mes premiers souvenirs, dit Darwin, datent de l'âge de quatre ans et quelques mois (2). »

D'après d'autres témoignages, on pourrait établir que la mémoire remonte parfois un peu plus avant. Une personne de trente-cinq ans, que j'interroge à ce sujet, me répond qu'elle se rappelle, et avec une précision de détails remarquable, certains spectacles auxquels elle a assisté, avant qu'elle eût trois ans : une cérémonie de baptême au village, une foire bruyante à Paris. Un de mes fils se souvient d'avoir visité et vu malade, étendu sur son fauteuil, son vieux grand-père qu'il a perdu quelques mois après, et l'enfant n'avait alors que deux ans. M. Pierre Loti affirme avoir eu des réminiscences, analogues comme date : « Comme si c'était d'hier, je me rappelle le soir où, marchant déjà depuis quelque temps, je découvris tout à coup la vraie manière de courir et de sauter et me grisai, jusqu'à tomber, de cette chose délicieusement nouvelle. Ce devait être au commencement de mon second hiver (3). »

Mais la plupart des mémoires semblent n'avoir débuté qu'à un âge plus avancé. J'ai beau fouiller mes propres souvenirs ; le seul

(1) *Mémoires d'un enfant,* par Mme MICHELET, 1867.

(2) ROUSSEAU dit de même : « J'ignore ce que je fis jusqu'à cinq ou six ans : je ne sais comment j'appris à lire. » (*Confessions,* liv. I.)

(3) M. P. LOTI, *le Roman d'un enfant,* p. 4. M. PEREZ raconte de son côté qu' « il a gardé le souvenir terrifiant d'une ignorante et grossière bonne qui, quand il avait deux ans, le tint un moment suspendu en dehors de la fenêtre et fit mine de vouloir le jeter en bas » (*l'Enfant de trois à sept ans,* p. 3).

fait, qui surnage de l'abîme obscur où sont enfouis mes premiers ans, date de ma sixième année : c'est la proclamation de la République de 1848. J'entends encore, comme dans un songe, la voix grave d'un ami de mon père, venant lui annoncer, pendant que nous étions assis à la table de famille, la nouvelle de la chute de Louis-Philippe : je vois, le soir, sur la promenade de la petite ville que j'habitais, les groupes inquiets, les attroupements prolongés.

Nul doute que des causes diverses ne fassent varier pour chaque individu la date à laquelle commence son passé : d'abord les dispositions particulières, une précocité plus ou moins marquée ; mais surtout les circonstances, le caractère de certains incidents dont l'enfant a été témoin de bonne heure, qui l'ont surpris et frappé par leur nouveauté, par leur importance, faisant saillie pour ainsi dire sur le cours habituel de la vie. On se rappellera une catastrophe, un grand malheur, moins que cela, une chute douloureuse qu'on aura faite lors des premiers pas, tandis qu'on aura oublié les événements ordinaires d'une vie régulière et monotone.

Mais, avec ces variantes aisément explicables, le fait général n'en subsiste pas moins : il y a une limite, au delà de laquelle nous ne nous rappelons plus rien (1). Un voile d'obnubilation nous cache nos premières années. Il serait naturel que les souvenirs relatifs aux commencements de notre vie fussent confus ; mais la vérité est qu'ils sont nuls. Il est vrai que nous éprouverons toujours quelque difficulté, alors même qu'il s'agira de notre jeunesse ou de notre maturité, à recomposer, à reconstituer le passé par le souvenir. Dans la mémoire adulte, même la plus fidèle, il y a toujours des lacunes, des oublis partiels. Mais quand il s'agit de nos années de début dans la vie, c'est une amnésie totale, analogue à celle qui suit l'ivresse, ou à celle qui se produit dans certaines maladies, une amnésie d'ailleurs naturelle et normale. De ce que nous avons vu et senti, de nos premières joies, de nos premières souffrances, il ne reste rien dans notre conscience. Pas une lueur de réminiscence n'éclaire ces années perdues pour nous, perdues du moins pour notre souvenir, et pendant lesquelles rien ne nous rappelle que nous ayons vécu.

C'est là le petit problème initial qu'il importe de résoudre d'abord dans l'histoire de l'évolution de la mémoire. Il ne faut pas songer à répondre, pour l'expliquer, que si nous ne nous souvenons de rien,

(1) « On est généralement d'accord pour déclarer que la mémoire de l'adulte ne s'étend en arrière que jusqu'à la quatrième année » (M. Preyer, *op. cit.*, p. 205).

c'est qu'il ne s'est rien passé, et que partout où la conscience manque, la mémoire perd ses droits. Il n'est pas douteux que la conscience s'éveille de très bonne heure, que l'enfant ressent des émotions, émotions de peur, d'étonnement, de joie, qui, pour dériver de petites causes, n'en ont pas moins leur force et leur vivacité. Et pour ne prendre qu'un exemple, comment se fait-il que nous ne gardions pas souvenir d'un acte auquel semblent s'intéresser toutes les forces vives de l'âme enfantine, je veux dire les premiers pas, les premières marches? Les conditions essentielles auxquelles on rattache en général la puissance du souvenir, la sensation vive, l'attention, sont pourtant réalisées dans ce cas. L'enfant qui apprend à marcher est visiblement attentif; et quand pour la première fois il prend possession de l'espace, il est manifestement joyeux. Comment se fait-il que cet événement considérable du premier âge ne laisse pas la moindre empreinte durable dans la mémoire de chacun de nous?

La meilleure manière d'expliquer les faits est de commencer par les bien définir. Commençons donc par établir que la mémoire du petit enfant s'exerce à sa manière, et considérons dans quelles conditions elle s'exerce. Dès les premiers mois, le nourrisson apprend à reconnaître le visage de sa mère, les figures des personnes qui le soignent ou le caressent. Dans cette reconnaissance, qui parfois résiste à une absence de plusieurs semaines, la puissance du souvenir éclate tout entière. M. Perez cite l'exemple d'un enfant (un enfant d'un an, il est vrai) qui, après un mois d'absence, fut ramené dans la maison paternelle : « A peine vit-il une bonne vieille servante venir de son côté, avant même qu'elle l'eût appelé par son nom, il sourit et lui tendit les bras en faisant de joyeux soubresauts (1). » M. Preyer cite une petite fille de dix-sept mois, qui reconnut sa bonne après une absence de six jours (2). Sous ce rapport, d'ailleurs, les aptitudes du nouveau-né ne dépassent pas celles des animaux, des petits chiens, par exemple, qui savent fort vite reconnaître la main qui les caresse, la main qui les bat. D'un autre côté tout ce que l'enfant, par l'intermédiaire de ses sens, recueille de connaissances sur les choses, sur ce qu'il voit, sur ce qu'il entend, sur les objets qu'il manie, toute cette petite science usuelle, si rapidement acquise en quelques

(1) M. Perez, *les Trois premières années de l'enfant*, p. 87.

(2) Il est vrai que M. Preyer constate aussi que « son fils ne reconnut pas sa bonne à sept mois, après quatre semaines d'absence ». C'est vers un an que le pouvoir de la mémoire, à ce point de vue, s'établit nettement.

mois, suppose déjà un exercice considérable de la mémoire. Et il en est de même de l'acquisition du langage : chaque mot nouveau que l'enfant apprend représente un effort, ou tout au moins un acte de la mémoire.

Mais ce qui paraît résulter d'un assez grand nombre d'observations, c'est que ces acquisitions, si faciles et si promptes, de la mémoire enfantine, sont en revanche fragiles, peu solides ; qu'elles s'évanouissent, qu'elles s'oblitèrent, si un accident quelconque interrompt le cours des perceptions qui les ont produites et dont la continuité est nécessaire pour les entretenir dans l'esprit (1). Leibniz cite un enfant qui, devenu aveugle vers deux ou trois ans, ne se rappelait plus rien de ses perceptions visuelles (2). Laura Bridgman avait joui, pendant quelques mois, de l'usage de ses sens, jusqu'au jour où un accès de fièvre scarlatine abolit son ouïe, sa vue et sa parole ; dès ce moment elle ne se ressouvint plus de ce qu'elle avait appris pendant la durée de sa vie normale. Une petite fille, citée par M. Preyer, était devenue totalement aveugle à sept ans, pour avoir été exposée à une lumière solaire trop vive ; à dix-sept ans elle recouvra la vue ; elle dut apprendre entièrement à nouveau, comme un enfant, à nommer les couleurs ; elle avait oublié, faute d'exercice, tout ce que, pendant sept ans, elle avait appris sur les distances, sur les dimensions des objets (3).

La conclusion qui résulte de ces faits et de quelques autres qu'on pourrait citer, c'est que la répétition, le renouvellement fréquent et même continu des impressions est indispensable pour fixer les souvenirs du premier âge. L'enfant n'apprend si aisément la langue maternelle que parce qu'il entend résonner sans cesse à son oreille les mêmes mots. Il ne reconnaît les objets et les personnes que parce qu'il les revoit tous les jours. Transportez-le dans un autre milieu, dépaysez-le vers deux ou trois ans : et tout ce qu'il y avait de particulier, de local, dans les impressions de son premier séjour,

(1) La mémoire, au début, n'est en réalité que la continuation d'une même impression. « La première phase de la mémoire véritable ou consciente, dit Romanes, peut être considérée comme consistant dans l'effet secondaire produit sur un nerf sensitif par une excitation, effet qui, tant qu'il dure, est continuellement transmis au sensorium. Comme exemple je citerai la persistance des impressions sur la rétine, la douleur qui suit un coup, etc. » (*l'Évolution mentale chez les animaux*, p. 105).

(2) Leibniz, *Nouveaux essais sur l'entendement*, liv. I, ch. III.

(3) M. Preyer, *op. cit.*, p. 553.

s'effacera pour jamais. La mémoire de l'enfant est comme une peinture délicate, où le pinceau doit repasser plusieurs fois, pour maintenir les couleurs fugitives et toujours prêtes à disparaître.

On comprend dès lors que toute impression qui n'aura été dans la conscience de l'enfant qu'une apparition fugitive, une émotion d'un instant, un fait accidentel, ne parvienne pas à se graver, à se fixer dans l'esprit. La mémoire de l'enfant est comme le sable mouvant au bord de la mer. Vous avez beau y marquer, pendant que la vague fuit, l'empreinte de vos pas : la vague qui revient nivelle, efface tout. Si la répétition est une condition utile, à tout âge, pour assurer la durée des souvenirs, elle est une condition absolument nécessaire, quand il s'agit des impressions peu profondes qui ne font qu'effleurer encore la conscience de l'enfant (1).

Ajoutons que la multiplicité des impressions nouvelles de toute espèce, qui assaillent le cerveau du nouveau-né, est assurément une des causes de la caducité, de la défaillance de la mémoire. Trop de choses se pressent à la fois et accablent la perception de l'enfant. Sous la masse des sensations, sa petite mémoire plie. Il en est de l'enfant comme de l'aveugle de Cheselden, lequel ayant trop d'objets à reconnaître en une fois en oubliait beaucoup. Et d'ailleurs la mobilité de son attention qui, selon la jolie comparaison de Fénelon, ressemble « à une bougie allumée dans un lieu exposé au vent, et dont la lumière vacille toujours », ne laisse pas aux sensations isolées le temps de se consolider. La perception de l'enfant ne s'arrête pas sur les choses; elle marche, elle court sans cesse; et dans cette course rapide, voltigeant de sujet en sujet, elle ne saurait saisir et retenir les objets qu'elle ne fait que toucher à peine en passant.

Nous n'avons pourtant pas indiqué encore la vraie cause essentielle, qui rend si précaire la durée des souvenirs du premier âge : c'est l'absence de coordination entre les perceptions successives. La mémoire véritable, la mémoire de l'adulte est un ensemble, une

(1) Conférez M. Preyer (p. 296) : « On ne se souvient nullement, dans la vie plus avancée, de l'ancienne impuissance où l'on était de tenir la tête en équilibre, de s'asseoir, de se tenir debout, de marcher, etc... Mais il n'en est pas de même pour ce qui s'acquiert plus tard. Mon fils, avant d'avoir atteint trois ans, se rappelait, en se moquant de lui-même, l'âge où il ne pouvait pas encore parler, où il articulait imparfaitement, où il exécutait les petits tours enseignés par sa bonne et souvent répétés... L'enfant de trois et de quatre ans se rappelle des expériences isolées faites pendant la deuxième année; à condition, ajoute M. Preyer, qu'on se donne la peine de les rappeler souvent à sa mémoire. »

trame serrée d'impressions reliées les unes aux autres, enfermées dans des cadres fixes, autour d'un noyau central, l'idée du moi. Ce n'est pas ici le lieu d'examiner si l'idée du moi elle-même ne dérive pas précisément de la liaison rigoureuse des états de conscience qui se déroulent en nous. Mais ce qui est certain, c'est que, durant les toutes premières années, le moi, ou du moins la conscience du moi, n'existe pas. Il n'y a pas alors ce que M. Luys appelle, « un enchaînement, une fédération mystérieuse de souvenirs (1) ». Éparpillée et flottante dans une succession de sensations qui ne se lient pas, ne s'agrègent pas les unes avec les autres, qui, étrangères pour ainsi dire au moi, n'ont pas de caractère personnel, la conscience de l'enfant ne se concentre pas ; elle ne s'appartient pas. La vie intérieure n'est pas encore organisée, et c'est précisément cette vie intérieure qui permet aux adultes de conserver le souvenir exact et fidèle des événements auxquels ils ont participé. Par la réflexion, par le retour sur nous-même, nous pensons de nouveau à ce que nous avons fait la veille, il y a une semaine, il y a un mois. L'événement sur lequel se fixe notre pensée ne se reproduira peut-être plus devant nous; mais si la répétition réelle manque, nous y substituons une répétition idéale et mentale. En un mot l'homme mûr rumine ses souvenirs; il les digère; il se les assimile. De plus, une fois que le sentiment du moi est né, chaque acquisition nouvelle de la mémoire prend dans la conscience une place définie à côté d'autres impressions, avant ou après d'autres souvenirs; elle fait partie d'un tout; elle est, pour ainsi dire, incrustée, cimentée dans la construction mentale de notre for intérieur, comme le seraient des pierres dans un mur, sans pouvoir désormais s'en détacher. Au contraire, chez l'enfant, séparées et indépendantes les unes des autres, grains de poussière sans cohésion, les impressions fugitives ne trouvent point où se fixer. Le courant de la vie intérieure n'est pas suffisamment établi, et, comme des eaux qu'on n'a pas canalisées, les souvenirs se dissipent et se perdent de côté et d'autre.

Les mêmes raisons qui expliquent comment disparaissent, pour l'adulte, les souvenirs relatifs à la première période de l'existence, nous permettent de comprendre aussi quelques autres particularités de la mémoire de l'enfant : par exemple, son impuissance à localiser dans le temps et dans l'espace les impressions même les plus

(1) M. Luys, *le Cerveau*, p. 112, *Genèse et évolution de la mémoire.*

récentes. Le tableau s'est gravé dans son imagination, mais le cadre s'est évanoui (1). Il se rappelle distinctement les choses qu'il a vues, mais il ne saurait dire où et quand. La mémoire complète suppose une appréciation de la durée, dont l'enfant est incapable, parce que cette appréciation suppose la coordination des souvenirs. Qui n'a entendu un baby raconter, comme un événement d'hier, un fait dont il a été témoin plusieurs mois auparavant? L'enfant qui a déjeuné, il y a deux ou trois heures à peine, demande déjà à dîner, parce qu'il n'a aucune notion du temps écoulé (2). La mémoire de l'enfant est surtout imaginative, représentative ; elle n'a pas encore trouvé dans l'idée du moi, dans l'idée de la durée, les principes solides sur lequels repose la mémoire réfléchie et raisonnée de l'adulte.

De même que, au dehors, les perceptions de l'enfant lui apparaissent d'abord presque sur un même plan, sans qu'il sache les projeter avec exactitude dans l'espace ; de même, au dedans, ses souvenirs et ses impressions coexistent en lui, pour ainsi dire, sans qu'il puisse encore les échelonner selon une série linéaire et les rapporter aux différents moments du temps. Pour le nouveau-né, il n'y a pas de profondeur dans l'espace ; pour l'enfant de quelques mois, il n'y a pas de perspective du passé ; il n'y a pas de passé. Les images qu'il a successivement acquises s'entremêlent encore dans un chaos confus. Pour avoir la conscience du temps, et avant d'en arriver à se représenter la durée, il lui faut vaincre des illusions analogues à celles qui troublaient les perceptions visuelles de l'aveugle de Cheselden. Il faut que peu à peu les images, se groupant, s'associant dans un ordre régulier, déterminent l'idée du moi, liée à celle de la durée ; de même que les représentations du monde extérieur constituent peu à peu la conception de l'espace et par suite celle du non moi.

Un autre caractère de la mémoire enfantine, c'est qu'elle est passive ; elle a besoin d'être soutenue sans cesse par les excitations extérieures, d'être provoquée par la présence des choses. Les souve-

(1) « La dernière phase du développement de la mémoire, dit ROMANES (*l'Évolution*, etc., p. 111), se rencontre quand la réflexion permet à l'esprit de localiser dans le passé l'époque à laquelle un événement dont la mémoire est conservée a eu lieu... »

(2) « La confusion du présent et du passé est visible chez l'enfant ; un garçon de deux ans et demi a failli perdre l'autre jour son ballon du haut d'un balcon ; il l'a retrouvé et depuis a joué cent fois avec ce ballon ; malgré cela il me ramène tout d'un coup vers le balcon, puis d'un ton lamentable, avec une expression non simulée, me raconte qu'il l'a perdu là. » (GUYAU, *Éducation et hérédité*, p. 117.)

nirs de l'enfant ne s'évoquent pas d'eux-mêmes. Sa petite intelligence est presque tout entière enfermée dans le présent ; elle ne songe pas beaucoup à l'avenir, pas du tout au passé. Il ne faut pas lui demander de se complaire, comme le fera la mémoire de l'homme mûr, à revivre les mois déjà écoulés. Sa mémoire ressemble à celle des animaux, sans activité propre, subordonnée aux sensations réelles. Il est certain que le cheval à l'écurie ne songe pas, si toutefois il songe à quelque chose, au chemin qu'il a parcouru la veille ; et cependant le lendemain, s'il recommence le même trajet, il reconnaîtra avec un flair infaillible par où il doit passer.

Cette influence excitatrice de la présence des choses déjà vues peut être démontrée par certains faits, que M. Ribot a déjà cités (1), et qui prouvent que, sous l'action de circonstances particulières, ravivée, ressuscitée par la réapparition d'objets depuis longtemps oubliés et éloignés de notre vue, la mémoire des premières années, quoique abolie en apparence, peut renaître tout d'un coup. Abercrombie rapporte l'exemple d'une dame qui revenant, vers l'âge de quarante ans, dans la chambre où, tout enfant et ne parlant pas encore, elle avait vu pour la dernière fois sa mère mourante, sentit remonter du fond de sa mémoire le ressouvenir de ces lointaines émotions. « J'eus, dit-elle, le sentiment distinct d'être venue autrefois dans cette chambre. Il y avait dans le coin que voilà une dame couchée, qui paraissait très malade, qui se pencha vers moi et pleura. » Carpenter raconte qu'un homme, de vive imagination d'ailleurs, qui à l'âge de seize mois avait visité un château, où il avait été porté sur le dos d'un âne, retournant de longues années après au même château, éprouva très nettement l'impression de l'avoir déjà vu. « Il lui semblait même apercevoir sous le porche l'âne qui l'avait porté (2)... » La présence retrouvée, même après un long intervalle, des perceptions d'autrefois, suffit, dans des cas de ce genre, pour remuer jusque dans leurs profondeurs les cellules nerveuses, pour renouveler dans le cerveau des mouvements particuliers, et provoquer par suite la reviviscence des souvenirs corrélatifs qui y étaient comme enfouis.

D'autres fois, c'est une cause morbide, un accès de fièvre, qui produira le même effet. Abercrombie cite un enfant qui, à l'âge de quatre ans, par suite d'une fracture du crâne, avait dû être trépané. Il ne gardait en apparence aucun souvenir de cet événement,

(1) M. Ribot, *les Maladies de la mémoire*, p. 113.
(2) Carpenter, *Mental physiology*, p. 131.

dont on ne lui avait plus reparlé. A quinze ans, pris d'un délire fébrile, il décrivit à sa mère avec une exactitude parfaite tous les détails de l'opération.

Il y a dans la mémoire bien des plis et des replis, bien des dessous et des cachettes. Les événements successifs de la vie y accumulent des couches superposées de souvenirs, et ce travail commence dès l'enfance. L'oubli, un oubli définitif le plus souvent, recouvre un grand nombre de ces impressions, que nous portons en nous inconsciemment, et qui ne renaîtront, si elles renaissent jamais, que sous l'action excitatrice de circonstances extraordinaires; de même que les caractères des palimpsestes ne reparaissent, sous l'écriture qui les cache, que grâce à des réactions chimiques.

Il résulte de tout ce qui précède que la mémoire, bien que les résultats de son action soient souvent oblitérés, n'est nullement étrangère à l'âme du petit enfant. Comment le serait-elle, alors qu'elle est si développée même chez les animaux (1) ? Mais comme l'a remarqué avant nous M. Egger : « La mémoire se produit dans le premier âge pour les faits qui se renouvellent fréquemment; elle est plus tardive pour les faits accidentels (2). » C'est seulement à quinze mois que M. Egger prétend l'avoir observée sous cette seconde forme : « A cet âge, Émile s'est emparé d'un jouet, qu'il a laissé ou caché sous un fauteuil ; un quart d'heure après, je le lui redemande : il va droit à l'objet et me le rapporte. » Nous croyons que le souvenir d'une sensation, même isolée, même accidentelle, peut se produire beaucoup plus tôt ; et M. Egger lui-même nous en fournit la preuve : « A six mois, Émile s'est légèrement brûlé en touchant de la main un vase chaud : si on le lui représente, il retire sa main avec une intention évidente d'échapper à la douleur. Même observation pour un objet rude au toucher et dont l'impression lui est désagréable (3). » Dans ces inductions immédiates, et fondées sur une seule expérience, se montre évidemment la force des souvenirs particuliers.

(1) Sur le développement de la mémoire chez les animaux, voyez notamment Romanes : *l'Intelligence des animaux*, 2 vol. dans la *Bibliothèque scientifique internationale*, t. I, p. 30, 141 ; t. II, p. 28, 14, 192. La mémoire est une des facultés qu'on a le plus le droit d'attribuer aux animaux; mais quelque crédit que méritent la plupart des faits rapportés par l'évolutionniste anglais, il faut prendre garde d'attribuer à la mémoire personnelle ce qui est seulement l'effet de la mémoire héréditaire, de l'instinct déterminé par les expériences ancestrales.

(2) Egger, *op. cit.*, p. 11.

(3) *Ibid.*, p. 10.

La mémoire de l'enfant n'est nullement un tonneau des Danaïdes, se vidant en même temps qu'il se remplit. Si sans la mémoire aucune opération intellectuelle ne peut s'accomplir, ce qui n'est pas moins vrai, c'est qu'aucune action pratique n'est possible sans elle. Dans l'allaitement, dans les jeux, dans la marche, il y a une part à faire aux souvenirs. Seulement ces souvenirs, utilisés immédiatement, et suffisants pour assurer au jour le jour le développement régulier de l'intelligence et de l'activité, ne constituent pas des éléments durables de la mémoire personnelle. Ils font partie, pour ainsi dire, de cette mémoire impersonnelle, quoique consciente, qui caractérise l'enfant de quelques mois, et qui a été précédée elle-même par une sorte de mémoire organique, inconsciente. Si, à l'âge adulte, la mémoire suppose la conscience, s'il est exact que nous nous rappelons seulement ce qui a été à un moment donné présent à notre esprit et senti ou perçu par lui, il n'est pas en revanche impossible de soutenir que, dans son évolution originelle, la conscience dérive en partie de la mémoire, du moins de cette mémoire obscure qui n'est qu'une habitude contractée par les nerfs et par les muscles. Nous avons dit que dans l'action de téter, par exemple, l'enfant ne parvenait que peu à peu à prendre conscience, à avoir sentiment d'un acte purement automatique à l'origine (1). Cette transition de l'inconscient au conscient serait inexplicable, si l'on n'admettait pas que chaque renouvellement de la même action laisse après lui comme un résidu, et imprime dans le système nerveux des traces de plus en plus profondes, qui s'associent, s'accumulent et préparent ainsi les voies à la conscience.

La mémoire a été souvent représentée comme une forme de l'habitude, et c'est en ce sens que l'instinct peut être défini une mémoire héréditaire, une habitude impersonnelle. Mais ce qui distingue la mémoire consciente et personnelle, dans son développement ultérieur, c'est ce fait que la sensation, qui de nouveau se présente à la conscience, ne lui apparaît pas comme une étrangère, comme une inconnue : c'est, en un mot, le fait de la « reconnaissance ». Il ne nous appartient pas d'en chercher ici l'explication ; la « reconnaissance » est d'ailleurs, semble-t-il, un de ces faits ultimes qui résistent à l'analyse. Mais ce que nous avons à constater, c'est que, grâce à son expérience personnelle, l'enfant reconnaît très vite les sensations, par exemple la saveur particulière du lait dont il est

(1) Voyez plus haut. ch. II.

nourri (1). Après plusieurs actes successifs de téter, le nourrisson a évidemment acquis le souvenir du goût du lait, de sorte qu'il s'aperçoit du changement, s'il y a changement. Si un enfant n'a jamais goûté au lait de sa mère ou d'une nourrice, il est beaucoup plus aisé de le nourrir au biberon, de l'allaiter artificiellement (2).

Dans les premières phases de l'évolution de la mémoire, il n'y a pas autre chose que des sensations qui se renouvellent et qui, par un don mystérieux, se reconnaissent elles-mêmes, ou bien si elles sont différentes, se distinguent et s'aperçoivent de leur différence. Il ne saurait être question de faire appel encore à l'intervention d'un esprit distinct des sensations, et qui apprécierait, comme un témoin indépendant, leur différence ou leur ressemblance. Cet esprit n'est point formé, ni par conséquent encore la véritable mémoire, celle qui se réveille dans l'intervalle des sensations et en leur absence, celle qui aboutit, grâce à l'association des idées, à unir et à faire revivre l'un après l'autre les souvenirs dont elle a saisi les rapports. « Alors, dit très exactement M. Romanes, il n'y a plus seulement la mémoire d'une sensation passée (qui dort jusqu'au moment où elle est réveillée par une autre sensation semblable ou dissemblable), mais il y a la mémoire de deux choses au moins, et la mémoire d'une relation antérieurement constatée entre elles. » Mais pour en arriver là, outre les progrès naturels de l'intelligence, de ce que les psychologues anglais appellent l' « idéation », une condition essentielle est requise : c'est la possession du langage. Les mots, en effet, s'ils sont nécessaires pour la formation des idées générales un peu nettes, sont indispensables aussi pour fixer avec précision et faire durer les souvenirs des percep-

(1) Conférez ROMANES, *l'Évolution mentale chez les animaux*, p. 105 et suiv. Romanes distingue deux phases : celle où une sensation présente est sentie comme analogue à une sensation déjà éprouvée ; celle où au contraire une sensation présente est perçue comme dissemblable d'une sensation passée. L'évolutionniste anglais ajoute : « Il n'y a pas, dans ces cas, de comparaison consciente entre les deux sensations : il n'y a même pas d'acte d'idéation ; mais la sensation passée a laissé sa trace dans le tissu nerveux, de telle façon que quand elle se présente à nouveau, elle ressort dans la conscience comme étant une sensation qui est non inconnue, mais familière ; ou bien, si elle est remplacée par une sensation dissemblable, celle-ci ressort comme étant une sensation inconnue, non familière. »

(2) Même fait se produit jusque chez les animaux inférieurs : RÉAUMUR (*Entomologie*. vol. Ier, p. 391) dit que « les larves, ayant vécu quelque temps d'une plante, aiment mieux mourir que de changer d'aliment, en se nourrissant d'une autre plante que cependant elles auraient parfaitement acceptée, si elles y eussent été accoutumées dès le début ».

tions particulières elles-mêmes. Et à toutes les raisons que nous avons données pour expliquer la faiblesse, l'état précaire de la mémoire pendant les premiers mois, il faut joindre assurément, comme une des plus importantes, l'absence du langage.

II

Nous n'avons décrit jusqu'à présent que la période préparatoire du développement mnémonique, période de tâtonnements, de défaillances et, pour ainsi dire, d'évanouissements rapides, pendant laquelle la mémoire semble trébucher à chaque pas, ne travaillant, pour ainsi dire, qu'au jour le jour, incapable de garder encore une allure ferme et soutenue, et traversant aussi des moments de torpeur, par exemple, quand l'enfant, à qui il est arrivé de très bonne heure de prononcer la syllabe si attendue de *pa*, ne la retrouve plus pendant plusieurs mois et semble l'avoir oubliée.

Ne regardons pas d'ailleurs comme indifférentes pour l'avenir de la mémoire ces premières phases de son développement. C'est quelque chose déjà que la faculté de reconnaître les personnes et les choses (1). Le langage lui-même, condition d'un progrès ultérieur et définitif de la mémoire, n'est acquis qu'à l'aide de la mémoire naissante de l'enfant.

Il n'en est pas moins vrai que l'âge de la mémoire proprement dite ne s'ouvre que lorsque l'enfant sait parler. Alors en effet, l'enfant n'acquiert plus seulement un minimum de petites connaissances sensibles indispensables; il peut apprendre et retenir ce qu'on lui raconte, s'intéresser à des récits, acquérir enfin des idées étrangères à son expérience.

C'est presque un lieu commun de célébrer les mérites de la mémoire enfantine, et notamment sa merveilleuse facilité d'acquisition. « Observez l'enfant avec attention, et vous découvrirez en lui une puissance d'absorption et d'assimilation, qui tient du prodige, et qu'on ne retrouve à aucun âge de la vie... L'esprit de l'enfant est comme une éponge qui a toujours soif (2). » Il est facile de comprendre pourquoi il en est ainsi. Il y a d'abord à cette faculté d'absorption à

(1) « Avant deux ans, l'enfant a le souvenir précis des choses usuelles à son point de vue : fouet, bonbon, culbute, minet, toutou, dada, joujou, caresses, baisers, etc. » (M. Nicolay, *les Enfants mal élevés*, Paris, 1891, p. 308.)

(2) M. G. Droz, *l'Enfant*.

outrance des raisons physiologiques, et c'est l'état du cerveau qu'il faut invoquer tout d'abord. « Chez les jeunes enfants, dit M. Luys, les cellules cérébrales sont flexibles et vierges. » En outre « la substance cérébrale est en perpétuel travail de développement organique ; des éléments nouveaux s'ajoutent sans cesse aux anciens (1) ». Plus tard, la substance cérébrale aura moins de flexibilité, de plasticité; une période de fatigue et de saturation viendra. Le cerveau sera définitivement arrêté dans sa structure; de nouvelles cases ne s'y ouvriront plus. On voit donc quelles conditions favorables l'organisme cérébral offre dans l'enfance au développement de la mémoire. C'est d'une part l'époque où, dans toute sa fraîcheur, dans toute sa vitalité, le cerveau ressemble le plus à une plaque photographique très sensible, recueillant les plus petites nuances des objets; c'est aussi le moment où, pour ainsi dire, la maison n'étant pas encore achevée, des étages nouveaux se superposent aux étages, et où, par conséquent, il y a place sans cesse pour des acquisitions nouvelles.

Mais les raisons psychologiques ne sont pas moins claires. Ce qui, à un âge plus avancé, gêne le travail d'emmagasinement des souvenirs, c'est d'abord que la réflexion personnelle, les préoccupations intérieures, et aussi les passions, nous détournent de l'observation des choses. Concentré en lui-même, trouvant dans sa propre pensée des aliments suffisants à sa vie intellectuelle, l'homme fait, l'adolescent lui-même n'a pas, au même degré que l'enfant, les yeux ouverts sur le monde. D'un autre côté, déjà surchargée et encombrée de souvenirs, la mémoire adulte est moins souple, moins légère dans ses mouvements. Les voies d'accession sont obstruées. La place est prise pour ainsi dire, et pour qu'un souvenir nouveau se fixe dans l'esprit il faut souvent qu'il en déplace un autre. S'il est vrai qu'il y a une limite aux acquisitions possibles de la mémoire, il est naturel qu'à l'âge où l'esprit est le plus loin de cette limite, les acquisitions soient plus faciles. Une acquisition nouvelle, chez l'homme fait, dérange souvent des préjugés, des croyances préconçues. Nous ne prêtons aux idées qui nous sont présentées pour la première fois qu'une attention distraite; et même une sorte de répugnance instinctive nous en écarte. Nous sommes loin de cet état de candeur naïve d'un esprit qui accepte tout, qui s'éprend de tout. Sans doute à quinze

(1) M. Luys, *op. cit.*

ans on aura plus de force d'attention qu'à dix ans, à dix ans plus qu'à quatre ou à cinq; et sous ce rapport le progrès de l'âge améliore et fortifie une des conditions de l'acquisition des souvenirs. Mais il ne faut pas oublier que les défauts de l'attention chez l'enfant sont compensés par des qualités précieuses : son attention ne dure pas longtemps, il est vrai, mais elle est toujours prête, toujours en mouvement; chercheuse et fureteuse, elle est toujours à l'affût d'impressions neuves.

Dans ces conditions, il n'est pas surprenant que l'enfant qui voit tout, qui entend tout, dont la curiosité saisit tous les détails des choses, acquière vite un grand nombre de souvenirs. George, à quatre ans et demi, me raconte ce qu'il a vu plusieurs mois auparavant dans une image représentant des exercices de patinage; rien ne lui a échappé, pas même un petit chien qui figure sur la glace; il sait le nombre des dames, des messieurs en traîneaux.... De là, le babil parfois insupportable de l'enfant qui ne vous fait grâce d'aucune minutie, et qui ayant tout noté, raconte tout, ce qui est insignifiant et secondaire, comme ce qui est important. Et s'il est vrai que l'oubli, comme le prétend M. Ribot, est une des conditions de la mémoire, dont l'exercice deviendrait impossible, si, pour atteindre un souvenir lointain, il lui fallait suivre la série entière des termes qui nous en séparent, cette condition manque tout au moins à la mémoire de l'enfant qui, ayant encore peu appris, ne sait rien oublier.

L'enfant n'oublie rien du moins de ce qu'il a récemment appris, ni surtout de ce qui l'a vivement ému. La mémoire, comme l'attention, comme l'imagination et les différentes facultés ou formes de l'intelligence, dépend en partie de la sensibilité. Et c'est ce qui explique pourquoi les souvenirs de l'enfance, je parle de ceux qui datent de la quatrième ou de la cinquième année, sont si particulièrement tenaces et nous accompagnent toute notre vie. Sans doute ils ont d'abord cet avantage sur les souvenirs ultérieurs d'être venus les premiers. Du droit de premier occupant, un souvenir acquis dans les premières années a plus de chance qu'un autre de se fixer pour toujours dans l'esprit. Mais l'émotion particulière qui fait tressaillir l'enfant, alors que ses impressions sont toutes neuves, est aussi pour beaucoup dans la durée de ses premiers souvenirs. Et c'est ainsi que s'explique le charme qu'exerce sur nous — surtout dans l'âge mûr, lorsqu'une sorte de nuit, la nuit de la vieillesse qui approche, tombe déjà autour de nous — la commémoration des événements, des sensations de nos premières années : par exemple, un bout de chanson que fredonnait notre mère et dont le refrain est resté dans nos oreilles, un coin de paysage du pays natal, illuminé par le clair soleil qui éblouissait nos yeux d'enfant.

Rien ne démontre mieux la solidité, la vitalité persistante des souvenirs du jeune âge, que l'étude des maladies de l'âme, des amnésies morbides. On a établi par un grand nombre d'observations que, dans les états anormaux qui déterminent la destruction progressive de la mémoire, ce sont les souvenirs de l'enfance qui disparaissent les derniers. Ils constituent une première couche, résistante et tenace, que la maladie n'entame qu'en dernier lieu. « Dans sa déchéance, dit M. Luys, la mémoire perd ses souvenirs précisément dans l'ordre chronologique où elle les a accumulés. »

Mais dans la vie normale de l'homme sain de corps et d'esprit, les souvenirs du jeune âge, s'ils ne sont pas seuls à subsister, sont cependant les plus prompts à se raviver. « A mesure que je décline vers la vieillesse, disait Rousseau, je sens que mes souvenirs d'enfant renaissent, pendant que les autres m'échappent. » Il est vrai que l'imagination joue un rôle dans ce regard complaisant que le vieillard jette sur son passé, et, avec l'imagination, un certain égoïsme aussi, une tendresse personnelle pour l'âge où nous étions jeunes et forts. Il s'en faut que tous les souvenirs rapportés sur leur enfance par les écrivains célèbres soient exacts et fidèles. Ils cèdent, dans ces récits, au désir de se faire valoir, de passer pour de petits prodiges, d'attribuer à leur enfance des idées et des sentiments de grande personne. Ils cèdent ainsi, très naïvement, à la tendance naturelle de l'imagination, qui embellit et transforme tout ce qui est lointain.

Il n'est personne, a écrit Doudan, qui n'ait remarqué que les souvenirs de l'enfance et de la jeunesse prennent peu à peu, en avançant dans la carrière de la vie, le caractère de l'idéal... Nos impressions d'alors étaient d'une extrême vivacité ; et leur objet, peu de chose, souvent : mais, dans la perspective lointaine où la vie nous amène, en nous retournant vers le temps qui s'enfuit, nous agrandissons tous ces objets sur la mesure des impressions dont nous avons gardé le souvenir... Nous nous faisons des spectacles merveilleux de ces jours disparus, afin qu'ils correspondent à l'intensité des sentiments qui nous agitaient autrefois. Alors, l'éclat du soleil et de la nature troublait d'une folle joie le printemps de notre vie, et en revenant à ces jours par la pensée, nous voyons sous un ciel plus pur une nature plus haute que nos yeux n'en ont jamais vue (1). » Nous avons tous éprouvé ces illusions de la mémoire, qui à distance idéalisent et métamorphosent les choses. Les personnes que nous avons connues dans notre enfance nous apparaissent comme des ombres; une sorte de vapeur confuse en enveloppe les contours.

Il semble cependant que, avec un effort de réflexion, on puisse, en fouillant les souvenirs de la quatrième ou de la cinquième année, retrouver autre chose que des impressions vagues, et se rappeler des circonstances très précises et très nettes. Si la mémoire en effet est surtout forte au réveil, ou bien après les repas (après les repas modérés bien entendu), lorsque les forces physiques ont été renouvelées, rafraîchies soit par le sommeil, soit par l'alimentation, il est naturel que, au matin de la vie, alors que l'âme s'éveille pour la première fois, dans toute sa jeunesse, dans toute sa fraîcheur, la faculté du souvenir se développe aussi avec une puissance extraordinaire. Nous ne souscrirons point à l'opinion de ceux qui disent, avec M. Egger, que l'enfant retient seulement des « impressions », et non « des observations précises (2) ». L'expérience prouve au contraire que la notation proprement dite, c'est-à-dire la perception exacte des caractères sensibles des choses, ou de leurs signes, est très développée chez l'enfant. A quatre ans, George a déjà une étonnante facilité à compter; il nomme sans hésiter les nombres jusqu'à mille et au delà. « A cinq ans et demi, dit M. Egger lui-même, les chiffres sont ce qu'Émile apprend le plus vite et à quoi il s'intéresse le plus. » On peut invoquer de même la remarquable facilité avec laquelle l'enfant apprend les lettres de l'alphabet. Et enfin l'acquisition si rapide des mots est la preuve péremptoire que la mémoire de l'enfant est apte à recueillir autre chose que des impressions.

A vrai dire même, le défaut capital de la mémoire enfantine, c'est qu'elle est littérale et mécanique (3). Elle n'est que la reproduc-

(1) DOUDAN, *Pensées et fragments*. Paris, 1881, p. 58.

(2) M. EGGER, *op. cit.*, p. 36.

(3) Cette passion de l'exactitude littérale, qui fait de la mémoire enfantine une sorte de cliché, n'existe d'ailleurs qu'au début. Vers cinq ou six ans au contraire, l'enfant doué d'un peu d'imagination, quand on lui fait un récit, aime à se mettre de moitié avec le narrateur et s'associe à la narration par des corrections, par des additions. M. EGGER l'a remarqué (*op. cit.*, p. 89), et il voit dans ce petit fait une explication de l'origine des légendes, chaque conteur nouveau modifiant le texte primitif et substituant, sans en avoir conscience, les fictions aux réalités.

tion exacte des images apportées par les sens, la représentation de la forme sensible des réalités. Elle est surtout verbale. La mémoire des mots, qui aura à tous les âges de la vie une si grande importance, règne en souveraine chez l'enfant. Lui demander de se rappeler des « impressions », ce serait lui supposer un fonds de sentiments intérieurs qu'il ne possède pas encore. Il n'est pas capable non plus de se rappeler les idées abstraites et générales, qu'il ne comprend pas et dont il ne retient que l'expression verbale. De là, par exemple, l'impatience qu'il témoigne, si l'on change un mot, un seul mot, dans un récit qu'il connait déjà et qu'on lui refait pour la dixième fois. Il arrête le conteur à la moindre modification d'un texte qui est comme sacré pour lui ; à la moindre interpolation, il s'écrie : « Ce n'est pas cela ! » et il réclame le texte. On raconte à Boulot l'histoire de Jonas : « Jonas était un digne homme... » — « Ah ! mais non, dit Boulot, cela commence toujours par : Il y avait une fois... »

La mémoire de l'enfant a tous les défauts qu'implique, soit la faiblesse du jugement et du raisonnement, soit tout au moins la prédominance des facultés automatiques sur les facultés de réflexion. Elle a plus d'un trait de ressemblance avec la mémoire des êtres disgraciés et voués à l'imbécillité, laquelle survit parfois à la ruine de toutes les autres facultés de l'esprit : « La mémoire des imbéciles, dit le Dr Sollier, est quelquefois très développée ; mais si on les observe avec soin, on s'aperçoit qu'ils récitent toujours les choses dans l'ordre où ils les ont apprises et qu'ils ne les comprennent pas. La moindre interversion que vous introduirez dans leur récitation, la moindre interruption les arrête... C'est de l'automatisme pur. Autant de fois vous les ferez recommencer, autant de fois ils vous débiteront les choses de la même manière. S'ils ont appris les jours de la semaine par exemple, en commençant par le jeudi, et que vous leur demandiez de les énumérer en débutant par le lundi, il en est qui en seront incapables (1). »

La mémoire est, de toutes les facultés ou fonctions intellectuelles, une de celles qui dépendent le plus de l'organisme, et voilà pourquoi elle offre, d'individu à individu, tant de différences et de si grandes variétés, soit dans sa force générale, soit dans ses aptitudes spéciales. Ce n'est pas d'ailleurs chez l'homme seulement qu'elle présente des inégalités frappantes. Sir John Lubbock raconte ce qu'il

(1) Dr P. Sollier, *op. cit.*, p. 225.

a observé chez des abeilles : « Parmi les abeilles qui sortaient de la ruche par la petite ouverture en poterne, les unes apprenaient en quelques leçons à la retrouver; les autres n'y parvenaient qu'avec peine. Il y en eut même une que j'eus beau faire rentrer par la poterne, à plusieurs reprises, pendant les dix jours qu'elle vint au miel : jamais elle ne sut en retrouver l'ouverture, etc. (1). » De même, d'un enfant à un autre, quelle diversité de dispositions naturelles, soit dans la facilité à apprendre, soit dans la ténacité du souvenir! Et aussi, chez le même enfant, quelles inégalités dans les différentes formes de la mémoire! La mémoire en effet n'est pas une faculté indivisible; elle comprend des pouvoirs distincts, qui correspondent, soit à chacun des cinq sens, soit aux diverses opérations de l'esprit. Il y a même plus de mémoires qu'il n'y a de sens, car on peut se rappeler avec précision les formes et être peu sensible aux couleurs.

Mais si la mémoire varie dans ses formes et dans les degrés de sa puissance, elle n'en est pas moins, dans des proportions différentes, commune à toutes les intelligences. Elle est, à vrai dire, la condition première de tout travail de compréhension, de tout développement de l'esprit. Les perceptions successives n'acquièrent de valeur que si la mémoire les conserve, et si par suite elle rend possible la comparaison entre elles et les perceptions nouvelles qui les suivent. C'est une question de savoir si la perception, fait primaire, fondamental, constitue déjà un acte intelligent, dans le sens élevé du mot. Nous serions assez disposé à pencher pour la négative. Imposée en quelque sorte par le milieu extérieur, la perception a beau être consciente : elle ne témoigne pas de l'activité de l'esprit. Il en est tout autrement lorsque, grâce à la mémoire, une comparaison peut s'établir entre une perception passée et une perception présente. Alors du rapprochement de deux faits psychiques, dont chacun, s'il restait isolé, n'aurait aucune importance pour l'évolution de l'esprit, jaillit le premier acte intellectuel, à proprement parler, le jugement par comparaison, le premier anneau de la chaîne dont les chaînons sans cesse accrus formeront l'esprit humain.

(1) Cité par ROMANES, *l'Intelligence des animaux*, t. I, p. 142.

CHAPITRE VII

LES DIVERSES FORMES DE L'IMAGINATION.

Perception, mémoire, imagination. — Imagination représentative et imagination active. — Caractères propres de l'image. — Que l'imagination représentative elle-même n'est pas absolument passive. — Difficulté de saisir chez le petit enfant les premières traces d'imagination. — Les rêves. — L'imagination dans l'interprétation des dessins. — L'imagination, chez l'enfant qui commence à parler ou tout au moins comprend le langage des autres. — Les contes. — Comment l'enfant devient à son tour narrateur. — Imagination inventive. — Analogie de l'état mental de l'enfant avec la période mythologique des peuples primitifs. — L'enfant anime, personnifie les choses inanimées. — Divers exemples de cette tendance. — Que l'enfant n'est pas tout à fait dupe des fictions qu'il invente. — Ses inventions imaginatives ne sont souvent qu'un jeu. — L'instinct poétique de l'enfant se manifeste sous la forme dramatique. — Que l'imagination inventive de l'enfant n'a pas besoin de beaucoup d'instruments matériels, et s'en passe parfois. — Le sens esthétique. — Qu'il n'existe pas chez l'enfant. — Pourquoi l'imagination de l'enfant est-elle disposée à amplifier les proportions des choses ? — Causes de l'activité de l'imagination dans l'enfance.

Perception, mémoire, imagination sont trois termes, trois moments successifs et corrélatifs du développement intellectuel. L'enfant ne se rappelle que dans la mesure où il a perçu, et il faut que les facultés de la perception aient acquis une certaine force, pour que les facultés de la mémoire s'exercent véritablement. L'imagination de son côté suppose la mémoire ; c'est des souvenirs distincts et précis que jaillissent les images. Dans l'imagination elle-même, il y a lieu d'ailleurs de distinguer encore deux degrés consécutifs et liés l'un à l'autre : d'abord la pure et simple représentation des choses perçues et rappelées ; ensuite la construction, plus ou moins originale, d'images nouvelles, qui n'ont pas dans la réalité leurs correspondants exacts. Et il est évidemment nécessaire, pour que l'esprit accomplisse ce travail de combinaison, d'invention, d'imagination active, en un mot, qu'il puisse disposer d'un grand nombre de représentations sensibles.

L'enfant, au premier hiver de sa vie, a vu la neige; il est certain qu'il n'y pense plus, sitôt qu'elle a disparu. Mais quand l'hiver revient, et avec lui la neige, il reconnaît ces amoncellements blancs qui pour la seconde fois frappent ses regards; la mémoire apparaît, et s'il sait déjà le sens du mot « neige », toutes les fois qu'on le prononcera devant lui, il se rappellera qu'il a vu la neige dans les jardins, dans la rue, dans les champs. Et de ces rappels répétés du même souvenir sortira peu à peu l'image de la neige, de la masse blanche et froide qui comme un tapis recouvre la terre. L'enfant, d'autre part, a vu des montagnes; il en garde le souvenir et l'image; et lorsque plus tard on racontera devant lui les aventures de tel ou tel marin au pôle Nord, quand on lui parlera de montagnes de neige, les représentations distinctes, les images différentes, déjà construites dans son esprit, se rejoindront, se combineront, pour former, par un premier effort d'imagination inventive, une conception, à peu près adéquate, de ces entassements de neige glacée des régions polaires, qu'il n'a jamais vus et qu'il ne verra probablement jamais. Et si nous allons un peu plus loin encore, il viendra un moment où l'enfant, faisant tout à fait acte d'imagination créatrice, non seulement se représentera ce qu'est une montagne de neige, un glacier, mais en combinant avec cette représentation isolée d'autres représentations, acquises par sa propre expérience (le froid qu'il a éprouvé, les culbutes qu'il a faites dans ses glissades), se figurera dans ses rêveries les souffrances ressenties, les dangers courus par les marins égarés dans les solitudes polaires.

En d'autres termes, si du renouvellement des perceptions résulte le souvenir, du renouvellement des souvenirs dérive à son tour l'image. L'imagination ne se distingue pas seulement de la mémoire en ce que l'image est plus vive que le souvenir, plus représentative des qualités sensibles de la réalité, plus pittoresque en un mot. Elle a surtout ce caractère qu'elle constitue dans l'esprit un fait purement mental, indépendant des objets, un dessin idéal, une représentation intérieure des choses vues ou senties, une conception enfin tendant à se reproduire par les forces seules de l'esprit. Chez le petit enfant, nous l'avons vu, la mémoire ne s'exerce guère qu'en présence des faits déjà perçus et qui réapparaissent; le souvenir n'est pas, comme il le sera plus tard, une commémoration mentale dont l'esprit dispose en l'absence même des objets. Il faut donc un certain temps pour que de ces phénomènes de mémoire, renouvelés à chaque fois que le même objet ou la même personne reviennent sous le regard, se dégage et, pour ainsi dire, se détache la représentation absolument subjective, qui s'établit dans l'esprit et y devient l'image : l'image, c'est-à-dire un des éléments de ce musée intérieur que tout homme d'imagination porte en lui, qu'il peut contempler, même en fermant les paupières, puisqu' « il le porte dans les yeux » *in oculis fert*, comme disaient les Latins pour exprimer qu'on pense à une personne aimée.

L'imagination représentative elle-même n'est donc pas un phénomène absolument passif. Assimiler les images aux traces que les pas laissent sur le sable mouvant, ou encore aux caractères que la machine à imprimer grave sur une feuille de papier, c'est simplement faire une comparaison entre des faits analogues : l'assimilation complète serait absolument erronée. Jusque dans les phénomènes où elle paraît recevoir passivement, à la façon d'une cire molle, des images venues du dehors, l'âme active se montre déjà. Autre chose est une empreinte, autre chose une impresssion; et l'image à son tour résume et condense un grand nombre d'impressions. C'est à tort, par conséquent, qu'on représente l'imagination et l'abstraction comme deux puissances ennemies et rivales. A vrai dire, dans l'imagination il y a un commencement d'abstraction; ce n'est pas l'objet tout entier en effet qui passe dans l'image, laquelle n'est qu'un raccourci, une abstraction, en un sens, puisque l'esprit n'y retient des diverses perceptions successives qu'un certain nombre de qualités communes à toutes ces perceptions (1). Il n'y a pas un seul fait d'imagination reproductive qui ne soit exactement qu'une reproduction : nous modifions toujours quelque chose, soit par omission, soit par addition, dans les images des choses, et l'invention, la construction personnelle apparaît jusque dans les premiers essais d'imagination représentative, sans que d'ailleurs notre volonté intervienne encore dans ces diverses modifications.

Ces considérations nous amènent à conclure que l'imagination, si

(1) L'imagination est autre chose que la mémoire. J'ai dans l'esprit l'idée d'une montagne que j'aperçois chaque jour de ma fenêtre, quand je vais passer l'été aux Pyrénées : pur phénomène de mémoire; tous les détails sont remémorés dans ma conscience; les grands arbres verts, les prairies éclairées par le soleil levant; la forme et les contours des cimes... Imaginer une montagne, c'est chose différente; c'est par une fusion de souvenirs se représenter une montagne idéale, non pas idéale en ce sens qu'elle serait plus belle que la réalité, mais parce qu'elle est une « idée », distincte des perceptions qui l'ont préparée.

elle est forte chez l'enfant, comme tout le monde s'accorde à le dire, n'est pourtant pas, même sous sa forme la plus simple, aussi précoce qu'on pourrait être tenté de le croire. S'il était possible d'ouvrir le cerveau du nouveau-né vers cinq ou six mois, et d'y lire ce que sa conscience elle-même est encore impuissante à y déchiffrer, on n'y trouverait pas inscrites, pensons-nous, ces photographies qui s'appellent des images. Pour que l'imagination, même exclusivement représentative, prenne son essor, il faut que les forces intérieures de l'esprit, ou bien, pour traduire la même idée en langage physiologique, il faut que les centres cérébraux aient atteint un degré de développement auquel, à cet âge, l'enfant est loin d'être parvenu. L'imagination a beau, dans ses premières manifestations, n'être que la copie, une sorte de décalque des objets sensibles : cette transmutation qui crée un monde mental, un monde idéal, à côté du monde réel, n'est pas l'œuvre d'un jour.

N'allons donc pas chercher chez le tout petit enfant des exemples de la puissance d'imaginer. Tant qu'il ne parle pas, il est bien difficile, d'ailleurs, de pénétrer dans sa conscience encore muette pour y saisir les germes de l'imagination. Le nouveau-né a bien les moyens de faire voir qu'il perçoit, qu'il se rappelle; mais jusqu'à quel point ces perceptions et ces souvenirs aboutissent-ils déjà à un travail véritablement imaginatif, c'est ce que nous ne pouvons guère deviner.

Peut-être durant son sommeil, lorsque le rêve se manifeste, l'enfant laissera-t-il mieux entrevoir l'activité de son imagination naissante?... Il ne paraît pas contestable, malgré les obscurités du sujet, que l'enfant rêve de très bonne heure (1), et il est pourtant impossible de le démontrer. M. Egger a fait remarquer avec raison que « l'enfant rêvant avant de pouvoir l'attester par la parole, en nous racontant ses rêves, on ne peut jamais dire au juste à quel moment un tel phénomène se produit pour la première fois (2) ». A défaut du témoignage de l'enfant lui-même, il faut se contenter des apparences, des signes extérieurs qui, pendant que l'enfant est endormi, trahissent l'agitation intérieure de l'esprit. Voici un fait rapporté par M. Egger : « Dès la deuxième année de sa vie, je vois un enfant s'éveiller subitement, avec des cris causés sans doute par quelque vision pénible; il rêvait douloureusement... » De même un

(1) Au quatrième mois, le fils de Tiedemann, tout endormi, « faisait avec sa bouche le mouvement de téter ».

(2) M. Egger, *op. cit.*, p. 36.

enfant de neuf mois, après avoir tété, tout endormi sur les genoux de sa mère, se met à renouveler les mouvements, les soubresauts qu'il accomplissait tout à l'heure; évidemment il rêve, il rêve qu'il tète, qu'il va téter. Plus tard l'enfant rêvera de ses jeux; on le verra rire ou sourire pendant son sommeil. Ou bien il poussera des gémissements; il sera en proie à quelque terreur imaginaire. *A priori* d'ailleurs, on pourrait conclure, par analogie avec ce qui se passe chez les animaux, que le petit enfant peut rêver. Lucrèce avait déjà observé que les chiens ont des rêves :

« Les chiens, en plein sommeil, jettent soudain la patte
Deçà, delà; leur voix en cris joyeux éclate;
Ils plissent leurs naseaux et les ouvrent à l'air,
Comme si quelque piste avait frappé leur flair (1).... »

Tiedemann est pourtant d'un avis contraire : « Les petits enfants, dit-il, font des mouvements dans le sommeil, ils émettent des sons, comme s'ils rêvaient, quoique vraisemblablement ils ne rêvent pas; ils se remuent simplement, par la seule irritabilité du corps... Les nourrices, les mères croient ordinairement y reconnaître des rêves; mais elles ne distinguent pas ce qui est mécanique de ce qui est action de l'âme; elles confondent avec des phénomènes psychiques, qui ne se produisent habituellement que chez l'adulte, des mouvements purement organiques... »

Il y a quelque chose à retenir des judicieuses observations de Tiedemann, et il ne faut pas se presser de voir des preuves de mémoire ou d'imagination dans toutes les agitations d'un enfant endormi. Les sensations confuses que le sommeil n'empêche pas tout à fait, par exemple, les malaises causés, soit par une fausse position, soit par une douleur intérieure, peuvent souvent expliquer ces apparences de rêves.

Revenons à la vie éveillée. Il y aurait exagération à soutenir que l'enfant ne fait montre de son imagination que lorsqu'il a atteint l'âge du langage. Quand il pleure pour réclamer sa mère, sa nourrice qui vient de le quitter, n'est-il pas vraisemblable qu'il a déjà,

(1) Lucrèce, *de Natura rerum*, l. IV, traduction André Lefèvre. Sur la question des rêves chez les animaux les observateurs modernes sont tout à fait affirmatifs. Voyez Romanes (*Évolution*, etc., p. 141). Non seulement le chien, mais le cheval rêve aussi, comme le montrent ses frissons, son tremblement, pendant qu'il dort. « Les rêves s'associent probablement chez le cheval de course avec des courses imaginaires, comme chez le chien de chasse avec des poursuites et avec des chasses imaginaires. »

dans une certaine mesure, le pouvoir de se figurer les personnes absentes? Quand, voyant la bonne faire ses préparatifs pour le conduire à la promenade, il témoigne son impatience de partir, n'est-il pas probable qu'il est surexcité par l'image vague des promenades précédentes et des plaisirs qu'il y a trouvés ?

C'est déjà un commencement d'imagination que de savoir reconnaître les objets dans un dessin, dans une peinture : or il n'est pas douteux que l'enfant ne soit très capable d'interpréter et d'apprécier les images qu'on lui montre dans des livres. « J'ai vu, dit Mme Necker de Saussure, un enfant de onze mois reconnaître un très petit chien sur une gravure. Tous s'amusent des estampes après un an (1). » Il est d'ailleurs à remarquer que la présentation des images, figurées sur le papier ou sur la toile, aide beaucoup au développement de l'imagination des enfants. L'image tracée par le crayon ou le pinceau des dessinateurs est en effet une réduction de la réalité ; elle favorise par conséquent le travail analogue que l'esprit est obligé de faire, pour passer de la perception des objets réels à la conception de l'image mentale.

Mais c'est quand l'enfant commence à parler, quand il entend le sens des mots, que l'activité de son imagination se manifeste enfin par des signes tout à fait apparents. Elle se montre, par exemple, dans l'intérêt qu'il prend aux histoires qu'on lui raconte. « Le plaisir que procure aux enfants l'exposé des plus simples récits tient à la vivacité des représentations dans leur esprit. Les tableaux qu'on évoque au dedans d'eux sont peut-être plus brillants, plus colorés que ne seraient les objets réels. Un récit leur fait l'effet d'une lanterne magique (2). » C'est peut-être forcer un peu les choses. Nous hésitons à croire que l'imagination représentative possède déjà chez l'enfant cette puissance de coloris, cette intensité de vision mentale, qu'elle n'acquiert que chez le peintre et le poète. Dans l'espèce de fascination que les contes exercent sur l'attention des enfants, il faut faire une part très grande à la satilaction de la curiosité, à l'attrait de l'inconnu. Puisque, dans notre âge mûr, nous trouvons encore de si vives jouissances à pénétrer les idées qui se révèlent pour la première fois à notre esprit, comment mesurer exactement

(1) Mme Necker de Saussure, *op. cit.*, l. III, ch. v. On sait quelle difficulté l'aveugle de Cheselden, deux mois après l'opération, éprouvait encore pour découvrir que les images représentaient des objets *réels*.

(2) *Ibid.*, même chapitre.

le degré de plaisir qu'apporte à l'enfant, pour qui tout est nouveau, un récit amusant et bien fait? Notez, ce qui prouve encore la faiblesse relative de l'imagination, ce qui tout au moins en marque le caractère borné, que l'enfant aime surtout les histoires qui le mettent en scène lui-même, qui lui rappellent ses impressions personnelles et les incidents de sa propre vie. Notez encore que, quand on lui redit, même pour la dixième fois, un conte qu'il connaît déjà, il le redemande tout pareil dans sa rédaction invariable, comme si son imagination, encore frêle et chétive, avait besoin de s'y reprendre à plusieurs fois pour approfondir, même dans des fables très simples et tout à fait à sa portée, le sens de ce qu'il se fait répéter avec une insatiable avidité.

L'imagination représentative n'est pas seule à faire les frais du travail intellectuel qui s'accomplit dans l'esprit de l'enfant, lorsqu'il est comme suspendu aux lèvres d'un narrateur. Il lui faut déjà un petit effort d'imagination constructive, pour qu'il comprenne, jusque dans les récits les plus familiers, les expressions qui ne correspondent pas exactement à son expérience : par exemple le « désert », l'« océan ». Les épithètes qui accompagnent ces mots, les définitions qu'on lui en donnera, par exemple : « le désert est un pays plat, nu, sablonneux ; l'océan est une vaste étendue d'eau » ; tout cela, pour être entendu, suppose qu'il est déjà capable de combiner, d'associer les diverses images particulières que réveille chacun de ces termes, afin d'en dégager tant bien que mal une conception approximative, soit du désert, soit de l'océan qu'il n'a jamais vus.

L'exercice de l'imagination est pour ainsi dire suggéré par une excitation extérieure, dans le cas de l'audition d'un récit, comme plus tard dans les lectures personnelles de l'enfant. Mais d'elle-même l'imagination peut assez tôt entrer en branle. Lorsque l'enfant devient narrateur à son tour, on sent à l'exactitude de ses descriptions, à la précision des détails qu'il accumule, qu'il voit mentalement ce qu'il décrit. Il est évident que, vers deux et trois ans, l'enfant pense surtout par images. La puissance de réflexion abstraite, qui permettra à l'adulte de manier les mots comme des signes algébriques, sans avoir besoin de se représenter les choses signifiées, lui est encore inconnue. Chaque mot qu'il entend prononcer ou qu'il prononce lui-même suscite en lui toute une série d'images. Et quand il a, par une habitude prolongée, exercé son imagination dans la commémoration des scènes auxquelles il a assisté ou qu'on lui a racontées, il devient capable d'en inventer lui-même d'originales. « L'enfant de trois ou quatre ans, dit M. J. Sully, quand il a entendu un grand nombre d'histoires, en forgera de nouvelles (1) ». Le même auteur cite une petite fille de cinq ans et neuf mois qui avait trouvé une pierre percée d'un trou ; là-dessus, elle imagina tout un conte de fées : la pierre était une pierre merveilleuse ; le trou représentait de beaux appartements où habitaient des fées (2)....

C'est ainsi que, de degré en degré, l'imagination devient inventive, aidée par l'imitation des inventions des autres. Ici, comme pour toutes les autres facultés, la spontanéité n'est pas entière, mais elle est peut-être plus grande qu'ailleurs. Les facultés imaginatives répondent mieux que les autres, en effet, à la nature d'un être qui est encore dépourvu de raison et d'expérience. Nous avons été parfois effrayé de la facilité avec laquelle on peut faire divaguer un enfant, pour peu qu'on sollicite et qu'on alimente son imagination, et qu'on le promène de rêve en rêve. Mais l'enfant s'abandonne aussi de lui-même à des conceptions incohérentes et étranges. M. J. Sully nous parle d'un enfant de trois ans qui formait habituellement le souhait de vivre dans l'eau comme les poissons, ou de briller dans le ciel comme une étoile.

M. Taine l'a dit avec raison : « L'état mental des petits enfants est à beaucoup d'égards celui des peuples primitifs dans la période mythologique et poétique (3). » Si on laissait faire l'enfant, et si l'éducation ne venait pas mettre à la raison ses fantaisies, on le verrait créer de toutes pièces une mythologie nouvelle. Sans doute, nous l'aidons souvent nous-mêmes dans ses superstitions; nous lui suggérons ses erreurs, quand nous lui parlons du *père Noël*, quand nous lui contons l'histoire de croquemitaine. Mais la parfaite bonne foi, la candeur, l'innocence touchante qu'il apporte dans son adhésion absolue à ces fables, est la preuve qu'il a une disposition naturelle à vivre dans le merveilleux. Spontanément, on ne saurait

(1) M. J. Sully, *op. cit.*, p. 223.

(2) Conférez Egger, *op. cit.*, p. 68. « A quatre ans Félix aime à se faire conter des historiettes que, certainement, il ne comprend pas bien; il les suit d'une oreille attentive, et il demande qu'on les lui répète. Son esprit a quelque prise sur tel ou tel mot, sur telle ou telle phrase : cela suffit pour que sa curiosité s'attache à l'ensemble avec une sorte de passion. Il s'essaie même à imiter ces petites narrations. Mais les récits qu'il nous fait entendre sont décousus, peu raisonnables;... ses narrations enfantines ne sont guère plus qu'un verbiage amusant pour sa petite vanité qui croit par là se hausser à la taille des grandes personnes. »

(3) M. Taine, *Revue philosophique*, 1876, t. I, p. 14.

en douter, l'enfant donne carrière à cette tendance mythologique qui est un des instincts primitifs de la nature humaine. Il prête vie et sentiment aux objets inanimés; il les personnifie; il les divinise parfois; de même qu'il humanisera les animaux et sera dupe des fictions de La Fontaine.

Citons quelques faits. Une fillette de trois ans, observée par M. Taine, à qui l'on disait que « la lune était allée se coucher », demandait : « Où donc est la bonne de la lune? » Ici, il est vrai, l'imagination de l'enfant ne faisait qu'obéir à une suggestion déjà contenue dans le langage figuré dont on s'était servi avec elle. Mais d'autres observations sont plus probantes. Tiedemann raconte que son fils, cherchant dans les nuages un arc-en-ciel — il en avait vu un quelques jours auparavant — et ne l'y trouvant pas, se mit à dire : « L'arc-en-ciel dort maintenant! » Insuffisance de langage, dira-t-on, et pure métaphore! Nous croyons qu'il y a là quelque chose de plus : une sorte d'assimilation. Et le même enfant ne voyant plus le soleil à l'horizon disait : « Le soleil est allé au lit; demain il se lèvera; il mangera une tartine de beurre! »

L'enfant entre volontiers en conversation avec ses jouets. La poupée est, pour lui, une personne réellement vivante. De même, il dira volontiers : « Ma voiture ne veut pas marcher; elle est méchante. » Et si on lui parle d'un animal, d'un objet qu'il connait : « Qu'est-ce que dit le lapin? — Qu'est-ce que dit le gros arbre? »

Si un enfant de douze ans, élevé d'après les lois de la nature et sur le patron de l'*Émile* de Rousseau, a pu, comme le raconte Sentenis (1), se laisser surprendre dans son jardin, agenouillé devant le soleil levant qu'il adorait, n'est-il pas évident que, *a fortiori*, le tout petit enfant, dont l'imagination n'est pas encore contrôlée par les sévérités de l'expérience, doit tout naturellement céder à des suggestions analogues, s'abandonner à des conceptions mythologiques, et concevoir les choses de la nature à son image, par une sorte d'anthropomorphisme naïf?

George Sand raconte, dans ses *Mémoires*, que toute sa vie d'enfant fut une vie d'imagination. Elle maudit le jour où le doute lui vint pour la première fois sur l'existence du père Noël, le mystérieux distributeur de jouets. Elle combat le rigorisme de Rousseau et de tous ceux qui veulent, à coups d'explications positives, éteindre la

(1) Voyez le *Rapport* de Villemain, en tête de l'*Enseignement régulier de la langue maternelle*, du P. Girard.

flamme de l'imagination enfantine. « Retrancher le merveilleux de la vie de l'enfant, dit-elle, c'est procéder contre les lois mêmes de sa nature. L'enfant vit tout naturellement dans un milieu pour ainsi dire surnaturel, où tout est prodige en lui, et où tout ce qui est en dehors de lui doit, à la première vue, lui sembler prodigieux. »

Tiedemann a déduit avec sagacité les raisons qui expliquent les conceptions anthropomorphiques du petit enfant. D'abord, dit-il, c'est la loi même de son intelligence de ne pouvoir se figurer l'inconnu que d'après le connu. Or, l'enfant connaît d'abord ses sensations, ses émotions, les accidents de sa vie ; de là une disposition naturelle à imaginer que les autres êtres et les choses elles-mêmes vivent, sentent et agissent dans les mêmes conditions que lui, que la lune a une bonne, que le soleil déjeune. De plus, et cette raison a aussi son importance, l'enfant, pour sympathiser avec les choses, a besoin de croire qu'elles sont animées dans une certaine mesure. Lorsque le petit enfant cité par Mme Necker, devant sa tasse brisée en morceaux, s'écrie : « Cette pauvre tasse que j'aimais tant! » et se met à fondre en larmes, ce n'est pas un cri analogue à celui de la ménagère qui perd un objet plus ou moins précieux ; c'est en partie l'illusion d'une sensibilité sympathique qui anime et personnifie toutes choses. Les peuples sauvages obéissent au même sentiment imaginatif, quand ils rêvent un paradis où il y aura place, non seulement pour eux-mêmes, mais aussi pour les objets dont ils se sont servis pendant leur existence, pour leurs flèches, pour leurs canots.

Si, de plus en plus, le positivisme moderne n'enserrait l'enfant de toutes parts, nul doute que les exemples ne fussent encore plus nombreux de ces illusions puériles, qui ne sont pas toujours, comme le croyait Mme Necker, des illusions volontaires, qui témoignent souvent d'une erreur naïve et complète. On y saisit sur le vif les manifestations de cet instinct du merveilleux, d'où sont sorties les croyances superstitieuses de l'enfance de l'humanité ; et, sur ce point, le petit Parisien le plus raffiné est l'égal du petit sauvage ; ce qui prouve, entre autres choses, que la nature demeure plus forte que l'hérédité.

Les observations précédentes appellent pourtant quelques réserves. La nature de l'enfant n'est pas moins « diverse » que celle de l'homme ; et si, dans un grand nombre de cas, l'enfant est tout à fait dupe des fictions de son imagination, s'il renouvelle, dans ses croyances chimériques, les superstitions de l'idolâtrie et du fétichisme, le plus souvent il ne s'illusionne qu'à moitié. Comme le poète, il se complaît dans les chimères sans y croire. Le poète, qui vit dans le monde de ses créations, ne croit certes pas à la réalité de ses héros; mais il en parle comme s'ils étaient réels; il les voit devant lui, en chair et en os; il entend l'accent de leurs paroles et le timbre de leur voix. Et sans être poètes, nous éprouvons tous, au théâtre, un commencement d'illusion analogue; nous ne sommes pas tout à fait dupes des événements qui s'accomplissent dans le drame joué sous nos yeux, mais nous le sommes à demi; nous accordons notre intérêt aux personnages de la pièce, comme s'ils existaient, et nous savons pourtant qu'ils n'existent pas. L'enfant, dont on a dit qu'il naissait poète (1), se trouve souvent dans le même état d'esprit. Il est lui-même l'ouvrier de ses illusions; il invente des mensonges qui le charment; il joue avec ses fictions, et il fait semblant de se laisser duper par elles, trouvant à ce jeu un plaisir infini. « Il sait qu'il rêve, assurément, dit M. G. Droz, mais il éprouve un bonheur véritable à se jouer à lui-même cette comédie. »

Sur ce point les observations abondent. Marcel, dès l'âge de deux ans, fait faire « dodo » à tous les objets qui lui tombent sous la main, à un crayon, à une médaille. On lui demande l'heure; il met la main sur son cœur et répond : « Deux heures »; établissant, pour rire, une assimilation entre le tic tac de la montre et celui de son cœur. George, à quatre ans, fait jouer des personnages à trois boules de plomb; l'une est la cuisinière, l'autre la bonne; la plus grosse est la maîtresse de la maison; et il imagine des dialogues entre ces trois personnes : « Maintenant, dit la maîtresse, voulez-vous aller chercher de l'eau? » De même le fils de Tiedemann : « Le 29 octobre (il avait deux ans), il prit plusieurs tiges découpées de chou blanc, et leur fit représenter diverses personnes qui se faisaient valoir et vantaient chacune ses mérites. »

M. Espinas a recueilli les observations suivantes : « Un enfant de quelques mois veut, quand on lui donne la bouillie, qu'on la présente d'abord à un petit cheval de bois, grossièrement taillé au couteau et qu'il affectionne. Il sait parfaitement que le cheval ne mange pas, et c'est là précisément la cause du plaisir qu'il prend

(1) « Observez l'enfant, dit M. G. Droz, et vous découvrirez en lui une richesse d'imagination qui tient du prodige et qu'on ne retrouve à aucun âge de la vie. Il y a plus de poésie vraie dans la cervelle de ces chers amours que dans vingt poèmes épiques? »

à cette cérémonie : c'est pour lui un jeu, une fiction. Tous les enfants montrent de très bonne heure cette faculté de se plaire à des fictions, comme en témoignent les éternelles plaisanteries des nourrices, qui se cachent ou cachent les enfants par à peu près pour se découvrir ou les découvrir ensuite triomphalement au milieu des éclats de rire. Leur bonne volonté à entrer dans les conventions de ce genre étonne toujours. Nous avons vu deux enfants assis l'un en face de l'autre à table, à l'âge où ils commençaient à parler, passer des quarts d'heure à se montrer des croûtes de pain, en les baptisant des noms de tous les animaux, même alors qu'il n'y avait aucune ressemblance, même lointaine, entre la forme de l'objet et celle de l'animal nommé : chaque partenaire considérait attentivement l'objet présenté par l'autre et paraissait prendre le plus grand plaisir à cette évocation tout arbitraire d'images (1). »

Autre exemple : « Pour mon enfant qui a deux ans et demi, dit Guyau, tout fruit est une pomme, toute couleur qui attire ses yeux est rouge, parce que le rouge est essentiellement la couleur voyante. Couché dans son berceau, il me dit en me montrant le fond du lit, puis le rebord : « Ceci est la route, et ceci est le fossé. » Il imagine ces choses de lui-même, sans qu'on lui ait fait faire jamais un tel jeu. C'est qu'il est entraîné par des analogies superficielles, et avec une telle force que bientôt il ne voit plus les différences ; je suis persuadé qu'en s'endormant il se croit couché au beau milieu de la route blanche, avec des fossés à droite et à gauche (2).... »

C'est sous la forme dramatique que l'instinct de poésie, propre à l'imagination de l'enfant, aime le plus à se manifester. M. Egger en donne une preuve caractéristique et précoce : « Un enfant de vingt mois connaît, reconnaît et rappelle très bien de mémoire quelques personnes qu'il voit habituellement au jardin du Luxembourg, une bonne, par exemple, et l'enfant qu'elle conduit. Un jour, il nous quitte en prononçant tant bien que mal les trois noms du Luxembourg, de la bonne, de l'enfant. Il va dans la pièce voisine, fait semblant de dire bonjour à ces deux personnages, puis revient raconter avec la même simplicité ce qu'il vient de faire. Évidemment rien dans la pièce voisine ne rappelle le Luxembourg ni ses habi-

(1) M. Espinas, *Observations*, etc., p. 387.
(2) Guyau, *Éducation et hérédité*, p. 148.

tués. C'est donc là ce que j'appellerai un acte d'imagination dramatique, c'est le *drame* dans son germe élémentaire (1). »

En général, c'est à lui-même que, dans ces scènes imaginaires, l'enfant donne le principal rôle. Il se figure, ou feint de se figurer qu'il est une grande personne. Les petites filles jouent à la maman ; les petits garçons au soldat, au cocher, et ils prolongent volontairement leur fiction. « Vers quatre ans, Félix, raconte encore M. Egger, joue au cocher; pendant ce temps, Émile rentre à la maison. Pour m'annoncer son frère, Félix ne dit pas : « Émile est rentré : » il m'annonce « le frère du cocher (2). »

Pour exercer ainsi son imagination inventive l'enfant paraît avoir besoin le plus souvent d'un petit machinisme extérieur. Il prend son point de départ dans un objet quelconque, que « l'alchimie de l'imagination » transforme et métamorphose aussitôt. N'importe quoi lui suffit. Il chevauche sur un bâton. Un tabouret renversé est un bateau ou un cabriolet; placé sur ses pieds, c'est un cheval ou une table (3). Un carton devient une maison, une armoire, un chariot, enfin tout ce qu'on veut, tout ce que, selon la fantaisie du moment, il plaira à l'enfant d'imaginer (4).

Il lui arrive parfois cependant de se passer de toute espèce de symbole matériel : témoin la petite fille, citée par M. Egger, qui s'amusait avec une compagne absolument fantastique : « Quand je joue avec ma petite Jeanne, disait-elle, ce n'est pas vrai du tout; » témoin encore cet enfant qui, d'après Mme Necker, se divertissait à nourrir avec des graines imaginaires des oiseaux de basse-cour non moins imaginaires; il demandait avec instance qu'on laissât ouverte

(1) M. Egger, *op. cit.*, p. 12.

(2) *Ibid.*, p. 55.

(3) « La bonne exécution des jouets représentant des animaux importe peu et gêne même l'imagination des enfants, dont elle restreint l'essor. Pendant deux hivers, un enfant laissé, chaque matin, seul dans une chambre, a tiré des chaises un parti merveilleux pour s'amuser. Il les rangeait en diverses dispositions, et elles figuraient pour lui soit un train de bateaux, soit un train de wagons, soit une voiture attelée. Il fallait voir avec quel sérieux il enfonçait du haut de l'une des chaises sa perche (figurée par une canne) dans l'eau profonde, ou mimait la locomotive, ou fouettait ses chevaux fictifs, son grand fauteuil figurant le siège du cocher et deux chaises plus basses les chevaux. Chaque matin il passait des heures a cet exercice. Une voiture réelle, attelée d'un beau cheval en carton, l'eût certainement beaucoup moins amusé que ce jeu de chaises, dont son imagination faisait tous les frais... » (M. Espinas, *loc. cit.*, p. 388.)

(4) Voyez sur ce point Mme Necker de Saussure, *op. cit.*, l. III, ch. v; et aussi M. Anthoine, *A travers nos écoles*, p. 182 et suivantes.

la porte de la chambre où il disait les tenir; et si par hasard on la fermait, il se prenait aussitôt à pleurer en criant : « On empêche de sortir mes pauvres canards et mes pauvres poules. »

Dans tous ces exemples, nous l'avons dit, l'enfant se fait volontairement complice de son imagination : il joue avec elle, plutôt qu'il n'est joué par elle. La part de l'illusion sincère y existe pourtant. Et la preuve, c'est que la sensibilité est réellement émue. Ce sont de vraies larmes que l'enfant versera sur les malheurs supposés de sa poupée. Il aura le cœur gros, ou bien il se mettra en colère, s'il vous arrive de le contrarier, de le troubler dans l'arrangement de ses fictions favorites.

Si l'on entend par faculté esthétique le pouvoir de combiner simplement des images, de créer dans un certaine mesure, on ne saurait la refuser à l'enfant. Mais si le sens esthétique est le sens du beau, le goût et le discernement de la beauté, il est oiseux de poser même la question. L'enfant aime sans doute les couleurs, les sons, qui seront plus tard pour l'artiste les éléments du beau visuel et du beau musical. Mais toutes les couleurs lui plaisent; tous les sons le réjouissent. Le sentiment de l'harmonie, de la mesure, de l'ordre, de la progression, est chose délicate qui lui échappe. Il reste indifférent aux beautés de la nature. Les tableaux ne l'intéressent que lorsqu'ils lui répresentent des scènes réelles, des objets connus : des chiens, par exemple, des animaux, ou bien des soldats et des batailles. Comment s'en étonner, si l'on réfléchit aux conditions de développement qu'exige la culture des facultés esthétiques, facultés raffinées, si rares même chez les hommes faits ! Combien d'adultes, en effet, restent sur ce point enfants toute leur vie ! Ne suffit-il pas de considérer les toilettes criardes et sans goût de nos paysannes, de constater l'indifférence de nos paysans devant les beaux décors que la nature renouvelle sans cesse devant leurs yeux, pour comprendre que l'enfant est lui aussi incapable de sentiments qui ne peuvent être que le résultat d'une longue évolution intellectuelle ?

M. Perez a consacré tout un chapitre, dans sa psychologie des trois premières années de l'enfant, au sujet qui nous occupe(1). Mais il

(1) M. Perez, *les Trois premières années de l'enfant*, 1re partie, ch. II. Voici quelques faits intéressants rapportés par M. Perez. « Un enfant de trois ans, après avoir regardé un tableau italien, exprimait ainsi son admiration : « C'est bien joli, papa, il y a beaucoup d'or, beaucoup de rouge, beaucoup de bleu aussi ; et puis

est bien obligé de reconnaître lui-même que « l'éducation musicale ne commence pas avant cinq ou six ans », que le mot « joli », qui revient si souvent sur les lèvres du baby, est synonyme de tout ce qui est neuf, brillant, agréable ; que, dans le choix des jouets, « c'est la grosseur, l'éclat, la nouveauté » qui le déterminent ; que « les images d'Épinal le rendent fou, même à trois ans, et que les toiles d'un maître ne lui disent rien » ; en un mot que l'enfant n'a pas et ne peut avoir le sentiment de la beauté. Il n'y a tout au plus qu'une exception à faire, en ce qui concerne le chant et la musique, qui de bonne heure paraissent exercer un certain attrait. Dès le cinquième mois, le fils de Tiedemann accompagnait le chant de sa mère de signes de joie, en remuant les bras et les jambes. Et l'on pourrait noter en grand nombre des observations analogues.

D'autres points resteraient à éclaircir dans les mystères de l'imagination enfantine. C'est par exemple une question de savoir si, dans sa tendance à amplifier les choses, à les grossir, ce qui sera d'ailleurs toujours le caractère de l'imagination, l'enfant n'est pas abusé par une erreur de ses sens. L'aveugle de Cheselden tenait les choses qu'il commençait à voir pour extraordinairement grandes. N'y a-t-il pas dans les yeux de l'enfant une illusion d'optique analogue ? Quand nous revenons déjà adolescents dans une ville que nous avons quittée vers l'âge de trois ou quatre ans, il nous semble que tout s'y est rapetissé, que les maisons, les monuments se sont abaissés. Est-ce simplement l'effet de notre taille qui a grandi, pendant que la ville restait la même ? Il est difficile de l'admettre, et nous croirions plutôt que les choses apparaissent à l'enfant plus grandes qu'elles ne lui paraîtront plus tard, et cela, parce qu'il n'a pas encore parcouru de grandes distances, comparé entre elles beaucoup d'altitudes ; de même que, comme l'a ingénieusement démontré M. Paul Janet, les heures paraissent plus longues pour qui a peu vécu, plus courtes, pour qui est déjà avancé dans le chemin de la vie.

Partie de la perception exacte et de l'intuition de la réalité, l'imagination en vient, dès le jeune âge, à se forger un petit monde de chi-

là-bas, il y a un papa et une maman ; il n'y a pas de bébé. » — De même, mis en présence d'une montagne, un autre enfant de trois ans disait bien : « Oh ! la belle montagne ! » mais il justifiait son enthousiasme, en constatant qu'elle était bien plus grande que sa maison, peut-être quatre fois plus grande... » M. Perez a consacré d'ailleurs tout un gros livre, un peu gros peut-être, au même sujet : *l'Art et la poésie chez l'enfant*. Paris, 1888.

mères, démentant, contredisant par là ses origines, et d'autant plus disposée à créer des fables qu'elle aura puisé dans la contemplation des choses plus d'éléments d'action et plus de trésors d'images. L'évolution psychologique est pleine de ces contrastes. Dans leur développement naturel, les facultés portent des fleurs et des fruits que n'annonçait nullement le caractère de la tige et des racines. Les effets non seulement diffèrent de leurs principes, mais sont en complète opposition avec les causes primitives qui en ont été le berceau. Esclave de la perception des choses réelles, dans ses débuts, l'imagination devient par la suite la plus libre des facultés, quand elle a pris tout son essor, celle qui nous éloigne le plus du vrai, quand elle s'émancipe avec toute sa hardiesse. N'est-ce pas par une contradiction analogue, que la sensibilité affectueuse et l'amour d'autrui dérivent, en un sens, chez l'enfant de l'égoïsme, de l'amour de soi : si du moins il est vrai, comme on ne saurait guère le contester, que plus l'enfant aime ses propres plaisirs, plus il sera porté à chérir ceux qui les lui procurent ; la vivacité de ses sentiments d'amitié étant en proportion de son ardeur à rechercher les satisfactions égoïstes ; et les natures sèches, sans tendresse, au cœur dur, étant précisément celles qui, dans la jeunesse de la vie, ne se passionnaient pas pour leurs plaisirs personnels ?

Nous retrouverons l'imagination dans les jeux de l'enfant, dans les petites inventions pratiques où se déploie son initiative. Mais, dès à présent, il est permis de conclure que l'imagination est véritablement active chez l'enfant, non seulement l'imagination sensitive et involontaire, mais aussi l'imagination intentionnelle ; et cela, parce qu'elle se trouve dans les conditions les plus favorables à son exercice.

Les matériaux dont elle dispose ne sont pas des plus nombreux, mais ils se prêtent merveilleusement à un travail imaginatif. « L'excès d'imagination de l'enfant, comme des peuples primitifs, fait observer Guyau, tient beaucoup à la moindre netteté des perceptions, qui, à volonté, se transforment plus facilement l'une dans l'autre. On voit ce qu'on veut dans ce qui est confus comme la forme des nuages... L'enfant ne distingue nettement ni le temps, ni les lieux, ni les personnes. L'imagination des enfants a donc pour point de départ la confusion des images, produite par leur attraction réciproque ; ils mêlent ce qui a été, ce qui est ou sera ; ils ne vivent pas comme nous dans le réel, dans le déterminé, ils rêvent à propos de tout (1). » Ajoutons que l'imagination a d'autant plus de liberté pour prendre son essor que l'expérience acquise est plus courte. Elle compense la pauvreté de ses ressources par l'indépendance permise à son allure. Plus tard elle ira se briser, au premier coup d'aile, contre la connaissance exacte des lois de la nature. Les facultés de réflexion, les facultés scientifiques lui démontreront sur l'heure l'impossibilité des fictions où elle serait tentée de s'égarer. Par suite, au lieu de grandir comme la plupart des autres facultés, au lieu de se développer avec l'âge, du moins chez le commun des hommes, chez tous ceux qui ne sont ni artistes, ni poètes, l'imagination tendra au contraire à diminuer et à décroître.

(1) GUYAU, *Éducation et hérédité*, p. 147.

CHAPITRE VIII

LA CONSCIENCE. L'ATTENTION. L'ASSOCIATION DES IDÉES.

I. La conscience. — Développement graduel de la conscience, comme intensité et comme extension. — Les états conscients et la conscience du moi. — États conscients consécutifs à un fait inconscient, à une perception consciente, à un état conscient absolument interne. — Que la conscience n'est pas coextensive à toute la vie mentale. — II. L'attention, un degré plus intense de la conscience. — L'attention chez l'enfant et chez l'adulte. — L'attention dite spontanée. — L'attention volontaire ou active. — L'attention passive. — L'attention de l'enfant n'est en un sens qu'une perpétuelle distraction. — Causes de l'attention involontaire de l'enfant. — La nouveauté produit la surprise, l'étonnement et par conséquent l'attention. — L'attention involontaire a-t-elle toujours pour cause des états affectifs? — La curiosité, germe intellectuel de l'attention. — Origines de l'attention volontaire. — Que l'attention volontaire suppose elle aussi des stimulants, mais des stimulants internes. — L'exercice de l'attention enfantine dans les jeux. — Effets de l'attention. — Le défaut d'attention chez les idiots. — III. L'attention isole et sépare les éléments intellectuels; l'association des idées les rejoint. — Caractères mécaniques de l'association des idées. — Les états de conscience successifs tendent à reparaître dans le même ordre. — Association d'impressions distinctes, non contiguës dans le temps. — Associations par ressemblance. — Associations purement verbales, par consonnance des mots.

I

Plus d'une fois déjà, dans le courant des chapitres qui précèdent, nous avons eu occasion de parler de la conscience chez l'enfant, et de montrer que le fait essentiel de la vie de l'esprit, le caractère inexplicable et indéfinissable qui est commun à tous les phénomènes conscients, ne se développe que par degrés. La lumière de la conscience, pour succéder à l'obscurité presque complète des premiers jours, passe par tous les degrés du clair-obscur, puis d'une clarté de plus en plus vive. D'autre part le champ qu'elle éclaire s'agrandit de plus en plus; d'abord réduite aux seules sensations et aux premières impressions de plaisir et de peine, elle s'étend ensuite aux perceptions, aux souvenirs, aux émotions, aux phénomènes de l'imagination; et nous allons la voir maintenant se manifester dans les actes d'attention, de jugement et de raisonnement; annexant chaque jour à son domaine un nombre plus considérable de faits, d'états distincts, jusqu'au jour où, se repliant sur elle-même, elle donnera naissance à l'idée du moi, et constituera véritablement la personnalité. Il ne faut pas croire en effet que les états conscients, de bonne heure constatés chez l'enfant, puissent, tout de suite et d'emblée, servir de principes à l'idée du moi, à la distinction du sujet et de l'objet. L'enfant est conscient d'une multitude d'actes successifs, qui n'existent qu'au moment où ils se produisent, longtemps avant qu'il ait conscience de son existence personnelle, d'un moi qui dure et survit à la disparition de tel et tel état conscient. Il peut juger, raisonner même, avant de se connaître lui-même. « Il y a une période dans la vie de l'enfant, dit très exactement M. Romanes, pendant laquelle le jugement s'est élevé jusqu'au niveau où l'esprit énonce une vérité, sans qu'il soit encore assez développé pour être conscient de lui-même, en tant qu'objet de pensée, et où par conséquent il ne peut encore s'affirmer une vérité à lui-même en tant que vraie (1). »

Dans les deux premières années de la vie, la conscience n'est donc qu'une succession d'états conscients, et il n'y a encore à considérer que son double progrès, soit en intensité, soit en extension; en attendant que du groupement de ces phénomènes, de plus en plus clairement connus et de plus en plus nombreux, jaillisse enfin l'idée du moi, la vraie conscience.

Dans son développement en intensité, la conscience nous paraît obéir à une loi d'évolution très régulière. Elle est à son plus bas degré, lorsqu'elle se manifeste en éclairant pour la première fois une activité jusque-là inconsciente; lorsque, par exemple, l'intelligence se mêle à des mouvements, comme il y en tant chez l'enfant, qui n'ont été d'abord que des impulsions automatiques, des réflexes, ou bien lorsqu'une impulsion de plaisir ou de peine accompagne un phénomène purement physique. Elle atteint déjà un degré plus élevé de clarté, lorsqu'elle est consécutive, non à un fait inconscient, mais à un état conscient antérieur; par exemple, quand par la répétition d'une perception déjà acquise le souvenir ou l'image vient à se produire. Enfin

(1) ROMANES, *l'Évolution mentale chez l'homme*, p. 192.

elle s'élève plus haut encore, ou pour mieux dire elle est plus profonde, lorsqu'elle succède, non à une perception, c'est-à-dire à un fait provoqué par une impression extérieure, mais à un état conscient absolument interne; par exemple, quand un souvenir évoque un autre souvenir, quand une image engendre une autre image. Alors l'activité intérieure a véritablement commencé. Un travail d'idéation a lieu, qui, précisément parce qu'il est tout interne, est accompagné d'une conscience plus vive. Et nous ne sommes plus bien éloignés du moment où, à la suite d'une idée ou bien d'un désir conscient, la volonté, déterminant un acte intentionnel, provoquera une conscience plus intense encore, une conscience toute différente dans son caractère et dans ses effets, puisqu'elle ne sera plus seulement la connaissance d'un phénomène, puisqu'elle deviendra le sentiment d'une force agissante, du moi et de la personnalité.

Dans son développement en extension, la conscience embrasse assez vite la plupart des actes qu'accomplit l'enfant ou des phénomènes qui se produisent en lui. La vie inconsciente de l'état de sommeil cède peu à peu la place à la vie éveillée, et pendant la veille l'enfant est presque constamment en état de conscience. Des sensations, des perceptions, des souvenirs, des imaginations, c'est tout un défilé de faits conscients qui se déroulent dans une sorte de marche continue. Mais la liste des états de conscience a beau s'allonger tous les jours : il n'en reste pas moins vrai que la conscience ne coïncide pas avec tous les actes de la vie enfantine. L'inconscient recule sans doute; mais il maintient ses droits et il ne les perdra jamais complètement. La vie consciente est toujours encadrée par un grand nombre de mouvements automatiques et inaperçus, d'impressions obscures, où aucune sensibilité ne répand sa clarté. S'il est vrai de l'adulte, comme le dit M. Ribot, que « chez un homme quelconque la somme des états de conscience est très inférieure à la somme des actions nerveuses (réflexes de tout ordre, du plus simple au plus composé); que la personnalité consciente ne peut pas être une représentation de *tout* ce qui se passe dans les centres nerveux; qu'elle n'en est qu'un extrait, qu'une réduction (1) »; cela est encore plus vrai de l'enfant, chez lequel il reste encore pour ainsi dire beaucoup d'inconscients provisoires, le cercle des faits conscients étant encore très limité, et la conscience enfin n'ayant pas conquis tout le terrain qu'elle est appelée à gagner par la suite.

(1) M Ribot, *les Maladies de la personnalité*, p. 164.

Qu'est-ce d'ailleurs en elle-même que cette conscience de plus en plus claire, de plus en plus étendue? Est-elle simplement, comme le veulent les psychologues de la nouvelle école, quelque chose de surajouté aux faits réflexes et inconscients, et, pour employer un mot qui a fait fortune, un *épiphénomène*, un effet suprême du développement organique, quelque chose comme la frange d'écume qui vient border de son éclat argenté le fond obscur d'une vague dans l'océan? Est-elle au contraire la manifestation progressive d'une force *sui generis*, qui d'abord, comme enfouie dans l'organisme, lutte contre les obstacles et se fait jour peu à peu, étendant sa sphère lumineuse; la révélation d'une substance immatérielle qui ne peut produire son plein effet, que lorsqu'elle a trouvé dans un système nerveux et un cerveau complètement développés les instruments nécessaires de son action? C'est la question qui reste pendante, mais que nous n'avons pas à résoudre ici, dans des études de pure observation, d'où les problèmes de substances et de causes sont nécessairement exclus. Sans doute l'observation de l'enfant donne raison à ceux qui, malgré les protestations des idéalistes (1), croient que le conscient est préparé par l'inconscient; mais elle ne prouve pas qu'il en soit la conséquence. Dans l'évolution du temps, l'inconscient devance assurément la conscience, mais rien ne démontre qu'il la crée. Et sur ce point nous invoquerons le témoignage peu suspect d'un élève de Darwin, de M. Romanes. « Au point de vue philosophique, dit-il, on ne peut avoir pour le problème de la conscience, plus de respect que je n'en ai, comme nul ne peut être plus convaincu que moi de l'impossibilité où nous nous trouvons d'obtenir la solution de la question. Je suis complètement d'accord sur ce point avec l'idéaliste le plus avancé, et j'estime que, dans la donnée de la conscience, nous possédons, non seulement notre connaissance ultime, mais encore le seul mode d'existence que l'esprit humain soit capable de concevoir en tant qu'existence, et par suite la condition *sine qua non* de la possibilité d'un monde extérieur... En cherchant à retracer les progrès par lesquels la conscience est sortie des phases inférieures de l'organisation

(1) Voyez sur ce sujet le livre de M. Fouillée, *l'Évolutionnisme des idées-forces*, 1890, *passim*, notamment p. 39, où M. Fouillée discute et résout par l'affirmative (ce qui nous paraît absolument inexact) la question de savoir « si la conscience est coextensive à la vie mentale ». « Le prétendu inconscient, d'après M. Fouillée, n'est qu'un nouveau nom des phénomènes matériels, ou de la matière en soi..., etc. »

mentale, je suis aussi éloigné qu'on peut l'être de l'espoir de jeter quelque lumière sur la nature intrinsèque de ce dont j'essaie de raconter la jeunesse probable. Aujourd'hui, tout autant qu'au jour de Salomon, il est vrai de dire : « De même que tu ne sais pas comment les os poussent dans le sein de la femme enceinte, de même tu ne sais pas quelles sont les voies de l'esprit (1). »

II

Une des grandes difficultés de l'analyse psychologique, c'est qu'elle est obligée d'étudier l'une après l'autre, en les isolant dans des compartiments distincts, des facultés ou des formes mentales que la nature exerce et développe simultanément. Pour arriver à débrouiller l'écheveau confus des opérations psychiques de l'enfant, il faut y revenir à plusieurs reprises, aborder de divers côtés une réalité complexe et mêlée, et, pour ainsi dire, prendre dans tous les sens la mesure de l'âme naissante : ce qui, entre autres inconvénients, expose à des répétitions et à des redites. C'est ainsi que nous avons rencontré déjà plusieurs fois l'attention, en étudiant la perception, la mémoire, l'imagination, les sentiments et même l'activité physique. Et il est pourtant nécessaire de considérer de nouveau et à part, dans ses premiers germes et dans sa croissance, ce pouvoir particulier de concentration, de direction intellectuelle, que tous les psychologues s'accordent à reconnaître comme un des éléments essentiels, comme la condition indispensable du développement des forces de l'esprit.

On peut soutenir que l'attention, prise en elle-même, n'est qu'un degré, un mode, une forme de la conscience, une conscience plus intense (*an intensification of consciousness*, comme disent les Anglais). Toutes les opérations mentales, en effet, à quelque catégorie qu'elles appartiennent, peuvent revêtir la forme « attention ». Il n'y a pas une émotion vive, une action suivie, une perception nette et claire, où l'attention n'intervienne plus ou moins.

L'attention ainsi entendue, et considérée indépendamment des causes qui la produisent, existe chez l'enfant aussi bien que chez l'homme. Il y a en effet, de très bonne heure, des moments de conscience vive où tout ce que l'enfant possède d'intelligence se con-

(1) Romanes, *op. cit.*, p. 194.

centre sur un point unique, quand il est comme fasciné, par exemple, devant une lumière ou une couleur éclatante. Les signes extérieurs de l'attention se manifestent alors : le regard est fixe ; l'enfant reste immobile, plongé dans une sorte de stupeur ou d'extase. Comme dit M. Ribot, « le corps entier converge vers son objet ; tous les mouvements s'arrêtent ; toute l'énergie disponible de l'individu vise un même point (1) ».

C'est cette première forme de l'attention que M. Ribot appelle « spontanée » : nous pensons, au contraire, que cette appellation devrait être réservée pour désigner l'attention volontaire, celle qui dérive d'une excitation intérieure de la pensée. Rien n'est moins spontané que l'attention de l'enfant, puisqu'elle est généralement provoquée par une forte impression extérieure. Condillac, quand il définissait l'attention une sensation dominante et exclusive, n'avait qu'un tort, c'était de vouloir étendre à des phénomènes volontaires ce qui est vrai des phénomènes involontaires et de l'attention pour ainsi dire passive du premier âge (2).

Question de mots ! dira-t-on. Et en effet, la difficulté provient de ce que, dans le langage si imparfait de la psychologie, le même terme représente des états de conscience très dissemblables, sinon dans leur apparence phénoménale, au moins par leurs origines et par leurs causes. Pour nous, et d'après l'étymologie du mot qui indique bien une tendance et un acte de l'esprit, l'attention véritable, quoi qu'en dise M. Ribot, peut être définie la liberté de l'esprit. C'est dire que chez l'enfant, dans l'éparpillement naturel de ses idées, dans la mobilité volage de son imagination, au milieu de toutes les sensations qui se succèdent et dont il est le jouet, nous ne saurions trouver que les simulacres de l'attention.

L'attention prétendue de l'enfant n'est, en effet, le plus souvent que l'ombre et le fantôme de l'attention volontaire. Qu'on lise le chapitre, d'ailleurs intéressant, que M. Perez a consacré à ce sujet (3),

(1) M. Ribot, *Psychologie de l'attention*, p. 8.

(2) Condillac, qui sans s'en douter a écrit par endroits la psychologie de l'enfant au lieu de faire la psychologie de l'homme, définit l'attention comme nous le faisions tout à l'heure : « Cette opération par laquelle notre conscience, par rapport à certaines perceptions, augmente si vivement qu'elles paraissent les seules dont nous ayons pris connaissance. » (*Essai sur l'origine des connaissances humaines*, 1re partie, section II, ch. I.)

(3) M. Perez, *op. cit.*, p. 129 et suivantes. C'est jusqu'à un certain point abuser des mots qu'appeler « attentif » un état dont on déclare soi-même qu'il paraît « réflexe » et qu'il n'est qu' « une réaction passive ». (*Ibid.*, p. 130.)

et l'on se convaincra que les caractères essentiels de l'attention active manquent généralement aux états intellectuels représentés comme attentifs. Dans les exemples recueillis par M. Perez, l'attention est tour à tour confondue avec un besoin impérieux, comme celui du nourrisson qui regarde fixement le sein de sa nourrice; avec une sensation vive, comme celle de l'enfant qui, à un mois, est capable de suivre, pendant trois ou quatre minutes, le reflet miroitant de la lumière sur un tableau placé près de la fenêtre; avec la mobilité des impressions, comme dans le cas de cette petite fille de trois mois qu'on nous dépeint « attentive à tout ce qui se passait autour d'elle, aux sons de toute espèce, à un bruit de pas dans la chambre ». Dans ces différentes circonstances, où l'enfant ferait preuve d'attention, « le sujet observant, M. Perez l'avoue lui-même, paraît moins s'appartenir qu'appartenir à l'objet observé ». N'est-ce pas précisément choisir, pour en faire le trait commun de tous les états d'attention, ce qui est la caractéristique des états contraires? L'esprit attentif s'appartient à lui-même; il se dirige, il se fixe, il se déplace comme il veut. Loin d'être une sensation dominante ou une condescendance successive de la pensée aux impressions multiples des sens, l'attention consiste à dominer les sensations, pour suivre volontairement une idée préférée à toutes les autres. Elle n'est pas le résultat et le contre-coup d'une excitation du dehors : elle émane d'un effort intérieur. Quant à « cette habitude d'attention prompte, éparpillée capricieusement, c'est-à-dire insuffisamment accordée à toute chose », elle est en effet le propre de l'enfant; mais elle est la négation même de l'attention véritable qui retient l'esprit sur un seul objet, en réprimant toute autre espèce de sensation, et en condamnant à l'inaction toutes les facultés qui pourraient jeter à la traverse des impressions étrangères.

Il suffit d'avoir appris à lire à un enfant pour comprendre combien, même à quatre ou cinq ans, ce petit être remuant et agité connaît peu l'attention, et en même temps comment il se produit chez lui des états qui la simulent. Mettez-le dans un jardin avec son alphabet : là, au milieu des sensations qui tourbillonnent autour de lui, il sera presque impossible de fixer son esprit. Il interrompra sans cesse l'épellation par des exclamations de toute sorte : « Voilà un papillon qui passe! Voilà un oiseau qui vole! » Placez au contraire le même enfant dans une chambre un peu nue, un peu sombre, où les sollicitations sensibles sont rares; faites en sorte qu'il ne voie que son syllabaire, et vous obtiendrez qu'il répète à peu près docilement sa leçon. Mais là encore vous n'aurez pas affaire à un esprit véritablement attentif, faisant effort de lui-même pour suivre une direction donnée; vous n'aurez devant vous qu'un être passif, que vous maintenez, à force d'art et avec beaucoup de ménagements, dans la dépendance d'une sensation unique, celle de la syllabe que vous lui faites épeler, et qui vous échappera, à la première occasion, pour devenir l'esclave d'une sensation nouvelle. Extérieurement, par son immobilité, par la fixité de son regard, l'enfant qui écoute un bruit inaccoutumé, qui contemple un objet brillant et coloré, peut ressembler à un homme attentif : mais cette espèce d'assujettissement où le retient une impression exclusive n'a de l'attention que les dehors; elle n'est, suivant l'expression de Bossuet, qu'une « attention forcée ».

Nous retrouvons ici, en d'autres termes, la loi générale, dont nous avons cité tant d'exemples, qui veut que les états définitifs de la conscience humaine soient précédés et préparés par des états très différents et parfois d'une nature opposée. En un sens, on peut dire sans paradoxe que l'attention de l'enfant n'est qu'une perpétuelle distraction. En tout cas, il y a plutôt dans le premier âge une série d'états attentifs qu'une véritable faculté d'attention.

Quelles sont d'ailleurs les causes qui promènent d'un objet à un autre l'attention involontaire de l'enfant? La première, c'est la nouveauté des impressions, parce que la nouveauté rend les impressions plus vives. Tout ce qui se présente pour la première fois à l'enfant, en règle générale, le captivera et l'occupera, au moins quelques instants. L'étonnement, la surprise que provoque toute apparition imprévue, sont des états attentifs. Aussi ne faut-il pas attendre longtemps pour que le nouveau-né donne des signes d'attention. Treize jours après sa naissance, le fils de Tiedemann faisait déjà attention aux gestes de ceux qui lui parlaient; leurs paroles agissaient également sur ses pleurs qu'elles apaisaient. A deux mois et demi, l'enfant observé par M. Taine entendait la voix de sa grand'mère, et tournait la tête du côté d'où venait le son. A vrai dire, pour l'enfant qui a tout à apprendre, il n'y a pas de perception qui ne soit une surprise, et qui n'exerce par conséquent une action sur son intelligence. Mais plus les impressions seront inattendues, moins elles auront de rapport avec les habitudes journalières de l'expérience de l'enfant, plus l'attention sera aisément excitée. M. Romanes a observé que sa fille, à neuf semaines, lorsqu'on lui mettait sur la main un chausson de laine, « la contemplait très attentivement, comme si elle s'apercevait que quelque changement singulier était survenu dans l'apparence habituelle de sa main ».

Darwin a dit : « Lorsque l'attention est provoquée subitement et vivement, elle se transforme en surprise; celle-ci passe à l'étonnement, qui conduit lui-même à la stupéfaction et à l'effroi (1). » On pourrait discuter cette généalogie d'états de conscience, et, par exemple, soutenir que la surprise est le point de départ, qu'elle précède et détermine l'attention au lieu de la suivre (2). Mais sans vouloir raffiner, il est tout au moins certain que les deux états, émotion, d'une part, ou état affectif, et d'autre part, acte intellectuel, coïncident et coexistent. Et la preuve, c'est que l'un et l'autre se manifestent par la même expression de physionomie : une légère élévation des sourcils (3).

Les autres stimulants de l'attention de l'enfant, ce sont les émotions diverses dont il est déjà capable : les émotions agréables surtout, celles qui naturellement retiennent ses sens, parce que son plaisir y trouve son compte; par exemple, tout ce qui flatte les appétits de la faim et de la soif, plus tard tout ce qui appellera la sympathie et l'affection. Mais les émotions désagréables elles-mêmes sont dans une certaine mesure le point de départ de mouvements attentifs, quoique généralement elles semblent avoir pour résultat de détourner, de repousser la pensée, et qu'il paraisse que l'attention et l'aversion ne puissent exister ensemble. Examinez cependant le petit enfant qui a peur, et vous vous convaincrez que, même dans son effroi, il cherche à se rendre compte de l'objet qui l'épouvante : il l'observera du coin de l'œil, sans en avoir l'air, à la dérobée. Mais ici l'état affectif n'est pas la vraie cause de l'attention ; et s'il ne l'empêche pas de se produire, c'est qu'il y a déjà chez l'enfant un stimulant d'un autre ordre, un élément intellectuel, je veux dire la curiosité.

En effet, quelque part de vérité que contienne la règle posée par M. Ribot, à savoir que : « forte ou faible, partout et toujours, *l'attention involontaire a pour cause des états affectifs* », nous ne

(1) DARWIN, *l'Expression des émotions*, traduction française, p. 301.

(2) Conférez DESCARTES : « L'admiration est une subite surprise de l'âme qui fait qu'elle se porte à considérer avec attention les objets qui lui semblent rares et extraordinaires. » (*Traité des passions*, 2e partie, art. 70.)

(3) Notons aussi parmi les signes extérieurs qui trahissent l'attention : la bouche ouverte (Darwin), la suspension momentanée de la respiration (Sikorski).

croyons pas que cette règle, comme il l'affirme, soit « absolue, sans exception ». Voir pour voir, entendre pour entendre, toucher pour toucher ne sont pas choses inconnues même à l'enfant. Et de ces perceptions désintéressées dérivent tout naturellement les états attentifs de regarder, d'écouter et de palper. Il est vrai que des plaisirs particuliers, qui proviennent tous de l'intérêt que les objets sensibles inspirent à l'enfant, accompagnent ces mouvements d'attention et, si l'on veut même, les stimulent. Mais on reconnaîtra tout au moins qu'il y a là pour l'attention autre chose qu'une origine purement « biologique », comme le prétend M. Ribot, quand il nous dit que « ses premières formes ont été liées aux conditions les plus impérieuses de la vie animale.., qu'elle se rattache, en dernière analyse, à ce qu'il y a de plus profond dans l'individu, l'instinct de la conservation (1) ». Que, dans les premières semaines, l'enfant ne s'intéresse qu'à ce qui le touche dans ses besoins matériels de nutrition, nul n'y contredit; mais assez vite, à côté de l'animal, s'éveille l'être humain, avec son cerveau, avec les besoins propres de l'intelligence. M. Ribot le constate lui-même, en citant M. Preyer : « Vers la fin du troisième mois, l'enfant explore le champ de vision, en arrêtant graduellement ses yeux sur des objets de moins en moins intéressants. Il en est de même pour les autres sens; le passage se fait peu à peu de ce qui le touche le plus à ce qui le touche le moins (2) ». Mais ce qui le touche le moins, c'est précisément l'ensemble des choses qui n'ont aucun ou presque aucun rapport avec ses besoins physiques, et que l'enfant étudie, uniquement pour les connaître. M. Ribot, qui semble n'admettre en aucune manière l'attrait intrinsèque du travail intellectuel, cite complaisamment les deux exemples suivants, empruntés à M. Perez (3) : « Un enfant de six ans, fort distrait d'habitude, se mit un jour de lui-même au piano, pour répéter un air qui charmait sa mère... Le même enfant, à l'âge de sept ans, voyant son frère occupé à des devoirs de vacances, alla s'asseoir dans le cabinet du père. « Que faites-vous donc? lui dit sa bonne, qui fut étonnée de le trouver là. — Je fais, dit l'enfant, une page d'allemand : ce n'est pas très amusant ; mais c'est une agréable surprise que je veux faire à maman. » Et M. Ribot conclut de ces deux anecdotes que le « piano et l'allemand n'éveillent pas spontanément l'attention». Il n'y aurait

(1) M. Ribot, *Psychologie de l'attention*, p. 13.
(2) *Id.*, *ibid.*, p. 50.
(3) M. Perez, *l'Enfant de trois à sept ans*, p. 103.

pas d'étude attrayante par elle-même, et il faudrait admettre que l'attention du savant, du philosophe est « artificielle », c'est-à-dire qu'elle n'a point de mobile naturel direct, qu'elle dérive toujours d'un sentiment, tel que la crainte des punitions, l'attrait des récompenses, l'ambition, l'intérêt, au sens pratique du mot, etc.

Qu'est-ce donc que cette curiosité innée, dont M. Ribot déclare lui-même qu'elle est « comme l'appétit de l'intelligence, et qu'elle se rencontre chez tous à quelque degré »? Il nous paraît difficile de la considérer comme un état affectif; le plaisir qui se mêle à la satisfaction de la curiosité en est plutôt l'effet et la conséquence, que le principe et la cause. Et sans sortir des limites de notre sujet, sans invoquer l'exemple des efforts attentifs, déterminés chez l'homme d'études par le seul attrait de la science, ne trouve-t-on pas déjà chez l'enfant des traces de curiosité pure? « A douze mois, dit M. Taine, l'enfant, toute la journée, tâte, palpe, retourne, fait tomber, goûte, expérimente ce qui tombe sous sa main; quel que soit l'objet, hotte, poupée, hochet, jouet, une fois qu'il est suffisamment connu, l'enfant le laisse; l'objet n'est plus nouveau; l'enfant n'a plus rien à apprendre, l'objet ne l'intéresse plus. »

La curiosité est la véritable source de l'attention volontaire; car l'enfant curieux n'est déjà plus sous la domination des impressions extérieures qui s'imposent à ses yeux; il les cherche de lui-même; il les retient déjà quelque temps sous le regard de son esprit. Mais, chez l'enfant, l'attention provoquée par la curiosité n'est pourtant encore qu'un simulacre de l'attention vraiment maîtresse d'elle-même. La curiosité enfantine en effet se lasse vite et ne dure qu'autant que la nouveauté de l'objet l'arrête et la soutient. Elle est, à parler exactement, l'attention spontanée; elle n'est pas encore l'attention volontaire.

Quelque irréfléchies que soient les premières concentrations de pensée dont l'enfant donne d'ailleurs tant de preuves évidentes, c'est par là que commence l'attention véritable. Elle se développera d'autant plus vite qu'on aura pris plus de soins pour faire à l'enfant une habitude de ces impressions vives, dominantes, qui retiennent et captivent son esprit. Lorsqu'il aura nombre de fois attaché son regard sur les contours brillants, sur les formes séduisantes qui l'attirent, lorsqu'il aura prêté son oreille à la voix forte qui le domine aux sons harmonieux qui le charment, il sera tout doucement porté à diriger de lui-même sa pensée vers ces objets habituels de sa contemplation. A l'excitation habituelle du dehors répondra peu à peu un mouvement volontaire du dedans. Il n'y a pas d'autre secret pour appeler l'esprit à la liberté que de l'enchaîner, de l'emprisonner tout d'abord dans des sensations continues et forcées(1). C'est merveille de voir comment, par une évolution naturelle, par la force même de l'intelligence, l'énergie intérieure se fait jour, comment la volonté se glisse par degrés dans l'habitude d'un travail imposé et d'une pensée maintenue par contrainte sur un même point. Dans cette sorte de dépendance où le retient une seule impression, à l'exclusion de toutes les autres, l'esprit de l'enfant se fortifie peu à peu; il perd l'habitude de la dissipation, de la mobilité : il se prête de plus en plus, avec une docilité toujours grandissante, aux objets d'étude qu'on lui propose. Après s'être laissé contraindre, il en vient à consentir et enfin à vouloir. Il donne son attention d'abord à qui veut la prendre, jusqu'à ce qu'il finisse par en être maître et ne l'accorder que quand il lui plaît. Jusque dans l'attention de l'homme fait, il restera cependant toujours quelque chose d'involontaire et pour ainsi dire de fatal: l'irrésistible attrait d'une pensée favorite, d'une étude de prédilection, d'un goût dominant (2).

Il ne faut pas, en effet, que le mot « volontaire », appliqué à l'attention réfléchie, nous fasse illusion. Il y a sans doute de purs mouvements de volonté attentive; par exemple, lorsque contre vents et marées, malgré l'agitation de notre esprit et l'excitation de notre imagination, nous voulons, par un motif de devoir ou d'obligation pressante, retenir notre pensée sur un objet dont tout nous détourne. Les écoliers, les hommes de science connaissent bien ces efforts de l'attention, qui n'étant pas secondés par les autres forces de l'âme, s'exercent souvent à vide. C'est dans ce cas seulement que nous paraît acceptable l'expression de M. Ribot, quand il parle de l'attention « artificielle ». Une boutade d'enfant, rapportée par M. Maillet, caractérise à merveille cet état de tension impuissante : « Moi, quand je fais attention, disait un écolier, je ne pense plus à rien! »

Mais heureusement, cette situation d'une volonté isolée, réduite à elle-même et n'aboutissant par suite à aucun résultat, parce qu'elle n'est pas accompagnée et aidée par les stimulants ordinaires de

(1) « En toutes choses, dit M. Ravaisson, la nécessité de la nature est la chaîne sur laquelle trame la liberté. »

(2) Voyez notre *Cours de pédagogie théorique et pratique*. Paris, Delaplane, 1re partie, section v.

l'attention, est tout à fait exceptionnelle, on pourrait dire hypothétique. L'attention volontaire, pas plus que l'action volontaire, n'émane de la volonté seule. Comme l'attention involontaire, elle a besoin de principes moteurs. Seulement, tandis que, dans un cas, les aiguillons de l'attention sont des excitations du dehors : l'action exercée par la nature même de l'objet observé, par tout ce qu'il présente d'imprévu, d'intéressant, ou à un degré plus élevé, de beau et d'admirable; dans l'autre cas, les stimulants sont internes, et nous les trouvons en nous-mêmes. La volonté n'est pas un pouvoir absolu, une autorité qui se passe de toute espèce d'auxiliaire. A vrai dire, elle règne, mais ne gouverne pas. Ce qui gouverne, ce sont les idées, les sentiments. Et il doit être bien entendu que quand nous parlons d'attention volontaire, même chez l'homme fait, à plus forte raison chez l'enfant, nous voulons dire simplement que l'esprit a le pouvoir de diriger, de concentrer la pensée à l'aide d'idées motrices ou de sentiments excitateurs.

Voyons, en effet, ce qui se passe chez l'enfant. C'est dans ses jeux qu'il fait le premier exercice sérieux de son attention réfléchie. N'exigeons pas de lui cette attention purement mentale qui accompagne chez l'adulte une suite de raisonnements. Incapable de tout travail intellectuel de longue durée, l'enfant n'est attentif que dans les actions qui supposent des mouvements, qui réclament la participation de tous ses sens, de ses yeux, de ses mains surtout. M. Preyer raconte que son fils soulevait jusqu'à soixante-dix-neuf fois de suite le couvercle d'une cruche, sans se déranger ni se lever. Et il semblait, dans cette répétition de la même expérience, vouloir chercher à comprendre comment se produisait le son. Tous les enfants ont la même tendance à renouveler indéfiniment les mêmes actions : frapper, ouvrir, fermer; et quoiqu'il faille voir là en partie l'effet d'une sorte d'automatisme, qui provoque la répétition d'un acte identique et facilement accompli, il est impossible de ne pas reconnaître, à l'air préoccupé de l'enfant, à ses regards fixes, parfois à la protrusion des lèvres, qu'il est réellement attentif.

En d'autres termes, ce n'est pas dans des perceptions exclusivement spéculatives, dans des actes purement intellectuels, qu'il faut chercher les premières manifestations un peu prolongées de l'attention réfléchie : c'est dans les actions physiques, que l'enfant accomplit de lui-même, et où il n'est plus possible de dire qu'il soit simplement l'esclave d'une sensation dominante. Comme le dit M. Sikorski :

« L'expérience prouve que si on laisse l'enfant sur le plancher, seul avec ses joujoux, il reste longtemps silencieux, absorbé dans ses divertissements et montrant tous les signes d'un travail intellectuel intense. » Oui, mais ce travail intellectuel est accompagné de mouvements physiques; l'enfant tourne et retourne ses jouets en cent façons, et la pensée n'est active que parce que les muscles le sont aussi. Il y a là une indication précieuse pour les éducateurs : dans les premières leçons qu'ils donnent, ils devront faire la part du feu, pour ainsi dire, transiger avec le besoin que l'enfant a de se mouvoir, ne pas exiger que l'immobilité de son corps corresponde à l'attention de son esprit et qu'il soit comme une statue pensante, se rappeler enfin que l'idéal de l'enfant, comme il ne cesse de le montrer dans ses jeux, est l'alliance de l'activité physique avec l'exercice intellectuel.

L'attrait, l'intérêt, telle est la grande source de l'attention. Mais l'attrait n'est pas seulement dans les choses : c'est l'enfant qui le crée en partie. La diversité de ses goûts en est la preuve, et sa mobilité, ses caprices aussi. Ce qui plaît à l'un, déplaît à l'autre. Ce qui tout à l'heure passionnait un enfant, maintenant le rebute. C'est que l'intérêt est chose subjective plus encore qu'objective; et la meilleure critique qu'on puisse faire de certaines méthodes d'instruction attrayante, c'est qu'elles prétendent trouver dans la nature même des choses, dans la facilité des méthodes, dans l'agrément des moyens, le talisman qui évoque l'attention, alors qu'il convient d'en demander surtout le secret à la nature même de l'enfant, à ses goûts individuels, à un exercice approprié et mesuré de ses inclinations, et dans certains cas même, à ce que l'instruction attrayante prétend avant tout éviter, à l'effort.

Mais de quelque manière qu'on l'excite, l'attrait n'en est pas moins la condition nécessaire d'une attention de quelque durée. Et le but est atteint, si l'on peut obtenir, quand on soumet l'enfant à un exercice quelconque, qu'il dise : « Cela m'amuse! » C'est ce que constate un ingénieux observateur, M. Binet, dans les expériences qu'il a faites sur la perception des nombres et des longueurs : « Au risque de me répéter à satiété, je dirai encore une fois que la première condition de ces expériences est de bien fixer l'attention de l'enfant. Je préfère être seul avec lui dans sa chambre, afin qu'aucune personne étrangère ne le distraie. Je cherche surtout à l'intéresser aux expériences, et je veille à ce qu'il ne s'ennuie pas. Quelquefois la petite disait : « Je commence à m'ennuyer », ou bien, plus malicieusement, elle exprimait le même sentiment en me disant : « Je crains de te fatiguer » ; dès lors, je suspendais tout sur-le-champ. Mais parfois j'avais la bonne fortune d'entendre dire à l'enfant : « Encore ! cela m'amuse ». J'étais sûr alors que son attention était en éveil, et je cherchais à profiter de ses bonnes dispositions (1). »

Il n'est pas besoin de dire que l'enfant qui commence à étudier, qui apprend à lire, à écrire, ne fera rien de bon, s'il n'est pas capable d'attention; mais ce qui est plus intéressant, c'est de montrer quel rôle joue l'attention dans certains actes de la vie enfantine, notamment dans la marche. « J'ai pu me convaincre, chez deux petites sœurs, dit encore l'auteur que nous venons de citer, que les qualités psychiques de l'enfant, et notamment le degré de son attention volontaire, peuvent avoir une grande influence sur le succès des tentatives de marche. L'aînée des deux petites filles parvint à marcher seule à douze mois, tandis que la seconde n'y réussit qu'à quinze mois; cependant l'aînée était beaucoup plus délicate, et de plus, elle n'avait pas, comme la seconde, l'avantage d'être élevée avec une autre enfant qui savait déjà marcher et dont l'exemple pouvait l'exciter et l'instruire. J'attribue cette différence dans le développement de la marche à ce fait, maintes fois constaté par les parents des deux enfants, que l'aînée des petites filles prêtait à ses premières tentatives locomotrices une attention plus suivie, plus méthodique. Lorsqu'elle était debout, se tenant à un objet solide, à un fauteuil, à une table, elle ne se risquait à abandonner cet appui que lorsqu'elle avait choisi des yeux un autre objet, placé à une petite distance, pouvant lui offrir un appui nouveau; et elle se dirigeait très lentement vers ce second objet, en prêtant une grande attention aux mouvements de ses jambes : ces mouvements étaient exécutés avec le plus grand sérieux et dans un silence parfait. La cadette, au contraire, était un enfant rieur et turbulent: dès qu'on l'avait posée sur ses jambes, et qu'elle s'y tenait immobile pendant quelques instants, elle était prise brusquement par un désir de progression qui la poussait en quelque sorte en avant; il était évident qu'elle ne calculait pas du tout quel était l'objet qui pourrait lui fournir un appui, car elle s'avançait sans la moindre hésitation au milieu d'une partie vide de la chambre; elle criait, elle gesticulait, elle était très amusante à

(1) *Revue philosophique*, 1890, t. II, p. 76, Article de M. Binet sur la *Perception des longueurs et des nombres*.

regarder; mais elle avançait en titubant comme un homme ivre, et elle ne pouvait pas faire quatre ou cinq pas sans tomber; aussi le début de la marche fut-il retardé chez elle : elle ne put marcher seule, avec sécurité, qu'à l'âge de quinze mois (1). »

Ce n'est pas seulement dans l'apprentissage de la marche, c'est plus tôt que cela, dans la préhension des objets, peut-être même dans l'action de téter, qu'on peut apercevoir déjà les premiers effets de l'attention; et ce n'est pas un paradoxe de dire qu'un enfant, qui sera plus tard studieux, se révèle déjà dans la façon dont il prend, dont il saisit et retient le biberon.

Rien n'éclaire mieux le développement de l'attention normale que l'étude de ce qui se passe dans la conscience obscure et voilée des idiots et des imbéciles. Les recherches les plus récentes confirment cette vérité depuis longtemps établie, que la faiblesse intellectuelle, dans l'idiotie et dans l'imbécillité, est la conséquence directe de l'impuissance de l'attention (2). Et il est intéressant de montrer que la cause de cette infirmité incurable correspond précisément à l'absence des principes, intellectuels ou affectifs, qui chez l'enfant intelligent et sensible provoquent la perception ou l'action attentive. « Chez l'idiot, dit M. Sollier, l'état affectif fait défaut en tout ou en partie... Le seul besoin qu'il ressente vaguement est celui de la faim... La vue des aliments seule a quelquefois le privilège de le faire sortir de son indifférence. Les sensations de l'idiot sont très peu vives... Il ne perçoit pas clairement les sensations; il ne sait pas les comparer. Les rapports les plus simples des choses, il ne les saisira pas plus à la centième fois qu'à la première (3). » Il en est de même chez les fous. M. Luys fait remarquer que les maniaques, les hallucinés n'ont plus ou presque plus de force d'attention. Les sensations glissent pour ainsi dire sur leur esprit; ou bien, quand ils ont des idées fixes, ils en sont les esclaves, ils sont comme possédés par elles.

Rien de pareil chez l'enfant normal. L'intelligence s'y manifeste, soit par la concentration intense dont elle est capable à un moment donné, soit par la souplesse de ses évolutions. Et c'est ce dernier

(1) M. Binet, *Mouvements des jeunes enfants*, dans la *Revue philosophique*, mars 1890.

(2) Esquirol rattachait déjà au défaut d'attention l'incapacité intellectuelle des idiots.

(3) Dr Sollier, *op. cit.*, chap. II et IV *passim* : « C'est au défaut d'attention plus ou moins prononcé qu'on doit rapporter le non-développement des facultés et ensuite la persistance de ce défaut de développement, c'est-à-dire l'idiotie. »

caractère qui fait d'ailleurs la faiblesse de l'attention enfantine : attention courte, vite fatiguée, qui épuise en une heure mille sujets, qu'on ne peut maintenir en haleine que par la variété et le changement incessant. L'âme de l'enfant est comme une maison ouverte, où pénètre qui veut. Son attention n'a pas encore appris à se défendre, à se réserver, et elle laisse droit d'entrée à toutes les impressions successives (1).

III

Quelque imparfaite que soit l'attention de l'enfant, et bien qu'elle ne se présente en général que comme une subordination de l'esprit aux impressions successives qui se disputent la pensée, elle n'en produit pas moins ses effets, au point de vue du développement intellectuel. Elle a beau ne pas avoir la volonté pour principe : elle aboutit à des résultats qui ne diffèrent pas sensiblement de ceux de l'attention réfléchie. Elle isole les phénomènes perçus; elle en analyse les diverses qualités; elle rend possible ce travail de dissociation préalable, qui sépare, qui rend libres les éléments contenus dans les perceptions complexes, et qui est nécessaire pour que, par des associations nouvelles, la pensée commençante fasse son œuvre (2).

Mais la loi d'association ne s'exerce pas seulement quand il s'agit d'imaginer, ou de raisonner, c'est-à-dire d'assembler, dans des combinaisons qui apparaissent pour la première fois, des éléments détachés de la perception. Elle gouverne aussi la mémoire; elle tend à faire reparaître dans un certain ordre les perceptions qui se sont succédé. Et, sous cette forme, elle est en quelque sorte la part de l'automatisme dans l'esprit, une sorte d'attraction instinctive qui appelle les idées les unes après les autres : tandis que l'attention, même sous ses formes rudimentaires, prépare les voies à l'activité réfléchie, à la raison. En d'autres termes, avant la liaison raisonnée, logique, que le jugement, ou même l'imagination, établira entre les idées, il y a une association mécanique qui se contente de rapprocher

(1) Il faut reconnaître d'ailleurs que ce sont les maladresses de l'éducation qui contribuent souvent à développer ce défaut. « L'habitude que l'on a parfois de donner aux enfants une grande quantité de jouets et d'encombrer ainsi leurs chambres est extrêmement nuisible. Une richesse démesurée d'impressions diverses crée des conditions de distraction. » (SIKORSKI, *Rev. phil.*, t. XIX, p. 517.)

(2) Sur la *dissociation*, comme condition préalable des associations, voyez RABIER, *Psychologie*, p. 215 et suivantes, et aussi M. MAILLET, *op. cit.*

à nouveau des idées déjà rapprochées dans l'expérience; et c'est elle qui, naturellement très puissante à l'âge où les facultés de réflexion sommeillent encore, explique, soit le rappel des souvenirs, soit même la plupart des jugements et des raisonnements de l'enfance.

Ce n'est pas exagérer, en effet, l'action de l'association des idées que lui attribuer un rôle prépondérant dans les premières manifestations de l'intelligence enfantine. Avant qu'il puisse rompre la trame des sensations qui s'imposent à lui dans leur simultanéité ou leur succession, l'enfant obéit docilement à l'enchaînement naturel des choses. Ce n'est pas lui encore qui met de l'ordre dans ses petites idées; l'ordre qu'elles suivent est précisément l'ordre de la nature. Il demande à téter dès qu'il revoit sa nourrice; il veut sortir dès qu'il aperçoit le chapeau qu'on lui met pour la promenade. D'une façon générale, tout état de conscience déjà éprouvé, s'il se renouvelle, évoque aussitôt, par une sorte d'affinité instinctive, l'état de conscience consécutif ou antérieur.

M. Romanes, qui a trop étudié les animaux pour ne pas avoir été séduit aussi par l'observation des enfants, affirme que c'est à l'âge de sept semaines qu'il a constaté « la première preuve de l'existence de la mémoire dans l'association des idées (1) ». C'est l'âge, dit-il, où les enfants élevés au biberon reconnaissent pour la première fois le biberon, « objet que les enfants semblent toujours reconnaître avant tout autre »; et il rappelle que Locke citait le fait de reconnaître le biberon « comme contemporain du fait de reconnaître les verges ». M. Romanes ajoute : « Chez ma propre enfant, j'ai vu que la faculté d'associer les idées s'accrut pendant la neuvième semaine : aussitôt qu'on lui mettait sa bavette, ce qui précédait toujours le moment où on lui donnait son biberon, elle cessait de crier et de demander le biberon. »

Mais la loi de l'association des idées n'est pas simplement une habitude intellectuelle, reproduisant, sans y rien changer, dans une mémoire fidèle, les impressions simultanées ou successives qui se sont présentées à l'esprit. Elle tend aussi à innover, en rapprochant des impressions distinctes, mais qui ont entre elles un rapport quelconque. M. Perez cite le fait suivant : « Une petite fille de trois mois et demi fut mise un moment sur les bras de son oncle qui avait une belle rose à sa boutonnière; il fut très surpris de voir l'enfant

(1) M. Romanes, *l'Évolution mentale chez les animaux*, p. 112.

tendre les deux bras, presser son gilet à deux mains comme lorsqu'elle tète, et bientôt coller ses lèvres à sa chemise, tout en exécutant des mouvements de succion; la nourrice avoua que depuis quelques jours, quand elle sortait avec l'enfant, elle achetait un bouquet de violettes, qu'elle cachait sous son corsage : voilà donc une sensation olfactive associée à l'idée et aux gestes de la succion. » Nous ne savons trop si l'odeur de la rose ou celle de la violette a été ici, comme le croit M. Perez, le principe de l'illusion de l'enfant; nous croirions plutôt que l'enfant, se sentant porté sur les bras de son oncle, comme il l'est par sa nourrice, a eu l'idée qu'à une situation analogue devait correspondre une opération analogue. Mais de quelque façon qu'on l'interprète, ce petit fait montre bien la puissance de la loi d'association, qui lie l'idée de téter, non pas seulement avec la réapparition de la nourrice, comme dans l'expérience ordinaire, mais avec un fait simplement analogue, celui d'être porté sur les bras et rapproché d'une poitrine humaine.

On a pu démontrer que les associations fondées sur la ressemblance, c'est-à-dire sur un principe en apparence objectif, n'étaient cependant elles-mêmes, comme toutes les autres, que des associations subjectives qui dérivent de la coexistence ou de la succession de deux états de conscience (1). Nous n'en avons pas moins le droit-nous en tenant aux apparences, de considérer l'association par res, semblance et par analogie comme une catégorie à part; et c'est à cette catégorie que se rattachent la plupart des associations d'idées de l'enfant. L'association des idées, comme toutes les formes ou lois de l'esprit, a dans les premières années de la vie sa physionomie propre. Et c'est incontestablement la fréquence particulière des associations qui n'ont d'autre raison d'être qu'une similitude plus ou moins réelle, qui est le propre du mouvement intellectuel de l'enfant (2). Pour passer d'une idée à une autre, un rien lui suffit, une analogie quelconque, si vague qu'elle soit. Par suite, nous ne comprenons rien fort souvent au penser enfantin. Nous sommes tentés de croire à de pures divagations, à une incohérence absolue, alors pourtant que, pour sautiller d'une chose à une autre, il a ses raisons secrètes. J'ai vu un baby de deux ans qui, dans un livre d'histoire naturelle, reconnaissait et indiquait par leurs noms un assez

(1) Voyez M. Rabier, *op. cit.*, p. 191 et suivantes.

(2) « Chez les idiots, c'est manifestement l'appréciation des ressemblances qui prédomine. » (Dr Sollier, *op. cit.*)

grand nombre d'animaux ; arrivé à un perroquet très colorié, il l'appelait invariablement « maman ». Après mainte expérience, il fallut reconnaître que, dans l'emploi de cette singulière dénomination, l'enfant se laissait guider par une association toute extérieure d'idées, entre le perroquet aux plumes de couleurs et les costumes plus brillants, plus éclatants, les chapeaux couverts de plumes, de sa mère et des femmes en général.

C'est une appréciation superficielle des ressemblances des objets qui détermine les généralisations parfois si bizarres, si aventureuses, des enfants. Où nous ne voyons que des différences, ils aperçoivent, eux, des rapports; ils établissent des rapprochements qui nous déconcertent (1). La pensée de l'enfant, comme celle du poète, est ailée et légère; elle traverse des ponts invisibles et fragiles, que la réflexion, si elle y appuyait, ferait crouler, mais sur lesquels glisse doucement l'imagination enfantine, comme l'araignée sur le fil ténu de ses toiles.

Les associations purement verbales, celles qui dérivent de la ressemblance des sons, se rencontrent très fréquemment chez l'enfant. Il est tout naturel que la consonnance des mots exerce sur une intelligence encore bornée une plus grande influence que sur l'esprit réfléchi de l'adulte. Ce n'est pas que ces associations ne se présentent à la pensée même de l'homme mûr. Combien de fois, dans nos méditations ou nos rêveries, sommes-nous victimes de ces analogies extérieures des mots? Mais nous les repoussons, tandis que l'enfant y obéit. A deux ans et demi Marcel est à table ; on apporte le dessert et on lui dit : « Veux-tu du fromage? » Il n'en veut pas, et réclame tout aussitôt des *mages*, des *mages*. Je soupçonne qu'il désire des images, et en effet, dès qu'on les lui a mises sous les yeux, il se calme. Ce qui, d'ailleurs, rend plus aisées chez l'enfant ces liaisons toutes superficielles, c'est son inexpérience en fait de langage. Estropiant les mots, comme il le fait sans cesse, les défigurant à plaisir, la ressemblance d'une seule syllabe suffit parfois pour égarer son imagination sur une nouvelle piste. C'est encore l'association qui explique souvent chez l'enfant — et la même confusion peut se produire à tout âge (2) — les gaucheries de son langage,

(1) Voyez plus loin, chapitre XI : *Comment l'enfant apprend à parler.*

(2) Nous avons entendu un orateur, pourtant assez maître de sa parole, qui ayant dans l'esprit les mots « fortune publique et prospérité », s'écriait bravement : « *La fortunité publique.* »

les barbarismes qu'il sème à profusion dans son vocabulaire, quand il donne à un mot la terminaison d'un autre mot qui lui est plus familier.

Les autres principes classiques de l'association des idées : contiguïté dans l'espace, rapport de cause à effet, de moyen à fin, déterminent aussi nombre de jugements ou de raisonnements chez l'enfant. On en trouvera plus loin des exemples (1). Il ne faudrait pourtant pas exagérer les choses, ni voir le pur effet d'un mécanisme involontaire, une simple juxtaposition automatique d'idées ou d'états de conscience, dans des faits où se montre déjà la force de jugement ou de raisonnement propre à l'intelligence. Les psychologues contemporains ont une tendance marquée à faire rentrer tous les phénomènes intellectuels sous la dépendance de l'association des idées. Parce qu'un mot rappelle l'idée qu'il exprime, ou inversement parce que l'objet présent évoque le terme correspondant, est-il nécessaire de faire intervenir la loi de l'association ? N'est-il pas plus exact de dire qu'il y a là un fait d'interprétation intelligente du signe, ou, dans la réciproque, un fait de souvenir? « Une enfant de dix mois voit tous les jours son grand-père dont on lui a montré plusieurs fois le portrait au crayon, beaucoup plus petit, mais très ressemblant. Quand on lui dit vivement : « Où est grand-père? » elle se tourne vers ce portrait et lui rit. » M. Perez, qui emprunte cette anecdote à M. Taine, la donne pour un exemple d'association (2). A ce compte, tout étant associé et lié dans l'esprit, il n'y aurait pas un seul jugement, pas un seul raisonnement qui ne pût être expliqué de la même manière. Nous ne saurions non plus admettre l'opinion de M. Sully, qui nous présente, comme des exemples d'associations, les jugements par lesquels l'enfant affirme que « le soleil brille, que la pluie mouille, que les corps durs blessent (3) ». Il n'y a là que des perceptions immédiates qui associent bien deux idées, comme le fait tout jugement, l'idée du soleil et de la lumière brillante, etc., mais qui les associent spontanément. Les philosophes eux-mêmes, aussi bien que les enfants, peuvent être les dupes d'un rapport superficiel entre les choses, et s'égarer dans des généralisations imprudentes. Tout acte intellectuel, même le plus élémentaire, même celui qui consiste simplement

(1) Voyez chapitre x.
(2) M. Perez, *op. cit.*, p. 102.
(3) M. J. Sully, *op. cit.*, p. 109

à affirmer l'existence d'un objet, — et l'enfant peut l'affirmer même avant de savoir parler, en témoignant qu'il reconnaît l'objet, — suppose la liaison de deux éléments intellectuels. Et de même l'acte de raisonnement le plus profond, chez le calculateur qui démontre, chez l'observateur qui découvre, repose sur des associations d'idées. Mais ce n'est pas une raison pour oublier et méconnaître les différences qui distinguent ces phénomènes d'avec l'association des idées proprement dite, ni pour confondre des opérations où éclate, soit dans une perception immédiatement comprise la force naturelle de l'intelligence, soit dans un enchaînement de raisonnements l'effort de la pensée, avec des faits de pure liaison mécanique, avec ce qu'on peut appeler d'un seul mot l'automatisme intellectuel.

CHAPITRE IX

LES INSTINCTS ÉDUCATIFS : L'IMITATION, LA CURIOSITÉ.

I. L'imitation chez l'enfant. — Qu'elle suppose au moins la perception de ce qui est imité. — Les mouvements imitatifs ne commencent à se produire que vers le quatrième mois. — Exemples divers. — L'imitation des sons est-elle plus précoce que l'imitation des mouvements visibles? — Que les mouvements imitatifs ne sont pas tous volontaires. — Imitation inconsciente et automatique. — Le bâillement. — La contagion des cris et des pleurs. — Imitation et suggestion. — Imitation consciente, mais non volontaire. — L'enfant s'amuse de ce qu'il fait. — Le sens du comique. — Imitation volontaire. — L'amour-propre, le désir de montrer sa force. — La sympathie, l'affection. — Imitation des choses morales. — Inégalités du pouvoir d'imitation. — II. La curiosité chez les animaux. — La curiosité chez l'enfant. — Observations de Taine et de Champfleury. — La curiosité manifestée par les regards, par les mouvements des mains. — L'enfant a besoin de se familiariser avec les objets, avant de les étudier. — L'étonnement et la curiosité. — Évolution de la curiosité. — Les questions de l'enfant. — Sa crédulité. — Causes diverses des interrogations de l'enfant. — Sa curiosité n'est souvent que mobilité d'esprit. — Curiosité de mauvais aloi. — Importance de la curiosité dans l'éducation intellectuelle. — Observations du Dr Sikorski. — Rôle de la curiosité dans l'éducation de la volonté.

Dans leur développement, les diverses facultés de l'enfant obéissent à des tendances générales qui sont comme les ressorts intérieurs de l'esprit naissant : l'imitation d'une part, dont on a pu dire, non sans exagération d'ailleurs, « qu'elle se rattachait étroitement au premier éveil de l'intelligence » (1) ; la curiosité d'autre part, qui est comme l'appétit intellectuel, le besoin de savoir, une connaissance commencée qui veut se compléter et s'accroître. Nous les appellerons, d'un seul nom, les instincts éducatifs, parce que seuls ils rendent l'éducation possible. « Ce qu'on nomme la docilité de l'enfant, a dit M. Marion, résulte en grande partie du don de l'imi-

(1) EGGER, *op. cit.*, p. 11.

tation (1). » C'est en effet parce qu'il est disposé à reproduire d'abord les actions, plus tard les pensées et les sentiments d'autrui, que l'enfant s'humanise peu à peu, qu'il sort de la sauvagerie pour entrer dans la civilisation. L'influence éducatrice de l'imitation s'étend à tout, aux actions physiques comme aux actions morales, à l'intelligence comme à la sensibilité. Plus bornée en apparence, puisqu'elle ne porte directement que sur l'instruction, l'action de la curiosité n'est pas moindre; car c'est elle qui ouvre la porte aux idées et qui, en fécondant l'intelligence, jette les fondements de la moralité.

I

Imiter, c'est reproduire ce qu'on a vu faire à autrui. L'imitation, sous sa forme la plus élémentaire, suppose donc tout au moins la perception de ce qui est imité. Pour que l'enfant répète ou s'essaie à répéter les gestes et les attitudes de ceux qui l'entourent, il faut évidemment qu'il les ait remarqués, qu'il les ait vus tout au moins. De même, pour qu'il imite un son, il faut qu'il l'ait entendu. Donc une représentation intellectuelle, plus ou moins nette, qui sera, soit une perception, si l'on imite immédiatement ce qu'on voit ou ce qu'on entend, soit un souvenir, si l'imitation, déjà plus savante et plus libre, s'exerce à distance, telle est la condition de tout acte imitatif.

Il en résulte que les mouvements d'imitation, quelque précoces qu'ils soient, ne se manifestent pas chez l'enfant aussi tôt que les mouvements automatiques et instinctifs, ceux qui dérivent d'une sorte de spontanéité motrice (2). Avant d'entrer jusqu'à un certain point dans la vie sociale par ses actes imitatifs, le nouveau-né ne fait que répéter inconsciemment et machinalement les mouvements qui lui sont suggérés par la force irrésistible de la nature et de l'hérédité. Dans les quatre premiers mois, semble-t-il, rien ne trahit encore l'instinct d'imitation, et c'est à la période qui s'étend du quatrième au douzième mois que se rapportent la plupart des faits recueillis par les observateurs.

A quatre mois, le fils de Tiedemann, « s'il voyait quelqu'un boire, faisait avec la bouche un mouvement, comme s'il goûtait quelque chose ». — « Mon petit enfant, dit Darwin, n'avait encore que qua-

(1) *Revue scientifique*, 1891, p. 774.
(2) Voyez plus haut, ch. II.

tre mois, quand il me sembla qu'il tâchait d'imiter les sons. » Mais Darwin craint de s'être trop avancé ; et « c'est seulement à l'âge de dix mois, ajoute-t-il, que mon fils me parut s'y essayer d'une manière indubitable ».

La première observation de Darwin, si elle était confirmée, tendrait à établir que l'imitation des sons est plus prompte que l'imitation des mouvements visibles. Et il serait naturel qu'il en fût ainsi, car le son est plus aisément perceptible pour l'ouïe que ne l'est, pour la vue de l'enfant, la représentation des actions plus ou moins compliquées dont se compose un mouvement quelconque. Mais, d'autre part, l'organe phonétique n'est pas encore assez développé, vers l'âge de quatre ou cinq mois, pour que l'imitation vocale puisse aisément se produire ; et nous pensons qu'on peut considérer comme une vérité générale l'observation de M. Egger, quand il déclare n'avoir remarqué aucun effort sensible, pour imiter les sons entendus, jusqu'à l'âge de neuf mois.

En revanche nous ne croyons pas qu'il faille généraliser l'affirmation de Darwin, quand il prétend n'avoir constaté qu'à onze mois et demi la disposition à imiter facilement toute sorte d'actions; cette disposition se montre beaucoup plus tôt. Dès le quatrième mois, M. Preyer a noté des traces de mouvements imitatifs, notamment celui de la protrusion des lèvres, mouvement que l'enfant s'efforçait de reproduire, dès qu'il voyait son père faire la moue. A peu près à la même époque, si son père s'amusait à tirer le bout de la langue entre les lèvres, le même enfant s'efforçait de singer cette grimace. Deux mois plus tard, il souriait, quand on lui souriait. Enfin au dixième mois « il imitait certains mouvements du bras et de la main, très fréquemment répétés devant lui, par exemple, l'acte de faire un signe pour dire adieu : l'enfant regardait fixement la personne qui les exécutait; puis, il les exécutait lui-même, parfois très rapidement », mais, il est vrai, M. Preyer le reconnaît, sans songer à donner à ces mouvements purement imitatifs la moindre valeur expressive (1).

« Vers neuf mois, dit M. Egger, l'instinct d'imitation se développe à vue d'œil : 1° action de se cacher et de se montrer tour à tour par manière de jeu; 2° action de jeter une balle, après l'avoir vu jeter par un autre ; 3° essai de souffler sur une bougie ; 4° essai d'éternuer en singeant celui qui vient d'éternuer ; 5° essai de frapper les

(1) M. Preyer, *op. cit.*, p. 235.

doigts sur le registre d'un piano (1). » Tout le monde a pu observer, vers la fin de la première année et le commencement de la seconde, une multitude de faits du même genre. Un enfant de sept mois, qui voit son père tambouriner avec les doigts sur la table ou sur la vitre, esquissera avec les siens un grattement maladroitement imitatif. Un petit garçon de douze mois imitera le claquement des doigts. Une petite fille de neuf à douze mois, citée par M. Preyer, imitait de la façon la plus comique ce qu'elle voyait faire par sa bonne : elle baignait sa poupée, la corrigeait, la berçait, l'embrassait (2). Une autre se brossait et se peignait, après avoir vu sa mère se brosser et se peigner. Toutes les actions de la vie pratique sont successivement copiées par l'enfant, avec plus ou moins de gaucherie. C'est ainsi qu'il apprendra à se servir de sa cuiller, de sa fourchette, qu'il fera semblant de lire, d'écrire en mouillant le bout de son crayon, qu'il remuera les lèvres, comme s'il marmottait quelques mots à voix basse : véritable petit singe qui voit tout et qui reproduit tout !

Mais ce qui importe plus que d'énumérer les faits, dont la liste pourrait aisément s'allonger, c'est de les interpréter et de les comprendre. Faut-il voir déjà dans les singeries de l'enfant des manifestations de la volonté ? M. Preyer est très affirmatif sur ce point : « Pour tant, dit-il, qu'un mouvement imitatif ait l'apparence d'un mouvement involontaire, quand il est exécuté pour la première fois, il n'en est pas moins vrai qu'il a dû être exécuté intentionnellement, c'est-à-dire volontairement. L'enfant qui imite a déjà sa volonté. » Si M. Preyer disait vrai, sa théorie nous mènerait bien loin, et il faudrait, à ce compte, mettre le singe au plus haut rang parmi les êtres doués de volonté, puisque le singe est le plus grimacier, le plus imitateur des animaux (3).

Bien loin d'admettre que tous les mouvements imitatifs de l'enfant soient volontaires, nous pensons que ces mouvements commencent par ne pas être même conscients. Comme toutes les facultés, l'imitation traverse pendant l'enfance divers degrés. Il y a pour elle

(1) E. Egger, *op. cit.*, p. 10.
(2) M. Preyer, *op. cit.*, p. 23.
(3) Aristote s'est contenté de noter la puissance de l'imitation sans chercher à l'expliquer. Τὸ μιμεῖσθαι σύμφυτον τοῖς ἀνθρώποις ἐκ παίδων ἐστί, καὶ τούτῳ διαφέρουσι τῶν ἄλλων ζῴων ὅτι μιμητικώτατόν ἐστι καὶ τὰς μαθήσεις ποιεῖται διὰ μιμήσεως τὰς πρώτας. (*Poétique*, c. IV.) Aristote ne pensait donc pas aux singes, qu'il appelât l'homme « le plus imitateur de tous les animaux » !

aussi une loi des trois états : d'abord elle est automatique, presque réflexe, instinctive, machinalement instinctive tout au plus; ensuite elle prend conscience de ce qu'elle fait : elle s'exerce avec intelligence, mais sans être encore volontaire ; enfin, elle devient l'imitation réfléchie, voulue, intentionnelle. Mais comme le petit enfant est loin encore d'avoir atteint ce dernier terme de l'évolution ! Sans compter que, le jour même où elle sera devenue possible, l'imitation volontaire n'empêchera nullement et ne supprimera pas le jeu de l'imitation instinctive.

Un homme d'esprit, qui a récemment traité sous une forme légère le sujet qui nous occupe, le fait observer avec raison : « Quoi de plus impérieux, dit-il, que l'influence de ces spasmes particuliers qui s'appellent le rire et le bâillement ! Bon gré, mal gré, on est vaincu. On obéit à cette force impulsive qu'on voudrait repousser à tout prix. Il y a là une action physique évidente. Une personne regarde-t-elle avec persistance l'angle d'une salle, la rosace d'un plafond?... Bientôt vous verrez les voisins diriger leurs regards du même côté, et finalement tous auront les yeux fixés vers ce même point. C'est une innocente plaisanterie, amusante après tout, et que les étudiants renouvellent, de temps en temps, dans les amphithéâtres de nos Facultés (1). »

Si chez l'adulte l'imitation impulsive coexiste avec l'imitation volontaire, chez le petit enfant elle existe seule. Il ne faut pas dire du nouveau-né ce que Pascal dit de l'homme, qu'il est « automate autant qu'esprit »; on peut affirmer, sans hésitation, qu'il est simplement « automate ». Il y a une nécessité naturelle, fatale, qui le pousse à se conformer dans ses actes aux actes d'autrui, à se modeler sur les autres; et cela sans qu'il réfléchisse, non seulement sans qu'il le veuille, mais sans qu'il le sache même. Comment expliquer autrement ces contagions de rires ou de cris qui ne sont pas rares chez les enfants, et qui annoncent déjà ces contagions de peur et de lâcheté, ces épidémies d'hallucinations et de visions dont l'histoire nous montre tant d'exemples chez les adultes? M. Preyer lui-même cite des faits qu'il est impossible de concilier avec la théorie qu'il préconise, celle d'une imitation toujours volontaire : « Quand on entre, dit-il, dans une chambre où se trouvent réunis plusieurs nourrissons tranquilles, on peut aisément observer à quel point les cris

(1) M. Nicolay, *les Enfants mal élevés*. Paris, 1890, p. 271.

sont contagieux. Si un enfant commence à crier, bientôt quelques autres se mettront à en faire autant, puis un grand nombre, enfin toute la bande. »

Dira-t-on que dans les faits de ce genre il y a suggestion plutôt qu'imitation? Mais c'est précisément notre pensée que les mouvements imitatifs, à l'origine, sont suggérés, irrésistiblement suggérés par une sorte d'hypnotisme naturel. Il y a dans l'exemple une force d'action qui se communique et se propage, qui attire et entraîne l'homme fait, à plus forte raison l'enfant, dont la personnalité n'est pas encore organisée. C'est plus tard seulement, sous l'empire de la réflexion et de la volonté, que l'exemple pourra devenir un modèle librement choisi et à dessein imité. Alors l'impulsion viendra réellement de nous-mêmes, de notre spontanéité intelligente; mais, dans les premiers temps, c'est du dehors, c'est des choses extérieures qu'émane l'incitation à agir.

Il est vrai que cette incitation extérieure à agir ne peut avoir son effet que si elle rencontre, dans l'être qu'elle provoque à l'action, une disposition naturelle à accepter, à subir l'influence de l'exemple. Et c'est cette disposition qui constitue dans sa première forme l'instinct d'imitation, instinct passif, à vrai dire, qui n'est que la tendance à accueillir docilement les suggestions d'autrui. Chez le petit enfant, la faiblesse physique et morale, le défaut d'initiative personnelle, l'absence d'individualité, sont des conditions particulièrement favorables, qui augmentent la force de l'exemple. N'ayant encore à sa disposition qu'un très petit nombre de connaissances et un très pauvre fonds d'idées, impuissant d'ailleurs à agir par lui-même, l'enfant cède facilement aux impulsions étrangères; il est à la merci des impressions qui le sollicitent de toutes parts. Comme le disait Fénelon : « L'ignorance des enfants, dans le cerveau desquels rien n'est encore imprimé et qui n'ont aucune habitude, les rend souples et enclins à imiter tout ce qu'ils voient (1). »

Il ne faudrait pas tirer objection, contre le caractère automatique que nous attribuons aux premiers mouvements imitatifs, de ce fait qu'ils sont généralement gauches, maladroits, et ne présentent pas cette précision, cette perfection immédiate et infaillible, qui caractérise la plupart des mouvements instinctifs : par exemple, les mouvements de succion, dès les premiers jours de l'allaitement. Lors-

(1) Fénelon, *de l'Éducation des filles*, ch. iv.

qu'un petit enfant, voyant une personne avancer les lèvres et faire la moue, s'applique à imiter ce mouvement, on constatera qu'il le fait sans adresse, sans y réussir complètement. Au contraire, la protrusion des lèvres sera exécutée avec une perfection remarquable, quand elle se produira spontanément chez le même enfant, sous l'empire d'un petit effort d'attention ou d'une impression intérieure de mécontentement. On aura résolu cette petite difficulté, si l'on veut bien considérer qu'ici ce n'est pas le mouvement lui-même qui est instinctif, c'est sa cause. L'instinct a reculé, pour ainsi dire : il n'est pas lié aux organes mêmes, aux muscles qui déterminent les mouvements de la langue et des lèvres chez l'enfant qui tète. Il n'est pas circonscrit dans tel ou tel mouvement spécial. Il est une tendance générale et profonde de la nature, une « pente à imiter », un penchant aveugle à se plier à ce qu'on lui montre, à reproduire des mouvements quelconques; non un instinct organique spécial, qui règle avec précision tous les détails de l'exécution, et où l'hérédité règne en maîtresse absolue, parce que les mouvements qui en dépendent ont été des milliers de fois exécutés par nos ancêtres.

A un degré plus élevé, l'imitation devient consciente et intelligente, sans être encore volontaire. « C'est un fait, dit M. Marion, que lorsqu'un acte est commencé d'une manière automatique et, comme on dit, machinalement, la volonté tend à se mettre de la partie et à l'achever. On se jette en déroute avec les lâches ou bien l'on se dorte en avant à la suite des braves, d'abord par entraînement pur, sans volonté. Mais nécessairement on se voit agir, et prenant conscience de ce qu'on est en train de faire, il faut bien ou y consentir ou décidément s'y refuser (1). » M. Marion ne parle que du passage de l'involontaire au volontaire : mais l'évolution de l'inconscient au conscient s'accomplit d'une manière analogue. C'est parce qu'il a répété plusieurs fois un mouvement imitatif, par exemple, celui de souffler sur une bougie, que l'enfant en vient peu à peu à se rendre compte de son action, à comparer ce qu'il essaie de faire, parfois sans succès, avec ce qu'il a vu faire à ses parents. On le verra alors tantôt être fier et se réjouir de son œuvre, tantôt en être tout honteux : preuve évidente que sa conscience est déjà engagée dans l'affaire et que son intelligence participe à l'action accomplie.

Le plus souvent, c'est le plaisir que l'enfant manifestera dans ses

(1) M. Marion, *de la Solidarité morale*, p. 181.

essais d'imitation. Sans doute le plaisir ressenti en pareil cas provient en partie du contentement que l'enfant trouve toujours à exercer son activité, à mouvoir ses muscles et ses membres. Mais il s'y joint pourtant quelque chose de particulier, qui prouve que l'enfant a conscience qu'il fait, non un mouvement quelconque, mais un mouvement imitatif. Cela se marquera surtout dans les mouvements volontaires que l'enfant un peu plus avancé en âge s'ingénie à accomplir : par exemple, quand il prend un crayon à la bouche et fait semblant de fumer, quand il singe les attitudes d'une personne ridicule, quand il met sur sa petite tête le grand chapeau à larges bords de son père. Dans ce cas, l'enfant laisse voir une satisfaction caractéristique, où l'on serait tenté de saluer comme la première manifestation du sens du comique. Il saisit, semble-t-il, la disproportion qui existe entre son caractère d'enfant et les actions de grande personne qu'il contrefait. En tout cas, il se divertit; il s'amuse de la singularité de ses gestes et de ses poses; il se donne la comédie à lui-même, en même temps qu'il la donne aux autres (1).

Une fois devenus conscients, les mouvements imitatifs ne tardent pas à passer entre les mains de la volonté. Alors l'instinct disparaît, l'individualité commence. L'enfant imite, par une initiative qui lui appartient, certaines actions qu'il a particulièrement observées. Et ces mouvements, jusqu'à un certain point libres, supposent doublement la volonté : ils la supposent d'abord dans l'attention que l'enfant accorde à un acte, de préférence à tout autre; ils la supposent encore dans le petit effort qu'il fait pour reproduire cet acte, dans l'intention plus ou moins délibérée qui dirige ses mouvements, désormais accomplis en connaissance de cause et en prévision du but à atteindre.

Chez l'enfant, d'ailleurs, encore plus que chez l'homme, la volonté ne s'exerce pas toute seule. La volonté, pouvoir absolu de se déterminer par soi-même, abstraction faite de tout désir, de tout sentiment, n'est qu'une entité métaphysique. L'enfant, quand il *veut*

(1) Conférez Mme NECKER DE SAUSSURE (*op. cit.* II, ch. IV) : « De la sympathie naît pente à l'imitation. Après avoir senti comme nous, l'enfant veut agir comme nous... Il croit pouvoir exécuter ce qu'il nous voit faire; et ses tentatives, à la fois gracieuses et maladroites, sont pour nous la source d'un grand amusement; nous en faisons un objet de plaisanterie, tandis que de pareilles entreprises étaient chez lui l'effet d'un désir sérieux que nous parvenons bientôt à dénaturer. Des essais d'imitation naturels deviennent prémédités, affectés presque, lorsqu'il les continue pour nous divertir. »

imiter, est tout de même guidé par différentes inclinations de sa nature : l'amour-propre, le désir de montrer sa force, la sympathie.

Au début des actions imitatives, il est évident que l'enfant reproduit de préférence les mouvements les plus simples, ceux qui lui demandent le moins d'effort, ceux qui correspondent aux mouvements qu'il a tout de suite accomplis automatiquement ou instinctivement. Mais il vient un moment où, au contraire, l'enfant se complait dans les imitations les plus malaisées, où il recherche la difficulté, où, pour faire montre de sa force, par une sorte de vanité et de gloriole puérile, il choisit comme modèles ceux qui sont plus forts, plus âgés que lui. Il aime à hausser sa petite taille, pour ainsi dire, et à jouer au jeune homme. Il a toutes les ambitions, et prétend faire tout ce qu'on fait devant lui. Marcel a deux ans et deux mois; toutes les fois qu'on dit devant lui : « Je vais sortir. — Je vais monter à cheval! » — « Moi aussi! moi aussi! » réplique immédiatement l'enfant. Il y a là visiblement un commencement d'émulation, l'émulation qui veut égaler, sinon celle qui aspire à surpasser.

N'oublions pas d'un autre côté que, dans l'imitation volontaire elle-même, la force de la suggestion et de l'imitation instinctive joue toujours un rôle. Si l'enfant imite ceux qui sont plus habiles, plus expérimentés que lui, ce n'est pas uniquement parce qu'il a la secrète ambition de s'élever au-dessus de son état présent, d'anticiper sur l'avenir, parce qu'il veut faire plus et mieux qu'il ne peut faire normalement et naturellement : c'est aussi parce qu'il est conquis, entraîné, fasciné par l'exemple de ceux qui ont plus de force, plus d'autorité que lui, et dont les actions éclatent avec plus de relief. J'ai connu des familles de deux frères où, l'aîné ayant un caractère plus faible, plus mou, le cadet au contraire une nature très énergique, c'était le plus âgé qui, dans ses jeux et dans sa conduite, se conformait le plus volontiers aux actions de son frère.

Nous nous garderons d'omettre la sympathie parmi les auxiliaires de l'imitation : la sympathie entendue dans ses deux sens, soit comme la faculté qui nous fait participer aux peines et aux souffrances d'autrui, soit comme le penchant qui attire deux personnes l'une vers l'autre et leur inspire une mutuelle affection. Sous sa première forme, la sympathie, à vrai dire, n'est que l'imitation elle-même, une imitation morale, puisqu'elle n'est que le secret besoin de mettre nos sentiments et nos pensées d'accord avec les pensées et les sentiments d'autrui. L'enfant qui pleure en voyant pleurer, qui devient triste quand sa mère est triste, ne fait au fond qu'imiter. Et de même la sympathie considérée comme une affection naturelle et instinctive est un principe d'imitation. Ce sont les camarades qu'il aime, les frères et les sœurs qu'il chérit, que l'enfant imitera particulièrement. Aimer quelqu'un, n'est-ce pas en partie vouloir lui ressembler?

L'imitation, qui ne se portait d'abord que sur les choses matérielles, qui reproduisait simplement à l'origine quelques mouvements élémentaires, comme d'avancer la main pour saluer, plus tard des mouvements plus compliqués, comme de jeter les bras autour du cou d'une personne pour l'embrasser; l'imitation s'élève peu à peu aux choses morales et devient un des ressorts essentiels de l'éducation. Elle le sera surtout, quand elle saura se fonder sur l'estime ou sur l'admiration. Mais il ne faut attendre de l'enfant rien encore qui ressemble à cette imitation idéale, telle que la décrivent les moralistes ou telle que la pratiquent les artistes. Ce sont des mobiles d'un autre ordre qui dans le premier âge, inspirent l'imitation des vertus morales ou des beautés esthétiques; c'est, nous l'avons vu, la tendance à sympathiser avec les autres, à agir comme eux, ou encore la prétention de faire aussi bien qu'eux; c'est parfois aussi le désir de se distinguer. Et la preuve, c'est que l'enfant, dans ses imitations, se montre également disposé à reproduire le mal et le bien, le laid et le beau; ni le goût ni la conscience ne sont encore nés dans son âme.

Il n'y a pas à le contester, d'ailleurs, la puissance de l'imitation, comme celle de toutes les facultés qui ne sont pas purement instinctives, varie avec le tempérament, avec la nature de chaque enfant. Et il est aisé de reconnaître quelques-unes des causes de cette inégalité. Ce sera d'abord la vigueur même ou la faiblesse des organes: suivant qu'il sera plus fort ou plus chétif, l'enfant aura plus ou moins de propension à imiter les mouvements, les actions dont il est le témoin; de sorte que, jusque dans l'imitation même la plus instinctive, se manifeste déjà l'énergie propre à chaque individu. L'enfant paresseux le sera tout aussi bien pour imiter autrui que pour agir par lui-même. Une autre cause, c'est le degré de vivacité de l'intelligence: un gamin bien doué, dont l'attention s'éveille de bonne heure, surpassera ses camarades par son ardeur imitative, soit parce qu'il aura remarqué plus de choses, soit parce qu'il se sera mieux rendu compte des mouvements et des opérations que comporte l'acte à répéter. Ici l'imitation témoigne surtout de la force du tempérament intellectuel. Plus tard, il est vrai, les choses changeront, et ceux-là, parmi les enfants, resteront les plus imitateurs, qui auront le moins de personnalité, de vertu individuelle, et qui, par conséquent, trouveront plus commode pour leur indolence de continuer à imiter les autres, au lieu d'agir, de penser par eux-mêmes. Excellente dans le premier âge, parce qu'elle a pour résultat d'apprendre à l'enfant tout ce qu'il a besoin de savoir et de faire pour se mettre d'accord avec ses semblables, pour entrer dans le grand courant de l'humanité, l'imitation devient dans la suite dangereuse et mauvaise, comme une école de docilité servile où l'originalité ne peut éclore.

Mais s'il est sage de se défier, en ce qui concerne l'éducation de la personnalité, des effets d'une imitation habituelle, il est impossible de méconnaître que la bienfaisance de son action en égale la puissance chez les petits enfants. Qui ne sait que l'enfant, qui a des sœurs et des frères, est plus facile à élever que celui qui n'en a pas? Isolé, il ne songe pas aussi vite à essayer ses petites jambes, ni, à un tout autre point de vue, à exercer son jugement ou son imagination. Si l'éducation commune a toujours été en honneur, ce n'est pas seulement parce qu'elle est une nécessité sociale, c'est parce qu'on a besoin de l'exemple pour stimuler l'activité. Plus sera vaste le champ ouvert à l'observation de l'enfant et, par suite, à son imitation, plus vite son intelligence se développera. Accordons que l'imitation instinctive et inconsciente marque un degré inférieur du développement mental. Darwin l'a dit : « La tendance à l'imitation est vivace surtout chez les sauvages. » Constatons aussi que, dans certains états morbides du cerveau, cette disposition s'exagère d'une façon singulière. Les hémiplégiques et les autres malades atteints d'un ramollissement du cerveau imitent, sans en avoir conscience, chaque parole qu'ils entendent, tous les faits et gestes de leur entourage. Mais si, sous cette forme première, l'imitation est la caractéristique d'un état inférieur ou d'une défaillance de l'évolution morale, il en est tout autrement de l'imitation intelligente et plus ou moins volontaire. N'oublions pas ce que dit M. Romanes, dans son livre sur l'*Évolution mentale des animaux* : « Comme la faculté d'imitation dépend de la faculté d'observation, elle se développera d'autant plus chez les animaux qu'ils seront plus intelligents (1). »

(1) ROMANES, *l'Évolution mentale chez les animaux*, p. 224.

II

Il est intéressant de se demander si la curiosité n'est pas exclusivement le propre de l'enfant, et si elle se manifeste aussi chez les animaux. Les observateurs les plus récents des faits intellectuels dans les espèces animales, M. Romanes, par exemple, n'hésitent pas à se prononcer pour l'affirmative. Mais il est difficile de prendre au sérieux ses affirmations, quand il déclare que c'est par le désir curieux d'examiner un objet frappant et nouveau que certains oiseaux sont attirés vers la lumière, vers les phares, par exemple, ou bien, que certains insectes volent vers un flambeau allumé et s'y brûlent (1). Fascination de la lumière, attrait exercé par un objet brillant, cela suffit pour expliquer ces actions tout instinctives de l'animal. Il n'est pourtant pas impossible de découvrir, chez le chien par exemple, chez le singe aussi, des traces de curiosité vraie. Nous avons vu des chiens de six mois sauter sur une chaise, pour regarder, à travers les vitres de la fenêtre, ce qui se passait dans la cour ou dans le jardin. De même Darwin a constaté que les singes d'une ménagerie, malgré la terreur instinctive que leur inspirent les serpents, ne pouvaient résister au désir de satisfaire de temps en temps leur curiosité, en soulevant le couvercle des boîtes à reptiles placés près d'eux (2).

Si l'intelligence de l'animal, intelligence bornée qui est condamnée à ne point s'étendre et que l'instinct tient prisonnière, est capable de curiosité, à combien plus forte raison l'intelligence de l'enfant, que sa nature destine à une longue évolution, qui a tout à apprendre et qui est appelée à tout acquérir, doit-elle, dès son premier éveil, se montrer curieuse? La curiosité en effet, c'est l'esprit en quête de connaissances, qui, parti de rien, prétend arriver à tout. La curiosité est donc la caractéristique de l'intelligence humaine, puisque celle-ci est pour la plus grande partie l'œuvre de l'expérience et du travail. Elle se manifestera dès les premiers mois, avec le premier regard porté sur les choses, avec le premier mouvement des mains pour saisir un objet et le palper. Elle accompagnera l'exercice de tous les sens. Dans ses premières manifestations, d'ailleurs, elle ne

(1) Romanes, *op. cit.*, p. 283.
(2) Darwin, *Descendance de l'homme*, p. 72.

sera point encore le besoin de savoir et de connaître ; savoir et connaître ne sont pas choses de cet âge. Elle sera simplement une avidité de sensations nouvelles, une recherche perpétuelle de perceptions différentes, une sorte de mobilité intellectuelle, l'esprit de l'enfant, pas plus que son corps, ne pouvant encore rester en place.

C'est dire que nous ne saurions voir dans la curiosité des premiers mois une sorte d'instinct scientifique, un besoin impérieux et exclusif d'observation expérimentale, comme l'ont fait M. Taine et M. Champfleury, dans deux passages d'ailleurs charmants de leurs études sur l'enfance : « Chacun peut remarquer, dit M. Taine, qu'à partir du cinquième ou sixième mois, pendant deux ans et davantage, les enfants emploient tout leur temps à faire des expériences de physique. Aucun animal, pas même le chat, le chien, ne fait cette étude continuelle de tous les corps qui sont à sa portée. Toute la journée, l'enfant dont je parle (douze mois) tâte, palpe, retourne, fait tomber, goûte, expérimente ce qui tombe sous sa main ; quel que soit l'objet, balle, poupée, hochet, jouet, une fois qu'il est suffisamment connu, elle le laisse, il n'est plus nouveau, elle n'a plus rien à apprendre, il ne l'intéresse plus. Curiosité pure ; le besoin physique, la gourmandise n'y est pour rien (1). » Non, assurément, les appétits matériels ne sont pas la seule cause de ces mouvements et de cette activité de l'enfant, de ces goûts subits que suivent des dégoûts aussi prompts, et où se découvrent déjà les besoins propres de l'intelligence. Mais il ne serait pas moins inexact de les prendre pour les signes de je ne sais quelle tendance précoce à la spéculation pure, et de considérer comme des expérimentateurs de profession des enfants qui demandent simplement à se mouvoir, qui aspirent toujours au changement, et qui, après quelques minutes de repos ou de diversion, reprendront avec le même plaisir leurs jouets les plus connus et les plus explorés.

Dans un joli chapitre de son livre, *les Enfants*, Champfleury ne s'est pas prémuni, lui non plus, contre toute exagération, lorsqu'il montre ce qu'il y a de spontané et de vif dans le besoin d'observation chez l'enfant. « Ce n'est pas par pur caprice, dit-il, que l'enfant tend sans cesse la main vers les objets hors de sa portée et pleure quand on les refuse à ses désirs. A l'âge où il a besoin d'amasser un

(1) *Revue philosophique*, 1876, t. I, p. 7.

fonds de connaissances, les yeux ne suffisent guère encore pour se rendre compte des angles ou des contours de ces objets : l'enfant voudrait les palper.... Le bris des jouets dépend du même système d'observations. A l'aide de quels ressorts mystérieux la paupière d'une poupée ferme les yeux, comment bêle le mouton mécanique, par quel moyen roule le cheval, l'enfant a soif de le savoir ; c'est pourquoi, depuis le commencement de l'humanité, il a toujours cassé ses jouets, enrichissant, sans s'en douter, nos vitrines des musées antiques de petites poupées d'argile sans bras ni jambes (1). » Ici encore, tout en admettant le rôle de la curiosité, il faut faire sa part à l'instinct du mouvement, qui se traduit parfois par un besoin de destruction.

Ce n'est pas tout de suite, d'ailleurs, que la curiosité enfantine s'exerce librement, avec cette hardiesse qui la caractérisera plus tard. Avant qu'il en vienne à désirer connaître les choses, l'enfant commence par en avoir peur et s'en détourner. Tout ce qui est nouveau l'effraie. Et il est visible que, dans les premiers temps, il est partagé entre le désir de se rendre compte des objets et un sentiment secret de crainte. On peut découvrir chez lui quelques traces de ce que des écrivains modernes appellent la « néophobie », de ce « misonéisme », que l'anthropologiste italien, M. Lombroso, nous présente arbitrairement comme la loi absolue de l'espèce humaine, toujours prompte à s'effrayer des choses nouvelles, et qui n'est en réalité qu'un moment passager, un accident, soit dans la vie de l'humanité, soit dans la vie de l'enfance. Chez le nouveau-né, en effet, la tendance à l'inertie ne domine pas longtemps le besoin naturel d'action. Dès qu'il est familiarisé avec les choses, et le premier moment de surprise passé, l'enfant les étudie avec une curiosité naïve qui ne recule pas devant l'indiscrétion. Et plus il aura été effrayé d'abord, plus il se rattrapera ensuite, en considérant sous toutes ses faces l'objet qui a vivement frappé son imagination.

L'étonnement est, en un sens, le point de départ de la curiosité. Tout ce qui surprend, tout ce qui est inaccoutumé, excite chez l'adulte l'envie de comprendre et de se rendre compte. L'enfant, pour qui tout est nouveau, sera donc nécessairement curieux de toutes choses. Au début pourtant sa curiosité se portera de préférence sur les personnes ou sur les objets qui sont en rapport avec ses premiers besoins,

(1) CHAMPFLEURY, *les Enfants*, 1871, p. 226.

avec ses premières émotions, notamment sur tout ce qui intéresse sa nourriture. Elle suivra sans doute dans leur développement les perceptions intellectuelles qui agrandissent peu à peu l'horizon de l'esprit, mais elle obéira surtout aux démarches et au progrès de la sensibilité. Elle s'attachera à tout ce que l'enfant aime et préfère, par intérêt d'abord et par égoïsme, par sympathie ensuite. Peut-être la première manifestation évidente de la curiosité enfantine se produit-elle, lorsque l'enfant promène sa main sur les différentes parties de son corps et fait connaissance avec sa petite personne. Dans la suite, ce seront les jouets, les divers ustensiles de la vie domestique, et aussi les animaux, qui attireront particulièrement la curiosité de ses yeux et celle de ses mains.

Réduite d'abord à la simple observation de ce que sont les choses familières, analogue au travail de reconnaissance que fait un nouveau locataire dans la maison où il s'installe, la curiosité ne tarde pas à dépasser les limites de l'intérêt personnel. L'enfant de deux ou trois ans regarde tout, écoute tout; ses yeux investigateurs furettent dans tous les coins. Et dès qu'il comprend le sens des mots, rien ne lui échappe dans les conversations qu'il entend. Quand il sait parler, il se mêle de tout; il devient le petit indiscret qui veut tout savoir. Ce n'est pas seulement par ses questions perpétuelles qu'il témoignera de cette curiosité toujours en éveil (1). Un des résultats de la curiosité scientifique chez l'homme mûr, ce sont les collections: l'enfant en fait aussi à sa manière. Priez-le, quand il a trois ou quatre ans, de vider ses poches devant vous: rien d'amusant comme l'étalage de ce capharnaüm où il a entassé pêle-mêle les objets les plus divers; en partie sans doute parce qu'il a voulu se les approprier, les avoir à sa disposition, mais en partie aussi par curiosité, pour pouvoir les étudier à son aise, par une sorte de manie de collectionneur novice (2).

(1) C'est une question d'ailleurs de savoir à quel moment l'enfant est capable d'interroger. L'apparition de l'interrogation est notée par M. Preyer (p. 425) comme contemporaine du vingt-huitième mois. M. Pollok constate la première question au vingt-troisième mois.

(2) « La poche, c'est-à-dire un endroit bien à lui où il accumule ses petits trésors : morceaux de bois, noyaux de pêche, bouts de crayons, clous, boutons..., n'importe quoi. C'est là que sa vie entière, morale et physique, laisse une trace palpable de ses pensées et de ses actes. Tous ces petits riens ont été une cause de joie et d'intérêt. Chacun d'eux lui a pris un instant de sa vie et représente un rêve. » (G. Droz, *l'Enfant*, p. 217.) Il faut ajouter que la « poche » est l'image de la mobilité des goûts de l'enfant.

Connaître, ce n'est pas seulement savoir quelles sont les qualités des choses, c'est aussi et surtout comprendre leur origine et leur but. Sous cette seconde forme, la curiosité se manifeste déjà chez le tout petit enfant, par exemple quand il retourne la tête pour chercher d'où vient le bruit, quand il suit du regard jusqu'à son attache au plafond le cordon de sonnette qu'on lui a mis dans les mains. Mais elle ne se montrera dans toute sa force que lorsque, capable de parler, il multipliera à plaisir ses « comment » et ses éternels « pourquoi »

Par ses questions incessantes l'enfant deviendrait terriblement gênant, il serait un véritable fâcheux, si sa crédulité n'égalait sa curiosité, s'il n'était pas aussi disposé à accepter la première explication venue que prompt à solliciter une réponse. L'intelligence naissante se contente de peu. Tout est pour elle problème, matière à question : mais tout lui est bon comme solution. Notons d'abord que beaucoup des demandes de l'enfant tendent seulement à connaître les noms des choses. « Qu'est-ce que cela? » veut dire souvent : « Comment cela se nomme-t-il? » Et une fois le nom de l'objet connu, l'enfant s'arrête, heureux de sa petite science, ayant ajouté un mot nouveau à son pauvre vocabulaire. Lorsque, un peu plus avancé en âge, il réclamera vraiment une explication, et que, dirigée déjà par les grandes lois de la causalité et de la finalité, sa petite raison voudra savoir à quoi sert un objet, ou comment un événement est arrivé, il ne faudra souvent que lui présenter un mot à la place d'un autre pour qu'il se déclare satisfait. Le plus banal *parce que* suffit à son *pourquoi* le plus impérieux ; les raisons les plus futiles lui paraissent solides. De même qu'un appétit vorace ne s'inquiète pas de la qualité des mets qu'on lui sert, de même la curiosité de l'enfant, dans son avidité crédule, s'accommode de toutes les justifications, de tous les éclaircissements qu'on lui offre. Et c'est précisément parce qu'il est si facile d'abuser de la naïveté des intelligences enfantines, de les égarer par des réponses peu sérieuses, de les jeter par suite dans toute sorte de préjugés et de superstitions, que les parents doivent être très scrupuleux dans le choix des explications qu'ils leur fournissent. C'est commettre un crime de lèse-innocence que s'amuser à tromper l'enfant. Et quand il n'est pas possible de répondre sérieusement à ses questions déplacées et inopportunes, il vaut mieux lui répondre simplement : « Je ne sais pas », ou bien : « Vous ne pouvez encore comprendre cela à votre âge », que se jouer de sa bonne foi, en lui racontant des faussetés ou des choses en l'air et sans valeur (1).

Si la curiosité de l'enfant se montre peu exigeante, peu difficile en fait d'explications, ce n'est pas seulement parce qu'il est ignorant et par conséquent crédule, c'est aussi parce que sa pensée inconstante ne sait pas encore se fixer. « L'enfant n'insiste jamais sur les objets; il les quitte aussi aisément qu'il les prend; il a oublié sa propre question avant que vous ayez fini de lui répondre (2). » Il nous est arrivé plus d'une fois, devant une question gênante à laquelle nous ne pouvions répondre, de sortir d'embarras en détournant vers d'autres sujets l'imagination de nos enfants. M. Sully a fait la même remarque : « Le sentiment de l'ignorance n'est pas encore complètement développé chez l'enfant; le désir de connaître n'est pas soutenu, n'est pas fixé sur chaque objet particulier par un intérêt suffisamment défini; de sorte que les parents constateront souvent que la pensée du petit questionneur est déjà loin de son sujet, et que son imagination se promène ailleurs, avant même que la réponse lui ait été donnée (3). » Dans ce cas, on le voit, il y a plutôt mobilité d'esprit que véritable curiosité, si l'on entend par curiosité l'instinct scientifique qui ne se repose que quand il a trouvé l'explication cherchée.

Dans l'intarissable ramage de l'enfant questionneur, il y a aussi à faire la part du babil. L'enfant questionne simplement pour parler, pour faire montre de ses petits moyens oratoires, comme l'oiseau chante et gazouille. Il y a enfin, comme le fait observer M. Bain, une curiosité de mauvais aloi, « qui n'est qu'un mouvement d'égoïsme, un désir de déranger, de se faire écouter et de se faire servir (4) ». Les demandes de l'enfant proviennent parfois en effet du besoin de ne pas se laisser oublier, de se faire une place parmi ceux qui l'entourent, parfois encore de je ne sais quelle pétulance et humeur taquine, où le désir désintéressé de savoir n'entre pour rien.

(1) Il n'est pas sans intérêt de remarquer que la facilité accordée à l'enfant de poser des questions et d'obtenir des réponses est pour beaucoup dans le développement de sa curiosité. On a constaté que chez le sourd-muet la curiosité ne se développe pas au même degré que chez l'enfant normal, précisément parce que le sourd-muet ne peut pas poser de questions. Il y a corrélation entre la tendance intérieure et la possibilité d'exprimer extérieurement cette tendance.

(2) *Dictionnaire de pédagogie*, article CURIOSITÉ.

(3) M. SULLY, *Handbook of psychology*, p. 401.

(4) M. BAIN, *Education as a science*, p. 90.

Le désir ou le besoin de savoir n'en est pas moins le principe essentiel de la curiosité enfantine, soit qu'elle se manifeste par des recherches personnelles, soit qu'elle s'exprime par des questions. L'enfant a plus ou moins le sentiment de son ignorance; en tout cas il ignore, et il aspire naturellement à combler tous les jours davantage les lacunes de ses connaissances. Dans la société des hommes faits, le questionneur, qui est souvent un personnage insupportable, est sans doute avant tout un curieux, mais c'est aussi un ignorant qui, ne pensant guère par lui-même, est obligé de faire appel à la réflexion et aux connaissances d'autrui. L'enfant, dans le dénûment où il se trouve, met de même à contribution la science de ses parents et de ses maîtres.

La curiosité est donc le grand instrument de l'éducation intellectuelle. C'est elle qui rend possibles et la transmission des connaissances et l'hérédité du savoir; c'est elle aussi qui suggère à l'enfant les recherches et les observations personnelles. Tout n'est pas frivole, tout n'est pas sans valeur, dans les préoccupations curieuses des tout petits enfants. Précisément parce que leur esprit n'est pas encore enveloppé dans les habitudes routinières que leur suggérera l'éducation commune, leurs questions imprévues sont de nature à faire travailler parfois la pensée des hommes réfléchis : « Je croirais volontiers, disait Locke, qu'il y a plus à apprendre dans les demandes inattendues des enfants que dans les discours des hommes faits, qui tournent toujours dans le même cercle d'idées, qui obéissent à des croyances d'emprunt et aux préjugés de l'éducation (1). »

Mais ce n'est pas seulement au point de vue de l'instruction et de la culture de l'esprit que la curiosité joue un grand rôle; un médecin psychologue, le Dr Sikorski, estime avec raison qu'elle est aussi un élément important de l'éducation de la volonté. Le moment où l'enfant se partage, pour ainsi dire, entre les préoccupations de la faim, et le besoin d'observer, de connaître, ce moment, dit-il, « a une haute signification pédagogique ». Il y a comme une lutte qui s'engage alors entre les deux parties de notre nature, et l'instinct intellectuel refoule peu à peu et parvient à retarder la manifestation de l'appétit physique. « Lorsqu'on a beaucoup occupé un enfant, lorsqu'on lui a fourni beaucoup d'impressions qui ont accaparé son attention, la faim peut se manifester plus tard qu'à l'ordinaire; il

(1) LOCKE, *Pensées sur l'éducation*, édition Hachette, p. 194.

est vrai qu'en revanche elle éclate alors brusquement, violemment, accompagnée de pleurs (1). Le Dr Sikorski s'autorise de cette observation pour recommander « les exercices systématiques », les procédés pratiques qu'il a employés lui-même, afin d'apprendre à ses enfants à dominer leur impatience de manger. « Tous les matins, dit-il, le lait était chauffé sur une lampe à esprit-de-vin, en présence de l'enfant, et cela dans une pensée pédagogique. L'opération de l'ébullition du lait et de son refroidissement consécutif, qui exige de quinze à vingt minutes, offrait à l'enfant un divertissement instructif, et l'habituait à réprimer la sensation de la faim. Les enfants auxquels on apporte le lait tout préparé, ne savent pas comment se fait cette préparation, et demandent impérieusement qu'on leur serve leur déjeuner, dès qu'ils sont réveillés. » Il nous paraît que le Dr Sikorski abuse un peu, en tout cela, de la contrainte et de l'attention forcée. Je ne sais si tous les enfants possèdent, comme les siens, ce don particulier de patience qui leur permettait de supporter sans irritation l'attente qu'on leur imposait. Mais les observations du psychologue russe n'en sont pas moins intéressantes, et elles prouvent qu'on peut, dans une certaine mesure, en excitant la curiosité, soutenir l'attention, et par là exercer l'enfant à gouverner ses désirs, c'est-à-dire à faire déjà preuve de volonté.

(1) *Revue philosophique*, 1885, t. XIX, p. 54.

CHAPITRE X

LE JUGEMENT ET LE RAISONNEMENT.

Le jugement chez l'enfant avant l'acquisition du langage. — Jugements qui ne sont que des associations soit de souvenirs identiques, soit de souvenirs différents. — Jugements qui supposent une comparaison entre deux états. — C'est la sensibilité, ce sont surtout les besoins qui provoquent les jugements pratiques de l'enfant, exprimés par ses actes. — Que toute perception claire est un jugement. — Aptitude de l'enfant à acquérir des associations d'idées, soit spontanément, soit par suggestion. — Premières manifestations du raisonnement. — Induction des moyens à la fin. — Recherche de la causalité. — II. Le jugement pendant et après l'acquisition du langage. — Des jugements très nets, exprimés par des propositions incomplètes. — Insuffisance verbale correspondant à un défaut d'analyse. — Jugements d'existence. — Jugements de relation. — Les premiers jugements sont individuels. — Jugements négatifs. — III. Transition du jugement au raisonnement. — Inférence d'un fait à un autre fait. — Divers degrés d'induction. — Raisonnements par analogie. — Que l'enfant, dans ses raisonnements, ne s'élève pas à des propositions générales, universelles. — La notion de causalite. — Le rôle de l'education dans le développement de la notion de cause. — Les « pourquoi » de l'enfant. — La notion de finalité. — Les commencements de la raison. — L'espace et le temps. — IV. Les infirmités de l'intelligence enfantine. — Ses naïvetés apparentes ne sont bien souvent que des gaucheries de langage. — Cause des faiblesses intellectuelles de l'enfant : l'ignorance, la confusion des idées, les associations frivoles. — Mobilité des impressions. — Précipitation du jugement.

I

Il y a deux périodes bien distinctes dans le développement du jugement et du raisonnement: la première, avant que l'enfant sache parler, la seconde, à partir du moment où il entend le sens des mots et commence à savoir s'en servir. Mais, dans l'une et dans l'autre, les facultés naissantes du jugement et du raisonnement ont pour caractère commun de n'être pas encore des facultés de réflexion; elles procèdent d'une sorte de spontanéité naturelle. Le jugement et le raisonnement de l'enfant sont presque toujours irréfléchis. On n'y sent pas l'effort, et c'est ce qui fait à la fois la faiblesse et le charme de ces premiers essais de la pensée. Sans doute, c'est grâce au langage que l'intelligence se délie, que la pensée s'analyse. Mais l'usage de la parole n'est pourtant pas nécessaire pour que le jugement et le raisonnement commencent à s'exercer; et si, chez l'adulte, la pensée n'est guère qu'une parole intérieure, les mots étant devenus par l'effet de l'habitude les instruments du travail intellectuel, il est certain que, chez l'enfant, la pensée précède et seule rend possible l'acquisition du langage.

La plupart des actes, des mouvements et des gestes du tout petit enfant, témoignent qu'il juge déjà à sa manière. Il sourit à sa mère, l la reconnaît; ce qui implique les éléments essentiels du jugement: la représentation d'une personne, le souvenir de l'avoir déjà vue, c'est-à-dire des commencements d'idées, plus l'affirmation que cette personne est présente, qu'on le sait et qu'on ne la confond avec aucune autre. Porté et promené par sa bonne, l'enfant fait le geste de prendre la porte : il juge que c'est par là qu'il faut sortir. Devant un étranger, effrayé, il se blottit sur le sein de sa nourrice : il a donc conscience qu'une personne qu'il ne connaît pas se présente à lui pour la première fois. Il repousse un aliment, il en recherche avidement un autre: preuve qu'il les distingue. Il s'écarte du feu, parce qu'il sait que le feu brûle, parce qu'il se rappelle tout au moins que le feu l'a brûlé une fois.... Une foule de jugements traversent ainsi, comme des lueurs rapides, le cerveau de l'enfant. Il s'aperçoit de la disparition de sa bonne, des ses parents; il les redemande à grands cris, il salue leur retour par des transports de joie. Il reconnaît fort bien si quelqu'un de ses jouets lui manque. M. Preyer cite un enfant de dix mois, auquel on ne pouvait enlever une seule de ses neuf quilles, sans qu'il le remarquât; le même enfant, à dix-huit mois, savait fort bien reconnaître s'il avait ou non son compte, dans un jeu de dix animaux.

Dans les exemples que nous venons d'énumérer apparaissent plusieurs étapes distinctes du progrès de l'intelligence. Dans le premier cas, il n'y a qu'une association de souvenirs identiques. L'enfant a remarqué le visage de sa mère, le visage de son père, « ces visages qui, en tant que taches blanches et rosées, avec deux yeux brillants », comme dit Helmholtz, constituent un ensemble facile à reconnaître. Il les revoit tous les jours. Des images toutes pareilles se succèdent et se rappellent l'une l'autre. Il n'y a là qu'une association d'images visuelles, que la mémoire a retenues et qui se sont groupées pour former des notions toutes sensibles. Dans d'autres cas, il y a encore association de souvenirs, mais de souvenirs distincts. L'enfant, revoyant des images connues, la porte de l'appartement, la flamme de la bougie, se rappelle les événements consécutifs qui, dans de précédentes expériences, ont accompagné l'apparition de ces impressions visuelles : la promenade, la brûlure. Et ces événements, il en attend le renouvellement, par une sorte d'induction spontanée (1). Enfin, dans les derniers exemples cités, il y a quelque chose de plus, il y a, en l'absence de l'objet, de la personne, le sentiment que cet objet, cette personne vous manquent ; il y a la constatation de leur absence, provoquée chez l'enfant par le besoin qu'il a de leur présence, une véritable comparaison entre les deux états, l'un passé, l'autre actuel, avec le vif désir que l'état passé se renouvelle.

Dans ces associations de souvenirs, qui sont les principes des jugements de l'enfant et qui peuvent revêtir tant de formes diverses, ce sont les besoins, les inclinations qui le plus souvent excitent les phénomènes intellectuels. L'enfant ne devient peu à peu intelligent que parce qu'il est déjà sensible, parce qu'il a des appétits, des affections, de petites passions. Dans l'âge adulte, nous pouvons jusqu'à un certain point agir par la pensée seule ; mais ce travail abstrait de l'intelligence pure n'est pas le fait de l'enfant. Chez lui, la sensibilité est presque toujours l'excitatrice de l'intelligence. Chacun de ses souvenirs est pour ainsi dire sous la garde d'un besoin, d'une sympathie, d'une affection. Aussi ne faut-il pas s'étonner, le besoin de la nourriture et le goût des friandises étant ce qu'ils sont chez l'enfant, que son intelligence se développe d'abord dans les actes qui se rapportent à l'alimentation. M. Preyer en donne quelques exemples bien curieux. Un enfant de dix mois, quand il s'apercevait, après avoir longtemps tété, qu'il n'obtenait plus que quelques gouttes de lait, posait la main sur le sein de sa nourrice et le pressait fortement (2) : ressouvenir probable, avec application pratique, d'une expérience fortuite qui lui avait montré un rapport entre la

(1) M. Romanes, dans l'*Évolution mentale des animaux* (p. 334), définit exactement ce genre de jugement, en disant qu'il y a là une association d'idées, telle que la présence d'une perception réveille la connaissance inductive d'un complément de cette perception, ou l'anticipation inductive d'un événement futur.

(2) M. Preyer, *op. cit.*, p. 297.

compression du sein et l'écoulement plus ou moins abondant du lait. Dix mois plus tard, le même enfant, revoyant sur la table une boîte où la veille on avait pris un gâteau pour le lui donner, fit le geste de demander un nouveau gâteau. Et un autre jour, à vingt et un mois, ayant mangé un biscuit que son père avait tiré de la poche d'un habit suspendu dans un placard, il alla directement au placard, pour chercher dans l'habit un second biscuit....

Si l'intelligence de l'enfant ne manifeste pas plus souvent dans les premiers mois son activité naissante, c'est qu'une éducation pleine de sollicitude, par les soins minutieux dont elle l'entoure, le dispense de toute peine, de toute recherche; c'est que ses désirs sont prévenus, satisfaits souvent, avant qu'ils aient eu le temps d'apparaître. Malgré son extrême faiblesse physique, l'enfant, s'il était plus souvent abandonné à lui-même, si cette faiblesse même n'imposait aux parents l'obligation de lui éviter, de lui épargner tout effort, l'enfant, sous la discipline de la nécessité, se montrerait beaucoup plus tôt intelligent, inventif et industrieux.

Il est bien entendu d'ailleurs que, en dehors des jugements dont nous avons donné des exemples, et qui supposent plus ou moins une comparaison consciente ou inconsciente de plusieurs souvenirs, de plusieurs perceptions successives, l'enfant juge par cela seul qu'il perçoit, qu'il exerce ses sens. Toute perception claire est un jugement. Dès que la conscience distingue un objet, elle juge, elle discerne, elle « discrimine », selon l'expression des psychologues anglais; elle dit que cet objet est ce qu'il est, qu'il n'est pas tel autre; elle applique déjà le principe logique d'identité. « Le premier rayon de lumière qui entre dans l'œil d'un enfant, et la première goutte de lait qui tombe sur sa langue, a dit Rivarol, forment le premier jugement, puisqu'il sait que l'un n'est pas l'autre. »

Quand on traite de l'intelligence chez les enfants encore muets, une comparaison s'impose, la comparaison avec ce qui se passe chez les animaux. L'animal en effet reste toute sa vie ce que l'enfant est pendant quelques mois : un être relativement intelligent qui ne parle pas. Il est facile de retrouver chez le jeune chien des jugements, des inductions pratiques, qui ont une certaine analogie avec les actes intelligents de l'enfant. Le chien sait très vite gratter à la porte pour se faire ouvrir, ou encore conclure que le déjeuner va être servi, parce qu'il a entendu sonner la cloche qui l'annonce chaque jour. Il y a pourtant tout de suite des différences sensibles entre l'état intellectuel de l'enfant qui doit devenir un homme, et celui de l'animal, qui demeurera toujours emprisonné dans le cercle des mêmes actions, dans les limites étroites d'une intelligence plus instinctive que raisonnée. D'après Darwin, la différence consisterait surtout dans la docilité plus grande de l'enfant. « L'aptitude à acquérir les associations dues à l'instruction et celles qui se produisent spontanément, telle m'a semblé être la différence la plus marquée qui existe entre l'esprit du petit enfant et celui du chien adulte même le plus intelligent. » Et Darwin raconte l'histoire de ce brochet qui se lançait, avec tant de force qu'il en était tout étourdi, contre une paroi de verre qui le séparait de quelques goujons; pendant trois mois entiers, le brochet s'obstina à renouveler avec le même insuccès la même tentative. L'aptitude plus grande à former des associations d'idées, soit spontanément, soit par suggestion, est en effet une des raisons qui expliquent les progrès de l'intelligence humaine. L'enfant se laisse vite instruire, soit par les résultats de son expérience propre, soit par les leçons qu'on lui donne, et cela avant même que la réflexion intervienne. On peut dire que l'éducation du jugement n'est que la conséquence directe d'un grand nombre d'observations recueillies et conservées par la mémoire.

Dans quelques-uns des jugements les plus simples que nous avons cités plus haut, apparaît déjà une certaine force inductive, l'inférence d'une perception actuelle à celle qui la suit d'habitude, l'inférence d'un moyen employé à l'effet qui en résultera. Mais on peut saisir chez l'enfant, même avant qu'il parle, des traces de raisonnement plus compliqué. En voici des exemples : — « Quand mon fils, dit Darwin, me prenait le doigt et qu'il voulait le porter à sa bouche, sa main l'empêchait de saisir et de sucer ce doigt. Mais le cent quatorzième jour, après avoir accompli ce mouvement, il fit glisser sa main de manière à pouvoir cette fois mettre dans sa bouche le bout de mon doigt. Cette manœuvre fut répétée à plusieurs reprises. Évidemment il n'y avait pas là un effet du hasard : c'était un acte raisonné. » Ici le raisonnement se montre dans une combinaison étudiée de mouvements, dans l'adaptation du moyen employé à la fin poursuivie. L'enfant a compris d'où venait l'obstacle qui gênait son action, et il a réussi à l'écarter. — Le même enfant, à cinq mois (1), dès qu'on lui mettait son chapeau et son manteau,

(1) « C'est dans le second quart de la première année, dit le Dr Sikorski, qu'ap-

devenait agité et de mauvaise humeur, si on ne le faisait pas sortir tout de suite. Une association s'était formée entre l'idée de l'habillement et l'idée de la promenade; et par une véritable induction l'enfant concluait que l'heure de la sortie était proche, puisqu'on lui avait mis ses habits de circonstance. — « A quatre-vingt-un jours, dit M. Preyer, comme je produisais, en promenant un doigt mouillé sur les bords d'un verre à boire, des sons élevés et nouveaux pour l'enfant, celui-ci tourna aussitôt la tête; mais il ne découvrit pas tout de suite la direction d'où venait le son; il la chercha, et quand il l'eut trouvée, son regard ne quitta plus les mouvements de mon doigt. » Dans cet exemple, le raisonnement de l'enfant est une véritable recherche de causalité.

Du même genre sont les observations suivantes : « A douze mois, un enfant était habitué à voir chaque matin verser avec bruit du charbon dans un poêle, le poêle A; au trois cent soixante-troisième jour, on fit la même opération dans le poêle B, situé dans une chambre voisine : l'enfant regarda immédiatement d'où venait le bruit; ne voyant rien, il tourna la tête de près de 180° et regarda d'un air d'interrogation le poêle A, qui avait déjà été rempli. » Dans ce cas encore, à une association d'idées entre une impression auditive, — le bruit que fait le charbon en tombant —, et une impression visuelle, — le poêle qui se remplit, — se joint une notion plus ou moins vague de causalité. C'est en vertu des mêmes principes que Doddy, quand il avait six mois, occupé à regarder en souriant l'image de son père réfléchie dans une glace, se retournait brusquement pour regarder son père, si celui-ci faisait une grimace.

On pourrait multiplier les exemples analogues. A six mois, Marcel se montre déjà très attentif aux ombres chinoises portées sur un mur blanc par le mouvement des doigts. Il les suit des yeux, mais il se retourne fréquemment du côté de la main de son père (1). Est-ce simple mobilité des yeux et du regard? N'est-ce pas plutôt déjà besoin de s'expliquer, de trouver la cause de ce qu'on observe? Le même enfant, à peu près au même âge, si on lui mettait dans les mains l'extrémité d'un cordon de sonnette, suivait du regard le

paraissent les premiers germes de la conscience et de ce *processus* qu'on appelle le « raisonnement » (*Revue philosophique*, 1885, p. 106).

(1) Conférez Darwin. « A neuf mois et quelques jours, mon fils apprit tout seul que lorsqu'une main, ou tout autre objet, projetait son ombre sur une muraille en face de lui, il fallait chercher cet objet derrière lui. »

cordon jusqu'en haut, jusqu'au plafond, en faisant un effort pour relever la tête. Est-ce simplement un regard qui se prolonge? N'est-ce pas plutôt une pensée qui se dessine, la pensée de chercher le principe, l'origine de ce qu'on voit? A douze mois, à quatorze mois, il n'y aura plus de doute et l'enfant raisonnera d'une façon très apparente. A quinze mois, Marcel qui marche déjà, joue au ballon dans la salle à manger. Tout d'un coup il manifeste le désir d'aller vers la porte fermée, et semble avoir oublié son jouet; je crie déjà à l'inconstance. Pas du tout: l'enfant se dirige en effet vers la porte; mais c'est pour l'ouvrir, puis revenir vers le ballon, et le pousser du pied à travers la porte ouverte. Sans doute il n'y a dans cet exemple, comme dans tous ceux qu'on pourrait citer, ni principes abstraits, ni idées générales; il n'y a que des notions sensibles, et des faits particuliers. Mais qu'importe la nature des matériaux du raisonnement? La force logique n'en existe pas moins déjà.

II

La raison est l'ouvrière, le langage est l'outil. L'ouvrière ne se perfectionne que parceque l'outil lui-même s'agence et s'organise. Et il y a ici, entre la fonction et l'organe, une telle dépendance, un rapport si étroit de solidarité, que le langage ne se constituerait pas sans ce minimum de pensée que l'enfant développe spontanément, et que, d'autre part, la raison ne saurait atteindre son maximum de développement, si le langage ne lui venait en aide.

Quand l'enfant commence à parler, il ne faut pas lui demander tout de suite une expression exacte et rigoureuse de sa pensée. Son jugement est très net, très décidé; mais, par insuffisance de langage, il n'aboutit pas à une proposition complète, pourvue de tous ses éléments grammaticaux. Ainsi l'enfant supprimera d'habitude le verbe *être*, le mot *est*, qui est le signe de l'affirmation, la copule logique des deux idées associées. Le verbe substantif est le verbe abstrait par excellence, et l'enfant, qui ne manie encore les abstractions qu'avec difficulté, lui préfère volontiers les verbes attributifs qui sont, en quelque sorte, des verbes concrets. Les sourds-muets font de même: ils inventeront, par exemple, le verbe *méchanter*, et diront *Paul méchante*, au lieu de *Paul est méchant*. Et en cela, le langage enfantin reproduit aussi les habitudes des langues primitives qui, dans leurs tendances synthétiques, ignorent ou négligent le verbe substantif (1). Dans d'autres cas, il se contente, dans ses phrases naïves, d'une simple juxtaposition du sujet et de l'attribut : *Paul sage, Paul vilain :* ou bien il abuse de l'infinitif : *Paul plus pleurer, Paul plus désobéir.*

D'où vient cette inaptitude ou cette impuissance de l'enfant à se servir de la copule logique, du monosyllabe *est*, pourtant si facile à prononcer? M. Maillet prétend y voir la preuve que « la personnalité de l'enfant est encore très peu développée, et que, par conséquent, il hésite à l'engager, à l'impliquer, comme l'adulte, dans ses affirmations (2) ». Le même auteur ajoute : « Les expériences de l'enfant ne sont pas encore assez nombreuses pour lui donner confiance. Même en affirmant, il semble qu'il continue encore à s'enquérir et à interroger. » C'est là, à ce qu'il nous semble, une psychologie tout à fait inexacte, et c'est le contraire qui est le vrai. Précisément parce qu'il a encore peu d'expérience, l'enfant est très affirmatif dans ses jugements. On sait du reste qu'un jugement tranchant et présomptueux coïncide généralement avec l'ignorance. Ce sont les esprits les plus limités dans leurs connaissances qui se montrent les plus entiers, les plus absolus dans leurs affirmations. Le doute, l'indécision ne résulte que de l'abondance des idées. Et c'est avec une pleine assurance, avec une conviction entière, que l'enfant exprimera gravement ses petits jugements : « *Bébé, gentil! Petite sœur, vilaine!* »

Non, si les propositions de l'enfant sont aussi incorrectes qu'elles le sont, ce n'est pas manque d'énergie dans l'affirmation ou dans la négation; c'est d'abord le fait d'une inexpérience verbale, qui est commune à tous ceux dont l'éducation, en fait de langage, laisse à désirer pour une raison ou pour une autre. Ce qu'on appelle le « parler nègre », souvent si semblable au « parler bébé », en est la preuve. De même, chez les sourds-muets, la répugnance à employer le verbe *être* n'a d'égale que leur gaucherie à s'en servir. Ils écriront, par exemple, en cumulant le verbe substantif avec le verbe attributif : « *Je suis mange du pain; Paul est marche.* » Mais la raison essentielle, c'est que l'enfant est encore incapable de distinguer les diverses

(1) « Dans les langues primitives, l'ensemble logique de la proposition en trois parties est quelquefois représenté par deux termes, quelquefois par un seul. Le simple rapprochement d'un nom ou d'un pronom et d'un attribut suffit à constituer une forme verbale; plusieurs temps de la conjugaison sanscrite, de la conjugaison grecque, ne contiennent que deux éléments, un radical attributif et un pronominal. » (Egger, *op. cit.*, p. 18.)

(2) M. E. Maillet, *op. cit.*, p. 510.

parties, d'analyser les trois éléments de chacun de ses jugements. Chacune de ces affirmations est un tout, un bloc qu'il ne décompose pas. Il est même permis de supposer que, dans les petites phrases où il essaie sa pensée, il ne sépare pas l'un de l'autre les différents mots qui les composent. Il ressemble à cet étranger, que cite M. Bréal, et qui disait : « Je cherche vainement dans les dictionnaires français un mot qui est pourtant très employé, à Paris, dans les circonstances les plus diverses : le mot *ça y est.* »

Ne demandons pas à l'enfant qui bégaie encore l'exactitude du langage et la précision de la forme extérieure. C'est déjà beaucoup qu'il puisse parvenir en si peu de temps à exprimer n'importe comment, coûte que coûte, à travers les incorrections et les hardiesses d'un langage qu'il invente en partie, les premières affirmations de son jugement. M. Taine donne un exemple frappant de ce besoin précoce de juger, qui lutte contre les obstacles de la parole et qui en triomphe : « Une petite fille de dix-huit mois rit de tout son cœur, quand sa mère et sa bonne jouent à se cacher derrière un fauteuil ou une porte et disent : *Coucou.* En même temps, quand sa soupe est trop chaude, quand elle s'approche du feu, quand elle avance ses mains vers la bougie, quand on lui met son chapeau dans le jardin parce que le soleil est brûlant, on lui dit : « *Ça brûle* ». Voilà deux mots notables et qui pour elle désignent des choses du premier ordre, la plus forte de ses sensations douloureuses, la plus forte de ses sensations agréables. Un jour, sur la terrasse, voyant que le soleil disparaît derrière la colline, elle dit : « *A bule coucou* ». Voilà un jugement complet (1)... » L'enfant en effet ne mettra rien de plus dans son affirmation, quand il pourra dire : « Le soleil s'est couché. » Autres exemples : une fillette, pour se plaindre de son médecin et de ses ordonnances désagréables, disait : « Docteur, méchante fille ! » Un autre enfant, pour désigner un grand arbre ou un petit arbre, dira : « Arbre bébé », « arbre papa ».

Tout jugement, on le sait, suppose le rapprochement de deux idées, ou Lien, pour parler plus exactement avec Kant, l'acte de *subsumer*, c'est-à-dire de faire rentrer une idée dans une autre. Les jugements intuitifs eux-mêmes, ceux qui ne résultent pas d'une comparaison, et qui dérivent d'emblée de la perception ou, pour mieux dire, coexistent avec elle, sont des jugements d'existence; c'est-à-dire que, dans ce

(1) M. Taine, *de l'Intelligence*, t. I, p. 43.

cas, sans en avoir conscience d'ailleurs, l'esprit range les objets et les qualités qu'il discerne dans la catégorie la plus générale de toutes, la catégorie de l'être. Mais c'est la réflexion abstraite du psychologue qui seule rend claire à la conscience cette opération logique. Est-il besoin de dire que l'enfant ne s'en rend pas compte, alors qu'il est certain que l'adulte lui-même ne fait pas cette analyse, dans la plupart de ses actes intellectuels? Le jugement, même chez l'homme fait, à plus forte raison chez l'enfant, n'est le plus souvent qu'une impulsion irrésistible, qui jaillit spontanément de la perception soit des objets soit du rapport des objets.

Le jugement d'existence, c'est-à-dire la perception devenant discernement et croyance, n'a assurément aucun besoin du concours du langage. Il en est autrement du jugement de relation, qui associe ou bien une idée particulière et une idée générale, ou bien deux idées générales (1). Dès que la généralisation apparait, les mots sont utiles, sinon nécessaires, pour servir de supports aux idées. Et c'est pour cela que le jugement de relation ne se montre véritablement chez les enfants que quand ils commencent à parler; jusque-là ils étaient à peu près réduits au jugement d'existence.

Il faut se garder d'ailleurs d'attribuer au langage seul les progrès du jugement; car ils dérivent aussi, en grande partie, du développement de l'observation et de ce fait que, s'intéressant à plus de choses, l'esprit recueille un plus grand nombre de perceptions. C'est vers la fin de la deuxième année que l'on entendra les enfants exprimer en leur langage des jugements comme ceux-ci : « Ma sœur méchante ». — « Dick gros oua-oua », pour dire « Dick est un gros chien ». — « Jolie la maison ». — « Y a pu », pour indiquer qu'il n'y a plus rien, que la tasse de lait est vide. Dans tous ces exemples, on remarquera que le sujet est individuel. Ce n'est qu'un peu plus tard que l'enfant parviendra à prononcer des jugements sur des classes d'objets, quand il dira par exemple : « Les enfants méchants jouent avec de la boue. » — « Les enfants sages ne mettent pas le doigt dans le nez. »

« Les premiers jugements explicites, dit M. Sully, ont trait à des objets individuels. » Et il en cite des exemples, qui prouvent qu'un

(1) Nous ne comprenons guère ce que certains psychologues veulent dire quand ils parlent « de jugements n'impliquant pas de concepts généraux », et qu'ils en donnent pour exemples des phrases comme celle-ci : « Pierre est plus petit que Paul »; voilà, disent-ils, « des jugements qui n'impliquent pas de concept. » L'idée du « plus petit » est bien pourtant un concept, une idée générale. (M. MAILLET, *op. cit.*, p. 589.)

mot, un seul mot, suffit à l'enfant pour formuler sa pensée. « Quand, à dix-huit mois, un enfant, en voyant un chien, dit *aou aou*, en laissant tomber un jouet, *dow* (pour *down*, en bas), en prenant sa nourriture, *ot* (pour *hot*, chaud), c'est comme s'il disait : « Cela est un chien. » — « Mon jouet est tombé. » — « Le lait est chaud (1). » Un peu plus tard la formule verbale s'allonge. A dix neuf mois, l'enfant observé par M. Sully associait déjà deux mots, et disait *dit ki* (pour *sister is crying*, ma sœur pleure); quelque temps après, il allait jusqu'à trois mots et au delà : *Ka in milk*, « il y a quelque chose de mauvais dans le lait »; — *dit dow ga*, « ma sœur est sur le gazon ».

On a prétendu que, dans ces premières énonciations, l'enfant, par une sorte d'inversion naturelle et normale, plaçait toujours l'attribut avant le sujet, qu'il disait invariablement : « Jolie, la fleur; » — « Jolie, la montagne ; » — « Vilain, minet; vilain, Médor (2). » Nous n'avons pas constaté, quant à nous, que ce fût là une loi générale, une habitude constante du langage enfantin; et cela paraît en contradiction avec les observations faites sur des enfants anglais, qui violent eux-mêmes les règles grammaticales de leur langue en plaçant l'adjectif après le substantif (3). Sans doute il n'en est pas du parler de l'enfant comme de la langue régulière et méthodique, où comme le dit Fénelon, « on voit toujours venir d'abord un nominatif substantif qui mène son adjectif comme par la main ». L'enfant est plus libre dans ses allures, et il renverse souvent l'ordre logique. Mais il s'y conforme aussi, et sa phrase prend tel ou tel tour, selon que son attention a été plus vivement frappée par le sujet ou par l'attribut, par l'objet ou par la qualité.

Une observation plus exacte est celle de M. Sully, en ce qui concerne les jugements négatifs. M. Sully constate d'abord que l'enfant qu'il a étudié, et qu'il désigne par la lettre C, n'a pas formulé de propositions de ce genre avant la troisième année : ce qui tendrait à prouver que cette forme de langage répugne un peu à l'esprit des enfants. Ce qui est certain, en tout cas, c'est qu'ils ont une manière toute particulière de l'employer; C, dans sa troisième année, a pris l'habitude de s'exprimer ainsi : « Bébé va dans l'eau, non. » J'ai observé de même, ajoute M. Sully, que deux enfants, au même âge,

(1) M. Sully, *op. cit.*, p. 435.

(2) M. Maillet, *op. cit.*, p. 541.

(3) Une petite fille américaine disait, dans son langage : *mea wafa-waiar*, littéralement « fourrures sombres ».

étaient disposés à accoupler les propositions affirmative et négative, par exemple, à dire : « C'est une coupe, non, la coupe de maman. » — « C'est un *oua oua* propre, non, un *oua oua* sale (1). » L'enfant, dans le mouvement naturel de sa pensée, va d'abord à l'affirmation, et ce n'est qu'en se reprenant, en se rétractant, qu'il arrive à la négation.

III

Du jugement au raisonnement il n'y a qu'un pas. Et l'on a pu même soutenir que dans tout jugement il y avait déjà un raisonnement : raisonnement explicite et conscient, s'il est question de jugements réfléchis; raisonnement implicite et plus ou moins inconscient, s'il s'agit de jugements qui, en apparence immédiats, ne seraient cependant que les conclusions de prémisses latentes. La même force logique, qui tout à l'heure conduisait l'enfant à rapprocher deux notions, l'achemine maintenant à saisir le rapport de deux jugements : ce qui est raisonner. Et cette faculté de rapprochement ne paraîtra en rien extraordinaire, si l'on considère qu'elle ne porte d'abord que sur des faits particuliers. Le raisonnement propre à l'enfant ne va pas au delà de l'induction, et encore de cette induction qui n'a rien de scientifique, qui infère seulement un fait d'un autre fait. L'enfant prévoit que la bougie le brûlera, parce qu'elle l'a déjà brûlé. Il renonce à une action défendue, parce qu'il se rappelle qu'une première faute lui a valu une punition. Il compte que sa mère va accourir à l'appel de ses cris, parce que hier ou avant-hier elle l'a déjà fait. Dans tous ces petits raisonnements, la pensée de l'enfant va donc tout simplement d'un premier fait, perçu par les sens et retenu par la mémoire, à un autre fait du même genre (2). Elle attend le renouvellement, le retour de ce qui est déjà arrivé, et l'on pourrait dire que l'habitude, plus que la réflexion, intervient dans ces premières esquisses du raisonnement, puisque tout s'y réduit à prévoir la répétition d'une liaison de faits déjà plusieurs fois observée.

Mais bientôt, tout en continuant à n'inférer que du particulier au

(1) M. SULLY, *op. cit.*, p. 320-321.

(2) Ces inférences ne sont pas particulières à l'espèce humaine. Le chat raisonne à peu près de la même façon, lorsque, par exemple, associant l'idée des miettes de pain répandues dans les allées du jardin avec celle de l'arrivée des moineaux, qui vont venir s'en régaler, il se cache dans le massif, aussitôt que les miettes ont été répandues.

particulier, l'enfant va un peu plus loin : du fait qui lui sert de point de départ il conclut, non plus à la reproduction de la conséquence habituelle de ce premier fait, mais à la possibilité d'un fait, analogue sans doute, mais d'un autre genre. Ainsi un enfant observé par M. Sully, à deux ans et dix mois, avait la prétention de mettre de l'eau dans une assiette pour y faire fondre des morceaux de viande, préoccupé qu'il était du souvenir d'avoir fait fondre de la même manière des morceaux de sucre; ici c'est l'analogie qui dirigeait l'enfant. De même, dans cette observation rapportée par M. Egger : « A quatre ans et deux mois, Émile voit fermer la fenêtre dans une chambre où l'on fume. Il se demande par où sortira la fumée, et il se répond en indiquant les fentes que laisse la fenêtre même fermée; « car, dit-il, la fumée est *toute petite*; c'est comme l'eau : « quand je mets de l'eau dans ma main, elle passe par là »; et il montre l'interstice de ses doigts serrés l'un contre l'autre. » (1) C'est encore l'analogie qui a conduit l'enfant dans cette induction naïve. Il a comparé la manière de se comporter des liquides et des vapeurs, et il a conclu de ce qui se passe pour un fluide à ce qui doit se passer pour un autre.

Autres exemples : un enfant à qui, comme à tous les enfants, on avait souvent répété qu'il deviendrait grand avec l'âge, s'amusait avec une badine très mince et très courte, et semblait vouloir s'en servir comme d'une canne. Sa mère lui en fit l'observation, et l'enfant de répondre : « Moi me servirai de badine comme d'une canne quand badine sera devenue grande. » M. Sully, à qui nous empruntons ce petit fait, croit voir apparaître dans cette réponse un principe général, admis implicitement par l'enfant, à savoir que toutes choses tendent à grandir avec le temps. En fait nous pensons qu'il n'y a ici encore que l'application à un autre objet particulier, à une baguette de bois, de ce que l'enfant a observé ou entendu dire à propos de lui-même. De lois universelles, applicables à tous les objets, à tous les êtres, l'enfant n'en a cure. Même dans de prétendues déductions attribuées à l'enfant, nous ne découvrons encore que de simples inférences du particulier au particulier. « Émile, dit M. Egger, a remarqué sur ma table une de ces cartes qui indiquent la place d'un convive dans un dîner, et cette carte porte mon nom; il me demande l'*autre carte*; je ne comprends pas d'abord, mais il m'ex-

(1) Egger, *op. cit.*, p. 56.

plique bientôt que la carte qu'il me demande est celle d'invitation, parce qu'il a vu des invitations à dîner écrites sur des cartes du même genre. Ainsi tout dîner suppose une carte d'invitation; or tu as été dîner en ville : donc tu as reçu et tu dois avoir une carte d'invitation. Il se passera dix ans encore avant qu'il apprenne, dans son livre de logique, comment il a fait un bel et bon raisonnement. » C'est, je crois, forcer un peu les choses. Et il est plus que probable que le petit raisonneur dont il s'agit obéissait simplement à l'association de deux souvenirs, qui lui représentaient les deux cartes comme s'accompagnant toujours l'une l'autre.

Nous ne pensons pas que l'intelligence de l'enfant puisse dépasser beaucoup les inductions qui vont du même au même, de l'analogue à l'analogue, et qui, en tout cas, n'aboutissent pas à des propositions générales, universelles. L'enfant infère de hier à aujourd'hui, d'aujourd'hui à demain, à après-demain, de ce qui se passe dans sa maison, dans son école, à ce qui doit se passer dans la maison ou dans l'école voisine. Il ne saurait être question de lui demander des conclusions qui embrassent l'avenir dont il n'a pas l'idée, l'ensemble de l'espace, dont il ne se représente encore qu'un petit coin. Comment cette créature d'un jour, si étroitement limitée dans ses connaissances, pourrait-elle concevoir l'universel ! Comment, n'ayant derrière elle que quelques mois de souvenirs, n'ayant encore fait que quelques pas dans ce monde, pourrait-elle introduire les mots « toujours » « et partout » dans ses petites inductions?

Dans la plupart des inférences de l'enfant se trouve virtuellement engagée la notion de causalité : c'est une question intéressante de se demander jusqu'à quel point, et de quelle manière, l'enfant parvient à la dégager de la confusion de ses perceptions. Nous ne pensons pas qu'il y arrive d'un seul coup, et comme par un bond soudain de la pensée. L'éducation, c'est-à-dire l'action des parents et de ceux qui élèvent l'enfant, jouera un grand rôle dans le développement de la notion de cause. L'idée du rapport de cause à effet ne peut sortir que de la succession constante, régulière, constatée entre un antécédent et un conséquent. Or, dans une éducation mal réglée, où le caprice et l'incohérence gouvernent, où il n'y a ni ordre ni suite, l'enfant désorienté ne trouve rien qui le prépare à saisir un rapport de coordination entre les divers événements de sa vie. D'autre part le monde de la nature lui est encore fermé. Il n'a pas, dans les premiers temps tout au moins, le regard assez ferme ni assez pénétrant pour découvrir de lui-même l'ordre régulier des phénomènes et les relations causales des choses du dehors.

C'est dans l'utilité de ses cris, considérés comme moyens d'obtenir une faveur ou simplement la satisfaction de ses besoins, que le petit enfant trouve probablement le premier germe de la notion de cause. Plus tard, dès qu'il commence à comprendre ce qu'on lui dit, ce sont de véritables leçons de causalité que nous lui donnons, en disant : « Si tu fais cela, tu seras puni ». — « Si tu marches sur la glace, tu glisseras ». — « Si tu manges trop de ces fruits, tu seras malade ». Et en même temps, par cela seul qu'il agit et qu'il remarque les conséquences de ses actes : la porte qui s'ouvre, s'il la pousse, le jouet qui se brise, s'il le laisse tomber, il devient attentif à ces successions régulières de faits, et il conçoit peu à peu l'idée de cause et d'effet. Ce qui n'est pas douteux, c'est que, vers la troisième année, cette idée gouverne déjà inconsciemment une grande partie de ses pensées et qu'elle provoque ses questions incessantes : « Qui est-ce qui fait la neige ? Pourquoi la montre fait-elle tic tac ? Pourquoi petit frère est-il malade? »... et toute la série des pourquoi. Il lui faut une explication, quelle qu'elle soit ; la plus frivole lui suffit parfois, mais il lui en faut une. Un enfant de deux ans, qui était nourri avec le lait d'une vache blanche, disait : « Le lait est blanc parce que la vache est blanche ».

Le « pourquoi » de l'enfant nous paraît être une question de causalité, plutôt qu'une question de finalité. L'enfant est plus curieux de comprendre l'origine des choses que d'en connaître la fin. C'est que l'idée de la fin, du but, ne saurait provenir que de l'expérience personnelle des actes réfléchis, des intentions volontaires, qui dépassent le niveau de l'activité propre au tout petit enfant. La fin est sans doute une cause, la cause à venir; c'est le but prévu à l'avance par notre intelligence et devenant, par suite, le principe de nos efforts. Mais il y a là une conception délicate et relativement subtile, que l'enfant n'aborde pas aussi aisément que la compréhension de la cause efficiente. Nous ne voudrions pas dire pourtant que, vers la troisième ou la quatrième année, elle ne puisse se développer, suggérée par les actions que l'enfant accomplit déjà avec une certaine préméditation.

C'est donc l'expérience de ses propres actions, beaucoup plus que la considération de la nature extérieure, dans ses lois immuables et son ordre inflexible, qui éclaire l'enfant dans ses premiers raisonnements de causalité. S'il possède vaguement la notion de cause, nous ne dirons pas assurément que, comme un petit Maine de Biran, il la puise dans la conscience de sa volonté s'exerçant sur ses muscles (1); mais il n'en est pas moins vrai que l'enfant moule, pour ainsi dire, la notion des premières causes qu'il conçoit sur le modèle de ses propres actions. Et voilà pourquoi, si sa poupée tombe par terre, il dira : « Poupée méchante ! » parce qu'il se représente tous les objets comme animés, à son image, et qu'il leur attribue les mêmes principes d'action qu'il a observés en lui-même.

Pour assister véritablement à la genèse du raisonnement de causalité, il faut prendre l'enfant à quatre ou cinq ans. A cinq ans et demi, George paraît très préoccupé de l'origine des choses, et il ne semble pas le moins du monde disposé à respecter la maxime d'Aristote, relativement à la régression dans l'échelle des causes, le fameux ἀνάγκη στῆναι. « Mais enfin, répète-t-il avec insistance, qu'est-ce qu'il y avait avant Dieu, je veux le savoir !... Quand cette maison n'existait pas, il y avait à la place un grand trou... ! » C'est à peu près de la même manière que se comportait, à sept ans et demi, le raisonnement de l'enfant observé par M. Egger. « L'enfant demande à sa mère : « Qu'est-ce qu'il y avait avant le monde ? » Réponse : « Dieu qui l'a créé ». — « Et avant Dieu ? » Réponse : « Rien ». A quoi l'enfant réplique : « Non, il devait y avoir la place où Dieu est (2) ». Dans ces deux exemples, la raison, on peut le dire, apparaît tout entière, avec le besoin qu'elle éprouve de trouver une explication suprême, un principe premier, avec l'embarras tragique, auquel les plus grands philosophes n'échappent pas plus que l'enfant, et où nous jette la considération du commencement des choses. Quelques-unes des antinomies de Kant sont en germe dans les perplexités de l'intelligence enfantine.

La raison de l'enfant se manifeste encore dans la conception relativement assez précoce de l'espace, sinon dans celle du temps, qui paraît être toujours tardive. Cette différence se comprend aisément. L'enfant vit sans cesse en relation avec des étendues, et son regard s'élance déjà dans l'immensité, alors que son expérience du temps est encore à peu près nulle. Dans sa conception de l'espace, l'enfant ne semble pas d'ailleurs dépasser l'imagination des peuples primitifs, qui se résigne volontiers à considérer le ciel comme une voûte fermée,

(1) Voyez plus loin, ch. XVI.
(2) E. EGGER, *op. cit.*, p. 55.

à laquelle les étoiles sont suspendues comme des clous d'or. Mais, s'il n'a pas le moindre soupçon de ce que les philosophes appellent l'infini de l'espace, il semble du moins que de bonne heure il se prête à imaginer l'existence, nécessaire en apparence, quoique incompréhensible, d'un espace *en soi*, distinct des choses matérielles : témoin cet enfant, observé par M. Egger, qui, cherchant quelque chose, ne le trouvait pas, et s'écriait en poursuivant ses recherches: « Il faut pourtant bien que quelque chose soit quelque part! »

IV

Quelque disposition que nous ayons à accorder beaucoup à l'enfant, en fait de jugement et de raisonnement, nous ne nous dissimulons pas qu'il faut, en cette matière aussi, prendre garde aux apparences trompeuses. M. Egger a pu écrire un joli chapitre sur ce qu'il appelle « les infirmités réelles de l'intelligence chez les enfants (1) ».

Remarquons d'abord que, sans le vouloir et le plus innocemment du monde, l'enfant nous trompe, nous dupe, nous fait illusion sur la portée de son intelligence. Je ne parle pas seulement de l'aveuglement propre à l'amour paternel et maternel ; nous sommes toujours prompts à interpréter dans le sens le plus favorable les faits et gestes de nos fils et de nos filles, à y voir ce qui n'y est pas.

> Tous métaux y sont or, toutes fleurs y sont roses !

Mais de plus, à raison de sa nature même, de la vivacité de sa mémoire et de la puissance de son instinct d'imitation, le petit enfant nous en fait accroire sur la valeur et le mérite de son jugement; et rien qu'en exerçant des facultés toutes machinales, il simule parfois, et ne fait que simuler, les actes d'une intelligence réfléchie qui invente et qui raisonne. Il faudra souvent se demander, en présence d'une réflexion inattendue, judicieuse ou piquante, de ceux qu'on a appelés « les enfants terribles », si elle est autre chose que le ressouvenir, conservé par une mémoire fidèle, d'une réflexion déjà entendue et saisie au vol sur les lèvres d'autrui. Beaucoup de prétendus traits d'esprit, dont on fait honneur à l'initiative de l'enfant, ne sont que

(1) E. Egger, *op. cit.*, 2e partie, p. 25.

des réminiscences. Où nous pensions pouvoir admirer un petit prodige d'imagination et d'originalité, il n'y a souvent qu'un parfait perroquet (1).

D'autre part, il serait injuste de mettre au compte de la faiblesse de l'intelligence les naïvetés, les sottises qui échappent à l'enfant : elles ne sont bien souvent que des gaucheries, des ignorances de langage. Maladroit encore, dans le maniement d'une langue qu'il est en train d'apprendre, il commet nécessairement des méprises; il est embarrassé par la complexité du langage; il s'embrouille dans les mots. On dit à George : « Tu as maintenant quatre ans et demi, et ton frère a dix mois. » George étonné répond : « Mais Marcel est donc plus âgé que moi (2)? » Étourderie sans doute, mais en même temps inexpérience verbale, impuissance à saisir vite le sens de tous les mots d'une phrase: de sorte que l'enfant a simplement remarqué les nombres quatre et demi et dix, et en a fait la comparaison, sans s'inquiéter des mots qui déterminaient ces nombres, années et mois. Quelquefois, c'est l'emploi du langage figuré qui déroute l'enfant, naturellement disposé à ne prendre encore tous les termes du langage que dans leur sens propre. Dans un alphabet, dont les exemples ne sont pas d'ailleurs rédigés avec une correction parfaite, George lit cette phrase : « Ma mère a *soigné* mon piano. » Surprise de l'enfant : « Quoi! papa, c'était donc un piano vivant! ». Dans d'autres cas, la méprise est causée par une ignorance totale du sens des expressions employées. « J'avais une blessure au pied, raconte M. Egger; elle est enveloppée d'un linge blanc. Émile, qui a près de deux ans, observe souvent avec un air d'intérêt ce qu'il appelle *mon petit mal*. Il m'en demande des nouvelles : c'est-à-dire qu'il comprend que je souffre et qu'il sympathise à ma souffrance. Mais voici qu'il me demande *de lui donner mon petit mal*. De deux choses l'une, ou l'enfant est d'une charité bien précoce, ou par *le petit mal* il a entendu tout simplement le linge blanc! » Et en effet

(1) Ajoutez ce que dit Rousseau, dans un passage où il accable les enfants prodiges des traits un peu excessifs de son ironie déclamatoire : « Est-il étonnant que celui que l'on fait beaucoup parler et à qui l'on permet de tout dire..., fasse par hasard quelque heureuse rencontre? Il le serait bien plus qu'il n'en fît jamais, comme il le serait qu'avec mille mensonges un astrologue ne prédît jamais aucune vérité. »

(2) Conférez l'exemple rapporté par M. Egger : « A la question : « Quel âge as-tu? » je suggère à mon fils de répondre : « Trois ans et dix mois. » Il ne comprend pas et il dit d'un air d'étonnement : « J'ai donc deux âges? »

c'est bien ainsi que l'entendait l'enfant... Mais il n'y a en tout cela que des erreurs de langage, et nous en voyons bien d'autres, quand il nous arrive de causer avec des paysans, avec des gens peu cultivés. Ce n'est pas à l'enfant que peut être appliqué le vers de Boileau :

> Ce que l'on conçoit bien s'énonce clairement.

Et l'âme du petit enfant, pourrait-on dire, en parodiant une définition célèbre, est souvent « une intelligence trahie, desservie par les organes (1) ».

Il n'y en a pas moins des faiblesses, des infirmités intellectuelles, véritablement imputables au caractère de l'esprit naissant d'un enfant. Et sans prétendre énumérer toutes les causes, toutes les catégories de ces défaillances, de ces lacunes de l'intelligence en voie de formation, nous essaierons de distinguer les principales.

La première, il est à peine besoin de le dire, c'est le petit nombre de connaissances dont dispose l'enfant. Son expérience est si courte ! Il sait si peu de choses ! Comment pourrait-il juger avec sûreté, avec justesse? Dans ce monde inconnu, dont il n'a encore entrevu que quelques parcelles, il marche pour ainsi dire à tâtons, dans l'obscurité. Comment sa pensée ne trébucherait-elle point à chaque pas? « La facilité qu'on trouve à tromper les enfants, dit avec raison M. Preyer, tient beaucoup plus à la pénurie de leur expérience qu'à la faiblesse de leur intelligence (2). » Ce n'est pas l'instinct logique, le sens de la construction intellectuelle, ce sont les matériaux qui manquent surtout à l'enfant (3).

D'autre part, si les notions qu'il met en œuvre sont nécessairement peu nombreuses et peu variées, il s'en faut qu'elles soient toujours nettes et distinctes. Ses idées pèchent par la qualité comme par la quantité. Il confond sous la même dénomination des objets très différents. Ses généralisations sont arbitraires et confuses. *Papa*, *maman* lui servent à désigner d'abord tous les hommes, toutes les

(1) Presque tous les exemples rapportés par M. Egger sont des méprises, des erreurs verbales. Ainsi l'enfant qui confond *prêter* et *emprunter*, et qui dira : « Veux-tu m'emprunter ton cachet? » — qui répugne à employer les pronoms possessifs et a de la peine à en comprendre le sens : « Si je lui demande de montrer *mon* nez, *mes* yeux, ce sont les *siens* qu'il montrera du geste, non les miens. Pour me faire comprendre, il faut que je lui dise : « Montre le nez, les yeux *de papa*. »

(2) M. Preyer, *op. cit.*, p. 302.

(3) « Les enfants, dit Guyau, sont simplistes et parfois raisonneurs à outrance. L'enfant a un esprit essentiellement logique; ce qu'on a fait une fois, par exemple, il exige qu'on le recommence et dans les mêmes conditions. »

femmes (1). Il ne parvient que pas à pas à dégager de leur confusion primitive des notions essentiellement distinctes. Une petite fille de trois ans et demi voit fermer pour la nuit les volets d'une fenêtre : *nuit* et *fermeture des volets* sont deux idées qui s'unissent dans son esprit. Elle entre le matin dans un cabinet qui a deux fenêtres, l'une au levant, l'autre au nord; cette dernière est encore bouchée par les volets : l'enfant dit qu'il fait encore nuit de ce côté-là.

Ce qu'on ne saurait oublier non plus, c'est que les associations fortuites, accidentelles et superficielles, dominent l'esprit de l'enfant. Il obéit sans doute déjà aux grandes lois de la nature intellectuelle, mais outre qu'il ne connaît encore que peu de choses et qu'il les connaît imparfaitement, on peut dire que son infériorité, en fait d'intelligence, provient surtout de ce que le temps n'a pas encore accompli en lui cette sélection naturelle, qui peu à peu écarte les images indifférentes, les rapports frivoles, pour ne laisser subsister que les associations utiles et les liaisons solides.

Il est évident d'ailleurs que l'enfant a des velléités de logique, plutôt qu'il ne possède la force d'esprit indispensable pour aller jusqu'au bout de ses essais de raisonnement. Il ne saurait être question de lui demander des déductions rigoureuses, des déductions en forme, lesquelles supposent l'intervention des principes abstraits et des vérités générales, tout un monde à peu près inaccessible à l'intelligence enfantine. Mais dans l'induction elle-même, pourtant plus appropriée à ses moyens, l'enfant ne pousse pas bien loin en général, malgré les exemples contraires que nous avons pu citer (2), ses recherches investigatrices. Il s'arrête vite dans l'échelle des causes. Il se contente de peu, en fait d'explications. Il néglige de rechercher des causes nouvelles, satisfait qu'il est de recourir par routine aux causes qu'il connaît déjà. Un baby de deux ans s'était égratigné, et comme on lui demandait pourquoi le sang coulait sur ses mains : « Tombé par terre ! » répondait-il. L'enfant ne sait pas même toujours, dans les actes qu'il accomplit, mettre à profit et utiliser ses perceptions, les lier les unes aux autres. M. Preyer a recueilli le fait suivant : « J'avais habitué mon fils à me donner un anneau d'ivoire, que

(1) Aristote l'avait déjà remarqué, quand il écrivait : Καὶ τὰ παιδία δὲ τὸ μὲν πρῶτον προσαγορεύει πάντας τοὺς ἄνδρας πατέρας καὶ μητέρας τὰς γυναῖκας, ὕστερον δὲ διορίζει τούτων ἑκάτερον (*Physique*, l. Ier, ch. Ier.

(2) Voyez plus haut, p. 211. Cette contradiction apparente se résout surtout par une question d'âge.

je posais devant lui, sur la table, retenu par un fil. Quelque temps après, au seizième mois, je dis à l'enfant : *Donne-moi l'anneau;* mais cette fois l'anneau était suspendu à un fil rouge, à côté de la chaise; de sorte que l'enfant, étant assis, ne pouvait atteindre directement l'anneau qu'avec beaucoup de difficulté. Eh bien! l'idée ne vint pas à l'enfant de s'emparer du fil, ce qui lui eût beaucoup facilité la prise de l'anneau librement suspendu; mais il se pencha directement vers l'anneau, qui pendait assez bas au-dessous de lui, et me le donna. L'épreuve fut répétée, et l'enfant n'eut jamais la pensée de saisir le fil et de s'en servir pour attraper l'anneau (1). » Dans ce cas, on le voit, c'est la conception du rapport, de la relation de deux objets également perçus, qui échappe à l'enfant.

Même quand elle a acquis assez de notions, et des notions assez distinctes, assez définies, pour s'exercer utilement, il y a une ou deux causes générales qui enrayent l'essor de l'intelligence puérile. C'est d'abord la mobilité des impressions. Nous n'irons pas jusqu'à dire avec Rousseau, ce détracteur impitoyable de l'enfant qu'il connaissait mal : « Ses idées, si tant est qu'il en ait, n'ont dans sa tête ni suite ni liaison; rien de fixe, rien d'assuré dans tout ce qu'il pense. » Rousseau généralise avec excès : l'enfant fait souvent preuve au contraire d'entêtements irréductibles, qui ne témoignent que d'une trop grande fixité dans les idées. Reconnaissons-le pourtant, le plus souvent, sa pensée se détache aisément de l'objet qu'elle considère, pour passer à un autre objet; elle sautille d'idée en idée, comme un oiseau de branche en branche, et, dans ce mouvement perpétuel, elle s'épuise, elle se disperse sans profit.

La plus grande cause de la débilité intellectuelle de l'enfant, c'est, avec la pauvreté des connaissances, la précipitation du jugement ou l'absence de réflexion. L'étourderie, qui caractérise presque toujours le jeune âge, n'a pas de principe plus certain. Chez l'adulte, chez l'homme réfléchi, la pensée se possède, prend son temps, intercale entre la conception de l'idée et le jugement un plus ou moins grand nombre d'intermédiaires. Chez l'enfant, la pensée éclate, jaillit, comme mue par un ressort, avec les caractères presque d'une action réflexe. Son intelligence répond, par une réaction immédiate, à l'excitation des idées, comme sa volonté cède sans résistance à la sollicitation des désirs. En d'autres termes, il n'y a

(1) M. Preyer, *op. cit.*, p. 299.

pas, chez le petit enfant, de faculté d'inhibition intellectuelle, qui puisse modérer, suspendre, mûrir ses jugements, pas plus qu'il n'y a de faculté d'inhibition volontaire, qui tempère ses impulsions actives. Il bondit, pour ainsi dire, sur la première idée qui se présente, comme il se jette sur ses jouets, étourdiment, tête baissée. La plupart de ses erreurs, de ses naïvetés ou de ses niaiseries de pensée, proviennent de la même cause que ses faux pas et ses chutes : de ce qu'il va trop vite et se précipite impatiemment vers le but.

Il n'en est pas moins vrai que, dans ces défaillances de l'intelligence de l'enfant, pas plus que dans les petits défauts de sa vie morale, nous ne découvrons rien qui ressemble à un vice intrinsèque, à une perversion originelle. L'enfant n'est pas plus illogique intellectuellement qu'il n'est immoral pratiquement. Il ne faut voir dans ces faiblesses et les infirmités de ses facultés que les défauts provisoires et passagers d'un état de crise et d'une période de croissance.

CHAPITRE XI

COMMENT L'ENFANT APPREND A PARLER.

I. Difficultés de l'acquisition du langage. — Toutes les facultés physiques et morales y concourent. — L'émission des sons. — L'audition des sons. — Mécanisme vocal et acoustique. — Action des facultés intellectuelles. — Parallèle des troubles de la parole chez l'adulte avec les imperfections du langage chez l'enfant. — II. A quel âge l'enfant commence-t-il à parler? — Diverses étapes à distinguer dans l'évolution du langage. — Premières manifestations vocales de l'enfant. — Leurs caractères : elles sont spontanées et dépourvues de signification. — Elles n'ont de sens que pour ceux qui les écoutent. — D'abord instinctives, les émissions de voix deviennent des actions réflexes, provoquées par les impressions acoustiques. — L'enfant parvient à comprendre le sens de ce qu'on lui dit. — L'intelligence des signes précède l'emploi des signes. — Interprétation des gestes. — Les gestes et l'intonation. — Le geste accompagne et aide les premiers signes vocaux. — L'enfant parle, du jour où il donne un sens à une articulation quelconque. — III. La spontanéité de l'enfant dans l'acquisition du langage. — Opinions de Rousseau, de Maine de Biran, d'Albert Lemoine. — Observations de M. Taine et d'É. Egger. — Trois cas à distinguer : *a.* L'enfant fournit le son et les parents lui donnent un sens : *b.* L'enfant invente à la fois le son et le sens : *c.* Les parents fournissent le son et l'enfant donne à ce son des sens variés. — L'enfant généralise la signification des mots. — Preuves diverses de la force inventive de l'enfant, en matière de langage. — Le cas de Laura Bridgman. — Cette force inventive s'accroit quand les circonstances la secondent. — L'imitation est tout de même la condition essentielle de la formation du langage. — L'onomatopée est une imitation. — L'enfant veut imiter avant de pouvoir imiter. — IV. La logique instinctive de l'enfant dans la formation des mots et la construction des phrases. — Barbarismes et solécismes de l'enfant. — Constructions en apparence irrégulières. — L'emploi de la négation. — Comparaison avec le langage des sourds-muets. — Les progrès successifs de la phraséologie de l'enfant.

I

L'éducation de la parole, qui est le fait capital de l'évolution humaine, paraît lente parfois à des parents impatients qui se plaignent que leur enfant ne parle pas assez vite, sauf à regretter ensuite qu'il parle trop, quand il les fatigue de son bavardage. La vérité est qu'il y a lieu d'admirer au contraire avec quelle merveilleuse facilité l'enfant peut, en quelques mois, apprendre à parler. Considérons en effet que de difficultés nous avons à vaincre nous-mêmes, alors que nous sommes en possession de toute la force de nos organes et de nos facultés, pour ajouter la connaissance d'une langue étrangère à celles que nous parlons déjà. Et pourtant qu'est-ce que cela, auprès des efforts nécessaires à l'enfant pour passer de l' « aphasie » naturelle, de l' « alalie » normale des premiers jours, à la possession aisée, et de plus en plus complète, de la langue maternelle? Combien d'éléments divers et de degrés successifs l'élaboration de la parole ne comprend-elle pas? Organes physiques et facultés intellectuelles concourent également à l'opération. Il faut, d'une part, que le mécanisme physiologique s'organise et se règle, pour assurer soit l'émission, soit l'audition des sons; il faut, d'autre part, que l'intelligence et la volonté s'emparent des organes, les maîtrisent pour les adapter et les ajuster à leurs fins, que la perception distingue les sons entendus, que la mémoire les retienne, qu'une attention persévérante les fixe dans le souvenir, que la pensée enfin introduise un sens, une signification dans chaque articulation, émise spontanément ou recueillie sur les lèvres des autres, qu'elle donne une âme, pour ainsi dire, à ce qui n'est d'abord qu'une enveloppe matérielle, vide de tout contenu. La prise de possession du langage résume tous les progrès de l'enfant, parce que toutes les facultés de l'enfant y collaborent.

Entrons tout de suite dans le détail. Le mécanisme du langage suppose d'abord des organes d'émission, de production du son, — tout ce qui rend possible les premiers sons inarticulés, les cris, les gémissements du premier âge; puis des sons de plus en plus articulés, les modulations de la voix, — les mouvements du larynx, de la langue et des lèvres. Et cette faculté d'articulation ne progresse que lentement, d'après la loi du moindre effort. Jusqu'à deux ans, l'enfant n'articule que très incorrectement, et il reste impuissant à produire plusieurs sons pour lesquels il semble avoir une répugnance invincible. Il faut que la structure des nerfs vocaux s'achève, que les cordes vocales se tendent, que les muscles, essentiellement volontaires, des organes de la parole se fortifient et s'assouplissent, afin de permettre à la volonté de les diriger. Il faut que la voix humaine succède aux cris instinctifs (1). Il faut que les consonnes s'ajoutent aux voyelles

(1) D'aprés M. Egger, la transition du cri à la voix serait appréciable vers la fin

et que les sons indistincts des premières semaines et des premiers mois prennent forme et consistance (1).

Mais, pour être capable de parler, il faut aussi être capable d'entendre. Les sourds-muets, à vrai dire, ne sont que sourds : ils peuvent eux aussi, comme le prouvent les résultats des méthodes artificielles qu'on applique maintenant à leur éducation, parvenir à émettre des sons, à articuler des mots (2). S'ils ne parlent pas naturellement, comme les entendants-parlants, c'est que précisément ils n'entendent pas; c'est que la parole humaine et les bruits de la nature, ne produisant aucune impression sur leur sens aboli, ne sont pas venus leur suggérer l'imitation. Il y a donc à tenir compte, comme d'une partie essentielle de la faculté de parler, des organes et des fonctions de l'appareil auditif. Or en naissant l'enfant est sourd : il ne s'entend pas lui-même; il n'entend pas les premiers cris qui lui échappent à son entrée dans le monde. Cette surdité totale ne durera, il est vrai, que quelques heures. Mais il faudra plus de temps, plusieurs semaines certainement, pour que l'enfant arrive à saisir distinctement et délicatement les sons et leurs nuances. La dureté ou le manque de finesse de l'ouïe explique souvent la lenteur des progrès de la parole. La faiblesse des instruments de l'articulation n'en est pas la seule cause, et il est incontestable que, lente ou rapide, l'adaptation des organes acoustiques est une des premières conditions de l'acquisition du langage. C'est à dix-huit mois seulement que l'enfant observé par M. Preyer reconnaissait les différences acoustiques des consonnes prononcées devant lui (3).

Nous verrons plus loin que l'enfant a sa part réelle de spontanéité et d'invention dans la création du langage. Il n'en est pas moins vrai

du deuxième mois. D'après M. Preyer, c'est au neuvième mois seulement que la voix de l'enfant, souvent très forte, mais inarticulée, se modulerait enfin.

(1) Voici quel serait, d'après M. ROMANES, l'ordre d'évolution probable des articulations : « Les cris naturels étant surtout fournis par la gorge et le larynx, sans grande participation de la langue et des lèvres, les premiers efforts d'articulation ont dû faire entendre surtout des voyelles, auxquelles se joignaient par intervalles des consonnes gutturales et labiales. Puis les consonnes liquides, et enfin les linguales, ont dû commencer à entrer en usage. » (*Évolution mentale de l'homme*, p. 360.)

(2) Voyez par exemple l'ouvrage de M. GOGUILLOT, *Comment on fait parler les sourds-muets*, Paris, Masson, 1890.

(3) M. PREYER, *op. cit.*, p. 303. M. Preyer a observé quotidiennement un enfant, pendant les trois premières années, pour se rendre compte des débuts du langage. On lira avec intérêt le compte rendu de ces longues et minutieuses observations (*op. cit.*, p. 370-438).

qu'il est guidé surtout par ses impressions auditives et par l'imitation. Ce que son oreille aura entendu, sa bouche finira par le répéter, mais à une condition, c'est que, grâce aux opérations qui s'accomplissent dans le cerveau, ce qui était tout à l'heure excitation des nerfs acoustiques devienne impulsion motrice des nerfs et des muscles vocaux. L'action des organes cérébraux est donc nécessaire pour rendre possible la communication, pour que les impressions extérieures de l'ouïe puissent être transformées en images mentales, qui à leur tour donneront lieu à des mouvements appropriés dans les organes de la parole (1). Et ce n'est pas tout de suite que le cerveau de l'enfant acquiert le développement nécessaire pour exercer cette action.

Mais quand les ressorts matériels du mécanisme vocal sont enfin suffisamment développés pour être aptes à fonctionner, il reste encore tout à faire. La vie de la parole n'a point commencé. Les sons émis par l'enfant n'ont encore rien d'expressif. Il les produit, mécaniquement, inconsciemment, sans y attacher de sens, tout au plus en manière de jeu, pour le plaisir que lui procurent les mouvements de la langue, des lèvres et des autres organes de la voix. Il n'y attache aucun sens. D'autre part, les sons qu'il entend, il ne les comprend pas. Et même il a beaucoup de peine à les distinguer, à se reconnaître dans ses impressions auditives. Le fils de M. Preyer avait seize mois, quand son père, lui montrant une oreille et lui disant ensuite : *Où est l'autre oreille?* le dressa, par des répétitions fréquentes, à indiquer correctement les deux oreilles l'une après l'autre. « Je voulus voir, ajoute M. Preyer, s'il saurait répondre correctement pour l'œil, l'expérience étant identique, *mutatis mutandis*. Je montrai un œil et je demandai où était l'autre : l'enfant prit son oreille ; l'association était faite entre *oreille* et *autre* (2). » Combien de méprises analogues ralentissent les progrès du langage !...

De toutes les difficultés pourtant la plus grande, celle qui constitue pour ainsi dire le nœud de l'acquisition du langage, c'est que l'enfant, faisant usage de son intelligence, saisissant enfin le rapport qui existe entre un son et un objet ou l'idée de cet objet, entre

(1) M. Preyer fait remarquer que « les processus purement périphériques de l'articulation sont depuis longtemps en exercice, à l'époque où il est impossible à l'enfant de répéter un simple *a* ou *pa* ; car l'enfant prononce de lui-même ces sons et d'autres encore ; mais il ne dispose pas encore d'organes centraux assez forts pour que la jonction se fasse, et pour que les impressions auditives agissent sur les organes moteurs du langage ».

(2) M. Preyer, *op. cit.*, p. 392.

une émission de voix quelconque et un besoin qu'il éprouve, fasse servir à l'expression de ses désirs, de ses idées, la voix dont il n'a longtemps fait emploi que comme l'oiseau qui gazouille, sans intention et sans but. Sans doute ce moment, qui est capital dans la vie de l'enfant, a été préparé, devancé par un autre moment : celui où, avant de penser sa propre parole, il a compris la parole des autres. Mais le problème n'est véritablement résolu que le jour où il peut enfin à ses propres émissions de voix donner intentionnellement une signification nette et déterminée. Maine de Biran faisait dater de ce jour, non sans quelque vérité, la constitution du moi, de la personne humaine : « Il arrive, disait-il, un moment où, l'existence de l'enfant cessant d'être purement sensitive, celle de la personne humaine va commencer; et ce moment coïncide avec celui où l'enfant, qui a crié, comme il a exécuté tous les autres mouvements, sans intention, s'aperçoit de ces cris, de ces mouvements, opérés en lui sans lui par une force, soit naturelle ou vitale, soit surnaturelle ou divine, et les répète volontairement par sa force propre, en y attachant pour la première fois une intention et un sens (1). »

Lorsque, dans son évolution normale, l'enfant est parvenu, plus ou moins vite, à parler convenablement, cet état final est donc le résultat d'un ensemble d'opérations, dont le fonctionnement régulier et facile nous dissimule la complexité des éléments qui concourent à le rendre possible. Une observation attentive de l'enfant et des débuts du langage permet de découvrir, à mesure qu'elles entrent successivement en jeu, les pièces diverses du mécanisme, les opérations multiples de la faculté de la parole. Mais, ce qui est une contre-épreuve intéressante, l'examen des infirmités et des maladies du langage chez l'adulte nous montre, sous des formes très nettes et durables, l'équivalent, l'analogue pathologique de ces états successifs qui ne sont chez le nouveau-né que les périodes passagères, les phases naturelles de l'évolution physiologique et psychologique. En d'autres termes, il y a un parallélisme frappant entre les diverses situations normales que traverse l'enfant, en train d'acquérir progressivement le langage, et les états anormaux où des défaillances, soit physiques, soit morales, jettent l'adulte en train de le perdre.

(1) Maine de Biran, *Examen critique des opinions de M. de Bonald*, dans les *Œuvres inédites*, p. 274.

Nous en citerons seulement quelques exemples (1). C'est ainsi qu'il est constaté que les aphasiques peuvent parfois entendre, comprendre tout ce qui se dit autour d'eux, lire couramment un livre, mais être en même temps incapables de prononcer un mot ou d'écrire une ligne. C'est l'équivalent de ce qui se passe dans la première période de la vie enfantine, lorsque, déjà assez intelligent pour saisir le sens des paroles qu'on lui adresse, l'enfant n'a point encore la force de les répéter, soit que la structure des nerfs vocaux reste encore imparfaite, soit qu'il n'ait pas assez de volonté pour les diriger (2).

Dans d'autres cas, au contraire, chez certains aliénés, les organes de l'expression extérieure ne sont pas atteints, mais c'est l'intelligence, la compréhension qui fait défaut. Il y a des formes de démence où le malade se complait dans un flux de paroles, dépourvues de tout sens. De même on peut constater chez l'enfant une phase pendant laquelle il bavarde, jacasse comme un perroquet, sans que tous ces discours aient la moindre signification.

Il y a des mélancoliques qui ne se décident qu'avec peine à prononcer un mot ou deux, et qui se replongent ensuite dans un profond silence. De même, l'enfant commence parfois à parler, puis s'arrête, et se tait pendant des semaines et pendant des mois (3).

Enfin on rencontre des aliénés chez lesquels ne subsistent plus que des débris informes du langage, quelques syllabes incohérentes et décousues. N'est-ce pas jusqu'à un certain point l'image de cet état rudimentaire où se trouve l'enfant, quand il ne peut que balbutier des mots isolés, sans coordination, sans suite?.. Combien d'autres analogies ne pourrait-on pas noter encore! Les malades qui bredouillent, parce que leur langue se paralyse; ceux qui ont perdu la faculté de comprendre les signes, de quelque espèce qu'ils soient; ceux qui répètent incessamment le même mot, la même phrase; ceux qui, dominés par la sensibilité seule, éclatent en discours rapides, d'une extrême volubilité : dans toutes les formes de l'aphasie, en un mot, soit par suite de la lésion des organes, soit par affaiblissement de

(1) Voyez chez M. Preyer (*op. cit.*, chapitre XVII, p. 316-341) le parallèle des troubles de la parole chez l'adulte avec les imperfections du langage chez l'enfant.

(2) L'enfant comprend les gestes, avant de comprendre les mots; de même il y a des aliénés qui comprennent les gestes et y obéissent, alors qu'ils ont perdu toute connaissance des mots.

(3) Des sons, très nettement énoncés pendant quelque temps, disparaissent ensuite. M. Preyer a noté (p. 373) des disparitions de ce genre.

'intelligence ou défaut de contrôle de la volonté, l'adulte peut retomber dans les infirmités qui caractérisent chez l'enfant les premiers tâtonnements du langage, et en reproduire en quelque sorte la caricature. Mais ce qui est maladie chez l'un n'est que faiblesse chez l'autre, et autant est douloureux le spectacle de l'homme qu'une fatalité morbide dépouille peu à peu, lambeau par lambeau, du noble attribut de la parole, autant est charmant au contraire le tableau que nous offre l'enfant, dans la montée régulière de son intelligence, gravissant l'un après l'autre les divers degrés de la parole, alors que « l'intelligence sort peu à peu du nuage qui l'enveloppait », comme disait Mme Necker de Saussure, ou que, suivant l'expression de Victor Hugo, « le jour se fait dans son cerveau ».

Paul avait chaque mois un bégaiement nouveau,
Effort de la pensée à travers la parole,
Sorte d'ascension lente du mot qui vole,
Puis tombe et se relève avec un gai frisson,
Et ne peut être idée et s'achève en chanson.
Paul assemblait des sons, leur donnait la volée,
Scandait on ne sait quelle obscure strophe ailée,
Jasait, causait, glosait, sans se taire un instant

II

Nous n'insisterons pas sur la question de savoir à quel âge l'enfant commence réellement à parler. Bien que, dans leur facilité à s'exprimer, dans la précocité ou la tardiveté de leur langage, les enfants présentent de très grandes différences, il est permis de dire que généralement ils bégaient leurs premiers mots intelligents vers le milieu de la deuxième année, et que dans le courant de la troisième année ils acquièrent tout l'essentiel de la faculté de la parole. Mme Necker affirme qu'un enfant bien doué parle assez bien à deux ans. Les enfants que nous avons observés nous-même, sans être moins intelligents que d'autres, ont été plus en retard. Le fils de Tiedemann avait vingt-trois mois, quand il prononça ses premières phrases complètes, bien que très courtes encore : « Il est là... Il est couché ! » Le fils de M. Preyer, au vingt-troisième mois aussi, énonçait son premier jugement en langue usuelle, d'un seul mot d'ailleurs, en disant avec intention « *chaud* », pour refuser une tasse de lait bouillant qu'on lui offrait; mais ce fut seulement vers deux ans et demi qu'il associa plusieurs mots pour en faire des phrases. Il semble établi que les filles sont ordinairement en avance sur les garçons : ce qui n'est d'ailleurs qu'un cas particulier de la loi générale qui a départi à l'intelligence des femmes une évolution plus rapide qu'à l'intelligence des hommes (1).

Mais ce qui importe beaucoup plus que la question de date, toujours incertaine et variable, à raison des différences d'aptitude physique ou morale, à raison aussi de l'influence qu'exercent, dans des milieux divers, l'entourage de l'enfant et un dressage plus ou moins habile, plus ou moins intense; c'est la détermination précise des diverses étapes que, plus ou moins vite, l'enfant parcourt et traverse, avant de savoir parler. C'est dès la première heure de la vie, ne l'oublions pas, que commence ce travail de préparation. Dès qu'il est né, l'*enfant* apprend à parler, et pendant deux ou trois ans on peut dire qu'aucun jour, aucun moment n'est perdu pour le laborieux apprentissage de la parole. Essayons donc, dans un sujet qui comporterait de beaucoup plus amples développements (2), et où l'observation est plus facile que dans aucune autre partie de la psychologie de l'enfant, puisqu'ici les faits sont immédiatement saisissables, essayons de marquer en quelques traits les périodes principales et les progrès successifs.

I. Tout d'abord établissons que, dans une première période, les manifestations vocales de l'enfant ont un double caractère : 1° elles sont absolument spontanées; l'enfant n'imite ni ne répète ; 2° elles n'ont pour lui aucun sens, aucune signification intentionnelle, étant purement des actions mécaniques auxquelles l'intelligence n'a point de part.

Dans cette gesticulation vocale de l'enfant, il y a d'ailleurs à distinguer, d'une part, les cris qui expriment des états corporels, des sensations désagréables ou agréables, par lesquels il soulage son malaise et manifeste qu'il a faim, qu'il a froid, qu'il souffre, ou au contraire et plus rarement qu'il est satisfait et joyeux (3) ; et d'autre

(1) « Chez l'idiot, on observe ordinairement un retard plus ou moins considérable de la parole... Mais, à la différence des enfants normaux, les idiots ne comprennent pas plus qu'ils ne parlent » (D. SOLLIER, *op. cit.*, p. 183).

(2) M. PREYER a consacré près de 200 pages sur 559, c'est-à-dire plus du tiers de son traité de l'*Ame de l'enfant*, à la seule question du langage. Le livre de M. ROMANES sur l'*Évolution mentale chez l'homme* traite presque exclusivement de la même question.

(3) D'après M. Preyer, les cris poussés par l'enfant, si l'on voulait les représenter par des voyelles, équivaudraient à peu près au son *ua*, un *u* court suivi rapidement d'un *a*.

part, les sons émis sans cause précise, qui ne sont qu'une espèce de gazouillement, un exercice instinctif de ses cordes vocales, une sorte de jeu musculaire spécial.

Observez l'enfant dans cette première période, vers le sixième ou le huitième mois : tantôt il crie, parce qu'il est mouillé, parce qu'il éprouve une douleur, parce qu'il désire ceci ou cela; à chaque besoin ressenti correspond immédiatement un cri particulier; tantôt, alors qu'il est rassasié et satisfait, nonchalamment couché dans son berceau, il bavarde dans un langage qui n'a de sens ni pour lui ni pour les autres; il prolonge des monologues composés de sons plus ou moins articulés; il s'abandonne au plaisir désintéressé de mouvoir les muscles de la voix, bien avant qu'il soit capable de parler, de même qu'il étirera ses jambes et exercera les muscles de la locomotion, bien avant qu'il puisse marcher.

M. Preyer a noté attentivement, au jour le jour, chez son propre enfant, quelles voyelles, quelles consonnes apparaissaient successivement (1), et comment des articulations précises venaient peu à peu donner une forme aux cris d'abord indistincts et confus. Il sera possible un jour, peut-être, lorsque des observations du même genre auront été souvent répétées, lorsqu'on les aura contrôlées les unes par les autres, de déterminer exactement quel est, à raison des facilités matérielles de l'émission de tel ou tel son, l'ordre de succession des articulations variées dans le langage naturel de l'enfant. Il sera possible aussi de dire quels sons correspondent à l'expression du malaise ou à celle du bien-être, à la faim ou à la soif, à l'étonnement ou à la joie, si toutefois, il est vrai, comme nous le pensons, que des raisons naturelles font de telle émission de voix le signe propre de telle sensation plutôt que de toute autre.

Mais ce qui est dès à présent certain, c'est que ces cris qui se compliquent de jour en jour, qui se nuancent progressivement, sont l'œuvre de la nature, de l'instinct ou de l'hérédité. Ils n'ont en effet que peu de rapports avec les mots de la langue usuelle (2). Et la

(1) M. Preyer affirme avoir entendu prononcer la première consonne au quarante-troisième jour. L'enfant disait nettement *am-ma*. Voyez *l'Ame de l'enfant*, p. 372 et suiv.

(2) « Il est aussi difficile de traduire sur le papier la grande majorité des sons qui accompagnent les exercices de la langue et des lèvres chez le nouveau-né, qu'il le serait de décrire ou de dessiner les mouvements toujours plus vifs, plus prolongés et plus variés, qu'exécute l'enfant rassasié et éveillé, que l'on abandonne à lui-même. » (M. Preyer, p. 375.)

preuve, c'est que l'enfant les produit, bien longtemps avant de pouvoir, je ne dis pas comprendre, mais simplement discerner les sons de la voix de sa mère. La preuve encore, c'est qu'il aura beaucoup de peine, un peu plus tard, à reproduire les syllabes prononcées devant lui.

Ce qui est certain aussi, c'est que les cris de l'enfant n'ont d'abord de sens que pour ceux qui les écoutent. Une mère attentive reconnaît bien vite ce que signifient les cris de douleur, les cris d'appel inconscients de son nourrisson. Elle les interprète et elle leur donne satisfaction. Mais celui qui les pousse ne les entend pas, et il est dans la situation bizarre d'une personne qui parlerait une angelu étrangère, inintelligible pour lui-même, intelligible seulement pour les étrangers auxquels il s'adresse. L'enfant mettra du temps à introduire un sens, à faire passer un désir, une idée, un acte de volonté, dans des sons qui n'ont d'abord, pour ainsi dire, qu'une signification unilatérale. Il faudra pour cela, et l'expérience seule le lui apprendra peu à peu, qu'il ait reconnu que par ses cris il se faisait obéir, qu'il obtenait ce qu'il demandait ou écartait ce qu'il craignait; qu'il ait acquis la conscience de l'utilité de ses gestes vocaux, et qu'il ait par conséquent l'idée de les émettre volontairement, pour obtenir de nouveau les mêmes résultats.

Remarquons d'ailleurs qu'il en est de ces premières émissions de voix, et des mouvements qui les produisent, comme de tous les autres mouvements de l'enfant : beaucoup de ces mouvements sont destinés à disparaître; beaucoup de ces sons ne peuvent être classés dans aucune langue humaine, et ils ne seront jamais utilisés dans le langage définitif. L'enfant, en effet, essaie de toutes les manières possibles et au hasard ses organes vocaux, de sorte qu'il invente souvent des sons bizarres, intraduisibles, dont il serait impossible de représenter la nature par les lettres de l'alphabet usuel (1).

II. Dans une seconde période, les manifestations vocales, qui n'avaient été à l'origine que des actions spontanées et automatiques, deviennent, et assez promptement, des actions réflexes, déterminées par les impressions acoustiques. Avant l'âge même où il pourra répéter les mots, qu'il entendra de plus en plus distinctement, l'enfant

(1) La mobilité de la langue est très grande chez l'enfant. « La langue, dit M. Preyer (p. 389), est le jouet préféré de l'enfant. On pourrait presque constater chez lui, comme chez les maniaques, une sorte de délire lingual, lorsqu'il laisse entendre toute sorte de sons articulés et inarticulés qui n'ont aucun rapport. »

est poussé, par une sorte d'imitation diffuse, à crier, à émettre des sons ; il est provoqué, pour ainsi dire, par le bruit qui frappe plus ou moins confusément son ouïe ; et c'est comme en réponse à ceux qui lui parlent qu'il fait entendre le plus volontiers son ramage (1). Cette disposition durera encore à l'âge où il sera en état de prononcer quelques mots. A quinze mois, Marcel, mis en train par quelques paroles que je lui adresse, me réplique en un langage inintelligible ; puis il se tait, en me regardant d'un air très sérieux. Et comme je recommence à lui parler, il reprend lui aussi son gazouillement. Son frère, un peu plus âgé, se trouve dans une chambre voisine, et l'appelle : Marcel lui fait réponse, et, pendant quelques minutes, c'est une alternance ininterrompue, là de mots et de phrases nettement articulés, ici de petits cris confus (2).

Bien avant que l'enfant sache parler, on dirait qu'il a comme une divination du dialogue, et que par sympathie, par instinct social, il ressent un besoin secret de converser, de faire échange de propos, dans la mesure où il le peut, avec les personnes qui l'entourent. La parole appelle la parole, ou tout au moins, à défaut de parole, certaines manifestations expressives. Les oiseaux, dans leur cage, ne se mettent-ils pas à gazouiller, à chanter, dès qu ils nous entendent parler à côté d'eux, comme s'ils voulaient entrer en conversation avec nous ?

III. Jusqu'ici, soit de lui-même, soit qu'on l'y ait provoqué, l'enfant ne nous a fait entendre que des sons auxquels il n'attache lui-même aucun sens, même quand ils en ont un pour les autres. Le langage, qui est un commerce, un échange intelligent d'émotions et d'idées, une communication consciente entre deux pensées, le vrai langage n'a pas encore commencé. Pour qu'il commence, il faut que l'enfant, quelle que soit encore l'insuffisance de ses moyens d'expression, veuille, n'importe comment, dire ou tout au moins signifier quelque chose. Et il ne nous paraît pas douteux que cette intention expressive ne se montre d'assez bonne heure. Les cris, les sons indistincts, les premiers essais d'articulation ne tardent pas à être autre

(1) Nous avons vu, dans l'histoire du sourire, qu'il y avait à distinguer le sourire spontané et celui qui n'est qu'une réponse au sourire des autres personnes.

(2) Ces observations ne contredisent pas l'affirmation des psychologues qui déclarent que le premier langage de l'enfant est un monologue. M. Pollock ne constate qu'à vingt mois le premier essai pour soutenir une conversation. C'est seulement dans une seconde période, mais un peu plus tôt, croyons-nous, que ne l'a observé M. Pollock, que l'énoncé du dialogue apparaît.

chose que des phénomènes automatiques ou réflexes : ils deviennent des signes véritables que l'enfant emploie pour exprimer ce qu'il sent et ce qu'il veut.

Il est d'ailleurs nécessaire — et c'est la troisième période que nous distinguerons — que l'enfant, avant de donner lui-même un sens aux sons qu'il émet, ait pu deviner, interpréter le sens des sons qu'il entend (1). En d'autres termes, il doit comprendre la parole d'autrui, avant de comprendre la sienne. Et il le témoigne, en obéissant à ce qu'on lui dit.

Le rapport du signe à la chose signifiée apparaît pour la première fois à son esprit, non dans ce qu'il dit, mais dans ce qu'on lui dit. Et même, d'après certaines observations, le passage, dans l'évolution du langage, d'un de ces degrés à l'autre serait des plus lents et des plus laborieux. M. Preyer affirme que jusqu'à dix-huit mois son fils demeura sur ce point à l'état purement « réceptif ». Il était, depuis le dixième ou douzième mois (2), capable de distinguer les mots qu'il entendait, de les interpréter et de les comprendre, de se retourner, par exemple, à l'appel de son nom, d'obéir, non sans tâtonnements d'ailleurs et sans méprises (3), à des ordres comme ceux-ci : « Donne les petites mains! — Montre où est la petite tête obstinée ! » Mais le même enfant demeura, plus de six mois encore, incapable d'opérer la réciproque : c'est-à-dire qu'il ne pouvait ni ne savait se servir lui-même d'un moyen expressif quelconque, pour signifier à ses parents ses besoins et ses désirs (4).

Il n'y a, semble-t-il, dans les observations que nous venons de rapporter, qu'un cas exceptionnel de lenteur individuelle dans l'acquisition du langage (5). Généralement les choses vont plus vite, et des signes tout au moins, des gestes intentionnels, sinon encore des mots, sont exprimés dès la première année. Le seul point acquis et

(1) « Les enfants, dit M. Romanes, apprennent la signification d'une foule de sons articulés bien longtemps avant qu'ils ne commencent à les prononcer eux-mêmes. » (*Évolution mentale de l'homme*, p. 123.) Tous les observateurs de l'enfant paraissent être du même avis.

(2) C'est aussi entre le dixième et le douzième mois que Darwin a constaté la compréhension évidente des mots et des phrases.

(3) Voy. M. Preyer, p. 363 : « A la question *Combien gros?* l'enfant répondait en joignant les mains, autre mouvement qu'il avait appris à faire pour exprimer une demande. »

(4) M. Preyer, p. 381.

(5) M. Preyer reconnaît de bonne grâce que l'évolution du langage a été particulièrement lente et tardive chez son fils.

certain, c'est que l'intelligence des signes précède toujours l'emploi des signes.

En cela l'enfant ne dépasse pas l'animal. Le chien, en effet, comprend les appels de son maître. Il est vrai qu'il n'en est probablement venu là que sous l'influence d'une longue domestication, et par suite de son contact permanent avec l'homme. Les évolutionnistes reconnaissent eux-mêmes que la transformation psychologique du chien est l'œuvre de la société et de l'éducation humaine (1).

Dans cette compréhension des signes, il y a lieu d'ailleurs de distinguer plusieurs degrés. Autre chose est l'interprétation des gestes, d'un geste de menace, par exemple, que le chien comprend aussi bien que le petit enfant : autre chose, l'intelligence des mots. Il n'est pas prouvé que le chien comprenne jamais le mot *fouet* : mais menacez-le avec un fouet, et il se sauvera tout de suite. Autre chose est encore la compréhension du mot lui-même et celle de l'intonation qui l'accompagne. « La première, dit Romanes, représente un degré beaucoup plus élevé de l'évolution mentale que la deuxième (2). » C'est une question de savoir si les animaux comprennent jamais les mots en tant que mots, indépendamment des intonations (3); mais l'enfant y parvient certainement, vers la fin de la première ou le commencement de la deuxième année.

IV. Nous arrivons à la quatrième période, celle où l'enfant montre son intelligence, non plus seulement dans l'interprétation des signes qu'il perçoit, mais dans l'emploi des signes qu'il émet. Bien entendu, avant que les mots eux-mêmes servent à signifier les désirs, les émotions, les idées de l'enfant, ce sont les gestes qui seront employés pour cet usage. Le langage mimique prépare le langage de la parole (4) ; et quand il fait avec la tête un signe de négation, quand il montre de la main l'objet qu'il désire qu'on lui donne, l'enfant

(1) Romanes, *l'Intelligence des animaux*, t. II, p. 102.

(2) Romanes, *l'Évolution*, etc., p. 123.

(3) M. Romanes n'hésite pas à se prononcer pour l'affirmative, et il en conclut que, si les animaux étaient capables d'articuler, « ils emploieraient des mots simples pour exprimer des idées simples ». Ils n'auraient pas besoin de facultés psychiques plus élevées pour dire le mot « viens », que pour tirer, comme ils le font, la robe ou l'habit de leur maîtresse ou de leur maître; ou bien encore pour prononcer le mot « ouvre », au lieu de miauler d'une certaine façon derrière une porte fermée. »

(4) « L'origine et le développement de la parole ont été considérablement facilités par le geste... Le geste précède psychologiquement la parole. » (Romanes, *op. cit.*, p. 152.)

s'essaie déjà à exprimer ce qu'il veut ou ne veut pas. « Les impressions intérieures des très jeunes enfants, dit un observateur cité par M. Romanes, se traduisent par un petit nombre de sons, mais par une grande variété de gestes et d'expressions faciales. Les gestes d'un enfant sont intelligents, longtemps avant qu'il ne parle (1). » Cela est exact, à condition qu'on se rappelle qu'avant d'être intelligents, avant que l'expérience ait établi un rapport entre telle mimique et tel son, les gestes d'un enfant ont été automatiques ou instinctifs, ou tout au moins dépourvus de la signification qu'ils auront plus tard. Il est d'ailleurs évident que la tranformation en signes intelligents des gestes naturels de l'enfant est beaucoup plus aisée que ne le sera la même opération, quand il s'agira de donner un sens à des articulations prononcées d'abord sans intention. Les gestes sont presque toujours, pour ainsi dire, les raccourcis des mouvements spontanés que la nature a tout d'abord suggérés à l'enfant. Nous l'avons vu pour le baiser (2); de même, la nutation de la tête qui dit non, n'est qu'un souvenir de l'acte de se détourner, pour éviter un danger ou simplement la vue d'une chose qui offense le regard (3); la main avancée pour désigner un objet qu'on désire, pour le demander, c'est précisément le mouvement qu'il faudrait faire pour le prendre soi-même....

L'association qui donne un sens, non plus aux gestes, mais aux articulations et aux mots, est autrement difficile à établir. Nous verrons tout à l'heure dans quelle mesure elle peut être considérée comme instinctive, comme dérivant de la spontanéité de l'enfant. Mais pour l'immense majorité des mots, sinon pour tous ceux dont se compose le vocabulaire enfantin, c'est l'expérience, je veux dire, l'audition du mot, prononcé plusieurs fois en présence de l'objet que ce mot désigne, qui seule peut déterminer l'enfant à employer à son tour le même mot avec le même sens. L'enfant a entendu les mots plusieurs mois sans les comprendre ; il les comprend plusieurs mois avant de pouvoir les répéter et les prononcer lui-même. « Toute mère, dit M. Preyer, perd plusieurs milliers des mots qu'elle parle, murmure ou chante à l'oreille de son enfant,

(1) Romanes, *op. cit.*

(2) Voyez plus haut, p. 98.

(3) Nous ne contestons pas du reste que ces signes ne soient en partie appris : « Mon fils apprit de sa nourrice, dit M. Romanes, à secouer la tête pour dire non, à faire un signe d'acquiescement pour dire oui, à agiter sa main pour dire adieu ; et cela à huit mois et demi. »

sans que celui ci en entende un seul ; elle lui en dit plusieurs milliers encore, sans qu'il en comprenne un seul. Mais si elle ne gaspillait pas ainsi ses paroles à l'oreille du petit être qui d'abord n'entend pas, qui ensuite ne comprend pas, l'enfant n'apprendrait à parler que beaucoup plus tard, et avec beaucoup plus de difficultés (1). »

C'est souvent pour accompagner ses gestes que l'enfant, pour la première fois, use de sa voix avec intention. Tiedemann raconte de son fils qu'à neuf mois il montrait du doigt, pour les faire remarquer, les objets qui frappaient sa vue, et qu'il se servait en même temps de l'exclamation *Ah! ah!* « Ce qui prouve, ajoute Tiedemann, que son geste, ainsi que son cri, s'adressait aux autres, c'est qu'il se montrait satisfait, aussitôt qu'on lui faisait entendre qu'on avait aussi remarqué le même objet. » M. Preyer lui-même rapporte des faits qui paraissent en contradiction avec ses conclusions : à onze mois, son fils employait toujours le même son, *atta*, *attai*, toutes les fois qu'il s'apercevait qu'un objet disparaissait, qu'une personne sortait de la chambre, qu'on emportait la lumière. A neuf mois, sa voix indiquait déjà avec certitude un désir ; et quand il demandait un objet nouveau, il faisait entendre les mêmes cris qu'il avait l'habitude de produire avant de prendre sa nourriture. Au même âge, il accompagnait d'un petit cri, toujours le même, les mouvements volontaires qu'il faisait avec les mains et les bras, pour saisir ou réclamer un objet.

Dans ces débuts du langage, le geste vient souvent en aide à la parole encore imparfaite. Un enfant de quinze mois, qui avait appris à lever la main en l'air ,quand on lui demandait : « Comment es-tu grand? » n'avait pas encore assez de souplesse d'articulation pour prononcer le mot « grand » ; et quand on le provoquait à dire *grand' maman*, il se tirait d'affaire en levant la main en l'air et en ajoutant *maman* (2). Plus tard, lorsque l'évolution intellectuelle sera terminée, le geste sera relégué au second plan, et ne se présentera que comme un auxiliaire de la parole; chez l'enfant il semble que ce soit au contraire la parole commençante qui accompagne le geste, celui-ci étant encore l'élément principal du langage.

(1) M. Preyer, p. 77.

(2) Conférez Egger, p. 41 : « Au début, le langage articulé est d'une indigence extrême, et il faut que le geste s'y ajoute sans cesse, et pour ainsi dire le commente, afin de le rendre intelligent. »

L'enfant apprend donc tour à tour à prononcer, à répéter, enfin à interpréter les mots. Il est évident que, dans le travail intellectuel qui lui permet de mettre un sens sous chaque signe, l'enfant a besoin d'être aidé. Il y a pourtant beaucoup de mots dans son vocabulaire, vers deux ou trois ans, qu'on ne lui a pas appris, qu'on n'a pas été obligé de lui seriner comme à un perroquet, et qu'il s'est appropriés lui-même : « Au vingt et unième mois, dit M. Preyer, Axel connait un grand nombre de mots que personne ne lui a enseignés, tels que « fouet », « bâton », « allumette », « plume » (1). » L'enfant apprend à parler de deux manières : tantôt, c'est l'idée qui a germé dans son esprit, à l'occasion d'une perception quelconque : et c'est à cette idée qu'il rattache un mot souvent saisi au vol; tantôt, c'est au contraire le mot qui devance l'idée : ce mot a été entendu, retenu, mais ce n'est que peu à peu, et après bien des tâtonnements, que l'enfant y applique un sens. C'est par elle-même que l'intelligence — grâce à la puissance de la mémoire des mots, grâce à une attention persévérante, dont témoigne souvent, quand il écoute parler, l'attitude méditative de l'enfant — devine la signification d'un très grand nombre de mots. Et cela est d'autant plus remarquable, que l'enfant en arrive là avant même qu'il soit en état de répéter les mots, ou alors qu'il ne les répète que d'une façon tout à fait rudimentaire.

Le progrès du langage ne saurait être représenté par une ligne droite et continue ; il ne peut l'être que par une ligne brisée, revenant parfois sur elle-même avant d'aller plus loin. Même à l'âge où l'enfant, à force de petits efforts, articule distinctement, on voit réapparaître les sons inarticulés; et de même le caquetage inconscient, alors qu'il peut déjà dire quelques mots intelligents; le monologue, alors qu'il peut dialoguer dans une certaine mesure; et encore l'incapacité de répéter ou de comprendre certains mots, alors qu'il en a imité et interprété de plus difficiles. Tout s'emmêle et s'embrouille dans les démarches de l'enfant à la recherche du langage. Les diverses facultés intéressées ne marchent point du même pas. Et par exemple le mécanisme matériel de la parole peut encore être très imparfait, alors que l'intelligence en avance est déjà en état de se rendre compte du sens de beaucoup de mots

(1) M. Preyer, *op. cit.*, p. 401.

III

C'est une thèse intéressante, et qui contient d'ailleurs une part notable de vérité, que celle des philosophes qui prétendent que l'enfant n'est pas seulement un perroquet qui répète les mots qu'il entend ; que, dans l'acquisition du langage, il ne procède pas exclusivement par imitation, par « écholalie », comme disent les Allemands (1); qu'il témoigne d'une certaine initiative, dans l'invention des premiers mots dont il se sert ; et qu'enfin, avant d'emprunter le langage de ses parents, il a jusqu'à un certain point son langage à lui.

Il est à peine besoin de faire remarquer de quelle importance pourrait être une constatation de ce genre, pour la philosophie générale du langage. S'il était démontré que l'enfant est capable de trouver de lui-même, dans une mesure quelconque, l'expression verbale de ses sentiments et de ses pensées, il n'y aurait plus aucun motif de soutenir qu'il en a été autrement à l'origine de l'humanité. Le travail d'invention, dont chaque petit enfant nous donnerait le spectacle, ne serait que l'image, le souvenir lointain et affaibli de l'évolution primitive qui a créé les langues. Et les deux théories, tour à tour accréditées, qui représentent le langage de la parole, l'une comme un miracle de révélation divine, l'autre comme une création artificielle de la raison réfléchie, recevraient des faits un égal démenti. Ce n'est pas le seul, mais c'est un des plus importants services que la psychologie de l'enfant puisse rendre à la philosophie de l'esprit humaine.

C'est à des philosophes français, à Rousseau, à Maine de Biran, à Albert Lemoine, que revient l'honneur d'avoir les premiers deviné ou constaté la spontanéité de l'enfant en matière de langage. Ce sont encore des écrivains français, Taine, Émile Egger, qui ont corroboré par des observations précises l'opinion de leurs devanciers.

En 1753, Rousseau écrivait déjà : « L'enfant ayant tous ses besoins à expliquer et par conséquent plus de choses à dire à la mère que la mère à l'enfant, c'est lui qui doit faire les plus grands frais de l'invention, et la langue qu'il emploie doit être en grande partie son propre ouvrage (2). » Rousseau s'appuyait sur un argument un peu

(1) L'« écholalie », à proprement parler, consiste surtout dans la répétition de la dernière syllabe des mots entendus.

(2) *Discours sur l'origine de l'inégalité parmi les hommes.*

douteux, mais il en déduisait une conjecture qui par hasard se trouve d'accord avec les faits. Il tenait d'ailleurs à sa conclusion, et il y revient dans l'*Émile*, où il dit : « Les enfants vous donneront leurs mots avant de recevoir les vôtres. »

Maine de Biran ne sortait guère non plus des conjectures *a priori*. Il disait : « Avant d'entendre les premiers sons articulés transmis par la nourrice, l'enfant a dû d'abord émettre volontairement quelques voix ou sons, et s'apercevoir qu'il était entendu au dehors, comme il s'entendait lui-même intérieurement; et ce n'est qu'après s'être entendu ainsi lui-même ou après avoir volontairement répété les premiers cris que l'instinct seul lui arrachait à la naissance, qu'il devient capable de répéter ou d'imiter aussi volontairement les premiers sons articulés qu'il reçoit du dehors... Nous concevons ainsi comment le langage peut commencer à naître dans une famille ou une petite société. Chaque enfant qui naît dans cette famille humaine a son langage primitif qu'il entend, et qui est entendu, répété par les parents, dont l'enfant imite bientôt à son tour les voix ou inflexions (1). »

Tout autre est, en cette question, la méthode des psychologues contemporains, qui font appel, non à des hypothèses, mais à l'observation et aux faits. En 1865, dans son ingénieux essai *de la Physionomie et de la parole*, Albert Lemoine exposait avec netteté, quoique sous une forme trop générale encore et non sans quelque exagération, le rôle créateur de l'enfant dans la formation du langage. « Personne, disait-il, ne peut raconter, comme au retour d'un voyage au paradis terrestre, comment l'homme a parlé pour la première fois : mais nous pouvons observer tous les jours comment un homme commence à parler. L'enfant a bien plus de part qu'on ne pense au langage qu'on lui enseigne; il en est à moitié l'inventeur, quand on croit le lui donner tout fait. Voyez-le, quand l'organe de la parole encore embarrassée n'obéit pas à sa faible volonté : déjà cependant il est capable de moduler quelques voix et d'articuler quelques consonnes, que forment au hasard les mouvements mal réglés de ses lèvres et de sa langue. Il est à ce moment critique et charmant où il va entrer en possession du gouvernement de ses organes et manifester ses petites passions par d'autres signes que par des cris. Vous croyez que c'est réellement sa mère qui lui apprend le premier signe

(1) MAINE DE BIRAN, *Examen critique des opinions de M. de Bonald*, dans les *Œuvres inédites*, t. III, p. 259.

articulé, le premier mot ayant un sens : détrompez-vous, c'est l'enfant qui donne la première leçon, c'est la mère qui la reçoit. Le premier mot qu'il prononce, et auquel il attache un sens, n'est pas un mot de la langue maternelle qu'il tienne de sa nourrice : c'est lui qui en fabrique la matière informe ; c'est lui qui y attache un sens ; c'est un mot de sa langue à lui, et sa nourrice apprend de lui cette langue, avant de lui enseigner la sienne. Cette langue de l'enfant, bien pauvre, dont le vocabulaire se compose de quelques sons, de cris modulés, de monosyllabes à peine articulés, et qui se passe de grammaire, c'est l'instrument dont se servira la mère pour lui faire comprendre et accepter la langue savante de son pays et de son siècle (1). »

En 1871, Émile Egger, dans un mémoire lu à l'Académie des sciences morales et politiques ; en 1876, Taine, dans un article de la *Revue philosophique*, ont repris la même thèse (2), en l'appuyant sur leurs expériences personnelles. « Il n'y a pas un seul de ses besoins pour lequel l'enfant que j'observe n'invente un ou plusieurs sons articulés, sans qu'aucun exemple volontaire ou involontaire lui soit proposé... Le travail intellectuel, chez l'enfant, est très actif, et son langage suit ce travail, avec une facilité d'invention qui déroute quelquefois notre attention la plus sagace (Egger). » — « L'originalité, l'invention est si vive chez l'enfant que, s'il apprend de nous notre langue, nous apprenons de lui la sienne (Taine). »

Mettons nous maintenant en présence des faits, afin de déterminer exactement dans quelle mesure il est vrai de dire que l'enfant invente son langage. Nous distinguerons trois séries de cas, où se révèle plus ou moins la spontanéité expressive de l'enfant :

1° L'enfant fournit de lui-même le son ou le mot : mais ce sont les parents qui donnent un sens aux syllabes qu'il a articulées sans y mettre d'intention ;

2° L'enfant à la fois invente le mot et en fixe la signification : c'est le cas le plus curieux, le plus rare, et aussi le plus controversé ;

3° Enfin dans d'autres cas, et très fréquemment, ce sont les parents qui fournissent les mots ; mais l'enfant, qui les répète, les interprète à sa manière, et les emploie avec des significations nouvelles.

En d'autres termes, étant donné que le langage comprend deux éléments essentiels, un signe matériel, A, une signification intellectuelle

(1) Albert Lemoine, *de la Physionomie et de la parole*, G. Baillière, 1865, p. 148.
(2) C'est le mémoire qui a été publié en 1878 et que nous avons souvent cité.

B, l'enfant tantôt n'invente que A ; tantôt trouve à la fois A et B; tantôt enfin, A lui étant suggéré, imagine B.

1° Dès les premiers mois, l'enfant, nous l'avons vu, est déjà en état d'émettre des sons variés. Ces sons, on les démêle parfois au milieu de ses cris. « Au soixante-quatrième jour, dit M. Preyer, la syllabe *ma* fut entendue, pendant que l'enfant criait. » D'autres fois, et de plus en plus, à mesure qu'il grandit, l'enfant, dans ses moments de calme et de bien-être, s'abandonne à ce gazouillement, à ce ramage d'oiseau, que nous avons déjà décrit. Ce n'est d'abord qu'une succession de sons indistincts, où se détache, comme par hasard, une syllabe nette : « Au quarante-troisième jour, dit encore M. Preyer, j'ai entendu prononcer par l'enfant la première consonne. Couché très confortablement, il émettait des sons de toute sorte, impossibles à fixer ; et il dit nettement *am-ma* (1). » Plus tard, ce sont de véritables monologues, où l'enfant prolonge indéfiniment l'émission de sons vocaux auxquels il n'attache d'ailleurs aucune signification. Il semble s'amuser de sa propre voix ; il se divertit à exercer les organes de la parole, de la même façon qu'il se plaît à remuer ses bras et ses jambes. « On croit qu'il parle, dit G. Droz : il fait de la musique tout simplement ! » Tout ce flux indéfini de syllabes articulées, qu'il répète, ou qu'il varie avec une inépuisable facilité, ce n'est encore que du bruit ; ce sont de purs mouvements automatiques, que l'enfant ne songe nullement à utiliser, qui n'ont aucune valeur comme signes, et auxquels ne se mêle pas la moindre parcelle de pensée ou de volonté expressive.

Eh bien ! ces sons élémentaires, dont il est d'ailleurs difficile de déterminer l'ordre de succession, ne sauraient être considérés comme la simple répétition de sons entendus par l'enfant. Il ne saurait être question bien entendu d'une imitation volontaire, qui ne se produira que beaucoup plus tard : M. Preyer affirme ne pas en avoir observé un seul exemple certain avant le onzième mois (2). Mais il ne paraît pas non

(1) M. PREYER, *op. cit.*, pp. 372, 373.

(2) Darwin, il est vrai, « croit » avoir reconnu, dès le cent dix-huitième jour, que son enfant commençait à essayer d'imiter les sons. Mais M. ROMANES affirme catégoriquement que les premières articulations de l'enfant ne dérivent pas de l'imitation : « Les enfants, habituellement, commencent à prononcer des syllabes telles que « *atta*, *tata*, *mama* et *papa* » (avec ou sans le redoublement), avant qu'ils puissent comprendre la signification même d'un seul mot. Un de mes propres enfants pouvait dire toutes ces syllabes très distinctement, à l'âge de huit mois et demi, et je ne pus rien découvrir à ce moment qui prouvât qu'il comprenait ces mots ou qu'il eût appris ces syllabes par imitation. Un autre de mes enfants, qui ne commença à parler qu'à l'âge de quatorze mois et demi, dit une fois, et une

plus que l'imitation involontaire, dont nous ne voulons pourtant pas nier le rôle, suffise pour expliquer l'émission de ces premiers sons, comme la voix explique l'écho. Sans doute tout n'est pas spontané dans ces premiers bégaiements : une syllabe que l'enfant aura entendue plus distinctement, qui sera prononcée plus fréquemment dans son entourage, a toute chance d'être machinalement reproduite et de devenir une de ses émissions préférées. La spontanéité vocale de l'enfant n'en est pas moins incontestable. On ne saurait méconnaître, d'abord, que ses cris ont un caractère différent, selon qu'ils proviennent d'une émotion ou d'une autre. « Au bout de quelque temps, dit Darwin, la nature des cris change, selon qu'ils sont produits par la faim ou par la souffrance. » Mais il est certain en outre que la voix enfantine a ses articulations favorites et, pour ainsi dire, privilégiées (1). « A l'âge de cinq mois et demi, Doddy forma le son articulé *da*, mais sans y attacher de sens. » — « A partir de la quarante-deuxième semaine, dit M. Preyer, les syllabes *ma*, *pappa*, *appapa*, *babba*, *tata*, sont fréquemment prononcées » ; et chose à noter, les efforts tentés, à la même époque, pour obtenir de l'enfant qu'il répète des syllabes prononcées devant lui, échouent totalement. M. Preyer note encore les sons *tai*, *atai* comme « indubitablement spontanés ».

En d'autres termes, l'enfant trouve, au moins en partie, dans une sorte d'inspiration de la nature le matériel de son langage. Est-ce en vertu de « la loi du moindre effort », comme le pensait Buffon (2), qu'il émet certains sons plutôt que d'autres ? Est-ce par suite d'une tendance innée et héréditaire (3) ? Est-ce pour toute autre raison, peu importe ! L'explication du fait reste douteuse : mais le fait lui-même est certain. Si *papa* et *maman* sont, avec de légères variantes, les noms enfantins du père et de la mère, dans un si grand nombre de langues diverses, c'est que les syllabes qui composent ces deux mots sont précisément de celles que l'enfant a le plus de propension à émettre

fois seulement, mais très distinctement, *ego* : ce n'était pas là certainement l'imitation d'un mot qui eût été prononcé en sa présence, et c'est pourquoi je mentionne le fait, pour prouver que l'articulation inintentionnelle chez les jeunes enfants est spontanée ou instinctive. » (*Évolution mentale chez l'homme*, p. 122.)

(1) C'est à tort qu'Albert Lemoine croyait que la spontanéité linguistique variait très sensiblement de famille à famille, d'enfant à enfant.

(2) BUFFON, *Œuvres complètes*, Paris, 1878, t. IV, p. 68. Buffon croyait d'ailleurs que l'enfant doit tout son langage à sa mère.

(3) M. PREYER (*op. cit.*, p. 101) suggère que l'ordre d'évolution des sons vocaux dépend de la puissance du cerveau, des dents, des dimensions de la langue, de l'acuité auditive, etc.

instinctivement. Que se passe-t-il en effet? D'une part l'enfant, dans son intelligence, dans son imagination plutôt, a conçu vaguement l'idée de son père et de sa mère, idée purement représentative, qui n'est guère qu'une image, le souvenir des formes matérielles qui caractérisent chacun de ses parents et des impressions que lui ont laissées leurs actions à son égard. D'un autre côté, il a répété très souvent, mais sans y mettre encore la moindre intention expressive, les syllabes qui sont destinées à devenir les signes verbaux de ces idées et de ces images. Il faut maintenant que ces deux évolutions parallèles, mais indépendantes et distinctes, se rejoignent et se confondent. C'est la mère ou le père qui assurera la transition, qui, prenant sur les lèvres de son fils le mot tout formé, mais sans vie, le répétera devant lui à propos, avec insistance, devant la personne qu'il est appelé à désigner, et qui, suggérant ainsi peu à peu le rapport, l'association qu'il s'agit de faire apprendre, donnera au son toute la valeur d'un signe. « *Papa*, dit Taine, a été prononcé plus de quinze jours sans intention, sans signification, comme un simple ramage, comme une articulation facile et amusante. C'est plus tard que l'association entre le nom et l'image ou la perception de l'objet s'est précisée, que l'image ou la perception du père appelle sur les lèvres le son *papa*, que ce son, prononcé par un autre, a définitivement et régulièrement évoqué le souvenir, l'image, l'attente, la recherche du père. »

2° S'il est établi, comme nous le croyons avec la plupart des psychologues, que l'enfant met de lui-même en circulation, qu'il réinvente sans cesse certains mots, auxquels les traditions de la langue maternelle se chargent de donner un sens, le sens immémorialement convenu; il est beaucoup plus difficile de démontrer qu'il puisse à lui seul accomplir cette double opération, c'est-à-dire faire œuvre complète de création, en matière de langage, en inventant des mots auxquels il prête lui-même une signification.

Taine est très affirmatif sur ce point : mais les exemples qu'il cite, outre qu'ils sont très peu nombreux, ne sauraient être admis sans discussion. Au quatorzième mois, l'enfant qu'il a observé prononçait invariablement le mot « *ham* », en présence de la nourriture (1); plus tard cette articulation était reproduite toutes les fois

(1) Sur ce point, mes observations personnelles sont contradictoires : un de mes fils disait de lui-même *am*, pour demander à boire et à manger. Et notez que je n'avais pas lu Taine à cette époque. Un autre au contraire, entre le dix-huitième et le vingt-quatrième mois, ne témoignait d'aucune originalité dans son langage : il n'avait aucun mot à lui, sauf les mots estropiés.

que l'enfant avait faim ou soif. Et Taine explique très ingénieusement que cet « *ham* » est *le geste vocal naturel* de quelqu'un qui happe quelque chose. « Le son commence en effet par une aspirée gutturale, voisine d'un aboiement, et finit par l'occlusion des lèvres, exécutée comme si l'aliment allait être saisi et englouti : un homme ne ferait pas autrement si, parmi des sauvages, les mains liées, et n'ayant pour s'exprimer que ses organes vocaux, il voulait dire qu'il a envie de manger. » Pour que les suppositions de Taine fussent tout à fait fondées, il faudrait, semble-t-il, que ce prétendu « geste vocal naturel » se retrouvât chez tous les enfants. Or il n'en est rien. Un enfant que nous avons observé disait *nana* dans le même sens. Doddy, à l'âge d'un an, fit l'effort d'inventer un mot pour désigner sa nourriture, et l'appela *mum*; « mais je ne sais, ajoute prudemment Darwin, ce qui l'amena à adopter cette syllabe » (1). Axel, à vingt et un mois, pour désigner les aliments et le lait, disait, avec une intonation suppliante, intraduisible: *mimi*. De cette variété de sons employés par l'enfant, ne semble-t-il pas résulter qu'il n'y a là qu'une mutilation, une déformation des mots que l'enfant a entendus et qu'il arrange à sa manière, plutôt qu'une véritable formation nouvelle? C'est en grande partie parce qu'il estropie, parce qu'il répète maladroitement les mots qu'on lui suggère, que l'enfant paraît avoir son langage à lui. Et il est encouragé, il est maintenu dans l'emploi de cet idiome puéril, par la manie qu'ont les parents et les nourrices de lui complaire, de flatter, pour ainsi dire, sa vanité quasi-philologique, en adoptant et en répétant après lui ces mots défigurés. C'est donc de la faiblesse des organes, des incertitudes d'une articulation mal assurée, des maladresses de l'imitation, plutôt que d'une réelle originalité inventive, que procéderaient les prétendues créations trop avantageusement interprétées par Taine. Ainsi *ham* pourrait bien n'être qu'une abréviation de *à manger* (2); ou comme le suggère M. Preyer, l'écho

(1) M. Preyer a observé chez son fils un mot analogue : il disait *mömm*, quand il avait faim; et cela dès la dixième semaine. Un enfant observé par Fritz Schultze, de Dresde, disait aussi *mäm mäm* dans le même sens. M. Preyer suppose que ce mot dérive de la syllabe primitive *ma*, et que l'enfant l'emploie parce qu'il a souvent entendu dire *maman* quand on le mettait au sein.

(2) Il est en tout cas à remarquer que l'enfant, à proprement parler, ne mange ni ne happe, comme le suppose Taine, mais qu'il suce; et que le bruit que l'on peut faire en mangeant, — *ham*, si l'on veut, — ne ressemble nullement à celui que l'on fait en suçant.

de *faim*, *as-tu faim?* De même que le *mimi*, prononcé par Axel, ne serait qu'une imitation du mot allemand, *Milch*, « lait ». Un fait qui tend à confirmer cette supposition, c'est l'emploi que Doddy faisait de son *mum*; quand il l'appliquait au sucre, il disait alors *shu-mum*; et un peu plus tard, pour désigner la réglisse, il disait *noir shu-mum* : les deux autres mots étant évidemment dérivés de l'imitation, il est logique de supposer que le premier a la même origine. Il en est de même d'un autre mot que l'enfant observée par Taine répétait fréquemment, le mot *tem*, pour dire *donne*, *prends*, *voilà* ou *regarde*. Taine indique lui-même qu'il pourrait bien n'y avoir là qu'une dérivation du mot *tiens*, que l'enfant avait entendu prononcer souvent dans un sens analogue.

On ne saurait le nier : l'initiative verbale de l'enfant n'est plus aujourd'hui ce qu'elle a pu, ce qu'elle a dû être chez les premiers hommes. Elle n'est pas, comme à l'origine, surexcitée par le besoin, par la nécessité de trouver d'elle-même les signes nécessaires pour entrer en relation avec les autres hommes (1). Les facultés inventives sont presque réduites à l'inaction par l'enseignement de la langue toute faite qui résonne à ses oreilles depuis sa naissance, aussi bien que par la complaisance des nourrices, qui choisissent de préférence, pour lui faciliter l'acquisition du langage, les sons les plus faciles, les plus appropriés à ses organes imparfaits. Un observateur de nos amis nous cite un enfant, qui désignait l'un des besoins les plus fréquents à cet âge par un petit sifflement répété : *zi-zi*. Mais ce signe, il ne l'avait pas inventé : il le tenait de sa bonne, qui avait trouvé sans doute quelque analogie entre la chose et le son.

Faut-il pourtant admettre la conclusion absolue de M. Preyer, à savoir « qu'un enfant n'invente jamais un mot, à sens déterminé et précis, sans recourir à l'imitation des sons qu'il entend, et qu'il n'emploie jamais de mots élémentaires pour exprimer ses idées, sans que ses parents aient quelque part à ce travail » (2)? Sans doute nous ne songeons pas à soutenir qu'aucun enfant vienne au monde

(1) « Il y a une différence immense, dit M. ROMANES, dans les conditions psychologiques considérées soit chez le jeune enfant soit chez l'homme primitif... Le langage est fourni à l'enfant par le milieu ambiant, au lieu que l'homme primitif n'a point reçu le langage, mais a dû le créer » (*l'Évolution mentale chez l'homme*, p. 369).

(2) C'est aussi l'avis de Mme NECKER DE SAUSSURE : « L'enfant n'invente pas les mots de lui-même, et il ne fait que répéter tant bien que mal ceux qu'il a entendu prononcer; il n'appelle pas même un animal par son cri, à moins qu'on ne lui en ait donné l'exemple. » (*Éducation progressive*, l. II, ch. II.)

avec un génie suffisant pour découvrir le langage articulé », mais quelque grande part qu'il convienne de faire, soit aux sons imités, dans les mots spéciaux du vocabulaire enfantin, soit à la suggestion des parents, dans l'application significative de ces mots, il ne nous paraît nullement démontré que l'enfant n'ait pas à réclamer quelques droits d'inventeur, soit dans la façon même dont il arrange à sa guise, ne serait-ce qu'en les déformant, les matériaux qui lui sont fournis, soit surtout en donnant de lui-même un sens quelconque à une articulation précédemment employée sans aucune intention expressive. A vrai dire, toute la question est là. L'introduction d'un sens sous un son jusque-là insignifiant et inexpressif, c'est la clef même de l'acquisition du langage. Est-il prouvé que ce passage, l'enfant ne le franchit jamais sans les indications de ses parents ? En aucune façon. L'intervention des parents est peut-être nécessaire pour que cette transition délicate s'opère une première fois; mais lorsque la première impulsion a été donnée, il n'est pas douteux que l'enfant ne soit capable de fixer spontanément, comme il l'entend, le sens des mots plus ou moins originaux, plus ou moins imités, qu'il a d'abord employés inconsciemment.

Ce qu'on ne saurait contester, ce que M. Preyer admet lui-même, c'est que l'enfant, imitant encore, il est vrai, mais imitant spontanément les cris des animaux, crée des onomatopées, qui deviennent immédiatement pour lui les noms de ces animaux. Dans ce cas, l'idée et le mot jaillissent simultanément dans son esprit et sur ses lèvres. Le mot *oua-oua*, qui désigne le chien, est sans doute appris à l'enfant le plus souvent par sa nourrice, qui se fait un devoir de lui enseigner non seulement la langue officielle, mais aussi le petit patois propre au premier âge. Mais qui pourrait dire que ce mot n'est pas souvent inventé aussi par l'enfant, quand il entend fréquemment les aboiements du chien ? M. Preyer cite, comme exemples d'onomatopées instinctives, *koko*, *kikiriki*, *pipiep* (oiseau), *tic tac* (montre), *hüt* (sifflet d'une locomotive) (1).

Ce qu'on ne peut contester non plus, c'est que les interjections qui, il est vrai, font partie du langage naturel de l'enfant, et qui ne sont que des cris articulés, deviennent assez vite l'expression intentionnelle de telle ou telle émotion. A quinze mois, le fils de Tiede-

(1) A vingt mois, Axel, voyant un rouge-gorge dans le jardin, le regarda avec attention et essaya à plusieurs reprises, assez bien, d'en imiter le piaillement. (M. Preyer, p. 307.)

mann disait très nettement *ha! ha!* pour exprimer son étonnement. Tiedemann insinue d'ailleurs que ce *ha!* est le signe naturel de la réflexion, de la surprise; il résulterait de l'expulsion subite de l'haleine. Quoi qu'il en soit, il est certain que l'enfant anime et, pour ainsi dire, intellectualise ses interjections, c'est-à-dire qu'il utilise, en les employant comme mots, les sons qui expriment naturellement ses états de sensation et d'émotion.

S'il fallait citer une expérience décisive, pour établir la thèse de la spontanéité expressive de l'espèce humaine, on pourrait invoquer le témoignage des éducateurs de Laura Bridgman, la femme aveugle, sourde et muette, qui vient de mourir récemment. Au rapport du Dr Howe, Laura disposait, pour désigner ses amies et les personnes qu'elle connaissait intimement, d'une cinquantaine de signes vocaux, d'articulations instinctives, rire éclatant pour l'une, gloussement pour une autre, son nasal pour une troisième, son guttural pour une quatrième. Ne voit-on pas éclater ici, avec une force que l'abolition des sens met plus nettement en relief, le pouvoir expressif qui consiste essentiellement dans l'attribution d'un sens à un signe vocal? Ici, en effet, plus d'imitation possible; et il ne paraît pas douteux que l'enfant, s'il n'était pas immédiatement arrêté, dans ses essais de linguistique spontanée, par la barrière que lui oppose la langue traditionnelle qu'on lui apprend tous les jours, finirait par se faire à lui-même son langage.

Il est prouvé que, placés dans des circonstances exceptionnelles et favorables, les enfants témoignent d'une originalité linguistique plus marquée qu'elle ne l'est d'ordinaire. On a raconté l'histoire de deux jumeaux, qui s'aimaient tendrement et vivaient, pour ainsi dire, absorbés l'un dans l'autre. Il résulta de cette société à deux qu'ils inventèrent un langage particulier, qui n'avait aucun rapport avec le langage de leurs parents. Ils ne disaient ni « papa » ni « maman »; mais ils avaient des noms à eux pour désigner leur mère, leur père, les voitures qui passaient dans la rue, etc. Ils parlaient entre eux avec la vivacité et la volubilité ordinaires à leur âge, mais aussi avec un accent allemand (ils étaient Allemands d'origine). Ils ne prononçaient que des mots incompréhensibles pour leurs parents (1). Une autre observation du même genre est celle d'une petite fille qui, Anglaise de naissance, imagina d'elle-même, aidée

(1) M. Horatio Hale, dans les *Proceedings of the american Association for the advancement of sciences* (vol. XXXV, 1886).

peut-être par le souvenir de quelques mots français entendus par hasard, une langue qui avait une ressemblance évidente avec la langue française. Il n'y avait dans son langage presque point de traces de mots formés par imitation des sons. Le miaulement d'un chat avait pourtant suggéré le mot *mea*, qui signifiait à la fois « chat » et « fourrure ». Mais aucune origine ne pouvait être conjecturée, pour expliquer les autres mots dont se servait l'enfant. Elle avait un frère, de dix-huit mois moins âgé, auquel elle apprit son langage, de sorte qu'ils s'entretenaient librement entre eux, sans être compris par leur entourage (1).

3° Très limitée au point de vue que nous venons d'examiner, la force inventive de l'enfant prend sa revanche, quand il s'agit d'étendre, de généraliser, de varier le sens des mots, qu'il prend tout faits dans le langage de ses parents, ou de ceux qu'il a fabriqués lui-même. M. Preyer le reconnaît : une fois qu'une première association a été établie, par suggestion ou instinctivement, entre une notion et une syllabe, « l'enfant trouve aisément de lui-même de nouvelles associations » (2).

Citons quelques exemples entre mille. Un enfant qui commençait à parler, raconte M. Romanes, d'après Darwin, vit et entendit un canard sur l'eau, et dit « *coin coin* (3) ». A partir de ce moment, il employa indifféremment le même mot *coin coin*, pour désigner l'eau, tous les oiseaux, tous les insectes, tous les liquides, enfin les pièces de monnaie elles-mêmes, parce que, sur un sou impérial français, il avait remarqué l'image d'un aigle. Autre exemple : un enfant allemand de vingt-un mois employa d'abord l'interjection *ai*, comme cri de joie : il la modifia en *aiz*, en *aze*, et enfin en *ass*, pour désigner sa chèvre en bois, montée sur roues et couverte de poil ; *aiz* fut ensuite réservé comme cri de joie, et *ass* signifia tout ce qui se déplace, les animaux, sa propre sœur, les charrettes, tout ce qui se meut, tout ce qui porte poil. *Ban*, dans le vocabulaire d'un enfant anglais, signifiait « soldat » ; mais voyant un évêque, avec sa mitre et ses vêtements sacerdotaux, l'enfant lui appliqua également ce mot. Pour le même enfant, *gar odo* signifiait « aller chercher le cheval » ;

(1) M. HORATIO HALE, *op. cit.*

(2) M. PREYER, *op. cit.*, p. 160

(3) M. ROMANES, *l'Évolution*, etc., p. 281. Il n'est pas indifférent de remarquer que le mot *coin coin* était pour cet enfant une onomatopée instinctive, puisque « canard » en anglais se dit « *drake* ».

mais comme le père, quand il avait besoin d'une voiture, écrivait un ordre pour le domestique qui se rendait à l'écurie, *gar odo* devint synonyme de papier et de crayon. « Le premier mot que mon fils apprit, après *papa* et *maman*, dit M. Romanes, fut celui de *star*, étoile; il l'appliqua ensuite à tous les objets brillants : bougies, becs de gaz, etc. »

Rappelons aussi les intéressantes observations de Taine. « Une petite fille de deux ans et demi avait au cou une médaille bénite; on lui avait dit : « C'est le bon Dieu. » Un jour, assise sur les genoux de son oncle, elle lui prend son lorgnon, en disant: « C'est le *bo Du* de mon oncle. » Le mot *fafer*, imaginé par un petit garçon d'un an pour désigner le chemin de fer, devient le nom des bateaux à vapeur, des cafetières à esprit-de-vin, de tous les objets qui sifflent, font du bruit et jettent de la fumée. « Un autre instrument, ajoute M. Taine, fort désagréable aux enfants (pardon du détail et du mot, il s'agit d'un clysopompe) lui avait laissé, comme de juste, une impression très forte. L'instrument, à cause de son bruit, avait été appelé un *zizi*. Jusqu'à deux ans et demi tous les objets longs, creux et minces, un étui, un tube à cigares, une trompette, étaient pour lui des *zizi*, et il ne s'approchait d'eux qu'avec défiance (1). »

Tous les mots du langage enfantin, à vrai dire, sont ainsi pliés à de multiples usages par un besoin de s'exprimer que n'aide pas une puissance proportionnée d'élocution. *Papa* désigne tous les hommes, *maman*, toutes les femmes. *Cola* (chocolat) est le nom de toutes les friandises; *Koko*, le nom de tous les oiseaux.

Ces généralisations indiscrètes et grossières tiennent sans doute, en premier lieu, à la pauvreté du langage enfantin. L'enfant est comme une personne qui, n'ayant pas beaucoup de vaisselle, mangerait tous les mets de son repas dans la même assiette : il fait entrer de force plusieurs sens sous un seul et même terme. On trouverait en grand nombre des exemples analogues dans les langues imparfaites des peuples primitifs : c'est ainsi que les Romains appelaient les éléphants des *bœufs de Lucanie* (2).

Mais ce ne sont pas seulement des raisons d'économie, et d'économie forcée, qui dirigent l'enfant : s'il fait voyager les mots d'un sens à un autre, c'est qu'il a une aptitude particulière à saisir, entre les choses, des rapports qui échappent même à la finesse d'esprit

(1) TAINE, *de l'Intelligence*, t. I, ch. II.
(2) EGGER, *op. cit.*, p. 45.

d'un homme mûr, une propension marquée à généraliser hors cadres, comme dit Taine; c'est aussi qu'il se contente de rapprochements puérils, que la raison de l'homme écarterait tout de suite. Les associations fortuites, accidentelles et superficielles, dominent, nous l'avons vu, dans l'imagination de l'enfant.

De tous les faits que nous avons cités, il résulte que l'enfant fait preuve d'une certaine spontanéité dans la préparation du langage de la parole; mais non que, réduit à ses seules forces, il soit en état d'inventer de toutes pièces une langue à lui. Le fait que les sourds-muets ne parlent pas, et ne parlent pas parce qu'ils n'entendent pas, suffit pour écarter la thèse absolue de la spontanéité linguale chez l'homme, et pour démontrer la part considérable de l'imitation. Il est bon cependant de faire observer que l'incapacité du sourd-muet ne dérive pas seulement de ce que la parole d'autrui, de ce que les cris des animaux, tous les bruits enfin, tous les sons de la nature extérieure ne réussissent pas à émouvoir son ouïe; elle provient aussi de ce qu'il ne s'entend pas lui-même, de ce que les articulations qu'il peut prononcer ne frappent point ses oreilles. Si l'enfant normal parvient à dégager spontanément de son gazouillement naturel quelques mots intelligents, à faire signifier quelque chose aux sons que l'instinct ou l'hérédité a placés sur ses lèvres, c'est qu'il est en état de les entendre, et que les ayant entendus, il peut les faire servir à exprimer ceci ou cela.

Il n'en est pas moins vrai que, dans les conditions sociales où l'enfant est appelé à vivre dès la naissance, c'est l'imitation du langage d'autrui qui joue le plus grand rôle; c'est l'expérience qui est presque souveraine maîtresse. L'instinct, l'innéité, l'invention personnelle n'ont en fait qu'une action très restreinte. L'effort de l'enfant, pour répéter des syllabes prononcées devant lui, n'est guère manifeste que vers le dixième ou le douzième mois; mais c'est précisément alors qu'il commence à parler (1). Ceux même qui croient le plus à l'activité propre de l'enfant, reconnaissent que cette activité est aidée par une tendance naturelle à reproduire les sons de la nature, à imiter les cris des animaux. L'onomatopée n'est qu'une imitation. Et s'il est au pouvoir de l'enfant de traduire à sa manière les sons naturels qu'il entend, d'imiter, par exemple, le bruit que fait une pendule pendant qu'on la remonte, comment ne serait-il

(1) « Au onzième mois, dit M. Preyer, certaines syllabes, prononcées avec force devant l'enfant, sont pour la première fois répétées par lui. »

point porté à imiter les sons artificiels du langage de convention qu'on parle sans cesse à ses oreilles?

Cet instinct d'imitation est si fort que, bien avant d'être capable de former les articulations difficiles qu'exige la prononciation des mots usuels, l'enfant s'y essaie. Il imite, en quelque sorte, avant de pouvoir imiter (1). Et les premiers mots qu'il emploie témoignent à la fois de sa bonne volonté et de sa faiblesse. Divers observateurs ont noté au jour le jour, à ce point de vue, les tentatives de l'enfant (2). « A vingt-deux mois, un enfant observé par M. de la Calle disait *cou* pour « clou », *ot-ta* pour « ôte-toi », *cloute* pour « croûte », *anoir* pour « armoire », *moussoir* pour « mouchoir », *faguégué* pour « fatigué », *la-lo* pour « là-haut », *gouazelle* pour « mademoiselle », *ecquelocque* pour « enveloppe », *peterre* pour « pomme de terre », etc. Les mêmes défauts d'articulation se retrouvent chez tous les enfants. A dix-huit mois, l'enfant étudié par M. Pollock ne prononce pas encore *g*, *l*, *r*, ni les consonnes sifflantes, ni les aspirées. La prononciation de la consonne *r* est particulièrement difficile pour l'enfant. La faiblesse de ses organes se montre encore dans ce fait que, pendant quelque temps, son langage ne dépasse guère la forme monosyllabique. Ses dissyllabes, *papa*, *maman*, etc., ne sont formés que par la répétition du même son. Dans les mots composés de deux syllabes différentes, il n'en retient qu'une. Une petite fille, dont M. Perez a noté les progrès, vers le vingt-deuxième mois, ne pouvait encore dire que *bou* pour « tambour », *fé* pour « café », *yé* pour « Pierre ». Un peu après, la même enfant parvenait à prononcer *abou* pour « tambour », *ateau* pour « gâteau (3).

On n'en finirait pas, si l'on voulait relever toutes les altérations que la langue inexpérimentée de l'enfant fait subir aux mots qu'elle s'exerce à répéter. Ce n'est pas d'ailleurs au hasard que se produisent ces défigurations, qui dérivent du jeu de nos organes, et proviennent

(1) « L'enfant nous entend dire *confiture*, *armoire*, etc.; il a peut-être déjà prononcé mille fois les syllabes dont ces noms se composent; mais les actes par lesquels il les a prononcés ne sont pas encore tombés sous l'empire de sa volonté; il *veut* les reproduire : il ne peut pas. » (EGGER, *op. cit.*, p. 201). — « Je me suis donné beaucoup de peine, dit M. Preyer, pour amener l'enfant (au onzième mois) à répéter des voyelles et des syllabes, mais je n'y ai guère réussi. Si je lui dis *pa-pa* très nettement, il répond *ta-tai* » (M. PREYER, p. 381).

(2) Voyez par exemple, dans le *Mind* (vol. III, 1878, p. 392 et suiv.), les études de POLLOCK sur *les Progrès d'un enfant dans le langage*; DE LA CALLE, *la Glossologie*, Paris, 1881; et aussi SCHULTZE, *die Sprache des Kinders*. Leipzig, 1880.

(3) M. PEREZ, *op. cit.*, p. 297.

de l'appareil articulateur, de son fonctionnement encore pénible, beaucoup plus que d'une imperfection des facultés acoustiques. Les philologues se sont attachés à montrer que des lois naturelles présidaient à ce désordre apparent de mots estropiés et d'articulations maladroites. Les gaucheries du langage enfantin correspondent aux phénomènes analogues qu'on peut constater dans l'histoire des langues. M. Egger fait remarquer par exemple que l'enfant dira *crop* pour « trop », *cravailler* pour « travailler » : de même, du latin *tremere* est venu le mot français « craindre ». « Les anciens Égyptiens, dit-il encore, ne paraissent pas avoir nettement distingué la lettre *l* de la lettre *r*, et les Chinois répugnent absolument à prononcer cette dernière. Ce phénomène étrange se reproduit souvent sous nos yeux en Europe : plusieurs de nos enfants échangent souvent ces deux consonnes l'une avec l'autre, et il faut une grande attention, de la part de leurs parents ou de leurs maîtres, pour les assujettir à ne prononcer *l* et *r* que là où les traditions de la langue en ont respectivement consacré l'usage (1). »

Quelque naturel que soit le langage de la parole, il est évident que le travail du temps a pu seul organiser une langue complète. Il ne faut pas s'étonner, par conséquent que l'enfant ait de la peine à apprendre le langage de ses parents, et que, dans son évolution individuelle de quelques années, il lui soit malaisé de s'approprier les résultats de la longue et séculaire évolution de l'espèce humaine. L'enfant *apprend* réellement à parler : je veux dire que, sur ce point plus qu'en toute autre chose, il a besoin que l'enseignement de la parole achève ce qu'il est de lui-même capable seulement d'ébaucher. L'enfant est un élève, longtemps avant qu'il aille s'asseoir sur les bancs de l'école ; il l'est, pour l'apprentissage du langage, dès la première minute de son existence. Ce qu'il apporte de son propre fonds est insignifiant à côté de tout ce que l'éducation lui fournit. Ses inventions spontanées sont même plutôt un obstacle, une gêne : elles retardent, en un sens, plus qu'elles ne favorisent le progrès et la prise de possession définitive ; car elles font que

(1) Egger, *op. cit.*, p. 49. Schultze, en faisant observer que les labiales et les linguales sont les premières consonnes prononcées, suggère que ce n'est pas seulement parce qu'elles sont les plus faciles en elles-mêmes, mais parce que l'appareil musculaire des lèvres et de la langue a été le premier exercé dans l'acte de téter et de sucer. Il constate d'ailleurs que, dans le développement progressif de son langage, l'enfant obéit toujours à la loi du moindre effort.

l'enfant, avant d'apprendre notre langage, doit en quelque sorte désapprendre le sien.

IV

Ce n'est pas seulement dans l'acquisition des mots usuels de la langue, c'est aussi dans le travail grammatical de formation des mots, de construction des propositions et des phrases, que l'instinct inventif de l'enfant se trouve jusqu'à un certain point en contradiction avec les nécessités de l'apprentissage de la langue usuelle. Nulle part mieux que dans l'évolution du langage ne se montre cette logique secrète, qui de bonne heure domine l'intelligence de l'enfant, et qui, tantôt l'aide et le soutient dans ses efforts, tantôt au contraire le trouble et l'égare, en le mettant en opposition avec ce qu'il y a d'illogique, de conventionnel et d'artificiel, dans les créations de l'esprit humain.

Montrons comment cette logique innée fait du petit enfant un ennemi né de la grammaire, de même que plus tard elle le brouillera avec certaines règles de l'orthographe.

Dans l'invention même des termes nouveaux, des barbarismes, qui émaillent souvent le langage enfantin, il faut déjà reconnaître l'action de l'analogie. L'enfant, une fois mis en possession de quelques mots, est très prompt à en imaginer d'autres, par dérivation. La parole appelle la parole. Les mots engendrent les mots, par une sorte de provignement; et dans le langage, comme en toute autre chose, on peut dire qu'il n'y a que le premier pas qui coûte. Or ces mots inventés par l'enfant le sont, presque toujours, très logiquement. Les enfants diront, par exemple, *déproche-toi*, pour « éloigne-toi ». George s'amuse, dans le jardin, à tuer les limaces qui dévorent ses fleurs : « Je suis, dit-il, un *limacier*; » il fabrique, avec la terminaison *ier*, un substantif de son cru, par ressemblance avec des mots qu'il a déjà employés : le voi turier s'occupe des voitures; le « limacier » s'occupe des limaces, pour les tuer, il est vrai; mais la plus petite analogie suffit. M. Egger relate un exemple semblable : « Émilie voit casser un cerceau; elle demande qu'on le porte chez le *cerceonnier*. J'écris, comme je puis, le mot qu'elle invente, en rattachant tant bien que mal à la finale de *cerceau* la terminaison qu'elle a remarquée dans *charbonnier* et *cordonnier*. Ne rions pas de ce barbarisme : l'usage n'en a-t-il pas adopté beaucoup du même genre? *Ferblantier* se rattache-t-il plus régulièrement à *fer-blanc, cloutier* à *clou*, *ergoter* à *ergo, printanier* à *printemps*? En acceptant ces mots, les grammairiens et les lexicographes subissent l'autorité du langage populaire (1). »

En fait, ce sont les grammairiens qui ont le dernier mot avec l'enfant ; mais avant d'accepter les règles qu'ils lui imposent, l'enfant se débat longtemps dans sa résistance, et il oppose à l'usage les inspirations de sa logique libre et aventureuse. Un des enfants observés par M. Egger, se rappelant que *rendre* a pour participe *rendu*, disait *prendu* de prendre, *éteindu* de *éteindre*. D'autres s'obstinent à dire *à les*, pour *aux*. De même Laura Bridgman écrivait *eated* pour *ate*, de *eat*, *seed* pour *saw*, de *see*. J'avais eu quelque peine à apprendre à un enfant de trois ans que le pluriel de *cheval* est *chevaux*; un jour, passe dans la rue un escadron de dragons : « Papa, me cria l'enfant, voilà des soldats à *chevaux*. » Et la logique puérile mettait ma grammaire en déroute! Cette logique naturelle est si puissante que Max Muller a pu écrire : « Ce sont les enfants qui épurent les langues; ils ont éliminé peu à peu un grand nombre de formes irrégulières (2). »

Cette même logique se retrouve parfois dans les premières constructions de phrases auxquelles s'essaie l'enfant, quoique, le plus souvent, il ne faille voir dans l'incorrection de ses propositions incomplètes que l'effet de la pénurie des mots et de la pauvreté du vocabulaire. Vers la fin de la deuxième année, d'après M. Preyer, apparaissent les premières ébauches de construction grammaticale, par l'apposition d'un substantif et d'un adjectif (3). — « A vingt-huit mois, rapporte M. Egger, mon fils connaissait le sens de trois mots, *ouvrir*, *rideau* et *pas* (négation); déjà il les rapproche, avec une certaine dextérité, en les accompagnant du geste, et du monosyllabe *ça*. *Pas ouvrir ça* signifie « la fenêtre est fermée »; *pas rideau ça* signifie « la fenêtre n'a pas de rideau ». — L'emploi de la négation est très intéressant à observer chez les enfants. Chez tous, on retrouve la même façon de procéder. Ils diront : *Papa non*, *maman non*, pour signifier « ce n'est point papa », « ce n'est point maman »; *café non*, pour dire « il n'y a pas de café ». Ce qui est général aussi, c'est

(1) Egger, *op. cit.*, p. 45. Le même auteur cite le fait suivant : « Un matin, je demande à mon fils, qui est enrhumé, s'il a *toussé*; il me répond qu'il n'a pas entendu la *tousse* venir. »

(2) Max Muller, *Lectures on the science of language*, I, 66.

(3) Nous avons étudié, au chapitre précédent, les raisons de l'inaptitude de l'enfant à employer le verbe « être » dans les petites propositions qu'il formule.

l'emploi de l'infinitif. L'enfant a beaucoup de peine à apprendre les modes, plus encore que les temps (1), et en général la conjugaison, surtout la conjugaison irrégulière. « La plupart des phrases d'Axel, vers vingt-cinq mois, sont composées de deux mots seulement, dont un est généralement un verbe à l'infinitif. » A vingt-deux mois, le fils de Tiedemann commençait à réunir plusieurs mots, pour en former une phrase, composée d'un verbe et d'un sujet; mais il mettait toujours l'infinitif, non l'impératif (2). L'enfant dira « venez » pour « venez », en souvenir de « je viens ». Un petit garçon, cité par M. Legouvé, disait : « Je le cache (un album de fleurs), parce que si les bourdons « viendront », ils mangeront les fleurs (3). »

L'étude du langage des sourds-muets, de ceux auxquels, d'après les méthodes nouvelles, on a appris à parler, et qui parviennent à articuler des sons, par imitation des mouvements de la langue et des lèvres, parce qu'ils lisent les mots sur la bouche des entendants-parlants, est de nature aussi à démontrer que, dans la construction de ses phrases, dans sa syntaxe instinctive, l'enfant obéit à une logique naturelle, qui se moque de l'ordre artificiel et savant du langage des adultes.

Rien de plus bizarre en apparence, mais de plus rationnel au fond, que les inversions qui sont familières au sourd-muet, quand il écrit, aussi bien que quand il parle. Au bout de plusieurs années d'études, un sourd-muet ayant à raconter les faits saillants de la semaine, écrivait dans son cahier journal : *M. Grévy président plus, parti, autre remplace, s'appelle Carnot* (4). Un de ses camarades, plus avancé dans son instruction, s'exprimait ainsi : *M. Grévy n'est plus président de la République, un nouveau président le remplace qui s'appelle Carnot.*

Dans les deux cas, avec plus ou moins de correction, l'ordre suivi est celui de la succession même des évènements, ou, ce qui revient au même, de la génération des idées. Jamais un sourd-muet ne dira ou n'écrira de lui-même : « M. Carnot a remplacé M. Grévy. » Non, il exprime les faits dans l'ordre même où il les voit se produire;

(1) « A deux ans et sept mois, dit M. Egger, ma petite nièce Marthe pratiquait assez régulièrement les flexions temporelles, mais elle se montrait encore ignorante ou maladroite pour la différence des modes. »

(2) Il omettait toujours l'article.

(3) M. LEGOUVÉ, *Nos filles et nos fils*, p. 4.

(4) Autre exemple : « Pour dire Bertrand est grand comme une girafe », le sourd-muet écrira : *Bertrand girafe grand comme;* les deux objets à comparer se présentent d'abord à l'esprit, puis la qualité qui leur est commune

il note successivement les diverses phases du même évènement (1). De là aussi — et ce caractère n'est point particulier aux sourds-muets, comme le croit à tort M. Goguillot : il leur est commun avec les enfants — la multiplicité des détails, la prolixité de l'analyse, alors qu'un mot abstrait et générique aurait suffi pour exprimer la même pensée. Au lieu de dire : « Je me suis lavé les mains, » le sourd-muet écrira : « J'ai ouvert le robinet qui coule l'eau pour me laver les mains. » Il ne se contentera pas de cette proposition brève : « Je manque de moyens d'existence ; » il écrira : « Je n'ai pas de pain ; je n'ai pas d'argent, pour en acheter ; je ne trouve pas de travail, pour en gagner. » De même, l'intelligence de l'enfant, et par suite son langage, est instinctivement portée à l'analyse, plus qu'à la synthèse. Qui n'a été frappé, en écoutant un enfant raconter un évènement dont il a été le témoin, de la diffusion bavarde du petit conteur, de la surcharge et de l'accumulation des détails qui prolongent son récit ? Et n'est-ce pas un des secrets de l'art d'écrire pour les enfants, que de savoir éviter dans son style les expressions abstraites et générales, les mots qui résument et qui condensent, et de multiplier au contraire les mots qui font image, les détails et les particularités ?

Quelles que soient les maladresses de la phraséologie de l'enfant et sa tendance à forger des constructions à lui, il ne tarde pas, sous l'action incessante du langage qu'on parle autour de lui, à entrer dans le courant de l'usage. Au vingt-huitième mois, Axel employait des propositions correctes ; il se servait de l'article. D'autres enfants sont plus précoces encore, et il n'y a pas à s'en étonner : car, à cet âge, les propositions émises par l'enfant n'ont pour la plupart rien de personnel dans leur forme. L'enfant répète surtout les phrases qu'il a entendues, même les phrases en langue étrangère. C'est sa mémoire qui est à peu près seule en jeu, et l'on sait que la mémoire littérale, vers trois ans, a une force surprenante. C'est l'âge du psittacisme, où l'enfant répète sans cesse les mêmes phrases, en quelque sorte apprises par cœur. Il n'est pas bien sûr, d'ailleurs, qu'il comprenne tous les mots qui les composent. Les adverbes, comme les conjonctions, restent longtemps chose obscure et mystérieuse pour lui. Sans doute, il comprend de bonne heure : « Encore ! encore ! » quand il demande, par exemple, que l'on con-

(1) Nous empruntons ces exemples au livre très intéressant de M. Goguillot, *Comment on fait parler les sourds-muets*. Paris, Masson, 1889, p. 296.

tinue un jeu qui l'amuse. « Un peu, » « beaucoup, » entrent aussi promptement dans son vocabulaire; mais « presque, » « trop, » « jamais, » « toujours, » et un grand nombre d'autres adverbes, sont pour lui lettre close ou à peu près.

Combien d'autres questions seraient intéressantes à étudier de près? Comment l'enfant, par exemple, arrive-t-il peu à peu à employer d'abord les régimes directs, puis les régimes indirects? A vingt-deux mois et deux jours, l'enfant observé par M. Pollok dit : « Anna — donne — baby — sucre (1). » C'est l'imitation avant tout qui explique ces progrès. Il faudra bien des leçons de grammaire pour expliquer à l'enfant qu'il a fait, sans le savoir, une analyse logique. Ce qui demandera plus de temps encore, ce sera l'émancipation de la phraséologie enfantine. Il n'en viendra que péniblement à construire des phrases de sa façon, des propositions dont le modèle ne lui aura pas été fourni. Et cette affirmation n'étonnera aucun de ceux qui, dans les écoles, ont eu à diriger chez les commençants les premiers essais d'élocution et de composition.

Il s'en faut que nous ayons analysé toutes les opérations que comporte la prise de possession du langage. Que de transitions délicates, que de passages difficiles, dans cette évolution naturelle qui commence dès le premier jour et qui dure deux ou trois ans au moins! Combien de petites acquisitions journalières, de petites conquêtes progressives! Un jour, c'est une articulation qui apparaît, nette et franche, un son clair et limpide, qui révèle la voix humaine. Mais combien de temps ne faudra-t-il pas, pour que tout l'alphabet soit épelé! Un autre jour, se manifeste le désir d'imiter les mots entendus. Mais combien d'efforts seront nécessaires, pour que le succès réponde à l'intention, pour que l'enfant puisse répéter correctement ce qu'il entend! Il y a un moment aussi, où l'enfant témoigne qu'il a enfin saisi l'association d'un objet et d'un son quelconque; et il le prouve, en montrant l'objet, en accomplissant le mouvement qui répond au son énoncé. Mais comme il est loin encore du jour où il ne se contentera plus de gestes et de mouvements quelconques, pour indiquer qu'il comprend ce rapport, où il prononcera lui-même, à peu près, le mot qui convient! Et quand il a commencé à comprendre la signification des mots, ce n'est pas d'un seul coup qu'il entrera en possession de

(1) POLLOCK, *loc. cit.*, p. 399.

son petit vocabulaire : il apprendra un mot un jour, un autre mot le lendemain ; il fera la lente exploration du pays inconnu où il s'est engagé, découvrant chaque jour quelque chose de nouveau. Mais les semaines, les mois s'écouleront, avant qu'il puisse manier non seulement les termes concrets qui représentent des choses matérielles, mais surtout les expressions, autrement difficiles à saisir, qui correspondent aux idées morales, ensuite aux idées abstraites et générales. Le langage, a dit Max Muller, qui voulait marquer par là énergiquement quel avantage la parole donne à l'homme sur l'animal, le langage est « le Rubicon de l'esprit », et l'animal est incapable de le franchir. L'image est expressive, mais, en ce qui concerne l'enfant, le langage n'est pas un seul Rubicon à traverser, c'est plutôt une multitude de petites rivières qu'il doit franchir l'une après l'autre, par petits bonds successifs, avant d'aborder la terre promise

CHAPITRE XII

L'ACTIVITÉ VOLONTAIRE : LA MARCHE, LES JEUX.

I. L'activité volontaire chez l'enfant. — Divers degrés de la volonté. — L'idé-motrice. — Le choix entre plusieurs désirs ou plusieurs motifs. — L'inhibition involontaire et volontaire. — La volonté, indépendante des mouvements. — Les mêmes mouvements sont successivement instinctifs et voulus. — Premiers mouvements volontaires de l'enfant. — Mouvements imitatifs et mouvements expressifs. — L'attitude droite de la tête dépend-elle de la volonté ? — Le rôle de la volonté, dans l'acquisition du langage. — Preuves de bonne et de mauvaise volonté. — La volonté dans la coordination des mouvements. — Faiblesse de la volonté chez l'enfant. — L'hypnotisme. — II. Comment l'enfant apprend à marcher. — La solidité des os et la vigueur des muscles. — Comment l'enfant apprend à se tenir debout. — Variations dans la date des premiers pas. — Le rythme locomoteur déterminé par l'instinct. — L'exercice. — Les influences morales. — Le rôle de la volonté. — La marche retardée chez les idiots. — III. Les jeux. — L'enfant joue, avant de savoir parler et marcher. — Précocité de l'instinct du jeu. — Importance des jeux dans la vie de l'enfant. — L'imitation, principe d'un grand nombre de jeux. — Le rôle des sentiments : sentiment social, sentiments affectueux. — Le jeu de la poupée. — Les jeux militaires. — Le rôle de l'intelligence dans les jeux. — Instinct de construction et de destruction. — L'activité volontaire dans le jeu. — Le jeu est une étude.

I

L'activité volontaire, chez l'enfant, s'exerce surtout dans les mouvements, dans les gestes, dans les signes expressifs de la physionomie ou du langage. L'âge heureux de l'enfance ne connaît pas encore « les tempêtes sous un crâne », ni par suite ces délibérations longues et compliquées, d'où sortent des résolutions intérieures, des décisions à longue portée, pour ainsi dire, qui restent ou peuvent rester longtemps à l'état de volontés purement mentales. Généralement la volonté de l'enfant se manifeste par l'exécution immédiate de l'acte. Sa réflexion est courte ; ses résolutions ne comportent pas de délai, et l'effet suit immédiatement la volition. Si l'on analyse avec attention les causes qui donnent à la volonté de l'enfant cette allure prompte et impétueuse, on se convaincra que cela provient surtout du petit nombre d'idées dont il dispose. Derrière un acte volontaire, chez l'adulte, il y a presque toujours un grand nombre d'idées, en opposition l'une avec l'autre, dont une seule, l'idée motrice, a fini par dominer et prendre le dessus. Mais les autres ont été confrontées, mises en balance avec elle, et pendant quelque temps au moins elles ont suspendu le jugement final et retardé l'action. Chez le petit enfant, le mouvement volontaire est consécutif à une idée unique; cette idée n'est point combattue, elle n'a point de lutte à soutenir, ni de victoire à remporter, et par conséquent elle entraîne tout de suite l'action. La volonté du petit enfant, vers le quatrième ou le cinquième mois, n'est pas un choix entre plusieurs motifs; elle suppose sans doute un motif, sans quoi elle ne serait pas la volonté, mais ce motif n'a pas rencontré d'antagoniste dans une conscience encore pauvre et vide d'idées.

Tel est le premier degré de l'activité volontaire, plus dépendante encore de la sensibilité que de l'intelligence, et qui relève du monde des désirs, des appétits, plutôt que du monde des idées. On sait avec quelle énergie l'enfant dira bien souvent, à propos d'un jouet, d'un objet quelconque : « Je le veux, je le veux! » Mais ce n'est là que l'expression d'un désir ardent. Combien de fois, chez l'homme fait lui-même, « Je veux » est simplement synonyme de désir!

Mais, dans le développement de la conscience et le progrès des idées, il arrive un moment, vers le douzième ou vers le quinzième mois, où la volonté se complète et s'achève. Elle n'a pas acquis encore bien entendu la force et l'énergie qui n'appartiendront qu'à la volonté adulte : mais elle comprend déjà tous ses éléments essentiels; elle est un choix entre plusieurs représentations. Quand votre enfant, malgré les résistances de sa sensibilité, malgré sa répulsion naturelle, se décide à faire une chose qui lui est désagréable, pour vous faire plaisir, ou parce qu'il a compris qu'il serait récompensé d'agir ainsi, il fait acte de volonté, dans le sens le plus complet du mot. Il se représente l'acte à accomplir, les mouvements à exécuter. Voyez-le, par exemple, au moment où il va docilement se laisser mettre au lit : il aurait encore envie de veiller, de s'amuser; mais on lui a dit que l'heure était venue de dormir, que sa mère ordonnait qu'il se couchât; il balance entre sa propre inclination et la représentation de l'ordre maternel; il hésite, sinon entre deux motifs très réfléchis, du moins entre deux impulsions, entre deux désirs; il se prononce enfin; il obéit, il *veut* obéir.

La volonté ne consiste pas seulement à accomplir un acte; elle se manifeste aussi dans le refus de l'accomplir. Elle a, pour ainsi dire, sa forme négative, comme sa forme positive. Ne pas vouloir, c'est encore vouloir, ou pour parler plus exactement, l'acte de ne pas vouloir est encore un acte volontaire. Les désobéissances de l'enfant, si fréquentes dans le premier âge, sont elles aussi des actes volontaires, des inhibitions voulues. Il y a sans doute des inhibitions involontaires (1). Un enfant qui crie s'apaise tout à coup, parce qu'il aura entendu un bruit violent, ou bien parce qu'un geste de colère de sa mère lui aura fait peur. Ici la suspension de l'acte ne dépend aucunement de la volonté; elle est comme forcée et contrainte. Mais dans d'autres cas, lorsque l'enfant sollicité, exhorté, se refuse malgré vos instances à vous tendre la main, à vous donner un baiser, en un mot à répéter un mouvement qu'il a déjà volontairement exécuté plusieurs fois, il y a bien dans sa résistance l'effet d'une volonté, l'inhibition voulue d'un acte qu'il se représente, mais que, par caprice, il ne consent pas à accomplir en ce moment.

La volonté est donc, même dans l'enfance, indépendante en un sens des mouvements, puisqu'elle peut se manifester par l'immobilité, par le silence, par la suspension d'un mouvement commencé. Il ne faut pas sans doute espérer qu'un enfant de deux ou trois ans puisse beaucoup se dominer lui-même, et résister aux impulsions, généralement irrésistibles, de ses désirs successifs, auxquels presque rien ne fait encore contrepoids. Il n'est pourtant pas impossible — et là est le secret d'une éducation libérale, commencée de bonne heure — de développer, dès la seconde et la troisième année, les germes de l'inhibition spontanée, celle qui volontairement renonce à la satisfaction d'un désir instinctif, pour se conformer à la raison traduite par les avis ou les injonctions des parents. L'enfant, que le

(1) Conférez M. Marion (*Revue scient.*, 1890, I, p. 777) : « L'inhibition involontaire a lieu, quand l'enfant, empêché, surveillé, s'abstient, malgré lui, de faire ce qui lui est défendu, par exemple, lorsque, près de crier, il s'arrête net, interpellé par un inconnu; lorsqu'au jardin, au moment de marcher sur une pelouse, il rentre brusquement dans l'ordre, en voyant l'uniforme d'un gardien. Mais quand l'enfant se garde lui-même et tout seul trouve spontanément dans ses idées même et ses sentiments un contrepoids à ses tentations, alors a lieu une inhibition d'un nouveau genre, qui est un vouloir très positif. »

seul sourire de sa mère et plus tard ses paroles douces et insinuantes auront averti de la convenance d'une action, même contraire à ses tendances les plus chères, s'habituera peu à peu à comparer, dans ses représentations mentales, le pour et le contre, les plaisirs que lui promet l'accomplissement d'un acte et ceux qui résulteraient au contraire de l'abstention. Et de ces petites comparaisons réfléchies, dans la mesure où elles peuvent se produire à cet âge, se dégagera peu à peu un commencement de liberté et la première éducation du caractère (1).

Les philosophes qui sont surtout des physiologistes, M. Preyer par exemple, semblent croire qu'il y a des mouvements volontaires par essence, comme aussi des mouvements nécessairement involontaires. La volonté, dans leur théorie qui n'admet que les faits, les phénomènes, et qui proscrit les facultés comme des chimères inventées par les métaphysiciens, la volonté ne résiderait par suite que dans les actes et dans les mouvements. « Beaucoup de mouvements volontaires, dit M. Preyer, se produisent d'une façon involontaire (par exemple, l'acte de parler pendant le sommeil) ; beaucoup d'actes involontaires se produisent volontairement (2). » Il est pourtant évident que les mouvements, en eux-mêmes, ne sont ni nécessairement volontaires, ni nécessairement involontaires. Le même mouvement, par exemple, une émission de voix, peut être tour à tour instinctif et inconscient, instinctif encore mais déjà conscient, involontaire tant qu'il est instinctif, et ensuite intentionnel, vraiment expressif et par conséquent volontaire. La volonté, quand elle apparaît, s'empare des actes qui s'accomplissaient déjà automatiquement. Elle ne peut pas créer de mouvements nouveaux, mais elle leur imprime un caractère nouveau. Elle les isole ou elle les réunit ; elle les accélère ou elle les retarde. Ce n'est pas que nous nous représentions la volonté, par une sorte de mythologie psychologique, comme une entité cachée derrière les muscles et, pour ainsi dire, tirant les ressorts de la ficelle. Non, mais il y a certainement, à l'origine des excitations musculaires, tantôt la force aveugle de la nature, l'instinct, tantôt des représentations intellectuelles, des idées qui sont en même temps des

(1) « Le développement de la volonté par les mouvements vraiment volontaires, et le développement du non-vouloir par l'inhibition des mouvements souvent repétés, fournissent la base du développement du caractère. » (M. PREYER, p. 162.)

(2) M. PREYER, p. 161.

forces, localisées, quelle que soit leur origine, dans les organes cérébraux, idées actives qui luttent entre elles, jusqu'à ce que l'une d'elles l'emporte et donne lieu à un mouvement précis, défini, tendant à un but et par conséquent volontaire.

De même que la conscience sort de l'inconscience ou pour mieux dire lui succède, éclairant de sa lumière des phénomènes jusque-là obscurs et inaperçus, de même la volonté sort de l'instinct et de l'automatisme, ou, pour parler plus exactement, prend sa place dans les actes instinctifs et automatiques. La nature humaine se développe à la façon de la tige d'une plante qui, d'abord toute herbacée change de caractère et s'épanouit en fleurs.

Tous les mouvements que nous avons décrits dans d'autres chapitres, les plus instinctifs eux-mêmes, comme la succion, par exemple, deviennent peu à peu volontaires. D'autre part, les mouvements expressifs et imitatifs, quoiqu'ils paraissent être volontaires par nature — un signe expressif correspondant à l'idée qu'il exprime, un acte d'imitation supposant la représentation de ce qui est imité — peuvent se produire au début sous une forme involontaire.

Tous les observateurs sont d'accord pour reconnaître que, dans la vie de l'enfant, il ne peut rien y avoir qui ressemble à l'activité volontaire avant le quatrième mois. C'est à cet âge qu'apparaissent les premières imitations, intentionnelles et voulues (1), — la bonne de l'enfant, par exemple, se cache derrière sa main ou détourne la tête; l'enfant en fait autant, accompagnant son action de grands éclats de rire. Au même âge se montrent les premières expressions vraiment significatives : — le geste pour désigner un objet, le cri pour appeler, un mouvement de tête vers la porte de sortie, pour indiquer que l'heure de la promenade est venue. Au même age encore, les premiers efforts pour atteindre un but, conscients, et dès lors volontaires — l'acte de préhension pour saisir un objet et le retenir. Il n'est pas nécessaire bien entendu que l'enfant, pour accomplir un mouvement volontaire, sache (le saura-t-il même quand il sera devenu un homme?) quel est le mécanisme de ce mouvement. Il suffit qu'il ait l'idée d'un but plus ou moins clairement défini. Et,

(1) « Les petits désirs habituels des enfants, leurs premiers efforts pour imiter (au quatrième mois), et leur plus grande indépendance, manifestée, par exemple, par le désir de prendre eux-mêmes leur biberon, sont des preuves de la participation de leur intelligence dans la constitution des mouvements volontaires. » (M. Preyer, p. 282.)

par conséquent, pour admettre que dès le quatrième mois l'enfant est capable de petites volontés, il suffit de reconnaître que son intelligence est éveillée, qu'elle est en état desormais d'associer deux idées : l'idee d'un objet à prendre, par exemple, et l'idée d'un mouvement à faire pour le saisir.

N'exagerons rien d'ailleurs, et ne cherchons pas la volonté où elle n'existe pas. C'est ainsi que M. Preyer a tort, croyons-nous, de considérer comme volontaires les mouvements qui permettent à l'enfant de tenir la tête droite (1). On sait quelle est en cela l'impuissance du nouveau-né, qui ne parvient qu'au bout de quelques semaines à redresser sa tête branlante, penchant tantôt en avant, tantôt en arrière, à droite ou à gauche (2). C'est par petits progrès quotidiens que l'enfant parvient à l'équilibre. Mais loin de voir dans ces progrès « des actes de volonté très considérables », nous pensons qu'ils s'expliquent surtout par l'affermissement des muscles. Tout au plus, faut-il admettre que l'enfant, dont la vue s'est développée et qui, pour mieux voir, trouve avantage à ce que sa tête se tienne droite, se sent excité par les besoins de la vision à maintenir cette position ; mais cette position n'est pourtant possible que grâce à la consolidation du système osseux et musculaire. De même il ne nous paraît pas juste de considérer comme volontaires, du moins à l'origine, les mouvements des yeux : il y a une adaptation innée et inconsciente des globes oculaires; et c'est au bout de quelque temps seulement, lorsqu'il est devenu véritablement attentif, que l'enfant fait acte de volonté, lorsqu'il tourne la tête à droite ou à gauche, pour diriger son regard vers un objet qu'il veut fixer et observer.

La volonté, à n'en pas douter, s'exerce dans l'acquisition du langage. L'apprentissage de la parole est en partie une étude, et comme toutes les études, celle-là aussi exige de l'attention et des efforts. C'est la volonté de l'enfant qui aplanit peu à peu les difficultés d'abord insurmontables de l'articulation : la volonté aidée par la nature,

(1) M. Preyer, p. 218 et suiv. M. Preyer s'appuie sur cet argument que « d'autres mouvements de la tête se font avec vigueur » et que « par conséquent la faiblesse des muscles » n'est pour rien dans l'affaire.

(2) D'après les observations faites sur cent cinquante enfants par Demme (cité par M. Preyer, p. 220) « la tête se tient en équilibre, vers la fin du troisième mois ou durant la premiere moitié du quatrième, chez les enfants très vigoureusement développés », et un peu plus tard, chez les enfants de force moyenne; plus tard encore, au cinquième ou au sixième mois, chez les enfants un peu débiles.

bien entendu, et par le progrès des organes vocaux. C'est la volonté encore qui, sous la forme d'une attention soutenue, aide l'enfant à percevoir distinctement, à retenir définitivement les mots qu'il entend prononcer. Observez un baby qui écoute sa mère, pendant qu'elle parle, et vous remarquerez déjà dans sa physionomie, dans son attitude (1), les signes extérieurs d'attention que vous retrouverez plus tard chez l'écolier qui apprend une leçon ou médite un problème. Quoique, dans la plupart des cas, la découverte de la signification de chaque mot jaillisse spontanément de l'intelligence, il y a certainement des mots que l'enfant ne pénètre, et qui, pour ainsi dire, ne s'ouvrent à lui, qu'au prix d'un effort de réflexion. Parler ce n'est pas seulement penser, c'est vouloir; et il est certain que, toutes conditions égales d'ailleurs, à l'école maternelle du langage, comme dans toutes les écoles, celui-là parmi les enfants prendra les devants, qui pourra et saura le mieux disposer de son attention et par conséquent de sa volonté.

Ce n'est pas seulement de sa bonne volonté, c'est parfois aussi de sa mauvaise volonté, que l'enfant fait preuve dans l'étude de la langue maternelle. Il n'est pas rare de voir des enfants de deux ou trois ans se refuser à répéter les mots qu'on propose à leur imitation : ils détournent la tête; ils se dérobent à l'effort qu'on leur demande, par sentiment de leur impuissance, peut-être, et par ce que réellement ils ne peuvent pas, mais aussi, quand il s'agit de syllabes faciles et qu'ils ont déjà prononcées plusieurs fois, par caprice, parce qu'ils ne veulent pas. Il y a là un fait d'inhibition, un véritable conflit d'idées et de désirs, qui se termine par le refus que fait l'enfant d'accomplir l'acte qu'on réclame de lui.

Mais c'est surtout dans ses actes pratiques, dans la coordination de ses mouvements, que l'enfant fait preuve de volonté pour atteindre un but quelconque. Sa petite volonté naissante se trouve, pour ainsi dire, en face de l'anarchie : mouvements incohérents que déterminent dans tous les sens, soit les impulsions instinctives, soit les caprices de la sensibilité. Il s'agit de rétablir l'ordre dans ce chaos, et il est visible que l'enfant s'y applique de très bonne heure. Comme on l'a fait remarquer d'ailleurs, ce travail d'organisation des mouvements intéresse par lui-même l'enfant, autant, sinon plus, que le résultat

(1) Un des signes les plus frappants de l'effort attentif de l'enfant qui étudie le langage, c'est que, quand vous lui parlez, il regarde attentivement vos lèvres, comme pour y lire vos paroles.

définitif qu'il poursuit. « C'est la signification qu'a selon nous, dit le Dr Sikorski, ce privilège qu'ambitionne si vite l'enfant, quand il prend ses repas, de tenir la cuiller, et de manger seul, sans l'aide de personne. » Bien qu'il ait faim, et qu'il soit impatient de satisfaire son appétit, tout en se rendant compte qu'il le satisferait plus vite s'il se laissait nourrir par les mains de sa bonne, il préfère manger plus lentement, mais se servir lui-même.

On a souvent signalé ce fait que le petit enfant, credule, docile, en l'absence de tout principe intellectuel solide et avec le peu de consistance de sa volonté, se trouvait dans un état plus ou moins comparable à celui d'un hypnotisé. « Tous les enfants, dit Guyau, sont hypnotisables et facilement hypnotisables (1). » M. Preyer confirme cette appréciation par des observations intéressantes. « Si, par exemple, à un enfant âgé de deux ans et demi, qui vient de manger un premier morceau de biscuit et qui s'apprête à en manger un second, je dis catégoriquement, sans donner de raison, et avec une assurance qui ne permet pas la contradiction, à très haute voix, sans pourtant l'effrayer : « Maintenant, l'enfant a bien mangé ; il est rassasié ! » il arrive que l'enfant, sans achever de mordre son biscuit, éloigne celui-ci de sa bouche, le pose sur la table et termine son repas. Il est facile de persuader aux enfants, même à trois ou à quatre ans, que la douleur consécutive à un coup est dissipée, qu'ils n'ont plus soif, qu'ils ne sont plus fatigués, à condition pourtant que les plaintes de l'enfant ne soient pas trop vives et ne se renouvellent pas trop souvent, et que l'assertion opposée à leurs plaintes soit tout à fait péremptoire (2). » Il y a une part de vérité dans ces allégations. Nous ne pensons pourtant pas que, dans les exemples cités et dans les cas analogues, l'enfant soit aussi convaincu qu'on le prétend de la réalité des états qu'on lui suggère, qu'il se sente véritablement débarrassé de la faim ou de la souffrance, par cela seul qu'on lui dit, d'un ton d'autorité, qu'il ne les ressent plus. Mais avec la mobilité des impressions et l'inconsistance d'attention qui sont le propre de cet âge, il se laisse distraire ; sa pensée se détourne vers d'autres objets; il oublie ce qui le préoccupait tout à l'heure. Remarquons-le d'ailleurs, c'est seulement dans le cas où les sensations réellement éprouvées ne sont pas très vives (M. Preyer le constate lui-même) que l'enfant accepte ces suggestions. Il ne pense plus qu'il

(1) Guyau, *Éducation et hérédité*, p. 16.
(2) M. Preyer, *op. cit.*, p. 287.

souffre, qu'il a besoin de manger, parce que, à vrai dire, cette souffrance est légère, ce besoin peu profond. Essayez donc des procédés de l'hypnotisme avec un enfant qui a réellement faim, qu'une douleur vive fait crier! Rien ne réussit alors à apaiser son excitation.

Ce qui prouve bien que l'hypnotisme n'a rien à voir avec ces brusques oublis, avec ces modifications soudaines de l'état d'esprit de l'enfant, c'est que de lui-même, sans que vous interveniez, il s'interrompra tout d'un coup dans ses cris, dans ses plaintes, pour peu qu'un oiseau qui vole, un inconnu qui se présente, un accident quelconque enfin vienne suspendre sa préoccupation et diriger ailleurs son attention. De plus il est permis de supposer que l'enfant, quand il se rend à vos injonctions, obéit simplement à vos ordres; il dit comme vous, parce que sa volonté cède à la vôtre, parce que, ayant conscience de sa faiblesse, il ne veut pas engager de lutte avec une force qu'il sent très supérieure à la sienne.

Il n'en est pas moins vrai que la volonté du petit enfant, à l'exception de quelques natures ingrates, de quelques individus qui sont, de naissance, obstinés et rebelles, est généralement malléable et souple. Et c'est ce qui rend plus délicate encore qu'on ne le croit généralement l'éducation du premier âge. Ce sont en effet les volontés de l'enfant qui influeront sur sa vie entière; c'est de la direction donnée à son individualité commençante que dépendra en grande partie son caractère futur. D'une part, la volonté n'est pas, comme le disent les métaphysiciens de la psychologie, un pouvoir un et indivisible, un pouvoir absolu. La volonté comporte des degrés, et suivant que l'enfant aura vécu dans tel ou tel milieu, qu'il aura été soumis à une influence éducatrice ou à une autre, il sera plus ou moins en état de se rapprocher du *summum* d'énergie volontaire dont une âme humaine est capable. L'éducation énervante qui, par complaisance excessive, cède à tous les caprices de l'enfant, n'est pas moins pernicieuse que l'éducation rigide qui se fait une loi d'opprimer, de briser la volonté. D'autre part il y a plutôt, à vrai dire, des volontés, c'est-à-dire un ensemble d'actions accomplies avec réflexion, avec intention, qu'il n'y a un pouvoir volontaire unique : tel est énergique sur un point, qui sera très faible sur un autre. C'est aux influences pédagogiques de la première heure, les plus importantes de toutes, qu'il appartient de développer chez l'enfant, par une surveillance libérale, comme par une condescendance raisonnée, les divers mouvements de la volonté.

II

Dire : « Comment l'enfant apprend à marcher? » c'est employer une expression en partie inexacte. En effet, dans la marche, tout n'est point appris, acquis par l'expérience; dans cette action, comme dans toutes les autres, il convient de faire la part de l'instinct. Le caractère instinctif de la locomotion est assurément plus marqué chez les petits des animaux, puisque, à peine nés, ils savent se tenir sur leurs jambes. Mais pour être plus lent dans son évolution, moins impératif dans ses impulsions, l'instinct locomoteur n'en existe pas moins chez l'homme. Nous avons déjà eu occasion de le dire, les lenteurs, les tâtonnements du développement ne prouvent nullement que l'instinct n'existe pas, et ils doivent être imputés à la faiblesse des organes.

La locomotion est avant tout une question de force physique, de solidité des os et de vigueur musculaire. Un observateur suisse, Demme, qui a étudié à ce point de vue cent cinquante enfants, constate que les enfants très robustes sont seuls en état de rester debout, pendant quelques minutes, à l'âge de neuf à dix mois; les enfants de vigueur moyenne n'y parviennent qu'un peu plus tard; les enfants délicats et faibles, vers le douzième mois ou plus tard encore. Si des enfants se tiennent droit avant le neuvième mois, cela dépend de leur vigueur tout exceptionnelle (1). Et ce qui est vrai pour les progrès dans la station droite, l'est aussi pour la marche elle-même.

Il n'en est pas moins vrai que la marche suppose un véritable apprentissage. Il y a, pour ainsi dire, un art de marcher, comme il y a un art de parler, et l'enfant ne l'acquiert que par une série d'actions préparatoires et de petits progrès (2). Au nombre de ces préliminaires il faut compter l'acte de se tenir debout :

> *Os homini sublime dedit cœlumque tueri*
> *Jussit.....*

(1) Cité par M. PREYER, p. 224.

(2) On est d'accord pour recommander de laisser faire la nature autant que possible dans le développement de la marche. « A hâter la marche des enfants, dit M. CADET DE GASSICOURT (*Revue scientif.*, 1890, I, p. 438), on risque de déformer leurs jambes... Il serait de beaucoup préférable de retarder la marche jusqu'à l'âge de quinze mois, et, dès qu'on fait faire à l'enfant ses premiers pas, de surveiller l'attitude des pieds et la position du tronc. On doit aussi songer que l'enfant, toujours impatient d'agir, sera entraîné à marcher plus qu'il ne le doit ; d'autant que, pour lui, toute promenade est triple ou quadruple de celle que font les grandes personnes qui l'accompagnent; il court en avant et revient sans cesse... »

disait le poète. Et les observateurs de notre temps confirment, dans des termes moins poétiques, l'assertion d'Ovide : « Si des enfants pouvaient vivre en dehors de la société humaine, ils adopteraient certainement d'eux-mêmes la marche verticale, parce qu'elle est avantageuse et facilite le rôle protecteur des yeux et des oreilles qui surveillent incessamment les alentours (1). » Mais ce n'est pas tout de suite que le nouveau-né se redresse et se lève. Il s'y essaie, sur les genoux de sa nourrice, se pressant contre sa poitrine, pendant ses petits bras autour de son cou. Il s'y exerce ensuite en posant les pieds sur le sol, soutenu par des mains attentives, ou bien s'appuyant lui-même sur la chaise voisine, jusqu'à ce qu'il arrive à se passer de point d'appui, pouvant raidir assez les muscles de ses jambes et ayant acquis assez d'assurance pour n'avoir plus besoin d'aide. « C'est à la fin du troisième mois, dit M. Preyer, que se produisirent chez Axel les premières tentatives, suivies de résultat, pour se tenir debout, un instant seulement, mais sans appui... Au seizième mois, l'enfant peut se tenir debout, sans être soutenu, il peut même taper du pied le sol. »

Il n'est pas douteux que, dans ses tâtonnements pour maintenir la station droite — dont les physiologistes disent d'ailleurs qu'elle est plus pénible que la marche —, l'enfant ne soit guidé par l'instinct. On n'a pas à l'exciter beaucoup, pour lui donner l'envie de ramasser, pour ainsi dire, son petit corps et de le soulever. On sent qu'il y aspire de lui-même : et la preuve, c'est qu'il paraît plus joyeux, quand il cherche et surtout quand il réussit à se tenir debout, que quand il demeure nonchalamment couché ou assis. L'action est une source de plaisir, quand elle est conforme à la nature. Ce qui n'est pas moins avéré, c'est que l'imitation, qui se glisse partout dans la vie enfantine, a aussi son influence. Dans les familles qui comptent plusieurs enfants en bas âge, les cadets, encouragés par l'exemple du babil de leurs aînés, apprennent plus vite à parler; de même, on les verra s'exercer et réussir plus tôt à se tenir debout (2).

Un grand point est certainement acquis, lorsque la station droite est assurée, lorsque l'enfant sait suffisamment raidir ses muscles,

(1) M. Preyer, *op. cit.*, p. 225.

(2) « Si l'enfant se développe en même temps que d'autres enfants dont les uns marchent, dont les autres apprennent à marcher, il arrive qu'il apprend plus vite à se tenir debout et à courir, sans aide de la part de sa mère, que s'il se développe tout seul. » (M. Preyer, p. 226.)

pour poser fermement les pieds sur le sol, sans perdre l'équilibre; mais il n'en est pourtant pas encore à marcher, à courir, à « se lâcher ». Autre chose est se tenir planté, immobile, à la même place, comme le végétal fixé par ses racines: autre chose mettre ses pieds l'un devant l'autre, comme l'animal, pour se déplacer dans l'espace. Plusieurs mois semblent séparer les deux opérations.

Sur cinquante enfants observés par Demme, deux pouvaient marcher seuls, timidement d'ailleurs et pour faire seulement quelques pas, au neuvième mois; ceux-là avaient dû passer presque sans transition de la station droite à la locomotion, grâce à une surabondance particulière de vie et de force. Mais tous les autres n'avaient commencé à marcher qu'à partir du dix-huitième mois.

Rien de plus variable que la date des premiers pas (1), même chez des enfants dont la constitution physique ne laisse rien à désirer et qui paraissent aussi solidement bâtis les uns que les autres. On a prétendu qu'il y avait un rapport inverse entre la précocité de la locomotion et celle du langage, que l'enfant qui parle tôt marche tard, et réciproquement. Cela n'aurait rien d'invraisemblable, la nature, qui a, comme on l'a dit, un budget fixe, économisant volontiers d'un côté ce qu'elle dépense en trop de l'autre; étant donnée aussi cette raison, plus sérieuse encore, que la locomotion est un fait surtout physique, le langage un fait surtout intellectuel, de sorte que l'avancement de l'un et le retard correspondant de l'autre pourraient être considérés déjà comme un exemple de la grande loi qui gouverne toute la vie humaine, et qui veut que le moral soit en souffrance quand le physique prédomine et *vice versa*. Nous ne croyons pourtant pas que le rapport en question ait été assez vérifié par l'expérience, pour qu'il y ait intérêt à en chercher l'explication. Ce qui reste certain, c'est que, dans la foule des nouveau-nés, comme pour une course mal ordonnée, certains coureurs partent beaucoup plus vite que les autres. Et en achevant de raconter l'histoire de l'éducation de la marche, nous nous convaincrons peut-être que la cause de ces différences doit être parfois cherchée ailleurs que dans l'inégalité des forces physiques.

(1) C'est du douzième au vingt-quatrième mois, et surtout dans les derniers mois de la seconde année, que les enfants commencent généralement à marcher.

La faculté de mettre les jambes en mouvement tour à tour, de leur imposer une flexion et une extension alternative, en un mot ce qu'on appelle le « rythme locomoteur » est chez l'enfant, comme chez l'animal, une affaire d'instinct. Ce qui le prouve, c'est que, bien avant de pouvoir appuyer le pied sur le sol, l'enfant couché dans son lit, au bain, ou étendu sur un tapis, réalise déjà ces flexions et ces extensions. Ce qui le montre mieux encore, c'est que, bien avant de pouvoir se tenir debout, si l'on pose l'enfant par terre en le soutenant au-dessous des bras, et si on le promène sur le sol, il organisera de lui-même ce mouvement alternatif des membres inférieurs qui est la condition de la marche. « Remarquez, dit M. Bain, comme l'enfant agite ses jambes, quand on le porte dans les bras, ou quand il est couché sur le dos; observez l'action des deux jambes, et vous verrez que l'enfant les lance tour à tour avec vigueur et rapidité. Regardez encore quand il pose pour la première fois le pied sur le sol, longtemps avant qu'il puisse se régler: vous le voyez donner alternativement au mouvement de ses membres toute l'amplitude de la marche. Ce n'est qu'en vertu de cette alternance instinctive que l'enfant peut apprendre aussi vite à marcher. Nulle autre combinaison de même complexité ne pourrait être acquise à la fin de la première année. Dans cette acquisition primitive, il y a à la fois une impulsion spontanée vigoureuse, une impulsion à mouvoir les membres inférieurs, et une direction rythmique ou alternante donnée à cette impulsion (1). » M. Preyer est du même avis et reconnaît lui aussi qu'il y a une adaptation préétablie pour les mouvements locomoteurs. Il cite l'observation suivante : « Un enfant fut tenu droit et porté en avant, pour la première fois, à la fin du cinquième mois, ses pieds touchant le sol. Aussitôt ses jambes s'agitèrent alternativement; chaque pas fut complètement exécuté, sans hésitation, ni irrégularité... Quand on tenait l'enfant trop haut au-dessus du sol, l'alternance des mouvements s'interrompait, mais le pied resté en l'air faisait un nouveau pas. Le contact du sol avec un seul pied semblait suffisant pour exciter l'autre au mouvement (2). »

L'instinct donne donc l'impulsion; il indique le mouvement rythmé qui doit être exécuté; mais il faut que les forces musculaires secondent cette impulsion et en rendent l'exécution possible. Sans doute, à raison même de la croissance naturelle, les forces physiques

(1) M. Bain, *Senses and intellect.*, part. I, chap. IV.
(2) M. Preyer, p. 227.

augmentent d'elles-mêmes, mais l'exercice contribuera aussi à leur développement. Nous touchons ici à une des raisons qui expliquent que, parmi les enfants, les uns marchent plus tôt, les autres plus tard : ils marcheront plus tôt, si un exercice approprié les y a préparés. Et voilà pourquoi les moyens artificiels qu'on emploie pour faciliter la marche, pour l'assurer, quand elle est encore hésitante et chancelante, peuvent avoir du bon, malgré les inconvénients qu'ils présentent d'ailleurs. Kant, après Rousseau, a sévèrement condamné les *lisières* et les *roulettes*. « N'est-il pas singulier de vouloir apprendre à marcher à un enfant! Comme si un homme ne pouvait marcher sans instruction (1) ! » Des déformations physiques résultent souvent de l'emploi de ces procédés d'accélération : les jambes arquées, la poitrine resserrée. Et assurément il vaut mieux s'en remettre à la nature, aux exercices spontanés qu'elle provoque. Laissons l'enfant se rouler sur un tapis, se traîner par terre, glisser sur ses genoux, avancer ou reculer avec ses pieds : dans cette gymnastique naturelle, le mécanisme de la locomotion se consolidera de lui-même. « La marche à quatre pattes, dit M. Preyer, est l'école préparatoire naturelle de la marche normale. » Il viendra un moment où l'enfant se relèvera de lui-même, et où, s'accrochant aux chaises, rasant les murs, ou bien aidé par une main amie, il s'avancera, la tête haute, à travers la chambre qu'il a souvent arpentée à quatre pattes, sur le plancher dont il a apprécié la dureté en s'y faisant plus d'une meurtrissure.

Il est à remarquer que, lentement préparé par des exercices naturels, l'acte de marcher tout seul et sans aide se produit tout d'un coup et définitivement. Comme un ressuscité, répondant à l'appel d'une voix miraculeuse, l'enfant se redresse et s'élance. C'est que sans doute il pourrait marcher quelque temps avant qu'il se décide à le vouloir. Le mécanisme est tout prêt, mais il n'ose pas encore s'en servir. Il lui faut vaincre une timidité bien naturelle, les appréhensions que lui inspire cette action toute nouvelle, et si hardie, de se fier à lui-même pour parcourir l'espace. Mon fils George qui depuis quelque temps déjà faisait quelques pas, suspendu aux jupons ou à la main de sa mère, un beau jour, dans un magasin, sans qu'on y prît garde, s'échappa discrètement : tout d'un coup, on l'aperçut à l'autre bout de la pièce, sans qu'aucune cause appréciable eût, à notre

(1) Kant, *Pédagogie, de l'éducation physique.*

connaissance, déterminé cette première escapade. Le sentiment de sa force lui était venu ; sa confiance s'était aguerrie. M. Preyer a fait une observation analogue : « Ce fut après quinze mois qu'Axel, debout sur ses pieds, se mit tout à coup, pour la première fois, à vaguer autour de la table, d'une façon hésitante, il est vrai, et en chancelant comme un homme ivre qui voudrait courir, mais sans tomber. »

Quelque rapidité, quelque décision que l'enfant mette parfois dans son premier essai de marche indépendante et libre, il s'en faut que même alors toutes les difficultés soient vaincues. On le verra, dans les premiers temps, ne s'avancer qu'avec précaution, les bras étendus en avant, comme s'il se montrait le chemin avec la main, en réalité parce qu'il est préoccupé d'éviter les chutes et qu'il a encore quelque peine à maintenir son équilibre. Cela est surtout visible, si l'enfant a marché trop tôt, c'est-à-dire avant que ses organes fussent suffisamment affermis. L'équilibre devient vite une affaire d'habitude ; mais au début, il faut, pour le maintenir, quelque attention et quelque effort. Nous-mêmes, quand il nous arrive d'être restés longtemps couchés, n'avons-nous pas de la peine à nous remettre d'aplomb ?

Ce que nous tenons à établir surtout, avant d'en finir avec ce sujet, c'est que les facultés morales et la volonté ne sont pas étrangères aux progrès de l'enfant. La marche, dira-t-on, question de muscles, de souplesse ou de force physique! Oui assurément : mais question aussi de caractère et de tempérament moral (1). A la façon dont l'enfant marche, on peut déjà prévoir s'il sera vif, impétueux, ou au contraire indolent et mou. L'enfant, chez lequel l'ardeur des désirs est grande, sera poussé en avant par cette ardeur même. Il voudra, plus tôt que d'autres, atteindre lui-même, considérer de près, toucher l'objet de sa convoitise. Il tombera plus souvent peut-être que ses camarades qui ne se hasarderont pas, qui ne s'avanceront qu'à bon escient, mais il se relèvera plus vite aussi, et en définitive il marchera plus tôt. Une émotion soudaine, un sentiment de peur sera parfois la cause qui brusquera le dénouement, et qui triomphera des hésitations : effrayé, l'enfant traversera la chambre pour s'éloigner du danger.

(1) « Sans exagération, dit M. Marion, je tiens que l'éducation du caractère se fait en même temps que celle de la locomotion, que la façon dont on apprend à marcher n'est pas sans importance morale. » (*Revue scientif.*, 1890, I, p. 77.)

Un fait général, d'où il ressort clairement que le moral est intéressé dans l'action en apparence toute matérielle de la locomotion, c'est que la marche est retardée chez les idiots. Ce n'est pas seulement parce que leur sensibilité est obtuse, parce qu'ils n'ont pas, comme les enfants normaux, le désir de se rapprocher d'un objet convoité ou d'une personne aimée (1); c'est aussi parce qu'ils sont incapables d'attention. Et sans attention l'enfant ne saurait guider ses premiers pas.

Quoique instinctifs dans leur origine première, les mouvements spéciaux que suppose la marche sont donc nécessairement attentifs et par conséquent volontaires. Ils deviendront ensuite automatiques, sous l'empire de l'habitude. Tous les modes de l'activité se confondent ici : la tendance à mettre les pieds l'un devant l'autre dérive de l'instinct, mais la direction imprimée à ces mouvements, la résolution de quitter tout point d'appui, d'atteindre un but, de se précipiter en courant vers la mère qui tend les bras, sont des actes de volonté. Et la volonté se manifeste encore sous une autre forme, en inspirant à l'enfant l'assurance, la confiance en soi. Pour risquer son premier voyage dans sa chambre ou dans son jardin, il lui faut du courage et de la hardiesse. Et si l'on en doutait, il suffirait de considérer la fierté qui brille dans ses yeux, la joie qui épanouit son visage triomphant, parfois les éclats de rire bruyants qui accompagnent sa première course d'une chaise à une autre, de son père à sa mère, pour être certain qu'il a conscience d'accomplir une prouesse, et que, par conséquent, il y a là autre chose qu'une série de phénomènes matériels : il y a un effort, et le sentiment heureux de la réussite de l'effort.

III

Lorsque l'enfant a franchi ces deux épreuves décisives et capitales de sa vie, d'où il sort capable de parler et de marcher, il dispose des deux éléments essentiels, des deux instruments principaux de ses jeux, qui consisteront presque toujours dans la parole et dans le mouvement. Sauter, courir, et d'autre part, causer avec ses

(1) « Quand l'idiot est parvenu à reconnaître ses aliments, et qu'il les voit, il s'agite alors sur sa chaise, pousse des cris, tend les mains, cherche à se rapprocher d'eux. Aussi est-ce là un procédé employé pour le forcer à se tenir debout et à progresser. » (Dr Sollier, *op. cit.*, p. 91.)

soldats, avec sa poupée, plus tard avec ses camarades, tels seront les principaux amusements de l'enfant. Il n'y a guère de jeu muet, ni de jeu immobile. Mais l'enfant ne joue-t-il que lorsqu'il sait marcher et parler? Il a joué bien auparavant, si jouer veut dire simplement s'amuser, se divertir, accomplir des actions qui n'ont d'autre but que le plaisir. Nous ne demanderons pas au baby, qui tète encore sa mère, les jeux qui supposent les facultés d'un âge plus avancé : de la sensibilité, de l'imagination, une certaine puissance de combinaison. Mais le jeu n'est point exclusivement renfermé dans ces catégories : on peut jouer, dès qu'on peut agir, agir d'une façon quelconque. L'exercice des sens, les premiers mouvements des jambes et des bras, les premières émissions de voix peuvent devenir, pour le petit enfant, des occasions de divertissement et de jeu. Il joue dans son berceau, quand il peut déjà toucher de ses mains les fleurs brillantes de sa couverture ou de son rideau ; dans son bain, quand il fait clapoter l'eau avec ses doigts ; sur un tapis, quand il remue ses membres et se livre à une gymnastique effrénée. Son caquetage, son gazouillement est aussi un jeu en un sens : l'enfant s'amuse lui-même de son ramage inintelligible. Les bruits le divertissent particulièrement : un grelot, le tintement de son hochet, un sifflet, tout cela lui fait plaisir et détermine des cris de joie. L'enfant est naturellement joyeux. Toute activité conforme à la nature, dans son premier épanouissement, est véritablement un jeu pour lui. « La joie, comme dit Frœbel, est l'âme de toutes les actions de l'enfant. »

Il n'est pas besoin qu'on imagine des jouets (1), qu'on lui mette entre les mains des instruments fabriqués, des joujoux artificiels. L'enfant, dans la spontanéité de son instinct pour le jeu, trouvera de lui-même de très bonne heure de petites inventions, imaginera des exercices qui feront son bonheur. Voyez-le, dès la seconde année, faire des trous dans le sable, échafauder des murs, construire des rigoles. Voyez-le encore au même âge prendre un journal, l'étendre devant lui, et comiquement faire semblant de lire, en remuant les lèvres, en proférant des sons quelconques. « J'ai sous les yeux, dit Michelet, un nourrisson qui a dix-huit mois à peine, et qui, dès qu'il a pu dresser l'un sur l'autre deux petits morceaux de bois,

(1) Ce n'est pas que nous voulions contester l'utilité des jouets. Il est certain que l'infériorité intellectuelle des enfants de la campagne tient en partie à ce qu'ils n'ont pas de jouets comme les enfants de la ville.

saisi de bonheur, joint les mains, admire, visiblement se dit, en créateur : « Cela est bien ! » Un autre de deux ans et demi, plus fort dans cette architecture, appelle sa sœur à témoigner de son talent, il dit : « C'est *petit* qui l'a fait (1) ! »

L'enfant voit partout un jeu. M. Preyer raconte qu'Axel disait : « Nous allons jouer aux couleurs », toutes les fois que son père le soumettait à ses exercices habituels, pour constater son aptitude à distinguer les couleurs. Le Dr Sikorski a noté le même fait : « L'absence de discernement entre les divertissements et les exercices sérieux, ou bien entre l'observation pure des choses qui l'entourent et l'activité émanant de la création et de la fantaisie, constitue une particularité de l'activité de l'enfant (2). »

La psychologie du jeu comporterait, pour être complète, de longues études. Sans aller jusqu'à dire, avec Frœbel, que « le jeu est le plus haut degré du développement de l'enfant », nous répéterons volontiers après lui que « le jeu n'est pas une chose frivole pour l'enfant, mais une chose d'une profonde signification (3) ». C'est dans le jeu, qui est sa principale occupation, qu'il donne librement carrière à toutes ses aptitudes. C'est là qu'il nous révèle les dispositions les plus intimes de son âme. Une histoire bien faite des jeux de l'enfant nous permettrait de saisir, au jour le jour, le développement progressif de toutes ses facultés.

C'est sous la forme de l'imitation que, dès la seconde année, le jeu est le plus accessible à l'enfant (4). Et avant qu'il puisse imiter lui-même, les imitations, les reproductions faites par les autres, par exemple de petits animaux en bois, en plomb ou en caoutchouc, ont particulièrement le don de l'amuser. Dans ce cas, pour comprendre le plaisir éprouvé par l'enfant, il faut considérer que les images, de quelque nature qu'elles soient, dessinées et peintes sur le papier, ou bien grossièrement sculptées en carton-pâte, rappellent des objets connus, et excitent l'activité de l'esprit, en provoquant une série de comparaisons. Le plaisir serait mince d'ailleurs,

(1) Michelet, *Nos fils*, p. 70.

(2) Dr Sikorski, *Revue philosoph.*, août 1885.

(3) « Les jeux constituent le côté le plus saillant de la vie infantile, » dit le Dr Sikorski, qui a minutieusement étudié cette partie de la psychologie de l'enfant. (*Rev. phil.*, t. XIX, p. 111.)

(4) Livingstone affirme que les jeux d'enfants chez les nègres de l'Afrique consistent généralement en parties de tir et d'invasion, occupation principale de leurs pères.

si l'enfant se contentait de regarder les bêtes qui sortent de son arche de Noé. Mais il n'en reste pas là : il les manie, avec le secret orgueil peut-être de penser qu'il peut enfin toucher, dans leurs formes réduites et inoffensives, le chien, le chat qu'il aime tant voir, mais qu'il n'ose encore aborder. Qui nous prouve d'ailleurs que pendant longtemps, malgré leur immobilité, les animaux de bois ne lui apparaissent pas comme vivants! En tout cas, il s'ingénie à les mettre sur leurs pattes, à les faire marcher, à les grouper en troupeaux; enfin il leur fait imiter différents actes de la vie animale réelle.

L'imitation inspire un grand nombre des jeux de l'enfance, mais dans les amusements de ce genre, comme dans tous les autres, c'est l'activité déployée qui est le principe de la joie ressentie. Jouer aux soldats, au ménage, à la poupée, plus tard jouer à l'école, faire claquer le fouet comme un postillon, arroser comme un jardinier : tous ces jeux éternels de l'enfant, qu'on retrouve dans tous les temps et dans tous les pays, toutes ces imitations récréatives des affaires sérieuses de la vie, divertissent parce qu'elles font agir (1).

Il se mêle cependant quelque chose de plus aux jeux purement imitatifs : une pointe de vanité, l'ambition satisfaite de singer les grandes personnes. D'autre part, toutes ces simulations puériles sont de véritables petites comédies ; elles paraissent telles aux parents qui en sont les spectateurs, mais il semble que les enfants eux-mêmes, auxquels le sens du comique n'est pas tout à fait étranger, trouvent dans la conscience même de ce qu'il y a de drôlerie dans leurs actes un nouvel élément de plaisir.

Ce n'est pas la seule activité physique qui alimente la joie du jeu (2). La sensibilité y intervient de bonne heure, et d'abord sous la forme de l'instinct social. Le jeu, qui tout à l'heure laissait un enfant indifférent, va lui paraître charmant et le passionner, dès qu'il sera partagé. Dans le jeu, ce n'est pas seulement le jeu que l'enfant recherche, c'est la société de ses camarades, ce sont les

(1) Tylor, dans son livre sur la *Civilisation primitive*, fait observer que les jeux imitatifs survivent parfois aux usages qu'ils copiaient et qui ont disparu des mœurs, tels, par exemple, l'arc et la flèche, la fronde, etc.

(2) Le Dr Sikorski prétend même, non sans exagération, « que le mouvement et la gymnastique jouent un rôle secondaire, subordonné, dans les jeux de l'enfant, et y servent seulement d'instruments pour réaliser des conceptions intellectuelles ».

préludes de l'amitié. A côté des sentiments affectueux, dans ces petites sociétés de jeux, germent d'ailleurs et se développent les sentiments personnels, le désir de se distinguer, de surpasser les autres, les rivalités et les ambitions naissantes. Jouer, pour l'enfant, c'est souvent se mettre en avant, afficher sa supériorité, faire preuve de force, et attester enfin sa personnalité. S'il aime les amusements bruyants et tapageurs, par exemple le tambour, la trompette — que Kant répudiait comme désagréables, et la plupart des parents sont certainement du même avis — ce n'est pas précisément que son oreille soit charmée de tout ce fracas ; c'est que, par le bruit qu'il fait, il appelle l'attention sur lui, se signale et se fait remarquer.

D'autres sentiments animent le jeu de la poupée. Une certaine affection maternelle se montre chez la petite fille qui, comme l'a dit un poète :

Rêve le nom de mère en berçant sa poupée!

« Qu'est-ce qu'une poupée, s'il vous plaît? écrivait Hippolyte Rigault : ce n'est pas une chose ni un objet, c'est une personne, c'est l'enfant de l'enfant. Celui-ci lui prête par l'imagination la vie, le mouvement, l'action, la responsabilité. Il la gouverne, comme il est lui-même gouverné par ses parents ; il la punit ou la récompense, l'embrasse, ou l'exile ou l'emprisonne, selon que la poupée a bien ou mal agi ; il lui impose la discipline qu'il subit; il partage avec elle l'éducation qu'il reçoit (1). » Il y a là, non comme le prétendent quelques esprits chagrins, une parodie ridicule, il y a là une comédie charmante de la maternité, tout autre chose que le plaisir de remuer des colifichets, de petites robes, de petits chapeaux, et d'en attifer sa poupée. Et la preuve, c'est que la poupée la plus simple, une poupée de deux sous, amusera autant l'enfant, qu'une poupée qui serait un chef-d'œuvre d'art et de luxe.

De même, quand vers trois ou quatre ans, l'enfant joue avec ses soldats de plomb, il ne semble pas qu'il s'y complaise uniquement parce qu'il peut les ranger, les aligner, les mettre en bataille, admirer leurs belles couleurs : peut-être quand il oppose Français à Allemands et simule entre eux des combats, un léger mouvement de patriotisme soulève-t-il déjà son petit cœur (2).

(1) H. Rigault, *Conversations littéraires et morales*, nouvelle édition, 1882, p. 5.
(2) On conçoit difficilement qu'un esprit aussi distingué que l'était H. Rigault

Ce qui est certain, c'est que dans ces jeux-là, comme d'ailleurs dans tous les autres, l'imagination intervient sans cesse. Et les plus amusants sont ceux où il y a le plus à inventer. Les jouets fabriqués avec trop de soin ont précisément ce défaut que, par leur perfection même, ils gênent ou rendent inutile le travail de l'imagination enfantine. L'enfant n'est jamais plus heureux que quand il organise lui-même ses jeux, quand il en crée le matériel, quand il fait d'un bâton un cheval, d'une chaise un carrosse. « Créer, produire, s'écriait Michelet, quel bonheur pour l'enfant ! » Et de même que nous avons vu les sentiments affectueux, sociaux, et peut-être patriotiques, s'insinuant dans ses jeux, le sentiment de la beauté, de la forme régulière et symétrique, de l'harmonie des couleurs, s'y glisse parfois. En tout cas, l'imagination de l'enfant, considérée comme faculté esthétique, pourrait être cultivée avec profit par une éducation attentive qui, dans le choix des jouets, ferait preuve de discernement et de bon goût. « On croit avoir tout fait, disait encore H. Rigault, quand on a inventé des jouets qui amusent les enfants, sans blesser leurs mains délicates. Ce n'est pas assez. Les babys eux-mêmes sont des personnages plus avancés qu'on ne croit. Ils ont de l'esprit avant de parler ; leurs yeux perçoivent déjà les formes diverses des objets, même quand ils errent sans paraître capables de se fixer ; leurs oreilles sont déjà sensibles à la différence des sons, même quand ils ont l'air de ne pas reconnaître la voix maternelle (1). Quel est le premier jouet qu'on met entre leurs mains? Un hochet. J'en ai vu de charmants en ivoire, en argent, en vermeil, ciselés avec un art exquis : mais l'avouerai-je, le plus beau hochet me révolte. Je ne me plains pas, comme Addison, qu'en donnant à l'enfant l'habitude du mouvement et de l'agitation le hochet développe en lui les facultés actives, au préjudice des facultés contemplatives. L'homme est né pour agir, il n'y a pas de mal qu'il s'y accoutume de bonne heure. Mais pourquoi de ce bonhomme de métal, le premier ami de l'enfant, fait-on presque toujours un être difforme, bossu par-devant et par-derrière, avec une bouche qui se

se soit égaré au point de critiquer, comme il l'a fait dans son charmant article sur *les Jouets d'enfants* (écrit en 1858), ce qu'il appelait « la monomanie militaire des enfants ». On ne peut lire sans amertume depuis 1870 les passages où il dépensait sa verve contre ces jeux qui « caporalisent l'enfant », et où il disait ironiquement : « La Prusse est décidément la première puissance militaire pour les soldats de plomb ! »

(1) Rigault force un peu la note.

fend, un nez qui se recourbe et qui va rejoindre le menton! La première imitation de la nature qui frappe les yeux de l'enfant, c'est la figure d'un monstre. Il fait connaissance avec l'art par l'entremise du laid (1). »

D'autres facultés intellectuelles s'associent à l'imagination dans la direction des jeux de l'enfant. Il n'est pas douteux que je ne sais quel instinct d'investigation et de recherche, une tendance à l'expérimentation, préside à certains jeux de l'enfant (2). C'est à ce désir de connaître que le baby obéit, quand il éventre ses polichinelles, démonte ses voitures, pour savoir comment tout cela est fait. Prenons garde pourtant de trop raffiner, et de voir une aspiration intellectuelle où il n'y a souvent qu'une agitation musculaire. Il ne faudrait pas, comme le fait Kant par exemple, pour expliquer que les enfants aiment tant jouer à *colin-maillard*, s'imaginer qu' « ils ont le désir de savoir comment ils pourraient s'aider, s'ils étaient privés d'un de leurs sens ». Les choses sont plus simples que cela : le jeu est avant tout un besoin d'expansion, de mouvement, pour tout dire, d'action. Il est vrai que comprendre, c'est déjà un acte, et voilà pourquoi les jeux instructifs, dont il ne faut pourtant pas abuser, ont de bonne heure un certain charme pour l'enfant.

L'idéal du jeu, ce serait un divertissement qui associerait à la fois les diverses activités de la nature humaine, qui tout au moins exercerait en même temps une faculté physique et une faculté morale. Et en fait, il se mêle toujours quelque chose d'intellectuel même aux exercices qui paraissent simplement physiques. Quelquefois le fait physique est réduit à son minimum : ainsi dans les jeux qui consistent à superposer des morceaux de bois, à faire des assemblages, de petites constructions. Il n'y a là presque pas de mouvements, et ce qui domine, c'est déjà la pensée géométrique, la recherche des formes bien ordonnées, tout au moins la volonté de faire par soi-même une œuvre quelconque. De même, dans la récréation si absorbante qui consiste à jeter des pierres dans l'eau, ou à lancer dans l'air des bulles de savon. D'autres fois au contraire, c'est l'activité physique qui déborde tous les autres éléments

(1) H. Rigault, *op. cit.*, p. 2.

(2) Il ne faudrait pourtant pas exagérer et, par exemple, dire avec le Dr Sikorski que l'enfant, mis au bain avec des joujoux, quand il s'amuse à faire plonger dans l'eau les corps flottants, et au contraire à faire nager les corps lourds, « étudie les propriétés hydrostatiques de ses joujoux ».

du jeu, quand l'enfant, par exemple, joue à la balle, au cerceau.

L'enfant n'a pas seulement dans ses jeux l'instinct de la construction, il manifeste aussi je ne sais quelle manie destructive. Gœthe, dans ses *Mémoires*, en raconte un exemple bien amusant. « Il y avait un marché de poteries, et non seulement on avait fourni pour quelque temps la cuisine de ces marchandises, mais on nous avait acheté, comme jouets, des ustensiles pareils en miniature. Par une belle après-midi, quand tout était tranquille dans la maison, je m'amusais dans la galerie avec mes plats et mes pots, et, comme je ne savais plus quel plaisir y prendre, je jetai un de ces jouets dans la rue, et je trouvai plaisant de le voir si drôlement brisé. Les Ochsenstein, qui virent comme cela me divertissait, au point que, dans le transport de ma joie, je battais de mes petites mains, me crièrent : « Encore ! » Je n'hésitai pas, et vite un pot ; et comme ils ne cessaient de crier : « Encore ! » tous les petits plats, les petits poêles, les petits pots, furent lancés à la file sur le pavé. Mes voisins continuaient à me témoigner leur approbation, et j'étais extrêmement joyeux de leur procurer du plaisir. Mais ma provision était épuisée, et ils criaient toujours : « Encore ! » Je courus donc tout droit à la cuisine, et je pris les assiettes de terre, qui, naturellement, offrirent, en se brisant, un spectacle bien plus drôle encore ; j'allais et venais ainsi, j'apportais les assiettes l'une après l'autre, selon que je pouvais les atteindre successivement sur le dressoir, et, comme ces messieurs ne se tenaient point pour satisfaits, je précipitai dans la même ruine toute la vaisselle que je pus traîner là. Quelqu'un vint, mais trop tard, pour m'arrêter et me défendre de continuer le jeu (1)... »

Dans cette furie de destruction, où Gœthe enfant montrait autant d'entrain qu'il en mettra plus tard à créer les personnages de ses drames, c'est la joie physique qui dominait. Mais une part aussi doit y être réservée au désir de faire une chose plaisante pour les autres, d'étonner, d'exciter le rire. L'enfant a d'assez bonne heure le sens de la plaisanterie. A le voir arroser avec un arrosoir sans eau, boire dans une tasse vide, on pourrait être tenté de supposer qu'il est dupe, qu'il se trompe naïvement. N'en croyons rien. Il est visible qu'il n'y a là pour lui qu'un jeu d'imagination, qu'il se divertit lui-même par une pure comédie.

(1) Gœthe, *Mémoires*.

Les jeux étant la grande affaire de la vie enfantine et consistant tous, plus ou moins, dans des actes, c'est dans les jeux qu'il faut chercher surtout les commencements de l'activité volontaire. On en aura reconnu plus d'une fois l'intervention dans les différents tableaux que nous avons tracés. Même dans les jeux purement physiques, c'est la volonté qui permet à l'enfant de coordonner ses mouvements, de les approprier aux actions qu'il accomplit. Mais c'est surtout dans les jeux auxquels prend part l'intelligence, et qui sont souvent de véritables recherches, comme les petites solutions de problèmes que l'enfant se pose à lui-même et qu'il résout, que se révèle la puissance directrice de la volonté, guidée, il est vrai, et soutenue elle-même par l'attrait et par le plaisir. On ne saurait trop le redire, les jeux sont chose sérieuse pour l'enfant ; non pas seulement un passe-temps et une distraction, mais un travail intellectuel et par conséquent une école de pensée et de volonté. Le jeu, à vrai dire, c'est l'étude de l'enfant, à l'âge où il ne peut être encore question des véritables études, dans le sens strict du mot. « Le jeu, dit Guyau, est le premier travail des petits enfants. Il permet de juger de leur caractère, de le développer dans le sens de la persévérance et de l'énergie active. » Et la différence des natures s'y manifeste déjà, les uns y déployant, une ardeur, une énergie et une volonté remarquables ; les autres y laissant déjà entrevoir la mollesse de leur caractère, leur apathie et pour tout dire, leur paresse, qui n'attend nullement, pour se montrer, l'entrée à l'école et les premiers exercices de lecture.

CHAPITRE XIII

DÉVELOPPEMENT DU SENS MORAL.

I. Évolution des idées morales. — Influence du milieu et de l'éducation sur le développement de la conscience morale. — Les circonstances de l'éducation expliquent le plus souvent les lacunes du sens moral. — II. Les états affectifs, point de départ de l'évolution morale. — La crainte des parents. — La volonté paternelle ou maternelle, première règle de moralité. — Tendance instinctive de l'enfant à s'incliner devant la règle. — Qu'on ne trouve rien chez le petit enfant qui ressemble à la vraie moralité. — Ses actes témoignent seulement qu'il craint les punitions. — III. A l'égoïsme succède l'affection. — La sympathie, la sensibilité désintéressée, principe de direction morale chez l'enfant. — Que les phases provisoires de la moralité naissante chez l'enfant peuvent demeurer pendant toute la vie les états définitifs de la moralité. — IV. L'organisation du sens moral suppose une multitude de petits progrès. — L'enfant ne conçoit d'abord la moralité que comme une règle personnelle, qui ne s'applique qu'à lui. — Il confond la règle avec la volonté de ses parents. — Une série d'expériences nécessaire pour dégager l'idée abstraite du bien et du mal. — L'accomplissement des actions bonnes prépare le développement de l'idée du bien. — La morale de l'intérêt, la morale du sentiment percent dans les actions de l'enfant. — Appréciation des conséquences des actes accomplis, bons ou mauvais. — V. L'idée d'une loi morale. — Éducation de la conscience. — Où manque l'éducation, manque aussi le sens moral.

I

L'histoire de l'évolution des idées morales dans la conscience enfantine est des plus compliquées et des plus délicates. Les psychologues qui étudient la conscience adulte, qui ne considèrent que les formes supérieures de la moralité, qui, en un mot, commencent par la fin, ont une besogne relativement facile. Ils distinguent deux ou trois idées, très nettes et très claires : le bien, le devoir, la responsabilité ; ils décrivent les sentiments qui accompagnent ces idées; et cela fait, tout est dit. Tout paraît simple dans la conscience d'un Socrate, d'un Franklin ou d'un homme réfléchi quelconque : de même que tout est lumineux, et comme aplani, sur le dernier plateau des montagnes, même quand il a fallu, pour l'escalader, à travers l'obscurité des brouillards et des nuages, passer par les sentiers tortueux et gravir les pentes escarpées.

Mais si, au point d'arrivée, dans la lumière d'une raison mûrie par l'âge et par l'expérience, la conscience morale se dégage avec des caractères nettement distincts, quelles difficultés en revanche n'y a-t-il pas pour l'observateur à suivre, pendant la période de croissance et de formation, la lente évolution morale, l'obscur travail affectif et intellectuel d'où émergera peu à peu la vraie moralité?

Quelque disposé que nous soyons à accorder beaucoup à l'innéité ou à l'hérédité, pour les facultés morales comme pour toutes les autres, nulle part peut-être ne se montre mieux qu'ici l'influence de l'éducation et du milieu social. La conscience morale n'est pas un pur don de la nature, une force naturelle organisée d'emblée, comme le prétendent soit les rationalistes absolus, soit les philosophes de l'école de l'évolution. Herbert Spencer, par exemple, admet de véritables « intuitions morales »; il parle d'émotions qui « correspondraient immédiatement à une conduite bonne ou mauvaise », qui seraient le résultat de modifications nerveuses, produites elles-mêmes par les expériences de nos ancêtres, et lentement consolidées à travers toutes les générations passées de la race humaine. A quoi Renouvier répond avec raison : « Nous savons par l'observation de l'enfance, par l'expérience des effets de l'éducation, que l'hérédité ne fournit à l'homme naissant aucune détermination fixe des actes bons et mauvais (1). » La conscience morale est, en grande partie, une faculté acquise, qui se crée peu à peu, qui ne se développe que dans des conditions déterminées, à travers toute sorte de métamorphoses, au prix d'un enfantement laborieux, et qui enfin, dans ses commencements, ne ressemble pas du tout à ce qu'elle sera dans son état final.

Elle n'est pas d'ailleurs une acquisition exclusivement personnelle, où la spontanéité de l'individu, réduite à ses propres forces, puisse se suffire à elle-même : elle a besoin, plus qu'aucune autre de nos facultés, du concours des influences extérieures; elle suppose l'action, la stimulation féconde du milieu humain, elle nous est communiquée, suggérée, par nos parents et par nos maîtres. La mora-

(1) *Critique philosophique*, 1875, II, p. 324.

lité, en un mot, n'est pas seulement l'apport individuel de toute intelligence entrant en ce monde ; elle est plus encore le produit de la culture et de l'éducation, une conséquence de la vie sociale, une sorte de « grâce » qui nous vient du dehors.

« Le développement de l'intelligence, dit M. Preyer, est à tel point subordonné à l'influence qu'exercent le milieu et l'éducation sur les dispositions naturelles, et les systèmes d'éducation sont à tel point variés, qu'il est impossible d'exposer un développement intellectuel normal (1). » Contestable peut-être en ce qui concerne l'intelligence, la réflexion de M Preyer est exacte, si on l'applique au sens moral, dont une multitude de causes peuvent modifier et troubler l'élaboration régulière. Il y a, pour former une conscience, un si grand nombre d'opérations préalables également nécessaires, la moralité est composée d'éléments si divers, elle s'appuie sur un échafaudage si laborieusement construit, elle est un agencement si délicat de pièces empruntées successivement aux diverses parties de notre organisme mental, que la réalité nous présente rarement dans le monde des enfants, soumis au caprice de tant d'éducations différentes, un exemple d'évolution du sens moral qui soit complète et de tout point satisfaisante.

Et voilà pourquoi le monde des hommes à son tour nous offre tant de moralités chancelantes, précaires ou par quelque endroit imparfaites. Ou bien, dans son ensemble, la conscience sera fragile, sujette aux défaillances, parce que les conditions multiples, qui doivent en assurer le développement, n'auront pas marqué assez fortement leurs empreintes successives sur l'âme de l'enfant. Ou bien un des éléments essentiels fera défaut, parce que dans la série progressive des sentiments et des idées d'où se dégage l'être moral, un degré aura été omis ou un échelon franchi trop vite. Tel homme, par exemple, aura un fier sentiment de la justice, l'iniquité lui arrachera des cris d'indignation sincère ; mais il n'aura presque aucune notion de la règle, du frein à imposer à ses passions. Tel autre sera le serviteur irréprochable de la loi ; mais il ne connaîtra jamais les ardeurs de l'affection et les élans du dévouement... A y bien regarder, on trouverait toujours dans la vie de l'enfant, dans les circonstances particulières de son éducation, — la mère sans tendresse ou absente, le père sans autorité, l'isolement ou l'éloignement de toute relation

(1) M. Preyer, *op. cit.*, p. 289.

sociale, etc., — la raison d'être de ces insuffisances et de ces lacunes morales.

Il y a donc un grand intérêt à suivre, pas à pas, chez l'enfant, les petites velléités qui doivent donner naissance à la volonté morale : ne serait-ce que pour montrer de quelle manière l'éducation ultérieure, et surtout la meilleure de toutes, je veux dire l'effort personnel, pourra dans l'adolescence et la maturité réparer les brèches de la construction ébauchée dans l'enfance. Comment dans ce tourbillon de désirs capricieux, d'impulsions désordonnées, mobiles, qui caractérisent le premier âge, voyons-nous apparaître, comme un point fixe, l'obéissance à la règle, règle tout extérieure à l'origine, confondue avec les personnes qui commandent, qui donnent des ordres à l'enfant? Comment à l'égoïsme, qui au début suggère seul l'obéissance, voyons-nous se substituer peu à peu le plaisir désintéressé d'être bon, uniquement pour être bon? Par quel progrès secret, la règle, incarnée d'abord dans les parents, devient-elle la notion ou le sentiment d'une obligation intérieure, l'idée abstraite du devoir et de la loi? C'est ce qu'il nous faut apprendre, en observant l'enfant dès le berceau.

II

C'est dans les états affectifs, bien entendu, que doit être cherché le point de départ de l'évolution morale. De tout ce que la raison développée peut comprendre de vertu et d'énergie pour le bien, de tout ce que la conscience d'un Kant, par exemple, contient de beauté morale, le premier principe est ce simple fait que, naturellement sensible à la crainte et à la douleur, le petit enfant réprime ses pleurs et ses cris devant les manifestations menaçantes de la volonté de ses parents. « Un homme incapable, par hypothèse, d'éprouver du plaisir ou de la peine, dit M. Ribot, serait incapable d'attention » : il serait encore plus incapable de moralité.

La première forme de la conscience morale, c'est donc la crainte de l'autorité paternelle et maternelle. Tout le monde est à peu près d'accord pour le reconnaître. Le bien, dans la première conception du tout petit enfant, c'est simplement ce qui est ordonné ou permis; le mal, ce qui est défendu. M. Preyer, qui n'a d'ailleurs consacré que quelques lignes à la question qui nous occupe, constate que, dans le milieu de la deuxième année, la connaissance du bien, c'est-à-dire de ce qui est interdit, est déjà acquise depuis quelque temps (1). Et de même M. Sully écrit : « La répugnance de l'enfant à faire le mal est uniquement le sentiment égoïste qui le porte à détester ou à craindre la punition (2). » Pour être tout à fait précis, le mal, dirons-nous, c'est moins pour l'enfant la défense faite par les parents, que les conséquences désagréables auxquelles il s'expose, s'il désobéit.

A vrai dire même, à l'âge où l'enfant n'est pas encore en état de comprendre le sens d'un ordre ou d'une défense, l'éducation de la moralité a déjà jeté en lui ses premières racines, par cela seul que les personnes qui l'entourent ont opposé à ses caprices la résistance muette et inflexible de leur volonté. Nous avons vu des mères obtenir de leur nourrisson qu'il ne les réveillât plus pendant la nuit, qu'il ne se réveillât plus lui-même, pour demander le sein, rien qu'en ne cédant pas à ses prières et en lui démontrant ainsi l'inutilité de ses cris. L'opération était d'ailleurs pénible et exigeait quelque patience : c'est le père qui s'en chargeait et qui, pendant plusieurs nuits de suite, emportait l'enfant dans sa propre chambre. C'est en ce sens seulement, et, pendant un moment bien court, qu'il convient d'accepter et d'appliquer la maxime que Rousseau avait le tort de vouloir étendre au delà des premiers mois, et qui consiste à incliner devant la nécessité les désirs aveugles de l'enfant. Dès que cela est possible, il est bon que la volonté qui ordonne, comme plus tard celle qui conseille, se substitue à la nécessité qui impose ; et on ne parlera jamais trop tôt à l'enfant de ses devoirs.

Mais nous n'en sommes pas encore là. Les premières leçons de moralité, c'est la volonté impérative des parents qui les donne. Et il n'est pas besoin que cette volonté, pour se faire obéir, s'arme de tout un cortège de punitions, dont il ne saurait être question avec un enfant qui vient de naître : il suffit qu'elle se manifeste. Quel est le père qui n'a pas expérimenté, comme nous, qu'en élevant la voix, en prenant un visage grave ou sévère, on a raison souvent, sinon toujours, des petites mutineries de l'enfant nouveau-né : à une condition pourtant, c'est qu'on agisse ainsi dès le début et à la première apparition des actes qu'on veut réprimer.

Il y a chez l'enfant un fonds de docilité naturelle qui va comme au-devant de la règle, une sorte de crainte instinctive, dont il faut

(1) M. Preyer, *op. cit.*, p. 301.
(2) M. Sully, *op cit.*, p. 420.

savoir user, avec discrétion, d'ailleurs, si l'on ne veut pas s'exposer à préparer un caractère servile. Les appels de l'éducation morale ne seraient pas entendus comme ils le sont, s'ils ne rencontraient pas dans le naturel de l'enfant un instinct inconscient et endormi qu'il s'agit seulement d'éclairer et d'éveiller. Cet instinct n'est pas exclusivement le sentiment de la faiblesse en présence de la force : c'est une disposition spéciale, que la nature transmet à l'enfant, fortifiée, sinon créée, par les habitudes morales, par les efforts vertueux de nos ancêtres. « L'enfant civilisé, écrivait Guyau, au lieu d'être, comme le sauvage, sans loi, sans frein, est tout prêt à recevoir le joug de la loi. L'éducation trouve en lui une sorte de légalité préétablie, de loyalisme naturel (1). » Tel est aussi l'avis de M. Sully et de M. Egger : « L'enfant montre de très bonne heure une disposition à se soumettre à l'autorité d'autrui, et cet instinct moral n'est probablement que le résultat héréditaire de l'expérience sociale et de la culture morale de plusieurs générations (2). » — « Que, dans une société civilisée comme la nôtre, l'éducation aide beaucoup à la raison de l'enfance, cela n'est pas douteux, mais ce qui l'est moins encore, c'est la docilité naturelle de l'enfance à suivre, sur ce point, les leçons qu'elle reçoit (3).

Instinct éternel ou acquisition héréditaire, c'est un fait incontestable, en tout cas, que l'enfant s'incline volontiers devant la règle que son imagination incarne d'abord dans la volonté de ses parents. Et cela est si vrai que l'enfant en arrive bientôt à vouloir appliquer la règle, non seulement à lui-même, mais aux autres. A vingt-trois mois, le fils de Tiedemann « vint dans un endroit de la maison, où il avait été puni la semaine précédente, parce qu'il l'avait sali ; et sans autre provocation, il dit immédiatement que quiconque salirait la chambre recevrait des coups ». L'enfant généralise vite ; l'idée de la règle se dégagera peu à peu dans son esprit de la considération des personnes qui la représentaient à ses yeux. En l'absence même de son père et de sa mère, il s'habituera à s'y conformer : témoin l'enfant observé par M. Preyer, qui, à trente-deux mois, ne pouvait voir sa bonne contrevenir aux défenses qui lui avaient été faites, et ne consentait point, par exemple, à ce qu'on le fît

(1) Guyau, *Éducation et hérédité*, p. 79.
(2) M. Sully, *op. cit.*, p. 420.
(3) M. Egger, *op. cit.* p. 51.

manger à l'aide d'un couteau, sans protester avec vivacité (1).

Quelque importantes que soient ces premières dispositions de l'enfant pour l'acquisition future des distinctions morales, il est bien impossible d'y rien voir qui ressemble à la vraie moralité. Tout se réduit encore à une impulsion d'obéissance, ou bien à l'association qui s'établit, dans l'esprit de l'enfant, entre certains actes et les suites désagréables de ces actes. La force du principe d'association est telle, d'ailleurs, que l'enfant qui commence par craindre et détester les punitions, conséquences annoncées et prévues de ses fautes, finit par détester les fautes elles-mêmes.

Ce serait donc faire abus des mots que vouloir, comme M. Perez, par exemple, attribuer le sens moral au tout petit enfant. Il semble que M. Perez se reproche de lui accorder trop peu, de lui faire la mesure trop courte, en fixant à six ou sept mois le premier éveil de la moralité. « La notion tout objective du bien et du mal, germe intellectuel du sens moral, ne peut guère se constater, dit-il, avant l'âge de six ou sept mois (2) ». Darwin lui-même, si disposé à surfaire les enfants comme les animaux, déclare n'avoir observé le sens moral chez son fils que vers l'âge de treize mois. Mais nous ne tenons pas à quelques mois de plus ou de moins ; car nous sommes convaincu que, ni à deux ans, ni à trois, ni même beaucoup plus tard, l'enfant n'est en état de discerner véritablement le bien du mal. Pour le croire capable de moralité, il faudrait à la fois accepter une définition qui en infirmerait et en atténuerait la portée, et une interprétation illusoire de certains actes de la vie enfantine. Quels sont en effet les exemples rapportés, soit par Darwin, soit par M. Perez? « A l'âge de deux ans sept mois et demi, raconte Darwin, je rencontrai mon fils Doddy, au moment où il sortait de la salle à manger, et je remarquai que ses yeux brillaient plus qu'à l'ordinaire et qu'il y avait dans toute son attitude quelque chose d'affecté et d'étrange; j'entrai donc dans la salle à manger, pour voir ce dont il s'agissait, et je reconnus que le petit drôle avait pris du sucre en poudre, chose qu'il savait être défendue. Comme il n'avait jamais subi la moindre punition, son attitude ne pouvait certainement être due à la crainte; et je crois qu'il faut l'attribuer à la lutte entre le plaisir de manger du sucre et un commencement de remords. » Je sais bien que Darwin, pour justifier sa conclusion,

(1) PREYER, *op. cit.*, p. 305.
(2) M. PEREZ, *op. cit.*, p. 335.

a soin de faire observer que Doddy n'avait jamais été puni; mais Doddy n'ignorait pas qu'il était défendu de manger du sucre, et il avait déjà expérimenté sans doute qu'à toute défense violée par lui correspondait tout au moins le mécontentement de son père, la privation des caresses habituelles. Et Doddy, surpris en flagrant délit, était ému, tout simplement parce qu'il craignait de tomber en disgrâce (1). Il l'était peut-être aussi parce qu'il prévoyait qu'il ne lui serait plus possible de recommencer, de satisfaire de nouveau sa gourmandise. C'est ainsi que le fils de Tiedemann, âgé dix-sept mois, se cachait pour manger du sucre, non assurément par un sentiment de honte, mais pour ne pas être dérangé.

Les faits invoqués par M. Perez sont de même nature. Un enfant de onze mois obéit, quand son père grossit la voix et lui dit avec sévérité : « Tais-toi ! » Il ne veut pas encore marcher seul, mais on obtiendra qu'il fasse quelques pas, en lui présentant une friandise. Il faut quelque bonne volonté pour décorer de l'épithète « de morales » des actions où se manifeste seulement le désir d'une satisfaction matérielle, ou bien la crainte d'une douleur, associée par la mémoire à tel ou tel acte, ou tout au plus la distinction entre les caresses et les menaces paternelles. L'association des idées et la mémoire, s'ajoutant à une sensibilité égoïste, consciente du plaisir et de la peine, voilà qui suffit largement à expliquer l'obéissance relative que l'on obtient d'un enfant naturellement craintif, et nous nous refusons absolument à croire qu'un baby soit *en possession du sens moral*, dès qu'il obéit par habitude ou par crainte.

III

Ce n'est pas d'ailleurs, hâtons-nous de le dire, l'égoïsme seul qui apparaît dans cette période préliminaire de l'évolution du sens moral.

(1) Il suffirait, pour se convaincre que l'enfant, en pareil cas, ne fait aucunement preuve de sens moral, de se rappeler une anecdote tout à fait analogue, mais empruntée, celle-là, à la vie des animaux. M. ROMANES, dans son livre sur l'*Intelligence des animaux*, raconte la conduite d'un chien qui n'avait jamais volé qu'une fois dans sa vie. Un jour qu'il avait grand'faim, il prit une côtelette à table et l'emporta sous un canapé. Le maître ne faisant semblant de rien, le coupable resta plusieurs minutes sous le canapé, partagé entre le désir d'assouvir sa faim et le sentiment du devoir; mais ce dernier finit par triompher, « et le chien, dit M. Romanes, vint déposer à mes pieds la côtelette qu'il avait dérobée. Ce qui donne une valeur toute particulière à cet exemple, ajoute l'auteur, c'est que le chien en question n'avait jamais été battu... »

Un autre élément, l'affection, ne tarde pas à s'insinuer, comme une maille nouvelle, dans le tissu encore peu serré des émotions de l'enfant. Peu de temps après que le premier sourire a éclairé son visage, l'enfant est déjà capable d'aimer ceux qui prennent soin de lui. Et, à ce second degré du développement moral, le bien, dans la mesure où il est vaguement conçu, c'est pour l'enfant ce qui est agréable aux personnes qu'il aime; le mal, ce qui les chagrine et leur fait de la peine. Déjà préoccupé d'éviter une faute, parce qu'elle lui vaudra une punition, ou d'obéir à un ordre donné, parce qu'une récompense l'attend, le petit être qui s'achemine doucement vers la moralité se sent fortifié dans ses résolutions par la sympathie instinctive qui l'attache à son père et à sa mère, par la confiance et, pour dire le mot, par la foi qu'ils lui inspirent. Et, en vertu des lois de l'association, comme tout à l'heure, si l'enfant commence par détester ou par désirer le chagrin ou la joie que ses actions mauvaises ou bonnes causent à ceux qu'il aime, il en vient à détester ou à aimer ces actions en elles-mêmes, pour elles-mêmes.

Les faits, les observations authentiques abondent pour attester ce rôle de la sympathie, de l'affection naissante. La p'tite Betty, observée par M. L. Ferri, à l'âge de trois ans, disait à sa mère qui la louait pour sa bonne conduite : « Maman, *je voudrais te rendre encore plus contente*; je voudrais toujours être bonne (1) ! » Être bonne, c'était, pour cette enfant, faire plaisir à sa mère. « Le désir de me satisfaire, dit Mme Guizot, à propos de la petite Sophie, l'occupait assez vivement, à sept ans, pour l'éveiller sur ses moindres torts (2). » — « J'ai observé, dit Mme Necker de Saussure, un petit enfant qui, ayant vu dans les yeux de sa mère l'expression du mécontentement, sans être menacé ni grondé même, renonçait à tous ses jeux, et, le cœur gros de sanglots, allait se cacher dans un coin obscur, le visage tourné contre la muraille (3). » Une mère réussira à corriger ses enfants de leur paresse, de leur légèreté, rien qu'en les menaçant de les faire travailler loin d'elle, sous la surveillance d'une personne moins aimée. La tristesse du père suffira souvent pour inspirer aux petits coupables l'envie de réparer leurs fautes. Et si, au début, l'affection provoque

(1) L. Ferri, *Observations sur une enfant*, dans la *Filosofia delle scuole italiane*, octobre-décembre 1881.

(2) Mme Guizot, *Lettres de famille sur l'éducation*, édition de 1888, Didier, t. I, p. 90.

(3) Mme Necker de Saussure, *l'Éducation progressive*, l. III, ch. II.

simplement l'aversion de ce qui est défendu par les parents, elle devient bien vite active : elle suggère à l'enfant toute sorte d'efforts, en vue de les contenter et de se conduire à leur gré, afin que son père et sa mère n'aient jamais à se plaindre de lui, à souffrir à cause de lui.

Les faits que nous avons cités se rapportent à une période déjà un peu avancée de la vie de l'enfant; mais il n'est pas impossible de constater beaucoup plus tôt, et dès la deuxième année, des manifestations analogues de sensibilité affectueuse. « C'est vers l'âge de treize mois, raconte Darwin, que je constatai chez mon petit enfant l'éveil du « sens moral ». « Doddy, lui dis-je un jour, ne veut pas donner un baiser à son pauvre papa : Doddy méchant! » Ces mots le mirent sans doute mal à l'aise, et quand je me fus rassis, il finit par avancer les lèvres pour indiquer qu'il voulait bien m'embrasser; puis il agita sa main d'un air fâché, jusqu'à ce que je fusse venu recevoir son baiser. » Le prétendu « sens moral » de Dobdy n'était assurément pas autre chose qu'un mouvement de tendresse, le besoin si marqué chez certains enfants de câliner leurs parents et de répondre à leurs caresses. De même pour ce trait que Tiedemann rapporte de son fils, au quinzième mois : « Il pleurait parce qu'on repoussait la main qu'il aimait à donner en signe d'affection. » Tiedemann interprète à sa manière ce petit fait, et l'envisage même comme la révélation précoce du sentiment de l'honneur: il est plus exact de n'y voir encore qu'un acte d'affection.

C'est donc de très bonne heure que l'on peut reconnaître, chez l'enfant, une tendance à sympathiser avec les personnes qui lui sont familières. J'ai noté dans mon journal d'éducation que, dès les premiers mois, un de mes enfants cédait à l'influence d'une voix douce et caressante, et aussi, quand il se réveillait la nuit tout prêt à s'exaspérer si on le laissait seul trop longtemps qu'il se calmait, qu'il s'apaisait, si je m'approchais, si je lui faisais sentir l'attouchement de ma main, en prenant la sienne ou en appuyant légèrement les doigts sur son front. L'enfant apprécie, plus tôt qu'on ne le croit, la présence d'un protecteur, d'un ami; il en jouit, et c'est là le commencement obscur de l'affection par laquelle il répondra lui-même bientôt à l'affection qui lui est témoignée.

Il ne faut pas se le dissimuler, d'ailleurs, dans l'âme de l'enfant, comme dans celle de l'adulte, les éléments les plus opposés se mêlent déjà, se confondent, pour former des émotions en apparence simples et en réalité complexes. Tous les enfants aiment les caresses maternelles, mais ils ne les recherchent pas pour un seul motif: ils les désirent d'abord en égoïstes, parce qu'elles leur font plaisir à eux-mêmes, et qu'ils ont besoin, pour être heureux, de vivre dans une atmosphère de paix et de tendresse; mais ils les sollicitent aussi, par un élan désintéressé de leur cœur, parce qu'ils comprennent vaguement qu'elles ne sont pas moins agréables à celui qui les fait qu'à celui qui les reçoit, et qu'ils y entrevoient la preuve que leurs parents n'ont pas à se plaindre d'eux.

« Toutes les délicatesses du sens moral ne sont pas le produit de l'éducation et le privilège d'un âge plus avancé », dit avec raison M. Egger. Et il rappelle, pour le prouver, ces petites scènes de famille, que nous avons tous connues, et où un enfant de quatre ou cinq ans, grondé, réprimandé, redouble tout d'un coup de gentillesse et d'amabilité, « comme pour faire oublier le chagrin qu'il a causé par ses mutineries... Jamais, ajoute M. Egger, l'enfant n'est plus gai qu'après ces petits orages. » C'est que l'enfant aspire à rentrer en grâce et que, privé un instant du bien-être moral que lui procure son accord habituel avec la volonté de ses parents, il a hâte de se retrouver dans son état normal et d'être admis de nouveau à partager des caresses chéries.

Ce serait grossir les choses que parler en pareil cas de « remords » et d' « instinct de réparation ». Nous ne saurions trop le redire, c'est une chimère de vouloir saisir chez l'enfant les signes d'une vraie moralité. Il ne faut pas se laisser tromper par les analogies apparentes qui peuvent exister entre les états nettement définis de la conscience développée, et les équivalents vagues et indécis, qui n'en sont que les simulacres dans la conscience naissante.

Quoi qu'il en soit, l'enfant a fait un grand pas en avant, lorsque, encore irraisonnable, mais déjà pourvu de facultés affectives, il s'élève de son égoïsme instinctif à la sensibilité désintéressée. Dès qu'il y a entre les enfants et leurs parents, entre les élèves et leurs maîtres, un échange de sympathie et d'affection, on peut dire que la cause de la moralité est gagnée. Et pendant l'enfance, tout au moins, l'affection restera le grand ressort de l'éducation morale. Un écrivain de talent, dont les romans ont souvent toute l'exactitude des choses vues et vécues, Mlle Frédérika Bremer, fait dire à une de ses héroïnes : « Il m'arrive parfois, quand je ne sais plus que faire, de serrer l'enfant coupable dans mes bras, de pleurer avec lui de tout mon cœur, ou bien de l'embrasser avec joie, quand il est sage : en général, ces moyens ne sont pas restés sans effet (1). »

Combien d'hommes, d'ailleurs, resteront sur ce point enfants toute leur vie ! Il est à remarquer en effet que, dans leur moralité insuffisante et incomplète, bien des gens ne dépassent pas et prolongent, pendant toute leur existence, l'un ou l'autre des degrés transitoires que nous sommes en train de décrire : ce qui ne devrait être qu'une phase provisoire devient la forme définitive de leur sens moral inachevé. C'est ainsi que la crainte de la punition et le respect intéressé de la règle extérieure résument le code moral d'une bonne partie de l'humanité. Et, à un degré plus élevé, le désir d'être agréable ou utile aux autres, la volonté de leur faire du bien, généralisation agrandie de l'instinct qui pousse l'enfant à satisfaire ses parents, demeure le principe unique de la vertu pour certaines âmes délicates et sensibles. « Que si je fais du bien à quelqu'un, j'en suis heureux, écrivait récemment M. Legouvé ; que si je lui fais du mal, j'en ai remords et souffrance. Je n'ai pas besoin d'une autre règle de vie (2). »

IV

Moralité égoïste, dérivée de la crainte et de la docilité naturelle, ou bien moralité de sympathie, voilà les deux premiers fondements de la distinction du bien et du mal chez l'enfant. Et ces deux principes agissent concurremment, en s'appuyant l'un sur l'autre, avant même que l'enfant sache parler, avant que les mots de bien et de mal puissent être utilement murmurés à son oreille, ou que ses lèvres les répètent en y attachant un sens quelconque.

Une des difficultés de la psychologie de l'enfance, ne l'oublions pas, c'est que, pour décrire les petits faits, vagues, à demi inconscients qu'elle observe, elle est nécessairement obligée de recourir à la précision des mots, et par suite de traduire inexactement ces faits, de les grossir, en leur prêtant une consistance qu'ils n'ont pas dans la réalité. Il va de soi que le langage dont nous nous servons ne peut exprimer qu'avec quelque infidélité des phénomènes à peine ébauchés encore, des conceptions qui tiennent du rêve plus

(1) Mlle Frédérika Bremer, *le Foyer domestique,* traduit du suédois, Paris, Garnier, 1853.

(2) M. Legouvé, *Fleurs d'hiver, Fruits d'hiver*, 1890, p. 14.

que de la conscience, et qui, dans l'âme de l'enfant, ne prennent pas une forme assez définie, assez précise, pour aboutir, dans sa bouche, à une expression verbale. Enfermer dans des catégories les mouvements flottants, incertains, inconsistants, de la sensibilité enfantine, c'est vouloir, pour ainsi dire, peser le vent qui passe, serrer dans sa main la fumée qui s'envole. La genèse, l'organisation du sens moral suppose une multitude de progrès imperceptibles, de petites nuances cachées, vapeurs légères qui ne se condensent que peu à peu : toute une série de dessous obscurs, mystérieux, qui ne se révèlent au dehors que par de rapides et fugitives lueurs.

Au moment où nous sommes arrivé, la moralité de l'enfant est toute personnelle : je veux dire que l'enfant ne conçoit que par rapport à lui le peu qu'il a déjà entrevu du monde moral. C'est de lui seul encore qu'il est capable de dire, lorsqu'il saura parler : « Bébé est un bon petit garçon », ou, selon le cas, « Bébé est vilain ». N'ayant aucune idée, aucune expérience de la société, il n'imagine pas encore que d'autres que lui puissent être gouvernés, comme il l'est lui-même, par la crainte et par l'affection, et, sous l'empire de ces sentiments, obéir à des impulsions actives vers le bien, premières images de l'obligation future et de la responsabilité individuelle.

Et, d'autre part, dans sa conception naïve de la règle, première esquisse de l'idée d'une loi morale, il ne considère que la volonté réelle et vivante de ses parents. C'est à la lettre qu'il identifie la règle avec leurs personnes, ou tout au moins avec l'une d'elles, la plus redoutée ou la plus aimée, celle dont l'autorité est le mieux établie ou la tendresse le plus appréciée. Ce n'est pas au figuré seulement qu'on peut dire d'un enfant sensible, qui obéit à son père ou à sa mère : « Sa conscience, c'est lui, ou c'est elle ! » Dans son imagination, la loi n'est pas distincte de la personne même qui la représente et qui l'applique. Et cette illusion sincère et complète n'étonnera personne, si l'on veut bien réfléchir que, par une confusion analogue, pour beaucoup d'intelligences même parvenues à la maturité de leur raison, le bien, c'est Dieu, c'est la personne divine elle-même, c'est le père céleste. La moralité des âmes pieuses n'est souvent qu'obéissance et foi à un Être suprême, conçu comme toujours présent, qui lui aussi ordonne ou défend, récompense ou punit, qui lui aussi est un objet de crainte et d'amour.

C'est donc, je crois, aller un peu vite qu'affirmer, comme le fait

Mme Necker de Saussure, au début du chapitre intitulé *De la conscience avant quatre ans* : « A trois ans, l'enfant a une idée vive du bien et du mal, quoiqu'il ne l'exprime pas en termes généraux. Il reconnaît une loi commune à tous, une convention tacite qu'on doit respecter... » Et Mme Necker ajoute qu'il ne faut pour cela qu'une seule condition : c'est « que son attention soit excitée ». Ce qui revient à dire qu'il suffirait à l'enfant de rentrer en lui-même d'être de sang-froid, de dominer les mauvais sentiments qui l'entraînent, pour entendre déjà dans son cœur la voix de la conscience et pour se prononcer en connaissance de cause sur le bien et sur le mal.

Non, ce n'est pas d'une sorte d'inspiration, d'illumination intérieure, que procèdent les distinctions morales, comme se l'imaginent à tort les philosophes qui exagèrent la part de l'innéité, ou qui tout au moins n'avouent pas suffisamment combien l'excitation du dehors est nécessaire pour développer les dispositions innées. Pour que les premières lueurs s'éclairent tout à fait, pour que les impulsions originelles se consolident et se fortifient, pour que l'idée générale du bien et du mal se détache, par abstractions successives, des représentations concrètes et toutes personnelles, il faut que l'enfant traverse encore une série d'expériences, et que, provoquées par les circonstances, sa réflexion s'étende et sa sensibilité s'agrandisse (1).

Remarquons-le tout d'abord : si, une fois formée, la conscience morale devient le principe supérieur des actions vertueuses, une des sources de la moralité pratique, les actions vertueuses à leur tour peuvent être considérées comme une des origines de la conscience morale. Je veux dire que, par la pratique habituelle ou même accidentelle du bien, le sens moral se développe et s'épure. Il y a, entre les croyances morales et l'accomplissement du devoir, les mêmes relations qui existent, en général, entre la foi et l'ac-

(1) Il est évident que le bien n'est d'abord, dans la conscience, qu'une notion toute relative; les choses bonnes, aux yeux de l'enfant, sont les choses bonnes, relativement à son intérêt, à ses besoins, à ses affections. Le bien n'est que la suprême abstraction qui se dégagera lentement dans la conscience cultivée et développée. Combien on se trompe sur ce point! On dira, par exemple, avec M. F. Hément (*Entretiens sur la liberté de conscience*, p. 18) : « Avec l'éveil de la conscience, nous distinguons nos actions bonnes et mauvaises; les premières nous paraissent mériter des éloges, etc. » C'est renverser l'ordre des choses. C'est l'éloge au contraire qui est le point de départ; l'enfant s'habitue peu à peu à considérer comme bonnes celles de ses actions qui sont louées par ses parents.

tion. Ayez la foi, et vous agirez; mais il n'est pas moins vrai de dire : agissez, et, par l'effet de votre action, vous verrez s'accroître la foi que vous aviez déjà, et apparaître même celle que vous n'aviez pas. Même hommes faits, nous n'avons vraiment des idées morales une intuition claire, que lorsque les circonstances nous ont obligés à pratiquer quelques-uns des grands devoirs de la vie, les devoirs de la paternité, par exemple, ou ceux du patriotisme. Dans la sphère modeste de ses actions, à bien plus forte raison, l'enfant a besoin que le cours de sa petite existence ramène souvent l'obligation d'accomplir le bien, pour que l'idée du bien se fasse jour dans son intelligence. En le soumettant à la règle, vous n'obtenez pas seulement un gain immédiat de discipline extérieure, mais vous instituez, sans vous en douter, une série d'expériences de même nature, dont le retentissement enfonce à petits coups dans le cerveau de l'enfant la notion de ce qu'il doit faire, s'il veut mériter votre affection et vos éloges.

Cette notion est comme un point fixe autour duquel se grouperont, pour l'affermir et la déterminer peu à peu, les émotions et les réflexions ultérieures de l'enfant : ce sera d'abord le plaisir qu'il éprouvera à se sentir d'accord avec la volonté de ses parents; ce sera ensuite l'amour-propre, le désir d'être estimé et loué. Et si, par un élan spontané, il lui arrive de réaliser un acte de générosité, de libéralité, qui ne lui était pas commandé, mais dont il lit l'approbation dans les yeux de ses parents, la satisfaction de sa petite conscience s'exaltera et enflammera son désir de bien faire. Voyez Doddy, le fils de Darwin, le jour où à peine âgé de deux ans et trois mois, il donne à sa petite sœur son dernier morceau de pain d'épices; de quel air de triomphe il s'écrie : » Oh! Doddy bon, Doddy bon! »

La morale de l'intérêt, la morale du sentiment germaient déjà dans l'obéissance de l'enfant, attentif, par crainte ou par affection, à régler sa conduite. Mais pour que la notion de l'utile se précise, pour que le sentiment affectueux acquière plus de force, il est indispensable que l'enfant devenu plus réfléchi, vers trois ou quatre ans, se soit mieux rendu compte des conséquences de ses actions et des actions des autres; il est indispensable encore que les relations sociales, particulièrement les rapports journaliers avec d'autres enfants du même âge, aient ouvert à la sympathie de plus larges occasions de s'exercer. Assurément nous ne prétendons pas que, pour l'enfant isolé, qui n'a ni frère ni sœur, qui ne fréquente pas de camarades.

l'acquisition du sens moral soit chose impossible; mais elle sera certainement plus laborieuse et plus lente.

La vie sociale, sous ses formes enfantines, est en effet une école de moralité. En jouant librement avec ses compagnons d'âge, l'enfant va faire connaissance avec leurs qualités et leurs défauts, et expérimenter par lui-même les effets de leur bonté ou de leur méchanceté. Un grand progrès sera accompli, le jour où il ne dira plus seulement de lui-même : « Bébé, vilain ! »; mais où, parlant de son frère ou de sa sœur, il s'écriera avec conviction : « Paul, méchant ! » « Marthe, méchante! » et cela, non parce que Paul et Marthe auront désobéi à leurs parents, comme il leur désobéit lui aussi, mais parce que Paul lui aura donné un coup de poing qui lui a fait mal, parce que Marthe lui aura pris un gâteau ou un jouet dont la privation lui a été très sensible. Le profit sera le même, dans l'hypothèse inverse, s'il a affaire avec des camarades doux et généreux, qui lui rendent de petits services, qui partagent complaisamment avec lui tout ce qu'ils possèdent. Ce n'est pas seulement une disposition à la reconnaissance ou à la colère qui, selon le cas, s'implantera dans sa conscience ; ce sera aussi, pour peu que ces expériences se répètent fréquemment, une tendance à comprendre le rapport de dépendance qui relie les actions d'autrui à son propre bonheur, et par conséquent à apprécier par leurs effets, dans un sens tout utilitaire d'ailleurs, la méchanceté ou la bonté des autres.

Ces conceptions vagues deviendront plus nettes, lorsque victime des mauvais procédés de Paul, qui lui rend coup pour coup, objet des prévenances de Marthe, qu'il n'a jamais battue ni offensée, il commencera à saisir un autre rapport : celui qui fait dépendre en partie de sa conduite envers les autres leur conduite à son égard. Il ne faut pas à l'enfant un bien grand effort d'intelligence, pour qu'il s'inspire à sa manière des maximes de l'Évangile: « Fais à autrui, ne fais pas à autrui, etc.; » ayant appris à ses dépens qu'il doit donner l'exemple, s'il veut être payé de retour.

Mais en même temps qu'il renforce les tendances utilitaires de notre petit apprenti moraliste, le commerce qu'il entretient avec d'autres enfants ouvre des voies nouvelles à ses facultés affectives.

Ce n'est pas seulement quand il ressent pour son propre compte les effets de la brutalité de Paul, ou de l'humeur jalouse de Marthe, qu'il proteste et qu'il se fâche ; c'est aussi quand il voit exposé aux mêmes vexations tel ou tel de ses frères ou de ses camarades. Il se met à la place de celui qui est molesté ou dépouillé : il souffre avec lui. La sympathie l'émeut pour les souffrances d'autrui, comme l'égoïsme l'avait ému jusqu'ici pour les siennes. « Nous avons tous, disait Helvétius lui-même, deux sentiments qui sont les fondements de la société : la commisération et la justice. Qu'un enfant voie déchirer son semblable, il éprouvera des angoisses subites ; il les témoignera par ses cris et par ses larmes ; il secourra, s'il peut, ceux qui souffrent (1). »

C'est ainsi que la sensibilité de l'enfant s'étend et s'élargit, que la source des plaisirs et des peines, d'abord resserrée dans le cercle étroit des impressions égoïstes, reçoit de nouveaux affluents. Les idées et les sentiments de la conscience s'accroissent d'autant, et, de généralisation en généralisation, l'enfant se rapproche du terme de l'évolution morale. Il n'en est plus à s'inquiéter exclusivement de son propre bien-être : par une émotion généreuse, il participe aux afflictions des autres personnes, dans la mesure même de l'amour qu'il ressent pour elles. Et l'habitude de ces émotions engendrera peu à peu une impulsion, une tendance à éviter toute action méchante, non seulement parce qu'il s'exposerait à en pâtir lui-même par représailles, mais parce qu'elle causerait à autrui préjudice et douleur.

Nous voilà donc parvenus à un état complexe où se mêlent quelques-uns des éléments essentiels du sens moral ; et si nous voulions résumer les diverses étapes du chemin parcouru, en prêtant à l'enfant un langage précis dont il est encore incapable, nous dirions que successivement l'enfant s'est dit à lui-même :

« Si je fais ce qui m'est défendu, par exemple, si je bats mon peti frère, papa me grondera et me punira ; — cela fera de la peine à maman ; — mon petit frère me le rendra ; — je suis méchant, car je fais du mal à mon petit frère. »

Bien entendu, nous supposons qu'aucune cause extérieure de démoralisation précoce n'est venue altérer dans son principe l'épanouissement normal des facultés enfantines. Dans un grand nombre de cas, les mauvaises inclinations, l'instinct de la révolte, la sécheresse naturelle du cœur, la colère, l'orgueil pourront bien enrayer, retarder, l'évolution que nous avons décrite, mais elles n'empêche-

(1) HELVÉTIUS, *de l'Esprit*. Introduction, VI.

ront pas de se développer, un peu plus tôt, un plus tard, la force intérieure qui agit dans l'enfant (1).

V

Reste cependant le point capital. Nous n'avons assisté jusqu'ici qu'à un travail préparatoire : rien ne s'est encore montré qui révélât chez l'enfant l'idée d'une loi morale, existant par elle-même, le sentiment d'une obligation intérieure, la notion du devoir proprement dit, la vraie conscience, en un mot. Nous voyons bien que le fils de Tiedemann, toujours précoce, s'écriait à deux ans et demi, lorsqu'il croyait avoir fait quelque chose de bien : « Le monde dira, c'est un bon petit garçon ! » et qu'il cessait de faire des sottises, si on lui faisait remarquer que le voisin le regardait. Mais, quelque importante qu'elle soit, cette préoccupation de l'opinion, où il ne faut voir d'ailleurs qu'une extension nouvelle du désir originel d'être approuvé et loué par ses propres parents, cette soumission craintive au jugement d'autrui ne représente, en aucune façon, l'équivalent de ce jugement intérieur par lequel l'homme mûr prononce qu'une action est bonne en soi, et se sent obligé à l'accomplir. Comment s'opère, si tant est qu'elle s'opère en effet, cette crise décisive de l'évolution morale ? Comment aux mobiles intéressés, aux mouvements de sympathie que nous avons analysés, se substitue-t-elle enfin, cette idée pure et abstraite du bien, qui suscite dans chaque individu un juge intérieur ? Nous n'hésitons pas à répondre que c'est l'éducation, l'éducation seule, qui peut produire chez l'en-

(1) Une question très délicate est celle de savoir si la pudeur existe chez les tout petits enfants. « L'enfant, dit-on (*les Enfants criminels*, par M. Tomel et Rollet, 1892, p. 233), l'enfant, dans sa première enfance, n'est pas chaste, parce qu'il n'a aucune idée de pudeur... Ce n'est que peu à peu que naît le sentiment de la pudeur. » Sans vouloir approfondir la question, il nous paraît certain que, dans son ingénuité innocente, le petit enfant ne connaît ni la pudeur ni l'impudence. Sans doute il peut se rencontrer, par suite de perversions de nature, des enfants qui, de très bonne heure, témoignent d'une précocité malsaine. Mais en général le tout petit enfant est pur ; et quand il a un peu grandi, la pudeur apparaît d'elle-même par une sorte d'instinct secret, qui, on l'a constaté, subsiste même chez les enfants idiots. C'est profaner, ce nous semble, l'innocence naturelle de ces petits êtres tout vierges, que disserter, comme le fait bravement M. Perez, sur l'instinct sexuel chez l'enfant de deux à trois ans, ou que citer, comme se le permet Dupanloup, des médecins qui « auraient vu des nourrissons amoureux au berceau ».

fant, en aidant la nature, cette transformation définitive (1).

Assurément si on lui en laissait le temps, par l'énergie de ses propres réflexions, grâce à l'expérience prolongée de la vie, dans les épreuves et à l'école de la douleur, la conscience finirait bien par se former spontanément; elle n'aurait pas besoin de secours étranger pour porter à la longue tous ses fruits. Et il faut bien en effet que cette formation spontanée soit possible, puisque l'humanité est sortie de l'état sauvage, et que la morale s'est fondée! Mais ce n'est pas à l'enfant, si vous l'abandonnez à ses seules forces, que vous pouvez raisonnablement demander un pareil effort d'abstraction. Un pédagogue contemporain est allé jusqu'à écrire: « Il n'y a guère au fond de morale enfantine; la morale des enfants n'est autre que celle des grandes personnes, inculquée par celles-ci, pratiquée par ceux-là, dans la mesure de leurs forces, par intérêt, par sympathie, par obéissance, par amour-propre; jamais, pensons-nous, par le sentiment austère du seul devoir, dont nous les croyons absolument incapables (2). » Incapables par eux-mêmes, soit, mais l'éducation aidant, non. L'éducation peut hâter, accélérer la marche des idées, tout au moins initier l'enfant aux vérités de la conscience, et lui épargner en partie les lenteurs pénibles d'une élaboration exclusivement personnelle du sens moral. Sans doute on ne fera jamais la clarté complète dans la conscience d'un enfant; mais les leçons de la famille ou de l'école peuvent déposer de très bonne heure dans son âme, comme dans un terrain d'ailleurs bien préparé par la nature, les germes que développera l'éducation ultérieure. Et s'il est vrai, comme le pensait Quinet, qu'il n'y a rien de solide dans l'homme qui n'ait été préparé dans l'enfant, il est fort à souhaiter qu'il en soit ainsi et que nous ne nous trompions pas; que la moralité idéale puisse être doucement suggérée, insinuée, qu'elle soit enfin, non le fruit tardif de l'expérience, mais comme une émanation des consciences déjà formées et organisées, qui se transmettent, pour ainsi dire, à la conscience naissante.

Rappelons sur ce point l'avis de quelques éducateurs. Mme de Rémusat veut qu'au mot de la nécessité: « Il faut », on substitue le

(1) Telle est à peu près aussi l'opinion de M. Marion: « Quant au sentiment moral..., je n'ai constaté rien qui y ressemble chez le nourrisson. Le sentiment moral n'apparaîtra que beaucoup plus tard, en grande partie grâce à l'éducation. » (M. Marion, *les Mouvements de l'enfant*, *Revue scientifique*, t. LXV, p. 770.)

(2) M. Al. Martin, *l'Éducation du caractère*. Paris, 1887, p. 70.

plus tôt possible, pour gouverner l'enfant, le mot de l'obligation : « Vous devez (1). » Telle est aussi l'opinion de Mme Guizot, qui déclare avoir constaté, chez des enfants de six à sept ans, le pouvoir des idées morales (2). « Ne vois-je pas, dit-elle, des enfants, déjà sensibles au goût du bien, y trouver le motif et la récompense de leurs efforts ? Le zèle de Sophie s'animera pour une leçon, où elle ne peut trouver d'autre plaisir que celui de la bien faire ; et Louise saura aussi réprimer le désir de battre sa petite camarade qui lui renverse son château de cartes, contente de pouvoir me dire : « N'est-ce pas, ma-« man, que j'ai bien fait ? » Michelet, très affirmatif, comme toujours, va plus loin encore : « *Tu dois*, dit-il, est-ce une idée compliquée, qui demande explications ? Nullement. Dans le monde du travail, *sans éducation* et sans raisonnement, par une simple intuition, on apprend de bonne heure la notion du devoir (3). » Michelet oublie que dans « ce monde du travail » dont il parle, il admet par hypothèse l'existence d'habitudes régulières, d'exemples vertueux qui sont eux-mêmes une éducation et la meilleure de toutes.

Assurément les leçons peuvent avoir leur efficacité, pour peu qu'elles soient simples, appropriées à la petite expérience de l'enfant. Mais il faut craindre de mériter le reproche qu'un spirituel écrivain adressait tout dernièrement à l'enseignement des écoles primaires : « Les programmes officiels de morale sont superbes, disait-il ; mais c'est vouloir empêcher le petit Gustave de voler les pommes du verger voisin, en lui lisant la profession de foi du Vicaire savoyard ! » Non, nous ne lirons pas à l'enfant la profession de foi du Vicaire savoyard ; mais dans un langage moins solennel, nous appellerons son attention sur ce qu'il y a de commun dans la diversité des devoirs que nous l'habituerons à pratiquer. Nous soulignerons le plaisir ou le malaise qu'il éprouve déjà à faire le bien ou le mal. Nous lui ferons honneur de ses bonnes actions, et honte de ses fautes. Et tout en comptant un peu sur les exhortations et les discours, nous nous appuierons surtout sur l'action, sur l'exercice et sur l'exemple. C'est de la pratique individuelle des vertus que naît l'idée du bien, et de l'exercice de la liberté que sort l'idée de la responsabilité. C'est aussi en voyant tous ceux qui l'entourent se soumettre à une même règle, que l'enfant expérimente, pour ainsi

(1) Mme DE RÉMUSAT, *Essai sur l'éducation des femmes*, p. 111.
(2) Mme GUIZOT, *Lettres de famille*, etc., t. I, p. 103.
(3) MICHELET, *Nos fils*, p. 137.

dire, et saisit sur le fait, vivante et agissante, la loi morale universelle. Ce que Marc-Aurèle disait des différentes vertus : « Mon aïeul m'a appris la patience... A ma mère je dois la piété... A mon père, la modestie ! » cela n'est guère moins vrai de la conscience elle-même, qui est le principe des vertus particulières. C'est au contact de la conscience de leur père, de leur mère, ou de leur maître, que s'est développée de tout temps la conscience des enfants, quand ils ont été assez privilégiés pour n'avoir qu'à continuer dans leur éducation personnelle l'œuvre de leurs premières années.

Veut-on la contre-épreuve, c'est-à-dire des faits qui montrent qu'à l'absence d'éducation correspond la radicale impuissance du sens moral? Il suffit d'ouvrir les livres qui traitent de la criminalité chez les enfants. Ce n'est pas que nous confondions le sens moral et la moralité pratique; mais il est permis cependant de juger de l'arbre à ses fruits, et d'apprécier l'état d'une conscience morale d'après les actes extérieurs qui la manifestent. Eh bien! sur 9,906 enfants qui en 1875, étaient détenus dans les établissements pénitentiaires, 4,543 étaient orphelins d'un de leurs parents ou de tous les deux; 154 étaient élèves des hospices, c'est-à-dire qu'ils avaient été privés de toute éducation de famille; 1,518 étaient des enfants naturels, c'est-à-dire élevés dans un milieu de débauche; 1,615 étaient nés de parents ayant subi des condamnations, et par conséquent avaient reçu les leçons de l'immoralité (1). Que répondre à un criminel précoce qui déclare devant le jury : « Je n'ai jamais rencontré personne qui se soit intéressé à moi. Enfant, j'étais abandonné à tous les hasards; je me suis perdu »?

Il serait facile de multiplier les exemples de cette influence souveraine de l'éducation première sur la moralité ou l'immoralité des enfants. Mais cette puissance des excitations extérieures n'exclut nullement l'action de la nature; elle serait même incompréhensible sans elle. L'enfant ne serait pas aussi disposé qu'il l'est, dès les premiers jours de la vie, à se courber devant l'autorité paternelle, s'il ne soupçonnait pas déjà, par une sorte d'instinct secret, dans la volonté individuelle de ses parents la loi générale du devoir, s'il ne comprenait pas à demi que les ordres paternels et maternels se doublent, pour ainsi dire, d'une autorité morale. L'erreur de ceux qui contestent l'innéité relative ou l'hérédité de la conscience morale

(1) M. Othenin d'Haussonville, *l'Enfance à Paris*, 1879.

provient de ce qu'ils ne considèrent comme inné, comme œuvre propre de la nature, que ce qui apparaît dès les premières heures de la vie. Dira-t-on qu'il n'est pas naturel à la plante de fleurir, parce que les fleurs ne se montrent sur la tige qu'à un certain moment de son évolution! Dira-t-on que certaines formes de la folie, la manie du suicide, par exemple, ne sont pas héréditaires, parce que le germe morbide, après de longues années de vie latente, obscure, « larvée », comme disent les médecins, n'éclate chez les descendants qu'à un âge avancé, à quarante ou cinquante ans! De ce que certaines circonstances sont nécessaires pour la faire éclore, la conscience morale n'en est pas moins le propre de l'homme. Dans quelle mesure d'ailleurs la nature et l'éducation concourent chacune à l'organiser, c'est ce qu'il est peut-être impossible de dire avec précision; car dans cet échange perpétuel qui se fait entre le dedans et le dehors, on ne sait jamais au juste ce que l'enfant donne de lui-même et ce qu'il reçoit des autres.

Ce qui est certain du moins, c'est qu'aucun âge ne peut ni ne doit rester étranger à la culture morale. N'attendons même pas que la parole puisse nous servir d'instrument d'éducation; les actes valent encore mieux que la parole et peuvent la précéder. Assurément, il se rencontrera des railleurs pour trouver étrange que devant ce tout petit être, blanc et rose, qui fait à peine en trébuchant ses premiers pas dans la vie, qui n'est pas encore capable de marcher seul, qui ressemble à un joyau vivant suspendu au cou de sa mère, le philosophe ose soulever déjà les hautes questions du gouvernement de soi-même, de la conscience et de la moralité. Tous ceux pourtant qui savent combien est lente l'évolution des facultés, à quelles lointaines et insaisissables racines, jetées dans le passé de l'enfant, se rattachent les fleurs et les fruits de la maturité, se préoccuperont comme nous de ces premiers et obscurs tressaillements de la vie morale. Il n'est jamais trop matin pour mettre l'homme futur à l'école du devoir.

Le paradis perdu, c'est pour chacun de nous l'ensemble des impressions de la première enfance, les joies neuves et naïves des premières années. C'est là en effet que s'est jouée notre destinée; c'est là que s'est formé un foyer d'excitations bonnes, ou d'inspirations mauvaises, qui nous accompagneront pendant toute la durée de notre vie.

Et voilà pourquoi ce n'est pas un anachronisme de songer, dès le berceau, à la responsabilité, aux obligations morales qui pèseront un jour sur cette petite tête de l'enfant, toute souriante maintenant dans son innocence inconsciente, dont les idées et les sentiments ne sont guère que le reflet de ceux de ses parents; de même que sa joue gauche ou sa joue droite, quand il vient de téter, comme un côté de pêche doré par le soleil, reste quelques instants toute rouge, échauffée qu'elle est par le contact du sein maternel qui le nourrit et où il se blottissait tout à l'heure.

CHAPITRE XIV

LES DÉFAUTS ET LES QUALITÉS DES ENFANTS.

I. L'innocence originelle de l'enfant. — Optimistes et pessimistes. — Exagérations contraires. — Que le petit enfant ne met évidemment pas d'intention morale dans ses actions. — Qu'il n'a pas l'idée du mal, pas plus que l'idée du bien. — II. Les défauts de l'enfant. — Opinions diverses. — L'ignorance, l'imprévoyance explique la prétendue cruauté instinctive. — L'enfant est cartésien sans le savoir. — Le mensonge. — Que le mensonge n'est pas un vice héréditaire. — Analyse des causes du mensonge. — Mensonges apparents. — Le vrai mensonge naît de la crainte. — Prédisposition à la ruse. — Puissance de simulation observée chez les enfants plus âgés. — III. Y a-t-il un instinct du vol? — L'enfant gourmand. — La part des mauvais exemples dans la gourmandise. — Autres défauts de l'enfant. — Le défaut de réflexion, la légèreté en sont le plus souvent le principe. — IV. Qu'il y a des dispositions innées véritablement mauvaises. — La jalousie, la colère, par suite le besoin de faire du mal. — Instincts antisociaux. — Y a-t-il des criminels nés? — V. Les bonnes qualités de l'enfant. — Instinct de libéralité contre-balançant l'instinct d'avarice. — Sympathie et tendresse. — Attachements particuliers. — Sensibilité sociale. — Sentiment de justice. — Le remords et le repentir.

I

Les romanciers, les poètes et même les philosophes se plaisent à imaginer chez l'enfant un état de pureté parfaite, d'innocence originelle. « L'enfance, a écrit Edmond About, est une source échappée de la montagne : on l'agite sans la troubler, parce qu'elle est pure jusqu'au fond.... L'innocence des enfants est comme la neige sans tache de la Yungfrau, que nulle empreinte n'a souillée, pas même celle du pied d'un oiseau. » Bernardin de Saint-Pierre avait dit dans le même sens : « Ce sont les enfants qui éloignent la corruption des sociétés, en y apportant des âmes neuves et innocentes. Les générations nouvelles ressemblent aux rosées et aux pluies du ciel, qui rafraîchissent les eaux du fleuve ralenties dans leurs cours et prêtes à se corrompre. » Qui n'aimerait, si la raison nous y autorisait, à caresser ce doux rêve : une humanité qui, à chaque génération, dans des conditions entièrement nouvelles et, pour ainsi dire, inédites, recommencerait le cours de ses destinées, incessamment rajeunie et renouvelée par la venue au monde de ces âmes d'enfants toutes vierges, sans passé, pages blanches où l'éducation écrirait librement tout ce qu'elle voudrait? Il est vrai que l'hypothèse aurait son revers: n'héritant pas des défauts que nos parents nous transmettent avec la vie, nous ne profiterions pas, en revanche, de tout ce que le travail des générations antérieures nous lègue de germes féconds et de virtualités heureuses.

Mais à quoi bon insister sur les conséquences imaginaires d'une conception radicalement fausse, quoi qu'en pensent la plupart des mères qui, tout en berçant leur enfant, se complaisent tour à tour dans la même illusion? La première erreur est de croire que l'enfant soit un commencement absolu; une *table rase*, comme le supposent Coménius et Diesterweg, pour ne citer que ceux-là (1). Il est aujourd'hui surabondamment prouvé que, du fait de la nature ou de l'hérédité, chaque créature apporte avec elle en naissant ses dispositions et ses aptitudes. Son histoire est en partie écrite d'avance, non dans le livre mystérieux du destin, mais dans les annales de ses ancêtres. L'enfant ne part pas de rien pour arriver à tout. Il est comme une médaille, neuve sans doute, mais coulée dans un vieux moule ; et plus on l'observe, plus on y découvre et plus on y déchiffre des caractères, d'abord illisibles et obscurs, mais profondément inscrits et gravés.

Et quand on a écarté la chimère d'un état primitif indéterminé, indifférent, dépourvu de toute forme préétablie, quand on a démontré aux éducateurs et aux parents qu'ils ne travailleront pas dans le vide, mais qu'ils auront à compter avec toute sorte d'inclinations instinctives, il reste à leur prouver que ces inclinations ne sont pas toutes bonnes, qu'elles ne sont pas seulement les dons d'une fée bienveillante. Elles ne ressemblent que trop parfois aux inspirations d'un génie malfaisant; et, pour tout dire, l'enfant fait aussi naturel-

(1) Imbu des idées de Bacon, Coménius acceptait le *Nihil est intellectu quod non prius fuerit in sensu*, ce qui revient à dire que les acquisitions de l'expérience sont le principe de tout. Quant à Diesterweg, bien qu'il ait généralement peu de goût pour les généralisations philosophiques, et qu'il se soit contredit plus tard, il affirmait, en 1835, à la suite de son compatriote Beneke, « qu'il n'y a rien d'inné dans l'âme, à part un certain degré d'excitabilité, et un certain degré d'énergie et de vivacité, d'où dépend soit la perfection, soit la rapidité de la sensation ».

lement le bien que le mal. Les faits, pour peu qu'en les étudiant on donne congé aux illusions de l'amour paternel ou maternel, n'ont que trop facilement raison de ce qu'on appelle en Angleterre « le dogme de lord Palmerston », de ce que nous pourrions appeler en France le dogme de J.-J. Rousseau. Chez nous tous, tant que nous sommes, il y a un fonds de dispositions vicieuses, surexcitées chez quelques-uns par les mauvais antécédents de la race, mais chez tous plus ou moins apparentes, et qui opposent à l'effort de l'éducation la plus vigilante leur germe indéracinable de mal. De sorte qu'aux « adulateurs de l'enfance », à ceux qui disent, comme Rousseau : « Les premiers mouvements de la nature sont toujours droits », ou comme Mme Guizot : « Nul penchant n'est mauvais en soi », on peut répondre en invoquant les protestations contraires, — non moins fausses d'ailleurs dans leur exagération absolue, — qui de tout temps se sont élevées en sens inverse : « Nous naissons enfants de colère » (saint Paul) ; — « Tous naissent pour la damnation » (saint Augustin).

La vérité est entre les deux opinions extrêmes. Optimistes et pessimistes ont également tort. C'est en vain que Mme Guizot subtilise et, de raisonnement en raisonnement, aboutit, dans sa longue et laborieuse discussion, à cette étonnante conclusion : « Nous sommes mauvais en ce sens seulement que nous ne sommes pas bons. » En vérité il n'était pas nécessaire d'étaler un tel luxe d'argumentation pour conclure par un *truisme*... Il est déjà sophistique de prétendre que le mal n'a pas de réalité, pour cette raison subtile que le mal est seulement l'absence du bien. Essayez donc de consoler un borgne ou un manchot, en lui remontrant doctement qu'il n'est pas malheureux, puisque son malheur consiste simplement dans la privation d'un œil ou d'un bras! Mais de plus il est certain, comme les faits se chargeront de l'établir tout à l'heure, que plusieurs instincts de l'enfant sont positivement vicieux et qu'ils contiennent un germe effectif de mal. Et quand bien même on accorderait à Mme Guizot que le mal ne naît pas du penchant, qu'il résulte du dérèglement du penchant, il n'en resterait pas moins que cette tendance générale au dérèglement, qui, chez l'enfant comme chez l'homme, altère et corrompt même les inclinations naturellement bonnes, est par elle-même un instinct mauvais.

Ceci dit, il convient d'ajouter tout de suite que, dans la manifestation de ses instincts, quels qu'ils soient, dans les actes qu'il accomplit, l'enfant ne met pas d'intention morale. On peut contester que le « pur goût du mal » existe même chez l'adulte. A combien plus forte raison chez l'enfant! L'homme n'est pas naturellement un être moral : il ne le devient que peu à peu. De même que les bonnes actions de l'enfant ne témoignent jamais d'une vraie moralité, de même ses fautes, ses mutineries, ses sottises ne proviennent nullement d'une perversité intentionnelle. Dans le mal, comme dans le bien, il est inconscient. Et nous ne devons pas plus écouter Mme Necker de Saussure, quand elle prétend saisir chez une toute petite fille la mauvaise volonté qui fait le mal pour le mal, qu'il ne convient d'accepter le témoignage de Darwin, quand il croit reconnaître un commencement de repentir et de honte morale chez son petit voleur de sucre.

La petite fille, dont parle Mme Necker (1), aurait désobéi pour le plaisir de désobéir : « On voyait déjà en elle, à dix-huit mois, le double besoin d'observer la règle et de la braver. Restée seule avec sa mère, qui était retenue au lit par la maladie, elle entra un jour, sans le moindre motif, en révolte déclarée. Les robes, les chapeaux, les écrans, les petits ouvrages, tout ce qui lui tomba sous la main fut porté au milieu de la chambre sur le plancher; elle chantait et dansait autour du monceau avec des joies indicibles; le courroux assez réel de sa mère ne l'arrêtait point. *Elle avait bien l'idée du mal;* sa rougeur trahissait bien les reproches de sa conscience, mais le plaisir consistait à en étouffer la voix. »

Dans cette petite scène de famille, nous n'assistons, croyons-nous, qu'à une frénésie de mouvement, à une de ces crises auxquelles aboutit en s'exaltant le besoin d'activité qui est propre à l'enfant, nullement à une dépravation de la volonté, à une joie malicieuse de braver la règle et de secouer le joug. Tout au plus pourrait-on y voir l'explosion de l'instinct de l'indépendance, la satisfaction de montrer sa force, d'exercer sa liberté. Ce n'est pas de remords, c'est de plaisir, que rougit l'enfant qui donne carrière à sa pétulance, dans un véritable accès de folie passagère. Il fait le mal, sans que la volonté du mal entre pour rien dans sa conduite. La petite Macha, l'héroïne d'un conte de Tolstoï, qui, à trois ans, met le feu aux gerbes de la ferme et qui trépigne de joie devant l'incendie qu'elle a allumé, ne se doute évidemment pas des conséquences désastreuses de son action (2).

(1) Mme Necker de Saussure, livre III, ch. vi.

(2) Léon Tolstoï, *Pour les enfants*. Paris, 1888, p. 111. Notons d'ailleurs que la

II

Entrons maintenant dans le détail, et examinons tour à tour les défauts et les qualités de l'enfant ; les défauts d'abord.

On ne s'est pas contenté de dénoncer en termes généraux les mauvais instincts de l'enfance : on a dressé contre elle des actes d'accusation en règle. Dupanloup a même essayé une classification de ses défauts (1).

Il est bon néanmoins de le faire observer tout de suite : les réquisitoires dirigés contre l'enfant ne sont pas, tant s'en faut, aussi nourris que les panégyriques composés en son honneur. Est-ce la preuve que, dans la nature enfantine, le bien l'emporte décidément sur le mal? Ou bien les grâces du jeune âge lui ont-elles mérité l'indulgence de ses juges? Pour chaque père, pour chaque mère, il est généralement entendu, le cœur aveuglant la raison, que leurs propres enfants sont les plus aimables enfants du monde ! Et quoique nous soyons déjà plus disposés à voir les défauts des enfants des autres, même alors je ne sais quelle sympathie tendre et complaisante adoucit la sévérité de nos jugements.

Aussi voyez ce qui est arrivé à M. Émile Deschanel, dans l'ingénieuse anthologie qu'il a composée, il y a trente ans, sous ce titre : *Le bien et le mal qu'on a dit des enfants*. La première partie, le *Bien*, est très pleine; la seconde est d'un vide que l'auteur ne réussit pas à dissimuler. Entraîné par l'antithèse, et aussi par le souvenir d'un autre de ses écrits : *Le bien et le mal qu'on a dit des femmes*, où le chapitre du mal lui avait fourni une riche, très riche moisson de médisances, M. Deschanel a voulu mettre à contribution les ennemis de l'enfance. Mais à part les boutades de quelques esprits chagrins ou de quelques « célibataires inutiles », tels que Boileau et Chamfort, M. Deschanel n'a pas trouvé de quoi sérieusement remplir son cadre; si bien que, pour grossir son petit volume, il est réduit à reproduire les légendes des *Enfants terribles* de Gavarni, légendes qui montrent moins leur méchanceté que leur malice et leur esprit.

C'est un célibataire, La Bruyère, c'est un évêque, Dupanloup, qui ont le plus doctement établi le catalogue des défauts de l'enfant.

manie incendiaire, assez fréquente chez les enfants, est le plus souvent la conséquence de désordres cérébraux et de maladies épileptiques.

(1) DUPANLOUP, *l'Enfant*, 1874, ch. IX.

En une seule phrase, qui vise d'ailleurs, par-dessus la tête des enfants, l'humanité tout entière, l'auteur des *Caractères* trace un portrait peu flatté : « Les enfants, dit-il, sont hautains, dédaigneux, colères, envieux, curieux, intéressés, paresseux, volages, timides, intempérants, menteurs, dissimulés:... ils ne veulent pas souffrir de mal et aiment à en faire : ils sont déjà des hommes (1). » Dupanloup, lui, distingue trois sortes de défauts : les défauts corporels, les défauts intellectuels, et enfin les défauts moraux, les seuls dont nous ayons à nous occuper ici. « Dans cette famille pullulante de principes de péchés », l'auteur de l'*Enfant* établit toute une généalogie : il y a d'abord les défauts naturels, la dureté, par exemple, la brusquerie, l'humeur capricieuse, la mobilité, la dissipation, le bavardage, l'indiscrétion; une seconde catégorie comprend les défauts appelés, d'un nom bizarre, « surnaturels », sous prétexte qu' « ils sont surtout opposés aux vertus de la grâce et représentent dans l'homme un effet plus marqué de la perte de la justice originelle ». Ceux-ci ont pour principe la triple concupiscence : l'orgueil, la sensualité, et enfin la cupidité ou la curiosité, qui est la cupidité de savoir. L'orgueil lui-même est la source de quatre défauts principaux : l'esprit d'indocilité, l'esprit d'indépendance, l'esprit de contradiction, l'esprit de justification.

Nous n'avons cité qu'à titre de document cette esquisse plus théologique que philosophique, énumération un peu fantaisiste, où les choses sont vues de trop haut, à travers les préoccupations troublantes du péché originel, où la curiosité et l'instinct d'indépendance sont présentés comme des défauts, et où, d'autre part, sont omises les plus authentiques infirmités de l'âme de l'enfant, la jalousie, par exemple, et la colère.

Tout en reconnaissant que la nature a semé dans l'enfant l'ivraie à côté du bon grain, nous ne saurions admettre que le fond de toutes ses inclinations soit gâté. Combien plus équitable et plus exacte est la philosophie, d'inspiration plus humaine, qui au contraire cherche et réussit à prouver que, pour la plupart, les défauts de l'enfant proviennent, non d'une perversion originelle, mais des influences mauvaises d'une éducation mal conduite! C'est cette éducation qui, comme le dit Frœbel, « a détourné les facultés, les forces et les aspirations de l'enfant de leur voie naturelle et en a contrarié le plein

(1) La Bruyère, *Caractères*, chapitre *de l'Homme*.

épanouissement (1) ». Combien plus vraie aussi la méthode d'observation impartiale, que nous allons suivre, et qui explique un très grand nombre d'actions, en apparence mauvaises, non par une précocité vicieuse, mais par une insuffisance intellectuelle, par l'ignorance, par l'imprévoyance et l'irréflexion de l'enfant, qui ne peut encore calculer la véritable portée de tout ce qu'il fait! C'est de cette façon, par exemple, qu'on peut excuser les instincts de cruauté attribués à l'enfant.

« Cet âge est sans pitié », disait La Fontaine, qui assurément n'aimait pas les enfants autant qu'il aimait les bêtes. A en juger d'après les apparences, La Fontaine aurait raison. Mais la cruauté prétendue de l'enfant, quand il torture les animaux, n'est au fond que de l'ignorance (2). L'enfant est un cartésien sans le savoir : il ne fait pas de différence entre son polichinelle et son chien. Si la doctrine de l'automatisme des bêtes n'avait pas eu l'heureuse fortune de traverser un jour le cerveau d'un grand philosophe, elle trouverait du moins de perpétuels adhérents chez tous ces petits bourreaux de deux ou trois ans, qui ne martyrisent leurs animaux favoris que parce qu'ils ne savent pas qu'ils leur font du mal.

Du jour où il se doute que, en déplumant un oiseau ou en tirant la patte à un chat, il leur cause des souffrances analogues à celles qu'il ressent lui-même quand on le maltraite, l'enfant généralement ne continue pas son jeu cruel. S'il s'obstine, malgré les cris de l'animal souffrant, c'est que sa curiosité est la plus forte (3).

M. André Theuriet raconte, dans ses souvenirs de jeunesse, que, à l'âge de quatre ans, il lui prit fantaisie de s'emparer de quatre chiens nouveau-nés et de les porter, « pour voir », dans le bassin du jardin. « Quand je les vis, dit-il, nager misérablement et se débattre dans l'eau, j'eus conscience de ma scélératesse; ma sensi-

(1) Froebel, *l'Éducation de l'homme*, traduction française, 1881, p. 93.

(2) Il faut bien reconnaître que, dans certaines natures perverties de bonne heure, la cruauté consciente apparaît. On a raconté l'histoire d'une petite fille qui collaborait avec ses parents pour martyriser son petit frère. Elle plaçait entre ses dents une épingle, dissimulée sous ses lèvres, puis invitait l'enfant à venir l'embrasser; celui-ci confiant approchait, et l'épingle lui entrait dans la chair vive. Mais ici, comme dans les cas semblables, il s'agit d'enfants déjà relativement grands et que l'exemple et l'éducation ont viciés.

(3) Mme Necker de Saussure nous paraît forcer la note pessimiste, quand elle prétend que, pour l'enfant qui fait souffrir un animal, « le piquant du divertissement, c'est de braver l'émotion qu'il éprouve, c'est de s'endurcir contre la pitié et d'avoir la force d'être cruel ». (*Éducation progressive*, livre III, ch. vi.)

bilité s'éveilla, et je voulus repêcher les naufragés. Et comme je ne pus y réussir, je m'enfuis, plein de terreur, en songeant, en mon âme de quatre ans, que l'enfer, dont ma mère m'avait souvent parlé, était destiné à punir de pareils méfaits. »

La conduite de l'enfant, quand il brutalise les animaux, procède donc des mêmes besoins qui lui font éventrer ses chevaux en carton, défoncer ses tambours : d'une avidité de tout connaître, et aussi d'une impérieuse tendance à agir, qui s'exerce étourdiment. Frœbel nous parle d'un enfant qui n'avait pas assez de soins pour les pigeons qu'il élevait; ce qui ne l'empêcha pas un jour d'en viser un et de l'atteindre d'un coup de pierre qui le tua. Curiosité, besoin d'action et ignorance, voilà qui suffit à expliquer et à justifier la plupart des méfaits qu'on met au compte de la barbarie de l'enfant.

Il est plus difficile d'analyser les causes multiples qui font du mensonge un défaut si général chez les enfants, au point que Montaigne a pu dire : « La menterie croît quand et quand eux. »

Au risque de paraître verser dans les illusions de l'optimisme, nous n'hésiterons pas à affirmer que le mensonge n'est pas, comme le prétendent certains observateurs de l'enfance, un « vice héréditaire », ni un vice presque universel. L'enfant qui n'a pas subi de mauvaises influences, que l'exemple n'a pas vicié, qu'une discipline de répression et de contrainte n'a pas réduit à chercher un refuge dans la dissimulation, l'enfant est généralement la franchise, la sincérité même. Tout ce qu'il a sur le cœur, il le dit; il le dit trop, au gré de certains parents. On connaît les indiscrétions des « enfants terribles »; ils le sont tous, plus ou moins. Ils disent tout: ce qu'ils ont fait, ce qu'ont fait les autres. Et le vilain défaut de « rapporteur » n'a pas d'autre origine le plus souvent que ce besoin de tout dire. « Mon gamin, écrit Guyau, vient toujours me raconter, soit en se vantant, soit parfois d'un air contrit, les sottises de sa journée. » J'ai observé moi-même un enfant de sept ans qui n'avait jamais menti, et qui venait m'avouer sa faute, avant que je l'eusse découverte, me disant d'un air tremblant et penaud : « Je crois, papa, que tu vas me punir; j'ai fait ceci et cela! »

Il est vrai que l'enfant ne se contente pas de répéter ce qu'il a vu, ce qu'il a entendu. Il invente aussi; mais cette invention n'est qu'un jeu, un travestissement innocent de la vérité. Dans le premier éveil de son imagination, il se complaît dans la fiction, et il joue avec les mots, comme il joue avec le sable, avec des morceaux de bois; il fait des phrases, sans souci du réel, de la même manière qu'il construit des maisons, des châteaux imaginaires. Guyau rapporte encore de son enfant ce trait : « Tout à l'heure il se disait à lui-même tout haut : Papa parle mal, il a dit *sevette*; bébé parle bien, il dit *serviette*; » c'était naturellement le contraire de la vérité. Une petite fille de deux ans et demi articulait, avec les intonations d'une vraie phrase, une assez longue série de sons, dépourvus de toute espèce de sens; elle concluait drôlement en disant : « C'est ça que tu ne comprends pas, papa! » Elle ne se comprenait pas elle-même; elle n'attachait aucune signification aux mots qu'elle enfilait au hasard; elle jouait. C'est à peu près le même mobile, en y ajoutant en plus le désir de faire sensation, qui inspirait à Darwin encore enfant les mensonges habituels dont il s'accuse dans ses *Mémoires* : « Un jour, raconte-t-il, je cueillis une grande quantité de fruit rares sur les arbres du jardin; je les cachai dans le verger; et je courus, sans reprendre haleine, annoncer la nouvelle que j'avais découvert une cachette de fruits volés (1). »

Le vrai mensonge, le mensonge moral, celui qui suppose l'intention de tromper, ne naît guère que de la crainte. Traité avec douceur, l'enfant reste confiant et sincère; terrifié par nos sévérités, il dissimule et il ment. « Qui donc a brisé ce meuble? » crions-nous avec colère. Le petit coupable tout effrayé répond : « Ce n'est pas moi ! » Il faut, disait miss Edgeworth, prendre son parti d'un verre cassé, plutôt que de mettre à l'épreuve la sincérité de l'enfant. Et comme malheureusement ce conseil n'est guère suivi, comme trop de parents grondent sans cesse, à tort ou à travers, l'enfant couvre sa faiblesse du mensonge, comme d'un bouclier.

Faisons aussi la part de l'imitation. Prompt à saisir tout ce qui se passe autour de lui, l'enfant ne tarde pas à s'apercevoir que la vérité n'est pas toujours respectée dans les conversations de ses parents, ni dans les propos des domestiques. Ne serait-ce que le mensonge banal, entendu chaque jour près de la porte : « Madame est sortie! » -- cela suffirait pour lui désapprendre sa sincérité naturelle.

Il n'y a donc pas de tendance héréditaire au mensonge, quoi qu'en dise M. Perez (2), qui prétend qu'on « peut noter dès le berceau, du moins chez quelques enfants, les signes d'une disposition innée à la concentration, à la dissimulation, à la ruse ». Outre

(1) *Vie et correspondance* de Ch. Darwin, t. I, p. 33.
(2) Perez, *l'Éducation dès le berceau*, 2e édition, p. 219.

qu'il ne nous a jamais été donné de rencontrer ces petits hypocrites au maillot, qui mentiraient, en quelque sorte, avant même de savoir parler, nous pensons, si toutefois ils existent, que la tendance générale à dissimuler, à ruser, ne saurait être chez eux qu'une disposition acquise. La nature et l'hérédité font des enfants plus paresseux, plus rebelles; les circonstances placent à côté d'eux des parents plus maladroits, plus violents; et alors, plus portés par leur tempérament à commettre des fautes que d'autre part accompagne une répression plus sévère, les enfants sont plus souvent entraînés à mentir, plus disposés à se faire du mensonge une habitude.

Ne disconvenons pas néanmoins que, chez l'enfant, comme chez la femme, la finesse naturelle, jointe à la faiblesse, est une prédisposition aux petites ruses, aux petits artifices; témoin, par exemple, cette enfant qui, ayant dit à sa mère dans un moment d'humeur : « Vilaine »! se reprend, après un silence significatif, et se corrige timidement : « Poupée, vilaine! » La même petite fille, observée par M. L. Ferri, imaginait de paraître éprouver un besoin qu'elle n'éprouvait pas, afin d'obtenir qu'on la descendît de table et de pouvoir courir à ses plaisirs.

L'enfant ne naît pas menteur : il le devient, avec gaucherie d'ailleurs; le plus souvent il est prompt à retirer son premier mensonge, sauf à en inventer un autre, puis un autre encore, finissant, de contradiction en contradiction, par avouer la vérité. Comme l'a dit Ratisbonne :

> . . . L'enfant vaut mieux que l'homme :
> Il sait déjà mentir, mais non dissimuler (1)!...

Mais, dira-t-on, comment concilier tout cela avec les renseignements navrants que nous fournit la médecine légale, quand elle nous montre les enfants devant la justice, accusés ou témoins, imaginant avec une facilité extraordinaire, et soutenant avec une obstination désolante toute sorte d'histoires fausses, de détails aussi controuvés que précis, soit pour s'excuser eux-mêmes, soit

(1) Conf. Herbart (d'après l'ouvrage de M. Dereux, *la Psychologie appliquée à l'éducation*) : « Qu'on regarde les enfants, surtout dans leurs premières années, alors que la domination d'un égoïsme déterminé n'a pu encore s'organiser chez eux. C'est l'âge où ils ne savent aucunement dissimuler; leurs paroles et leurs actes sont l'expression immédiate de leur imagination. »

pour charger autrui. Il faut bien l'avouer, il se rencontre parfois chez les enfants une puissance de simulation incroyable; mais seulement chez les enfants de dix, de quinze ans, qui ont déjà été gâtés par des contacts malsains, qui ont appris, à la triste école de la misère, que la fourberie et la tromperie sont des armes dans la lutte pour l'existence, et qu'elles ne peuvent être utiles que si on sait les manier avec aplomb, avec crânerie De là leur ténacité dans le mensonge, qui bien souvent d'ailleurs n'est qu'une leçon qu'on leur a apprise. Parfois, il leur arrive de finir par croire eux-mêmes aux fables qu'ils débitent. Dans d'autres cas, la gloriole de jouer un rôle les maintient dans leur imperturbable assurance. Mais ce sont là vices de « gavroches », de gamins pervertis; tout au plus vices de famille, qui ne se développent que dans des milieux appropriés, en confraternité avec d'autres vices, et que la nature épargne en général aux enfants bien nés, et en tout cas aux petits enfants.

III

Revenons aux défauts de la première enfance. On insinue volontiers qu'elle a l'instinct du vol. Sans doute des hérédités particulières, exceptionnelles, dans le monde civilisé, — des habitudes de race, chez les peuples sauvages, — ailleurs, une éducation spéciale, comme à Sparte ou dans la Cour des Miracles, peuvent faire des voleurs précoces. Mais ce serait calomnier l'enfance que de vouloir généraliser. Tout ce qu'on peut dire, pour être juste, c'est que l'enfant n'a pas, instinctivement, l'idée de la propriété d'autrui. Faut-il en être surpris? Il est si difficile de définir la propriété qu'on peut bien pardonner à l'enfant de n'en avoir pas, à trois ou quatre ans, une notion très ferme. Il n'a pas encore étudié le code. Il ne rencontre pas toujours un jardinier Robert qui lui explique, comme Rousseau l'a fait à Émile, les origines de la propriété. A deux ans, le fils de Tiedemann n'admettait pas que sa sœur s'assît sur sa chaise à lui, qu'elle mît un de ses vêtements : il appelait tout cela ses *affaires*. Mais en revanche, il n'avait aucun scrupule à prendre les affaires de sa sœur. M. Legouvé a spirituellement résumé la question, lorsqu'il a dit : « L'enfant n'a pas l'instinct du vol; mais il lui manque l'instinct de la propriété d'autrui ».

C'est l'ignorance encore, c'est l'imprudence des enfants et aussi celle des parents qui engendrent une des rares passions de l'enfance, la gourmandise. Nous ne dirons pas, pour l'excuser, qu'elle est signe de santé; nous ne serons pas d'accord avec M. Herbert Spencer, pour croire que les appétits de l'enfant sont infaillibles, qu'il ne se gorge de sucre que parce que le sucre est un aliment qui lui convient, que, livré à lui-même, il ne se donnera jamais d'indigestion, que son intempérance n'est qu'une revanche contre d'injustes privations. Non, il faut bien reconnaître qu'il y a, chez l'enfant, des appétits désordonnés, aussi bien que des répulsions inexplicables. Si on ne l'arrête, il dépassera de beaucoup, pour un plat favori, pour une boisson préférée, les limites de la faim et de la soif. Et quoi qu'on fasse, il refusera, avec une répugnance qu'il est impossible de vaincre, des mets qu'un peu plus tard il aimera beaucoup. La première scène un peu vive que je me rappelle avoir eue avec un de mes fils éclata, à la saison des primeurs, à propos d'un plat de petits pois dont il ne voulait pas manger : supplications, menaces, le cabinet noir; rien n'y fit. Il fallut, de guerre lasse, céder à l'insurmontable dégoût de l'enfant. On a plus facilement raison des goûts immodérés. D'abord l'expérience enseigne vite à l'enfant quels inconvénients il peut y avoir à manger trop de gâteaux, trop de fruits, à satisfaire sans mesure sa gourmandise. Cette gourmandise en elle-même n'a, d'ailleurs, rien de vicieux : comment, en effet, en vouloir à l'enfant de rechercher avec avidité ce qui lui procure une sensation agréable? De plus, c'est trop souvent notre propre intempérance qui sert d'exemple à celle des enfants. Que fait le petit gourmand, sinon désirer avec excès sa part des friandises qui chargent la table de ses parents? Pour juger la vraie nature de l'enfant, avant que la faiblesse maternelle ou le mauvais exemple ne l'ait altérée, il faut le prendre à la mamelle; et quiconque a vu allaiter un enfant sait bien qu'une fois rassasié il s'arrête de lui-même; il joue sur les genoux de sa mère; il rapproche en souriant ses petites lèvres de la source d'abondance encore ouverte devant lui ; il reprend. il lâche tour à tour le sein maternel, mais il ne le presse plus, dès qu'il a été suffisamment nourri.

C'est aussi la maladresse des parents qui est la principale instigatrice de la vanité puérile. « Toute espèce de flatterie, disait avec raison Goldsmith, doit être scrupuleusement bannie. L'enfant auquel un joli mot échappe par hasard, se voit en général si fort applaudi que souvent il en demeure fat le reste de ses jours (1). » On se rappelle l'histoire de cette petite fille qui, complimentée le matin par sa mère, pour un mot plus ou moins spirituel, disait le soir devant une visiteuse : « Maman, vous ne racontez donc pas à madame ce que j'ai dit ce matin? »

Que ne reproche-t-on pas encore à l'enfant? Sa mobilité inquiète? Mais quand un homme, même grave et réfléchi, arrive pour la première fois dans un pays inconnu, n'est-il pas lui-même troublé, agité? Et faut-il s'étonner que l'enfant, devant ce monde nouveau où il a quelque peine à se reconnaître, où tant d'objets divers sollicitent ses sens, promène étourdiment de tous côtés son attention naissante?...

Son indocilité? D'abord, elle n'est pas aussi générale, ni aussi précoce qu'on le dit; et s'il se rencontre des esprits rebelles et révoltés dès le berceau, est-on sûr qu'il n'y a pas eu de la part des parents, et dès la première heure, des actes ou des paroles qui ont suscité, par réaction, ces mouvements d'indiscipline? Tel qu'il se montre d'ordinaire, l'instinct d'indépendance de l'enfant n'est que la première manifestation nécessaire du caractère et de la volonté. Voudrait-on que la nature eût fait des âmes d'esclaves, où aucune velléité de résistance ne trahirait la liberté future?...

Son égoïsme? Mais il n'est, dans sa naïveté, que l'explosion excusable de cet amour de soi, dont aucun philosophe ne songe à contester la légitimité, puisqu'il est un des ressorts essentiels de la vie....

Bien conduites et tempérées d'ailleurs par les sentiments sympathiques, les inclinations personnelles de l'enfant seront plus tard des vertus, et s'appelleront, chez les hommes, courage, force d'âme, amour de la gloire. On ne trouve tant de défauts aux enfants, que parce qu'on veut les soumettre à une commune mesure avec les hommes, parce que, pour les juger, on applique, sans s'en douter, les mêmes règles que pour apprécier les mérites des adultes; parce qu'on oublie que leurs inclinations, même les plus mauvaises en apparence, sont les conditions naturelles de ce moment de transition, de cette crise qui s'appelle l'enfance; parce que, enfin, on ne songe pas assez à tout ce que le défaut de réflexion et l'inévitable légèreté du premier âge imposent de caractères particuliers à un petit être,

(1) Goldsmith, *Nouveaux essais d'éducation*, traduction Dammartin. Paris, 1805, p. 141.

qui n'est pas, comme on l'a dit à tort, un diminutif de l'homme, mais simplement une esquisse, une ébauche en voie d'organisation.

Voici un livre charmant, *les Bébés d'Helène*, qui a rendu célèbre son auteur, un Américain, M. John Habberton (1). On y a mis en scène deux enfants; on y raconte tout ce que peut suggérer de fantaisies, de drôleries, l'imagination inventive de deux petits diables, qui pendant quinze jours persécutent de leurs exigences et de leurs caprices un oncle complaisant et bon, à la garde duquel on les a confiés, qui se permettent enfin toutes les libertés, comme il convient à deux futurs citoyens de la libre Amérique. Et cependant la moralité qui se dégage de l'amusante histoire de ces deux enfants terribles et de leur victime, c'est, comme le fait remarquer le traducteur M. William Hughes, « le droit des bébés à l'indulgence »; c'est que, dans leurs propres mésaventures, comme dans les espiègleries qui font perdre la tête à leur tuteur, ils donnent des preuves d'étourderie et d'imprévoyance, beaucoup plus que de méchanceté.

IV

Quand on a fait aussi équitablement que possible la part des maladresses ou des vices de l'éducation, quand on a multiplié les circonstances atténuantes, pour réduire et adoucir la responsabilité qui revient à l'enfant, ou tout au moins à la nature de l'enfant, dans ses défauts, il n'en reste pas moins un fond mauvais qu'aucune indulgence ne peut couvrir, un résidu de dispositions innées qui ne se prêtent à aucune interprétation bienveillante. L'enfant n'est pas seulement perverti dans certains cas par le milieu social : il est naturellement pervers, ou si le mot parait trop gros, trop dur, il est tout au moins, dans sa nature mêlée, porté au mal comme au bien (2).

A vrai dire, c'est parce qu'il est déjà une petite personne très vivante, très ardente dans ses goûts, très sensible au plaisir, très rebelle à tout ce qui est sensation désagréable, que l'enfant est accessible aux petites passions dont nous avons maintenant à parler. Imaginez donc, s'il est possible, un être qui soit capable d'aimer,

(1) J. Habberton, *les Bébés d'Helène*, traduction libre de William J. Hughes. Paris, Hennuyer.

(2) « L'opinion générale que les enfants sont innocents, si elle est juste en ce qui concerne la connaissance du bien et du mal, est erronée pour ce qui est des mauvais instincts; une demi-heure passée avec les enfants suffit pour s'en convaincre, etc. » (Herbert Spencer, *Éducation intellectuelle*, etc., ch. III.)

d'éprouver du plaisir et de la peine, et qui ne s'impatiente pas, qui ne s'irrite pas contre les personnes ou les choses qui lui font du mal, qui le privent de ce qu'il aime ou lui imposent ce qui lui déplait. La raison peut-être fera ce miracle un jour chez l'homme réfléchi. Mais on n'est pas raisonnable à trois ans, à cinq ans! Ne demandez donc pas ce qui est impossible : que l'âme de l'enfant, où la sensibilité domine, où, comme disaient les philosophes grecs, l'ἐπιθύμησις, l'aveugle désir, n'est pas encore réglé par le νοῦς, par la raison, soit à l'abri de ces émotions, de ces emportements qui ne sont que les révoltes du désir contrarié. Les deux seules passions caractérisées qui existent chez l'enfant, la colère et la jalousie, sont bien de même nature : l'une qui éclate violemment au dehors, en cris, en gestes, en paroles, contre tout ce qui déplait ; l'autre qui est une colère sourde et qui se trahit par la tristesse ou la méchanceté du regard.

On a défini la jalousie, « le mauvais sentiment qu'on éprouve quand on n'obtient pas ou qu'on ne possède pas les avantages obtenus ou possédés par un autre ». Pour que ces avantages soient enviés, il faut naturellement qu'ils soient appréciés; et les jalousies de l'enfant sont enfermées dans le petit cercle des choses dont il sent le prix. Il ne sera point jaloux, parce que son frère a le nez mieux fait que le sien, ni parce que sa sœur est plus intelligente que lui : aucun souci ne lui est encore venu de se comparer aux autres pour ses qualités physiques ou morales. Mais il sera jaloux pour des jouets, pour des habits, pour des livres, pour tout ce qui lui procure un plaisir.

L'allaitement, qui est la première jouissance de l'enfant, sera la première occasion de sa jalousie. Saint Augustin l'avait déjà remarqué : « Les petits enfants, dit-il, sont innocents dans leur corps, à raison de leur faiblesse; ils ne le sont pas toujours dans leur âme. J'ai vu et observé un enfant malade de jalousie : il ne parlait pas encore, mais, tout pâle, il jetait des regards amers sur d'autres enfants qu'on allaitait avec lui. »

Plus tard, quand l'enfant aura pris goût aux caresses et à l'affection de ses parents, ce n'est point sans chagrin non plus qu'il lui faudra souffrir le partage avec d'autres. « En me voyant caresser une poupée, à l'âge de quinze mois et demi, mon fils, dit Darwin, manifesta clairement sa jalousie. » Cela sera surtout sensible, lorsque la présence d'un frère nouveau venu le réduira à n'avoir plus que la moitié des gâteries dont il avait joui seul jusque-là. Et si par une préférence injuste les parents favorisent un de leurs enfants, au détriment des autres, les petits sacrifiés en concevront un sentiment profond, non seulement de tristesse et de mélancolie qui pourra les conduire jusqu'au désespoir et au suicide, mais aussi d'envie et de haine contre les préférés.

La colère n'est souvent qu'une jalousie qui éclate, mais elle peut avoir d'autres causes; elle est une des premières et une des plus fréquentes manifestations de la sensibilité enfantine (1); elle se produit à propos de toute impression désagréable, de quelque nature qu'elle soit, non seulement contre les personnes, mais encore contre les choses et les objets inanimés. Un baby de deux ans s'irrite contre son polichinelle et le bat, tout comme il ferait avec son frère ou sa sœur.

C'est Darwin qui a le mieux étudié la colère chez l'enfant. Quelque disposé qu'il soit à en signaler l'apparition dès le plus bas âge, il nous avertit que quelques-uns des signes extérieurs de la colère, contraction du visage, froncement des sourcils, air général de mécontentement, facilement reconnaissables dès les premières semaines, peuvent n'être alors que l'expression d'un simple sentiment de souffrance. « Mais, lorsque mon fils eut près de quatre mois, ajoute-t-il, il devint évident, à la façon dont le sang lui montait au visage et lui faisait rougir jusqu'à la peau de la tête, qu'il se mettait facilement dans une violente colère. La moindre cause suffisait ; ainsi, un peu après sept mois, il se mit un jour à pousser des cris de rage, parce qu'un citron lui glissait entre les doigts, sans qu'il pût le saisir. » La colère a pour caractéristique qu'elle ne dépose pas seulement au fond de l'âme des sentiments de malveillance et d'hostilité ; elle excite à des actions extérieures; elle porte l'enfant, comme l'homme, plus encore que l'homme, à user de ses mains pour frapper, de ses dents pour mordre (2), à employer les premières armes venues.... « Quand les jeunes enfants sont en fureur, ils se roulent par terre sur

(1) « L'époque de l'apparition de la colère, dit le Dr Sikorski, n'est pas précisée d'une manière positive, quoiqu'on suppose généralement qu'elle se développe déjà pendant la première année de la vie; en tout cas, elle se montre certainement dans la deuxième année. »

(2) Darwin indique comme un des signes de la colère le fait de relever la lèvre supérieure et de découvrir la dent canine : « Un enfant bengalais, dit-il, qui était accusé d'un méfait, n'osait pas exhaler son courroux en paroles, mais il fronçait les sourcils et, par un mouvement particulier, il découvrait la canine du côté de l'accusateur. »

le dos et sur le ventre, criant, donnant des coups de pied, égratignant et frappant sur tout ce qui est à leur portée (1). » Ce n'est plus seulement de la colère, c'est de la rage, la rage qui est la colère de ceux qui sont faibles et impuissants, d'autant plus violente qu'elle est associée à moins de pouvoir (2).

Et cette offensive menaçante, que l'enfant, à mesure qu'il grandit, essaie de rendre plus terrible, il n'est pas douteux qu'elle ne dérive d'un secret besoin de nuire, de faire du mal aux personnes ou aux choses qui sont l'objet de sa colère. Besoin tout inconscient à l'origine, où l'intention méchante ne germe que peu à peu. C'est l'avis de Darwin : « A onze mois, lorsqu'on donnait à Doddy un jouet dont il ne voulait pas, il le repoussait et il le battait; je présume que cette dernière action était un signe instinctif, comme l'est le mouvement des mâchoires d'un jeune crocodile au sortir de l'œuf, et n'indiquait nullement que l'enfant crût pouvoir faire mal au jouet. » Mais un peu plus tôt, un peu plus tard, la pensée malfaisante apparaît; et il devient évident que la mimique expressive et active de l'enfant en colère n'est pas seulement la réminiscence affaiblie des actes de violence accomplis par ses ancêtres : elle est bel et bien l'indice d'une malveillance qui aboutit à la malfaisance.

Il est nécessaire de remarquer d'ailleurs que, sous le rapport des dispositions irascibles, comme en toutes choses, la différence est sensible d'individu à individu. Les enfants, croyons-nous, sont plus colères que les hommes; et cela, pour deux raisons, parce qu'ils sont plus faibles, et parce qu'ils sont moins raisonnables. La colère est la protestation de la faiblesse; elle est aussi une « courte folie ». Mais d'enfant à enfant, selon que le tempérament est plus ardent ou plus timide, il y a de notables inégalités dans la propension à la colère. Le sexe joue aussi un rôle. C'est une observation intéressante de Darwin, mais qui aurait besoin d'être contrôlée, que, chez les filles, les accès de colère ne semblent pas atteindre le même paroxysme que chez les garçons : « A deux ans et trois mois, Doddy avait pris l'habitude de jeter des livres, des bâtons ou d'autres objets, à la tête de quiconque lui avait déplu; et j'ai observé le même fait chez plu-

(1) Darwin, *l'Expression des émotions*, p. 262.

(2) Même pour la colère, il faut faire sa part à la mauvaise éducation : « Qui n'a vu cette bonne absurde qui répète tout le jour à l'enfant : « Donne un coup de pied à la vilaine table; frappe la méchante chaise, etc. » (Nicolay, *op. cit.*, p. 321.)

sieurs autres de mes fils. D'un autre côté, je n'ai jamais vu trace de pareille disposition chez mes filles. » Et Darwin conclut, non sans quelque bizarrerie : « Ceci me fait supposer que les garçons reçoivent de l'hérédité une tendance à jeter les objets. » Nous aimons mieux croire, à supposer que le fait soit général, qu'il s'explique tout simplement par la plus grande timidité des petites filles.

A vrai dire, ce sont les signes de la colère qui varient surtout : plus concentrée chez les uns, plus en dehors chez les autres, elle se manifeste chez tous. Et il ne faut pas s'en étonner, puisque, chez les hommes faits eux-mêmes, elle prend des physionomies très diverses : tantôt elle fait rougir, tantôt elle fait pâlir le visage; tantôt elle excite les mouvements, tantôt au contraire elle les paralyse. Et peut-être une psychologie profonde pourrait-elle montrer qu'à ces masques différents de la colère correspondent des degrés, des nuances distinctes d'un même sentiment, depuis la bouderie que l'enfant traduit par son air renfrogné et en faisant la moue, jusqu'à la fureur qui soulève et convulsionne tout son petit corps.

Quoi qu'il en soit, on ne saurait se dissimuler que, malgré sa candeur charmante, l'enfant nourrit de très bonne heure quelques-uns de ces sentiments mauvais que M. Bain appelle des « instincts antisociaux ». Il y a dans son cœur des semences de malignité, de haine, des penchants hostiles, un certain besoin de destructivité. Déranger, défaire, déchirer, écraser, tuer, ce sont ses joies quotidiennes. Mouvements passionnés et méchants, que ne peuvent effacer ni faire oublier les mouvements contraires de bonté et de sympathie, qui leur succèdent avec l'inconstance et la mobilité propres au premier âge. Parfois il semble que l'enfant prenne plaisir à taquiner, à tourmenter les autres. Il veut souvent les choses, moins pour les posséder, que pour ne pas les voir aux mains de ses frères ou de ses camarades. C'est en étudiant les inclinations morales de l'enfance qu'on se convainc surtout combien La Bruyère se trompait, quand il disait : « Le caractère de l'enfant paraît unique. » Non, ce ne sont pas seulement les progrès inégaux de la raison qui font la différence des caractères. Le contraste est dans la nature. Aucun enfant ne ressemble absolument aux autres enfants. Un même enfant ne se ressemble pas à lui-même, d'une heure à une autre. Fourier établissait nettement cette diversité des caractères, quand il divisait « les nourrissons et les poupons en trois classes : les bénins, les malins, et les diablotins ». Il était d'ailleurs si convaincu de la réalité des mauvais instincts propres aux malins et aux diablotins qu'il ne songeait pas à les combattre : il s'ingéniait seulement à utiliser dans le phalanstère ces deux catégories d'enfants, en les employant à des fonctions en rapport avec leurs goûts, par exemple à la destruction des reptiles.

Si dans la généralité des cas, même dans les conditions normales de la nature, nous constatons déjà un germe universel de méchanceté native, il se présente en outre, du fait de certaines hérédités, des dispositions plus caractérisées pour le mal. Caligula voyait sa petite fille occupée à tuer des mouches : « Elle me ressemble », disait-il, en souriant ! Il sera toujours difficile d'ailleurs, quand il s'agit de ces naturels particulièrement mauvais, mutins, impérieux, moqueurs, colères et cruels, de démêler ce qui revient à l'hérédité, et ce qui est le fait de l'éducation (1).

Les mauvais parents lèguent mystérieusement à leurs enfants leurs propres défauts : soit, mais ce qui est bien plus certain encore, c'est qu'ils les élèvent mal, c'est que, dès le berceau, ils leur ont donné précisément l'exemple des mêmes vices qu'ils leur avaient transmis, de sorte que l'immoralité précoce peut passer aussi bien pour une imitation que pour une influence héréditaire. Les seuls cas où l'action de l'hérédité soit réellement incontestable, sont ceux, trop nombreux, hélas ! où elle revêt un caractère morbide, pathologique, où une perversité de naissance résulte de vices d'organisation, d'une dégénérescence de race, qui a sa source dans les misères physiques et morales des parents, et qui se traduit par l'instinct du vol et du meurtre, par la manie incendiaire, par la folie du suicide. On soutient couramment la thèse qu'il y a des « voleurs-nés », des « assassins-nés », que certains enfants présentent dès leur naissance tous les caractères du « type criminel ». Sans vouloir aborder une question aussi délicate, et dont l'examen nous entraînerait bien loin, nous n'hésiterons pas à dire que les psychologues de cette école qui, à la suite de M. Lombroso, considèrent le criminel comme une variété humaine spéciale, comme un « produit héréditaire », nous paraissent exagérer les influences et l'action de l'hérédité. Les enfants criminels le deviennent surtout sous l'influence de l'éducation, ou plutôt de la non-éducation, et sont, comme on les a appelés, des « pro-

(1) Le Dr Sikorski a très justement observé que les enfants, même à l'époque initiale de leur existence, diffèrent notablement sous le rapport de la sensibilité. « Tandis que les uns, dit-il, sont endurants, patients, gardent leur bonne humeur d'autres sont au contraire impatients, irritables, pleurnicheurs, etc. »

duits sociologiques ». La famille, le milieu, les circonstances, voilà les véritables origines du crime. Un jeune assassin, dont on a beaucoup parlé il y a quelques années, Joseph Lepage, disait : « Si ma mère avait vécu, je n'aurais pas agi ainsi (1). »

V

Hâtons-nous de tourner la page, et au tableau des défauts de l'enfant opposons celui de ses bonnes qualités. Si l'on ne peut saisir dans la conscience enfantine la notion abstraite du devoir, rien de ce qui constitue la moralité proprement dite, du moins, y trouvons-nous les sentiments naturels qui devancent les devoirs et qui préparent les vertus. Presque toujours à côté des mauvaises inclinations croissent les bonnes, qui corrigeront et étoufferont les premières, pour peu que l'éducation aide la nature. « Dans le cœur de l'enfant, dit un disciple de Pestalozzi, les bons et les mauvais instincts sont déjà éveillés, et se disputent la direction de la vie. Ceux qui trouveront le plus d'occasions de s'exercer auront aussi le développement le plus rapide, la plus grande puissance, et domineront le caractère de l'enfant (2). »

Il n'est pas rare de voir des enfants avares, qui serrent sou sur sou, qui surveillent avec un soin jaloux tout ce qu'ils considèrent comme leur appartenant en propre. Mais en revanche la libéralité, la générosité de certains enfants est chose connue. « Petrœa, une des petites filles dont l'aimable écrivain suédois, Mlle Fredérika Bremer, nous a tracé le portrait, Petrœa est bonne; donner, c'est sa vie ! » Il en coûtera d'ailleurs plus à l'enfant de partager son gâteau, de céder ses jouets, que de faire l'aumône avec l'argent dont il ne sait pas encore la valeur. Peut-être donnera-t-il plus volontiers à ceux dont il attend un juste retour, à sa mère par exemple, qui ne reçoit d'une main que pour rendre de l'autre. Il offre parfois avec l'espoir qu'on refusera, et un La Rochefoucauld de l'enfance a imaginé la petite scène suivante, qui se renouvelle souvent dans la réalité :

« Veux-tu de mon gâteau, Louise? — Non, mignonne,
Garde-le : Tu l'entends, maman, comme elle est bonne ! »

(1) Voyez, sur ce sujet, un livre récent, *les Enfants en prison*, par MM. Tomel et Rollet. Paris, Plon, 1892.

(2) M. de Guimps, *le Livre des mères*, p. 28.

Aline était ravie et se disait tout bas :
« C'est un plaisir d'offrir, quand on n'accepte pas ! »
Et de sa sœur aînée allant à la cadette :
« Et toi, dis, en veux-tu, de ma brioche, Odette ?
— Si tu veux. » — Mais alors, retirant son gâteau :
« Ah ! te voilà bien, toi ! Fi donc, ce n'est pas beau !
Louise, *au moins*, elle refuse (1) ! »

Il n'en est pas moins vrai qu'un certain goût de bienfaisance, qui n'est qu'une sympathie active, doit être compté au nombre des instincts familiers aux enfants, aussi bien que la sympathie elle-même, dont ils donnent de si bonne heure tant de preuves charmantes.

Cette sympathie, ils l'étendent à toutes choses : aux objets inanimés, aux animaux, aussi bien qu'aux personnes humaines. Edgar Quinet se rappelait que, vers trois ans, il jouait avec un affreux poupart, rembourré de son, en carrick à galons d'argent, qu'il mettait cent fois au-dessus de tout ce que Paris offrait de spectacles à ses yeux (2). Qui pourrait contester les trésors de tendresse que tient en réserve le cœur des enfants, quand on les a vus caresser leurs poupées, s'attendrir pour un moineau perdu ! Et qu'on ne dise pas que cette sensibilité est toujours superficielle, à fleur de peau ! Dans leurs premières déceptions de cœur, les enfants se montrent souvent inconsolables : « Mon premier chagrin, raconte encore Quinet, date de ma deuxième année. Ma bonne Catherine se fiança. Je l'adorais. Mes cris, mon désespoir ne purent la retenir, ni même obtenir un sursis. Elle se maria et me quitta ; je faillis en mourir.... Les jours, les mois se passèrent ; ma désolation ne faisait qu'augmenter (3)... »

Les exemples de ces attachements particuliers, de ces *affections électives*, sont fréquents chez les enfants. Ce qui ne l'est pas moins, c'est une sympathie diffuse, presque banale, pour tous ceux que les relations quotidiennes leur ont rendus familiers. « On m'a conté, dit Pierre Loti, qu'étant tout petit je ne laissais jamais sortir de la maison aucune personne de la famille, même pour la moindre course ou visite, sans m'être assuré que son intention était bien de revenir :

(1) Louis Ratisbonne, *les Petits hommes*. Conférez ce mot d'enfant qui dit à sa sœur, à propos de son mouton : « J'aurais bien voulu te le donner, mais tu sais, je ne peux pas : il est à moi ! »

(2) Edgar Quinet, *Histoire de mes idées*, p. 21.

(3) Id., *op. cit.*, p. 19.

« Tu reviendras, dis? » était une question que j'avais coutume de poser anxieusement, après avoir suivi jusqu'à la porte ceux qui s'en allaient (1). » Il y avait là comme un cri touchant de détresse, jeté à ceux qui partaient, et dont on ne voulait pas être séparé pour toujours.

Mais la sensibilité enfantine déborde parfois le cercle de la famille. Elle éclate à l'improviste, en présence des souffrances, des dangers supposés ou réels auxquels est exposée même une personne inconnue. Un écrivain russe, Mme Manacéïne, l'auteur d'un ouvrage remarquable sur le *Surmenage mental*, raconte le fait suivant, dont elle a été témoin au jardin zoologique de Saint-Pétersbourg : « Un grand nombre de personnes assistaient tranquillement à différents tours exécutés par un éléphant, et notamment à une scène où, le gardien se couchant par terre, l'éléphant se mettait à marcher sur lui. Il n'y eut qu'une petite fille de deux ans, assise sur les bras de sa bonne, qui se prit à pleurer très fort et qui protesta par ses gestes et par son langage d'enfant contre la promenade de l'éléphant pardessus le corps de l'homme couché. On s'efforça de la tranquilliser, mais malgré les paroles rassurantes du gardien, malgré la bonne qui se sentait positivement scandalisée par une conduite aussi indécente, l'enfant ne voulut rien entendre et ne s'apaisa qu'au moment où le gardien se mit debout et obligea l'éléphant à sonner la clochette (2)..... »

Ce n'est point forcer les choses que de voir dans cet effroi, dans cette émotion d'une fillette de deux ans, l'éveil du sentiment le plus large de la solidarité humaine. Sans doute on dira que, devant ce spectacle insolite, l'enfant surprise avait peur. Mais avoir peur pour les autres, n'est-ce pas le fond de l'amour?

Nous n'insisterons pas ici sur les autres formes, sur les formes usuelles, pour ainsi dire, de la sympathie puérile : l'amour filial, l'amour fraternel. Pour n'être pas sceptique sur ce point, il suffit de considérer l'enfant au moment où il regarde sa mère, sa sœur, avec une physionomie souriante et gracieuse, toute empreinte de confiance, d'abandon et de tendresse.

(1) Pierre Loti, *le Roman d'un enfant*, 1890, p. 8.

(2) Mme Manacéïne, *le Surmenage mental*, p. 248. Paris, Masson, 1890. — Galton, le philosophe anglais, constate de même l'émotion que les enfants témoignent dans les jardins zoologiques de Londres, au moment du repas des serpents auxquels on donne à manger des animaux vivants, et cela pendant que les adultes restent impassibles.

Une inclination moins naturelle, mais dont il n'est pas impossible pourtant d'apercevoir les premiers indices dès un âge très tendre, c'est le sentiment de la justice (1). J'ai toujours été frappé de l'énergie qu'un de mes fils mettait à solliciter pour lui-même le traitement qui était fait à son frère, le traitement du frère le plus favorisé, s'il s'agissait d'une chose agréable, d'une distribution de friandises, par exemple, et par contre à réclamer pour son frère une part égale dans les obligations pénibles qui lui étaient imposées à lui-même. Voyez les enfants dans leurs jeux : « A chacun son tour, » est un des propos qui reviennent le plus souvent. Rappelons-nous avec quelle intensité d'indignation Rousseau enfant protestait contre l'injustice dont il se croyait victime. « La mère, dit Michelet, n'enseigne aucunement le juste, mais elle fait appel au sens du juste qui est dans l'enfant du fait de sa nature. » Faut-il s'étonner que, ce sentiment de la justice, l'enfant l'éprouve au début surtout par rapport à lui, et qu'il ne conçoive d'abord que l'égalité des biens pour lui-même, l'égalité du mal pour les autres? C'est la réflexion seule qui lui permettra de combler les lacunes de ses impulsions naturelles, et de compléter un sentiment tronqué qu'il a du moins le mérite d'éprouver avec force.

Il n'y a pas jusqu'aux sentiments purement moraux, comme le remords et le repentir, qui, vers six ou sept ans, ne puissent se développer dans l'âme de l'enfant. Edgar Quinet était arrivé à sa septième année, à l'âge de raison, comme disent les théologiens, à l'âge où les péchés comptent, comme disait un enfant. Sa mère l'avait gravement averti de l'importance de cette date, à partir de laquelle il deviendrait responsable de ses actions. Le résultat fut pendant quelques jours un redoublement d'obéissance et une conduite irréprochable; mais nul n'est parfait, surtout à sept ans! Une faute assez grave fut commise. Le coupable l'aggrava par son dépit de l'avoir commise, et il entra en pleine révolte. Mais le remords ne se fit pas attendre. Et quel remords? « Ce fut un désespoir sans bornes, que personne ne pouvait apaiser. J'errais le jour entier sur la galerie extérieure de la maison; quand les paysans passaient et s'approchaient, je criais d'une voix lamentable, en m'arrachant les cheveux : *Je suis damné! je suis damné!...* » Sans doute ce cri d'une conscience qui s'éveillait pour la première fois, on ne le recueillera

(1) Michelet va jusqu'à dire : « La justice est un sentiment inné. »

pas, proféré avec la même conviction désolée, sur toutes les lèvres d'enfants; on ne trouvera même rien qui y ressemble chez pas mal de petits écoliers. Mais ce n'est pas dans ses spécimens les plus disgraciés qu'il convient d'étudier la vraie nature humaine : c'est au contraire, si l'on veut arriver à une appréciation équitable, chez les individus qui, grâce à un milieu favorable, ont grandi dans des conditions normales, qu'il faut aller chercher la mesure exacte de ce que peut l'humanité; sans oublier d'ailleurs que les qualités de l'enfant ne sont souvent que le reflet des vertus de ses parents, et que le caractère enfantin est pour ainsi dire une pièce écrite en collaboration, où il est malaisé de faire le décompte de ce qui est l'œuvre de chacun des deux collaborateurs : la nature et l'éducation.

CHAPITRE XV

LA FOLIE CHEZ LES ENFANTS.

Que l'enfance n'échappe pas à la folie. — Que les cas d'insanité sont pourtant rares dans la première enfance. — Opinion d'Esquirol. — Observations plus récentes. — La folie chez le tout petit enfant, avant la troisième année. — L'enfant peut naître fou. — Influence de l'hérédité. — Conditions de la nature enfantine qui la protègent contre la folie; conditions contraires. — Folie intellectuelle et folie morale. — II. La folie de l'activité musculaire. — Les convulsions, par certains côtés, sont une maladie mentale. — La folie chez les animaux. — Les hallucinations ou la folie de la perception extérieure. — Causes physiques, causes mentales de l'hallucination. — Rôle de l'imagination dans l'hallucination. — Rare chez les enfants, l'hallucination est d'ailleurs difficilement observable. — L'hallucination chez les animaux. — Exemples d'hallucination chez les enfants. — Le cauchemar. — III. La folie générale. — Qu'elle n'est pas non plus épargnée à l'enfant. — La manie et le délire des idées. — Exemple de manie calme chez une petite fille de quatre ans. — Exemple de manie furieuse. — La monomanie semble ne pas exister chez l'enfant. — Guérison possible de la manie chez l'enfant. — Folie cataleptique. — La folie morale plus fréquente que la folie intellectuelle. — Caractères maladivement viciés. — La folie suicide. — IV. La folie de l'enfant, réduction de la folie de l'adulte. — On trouve chez lui les éléments de la folie plutôt qu'une folie générale et complète. — Étiologie de la folie chez l'enfant. — Prédominance des causes physiques. — Les maladies, les lésions du cerveau. — La frayeur. — Causes héréditaires. — La folie transmissible des ascendants aux descendants.

I

C'est un préjugé assez répandu, et en tout cas très naturel, que l'enfant, par le bénéfice de son âge, est à l'abri de la folie. Comment se résigner à croire que la nature se livre à ce jeu cruel de déformer des intelligences qu'elle a à peine formées, de désorganiser immédiatement ce qu'elle commence à organiser, de jeter enfin dans les désordres de l'aliénation mentale des êtres qu'elle vient à peine d'appeler à la vie? Naître pour devenir fou; quelle anomalie! quelle contradiction apparente avec les lois de la nature! L'enfant, par l'énergie d'une force qui ne s'est pas encore usée et fatiguée au contact des choses humaines, par la sève encore intacte de ses facultés naissantes, ne doit-il pas trouver grâce devant la folie? L'auteur d'un livre récent sur le sujet qui nous occupe (1), s'exprime dans le même sens : « Folie chez les enfants, dit-il : n'éprouve-t-on pas, en lisant ces mots, un sentiment de profonde tristesse ! Est-il donc possible que cet âge joyeux, insouciant du passé et de l'avenir, ne vivant que pour le présent, ignorant encore les chagrins de l'existence, soit frappé du plus redoutable fléau qui puisse atteindre l'être pensant?... »

Les faits ne permettent pas de s'arrêter à cette illusion complaisante. Les enfants n'échappent pas plus à la folie qu'ils n'échappent à la maladie, à l'idiotisme. Sans doute l'insanité est relativement peu fréquente dans le premier âge et même dans la jeunesse. C'est de vingt à trente ans que les cadres commencent à s'emplir, dans les statistiques de la folie. De trente à quarante ans, « il y a foule, » selon une expression du Dr Guislain. A l'âge où les facultés ont perdu la fraîcheur vigoureuse des premières années, où les passions sont âpres ou ardentes, où l'homme se trouve le plus engagé dans les luttes de la vie, il est naturel que les chances de folie atteignent leur maximum. Après quarante ans, la proportion baisse de nouveau : l'homme est moins sujet à contracter les affections mentales, parce que, ayant déjà éprouvé avec succès ses forces dans les crises de l'existence, il est raffermi et consolidé dans sa raison, comme il l'est aussi dans son tempérament et dans sa santé. La vieillesse seule, avec l'affaissement général des facultés, ramènera en plus grand nombre les cas de folie, de démence sénile. Nulle époque de la vie en définitive ne comporte d'immunité absolue contre l'aliénation mentale. Le seul privilège de certains âges, tels que l'enfance, c'est que la folie y est plus rare. L'enfant, qu'on voudrait n'avoir à étudier que dans le développement normal de son intelligence ou de sa sensibilité, qu'on aimerait à peindre seulement dans le gracieux et pur épanouissement de sa nature, l'enfant, malgré les conditions favorables qui le protègent, n'est pas exempt de la loi commune, et il a droit à un chapitre spécial dans tout traité un peu complet de pathologie mentale (2).

(1) *La Folie chez les enfants*, par le Dr Paul Moreau (de Tours). Paris, J.-B. Baillière, 1888.

(2) On trouvera dans le livre déjà cité de Moreau (de Tours) un historique de la question (p. 13-16).

Esquirol semblait être d'un avis contraire, quand il écrivait : « L'enfant est à l'abri de la folie; » mais il ajoutait tout de suite, pour corriger ce que cette règle générale a de trop absolu : « ... A moins qu'en naissant l'enfant n'apporte quelques vices de conformation ou que des convulsions ne le jettent dans l'imbécillité ou l'idiotie (1). » Ajoutons nous-même que les exceptions admises par Esquirol sont insuffisantes et incomplètes. Tous les cas de folie infantile, même ceux que cite Esquirol, ne peuvent rentrer dans les catégories trop étroites des folies que détermine un vice de conformation ou que provoque un accès convulsif. Les causes morales de l'insanité peuvent agir jusque chez l'enfant : témoin, par exemple, ce petit maniaque soigné par Esquirol lui-même, qui jusqu'à huit ans n'avait manifesté rien d'insolite dans ses facultés, mais qui, après le siège de Paris, en 1814, effrayé et troublé de tout ce qu'il voyait, tomba subitement dans le désordre intellectuel le plus prononcé.

Depuis Esquirol, un grand nombre de faits ont été recueillis, qui élargissent le sujet et rendent possibles quelques inductions générales. On trouvera par exemple, une longue et intéressante liste d'observations dans le travail du Dr Berckam (1864) (2). D'autres cas ont été signalés à diverses reprises dans les *Annales médico-psychologiques* (3). Aussi la plupart des aliénistes n'hésitent plus à reconnaître la possibilité de la folie chez les enfants. M. Maudsley, dans sa *Pathology of Mind*, a mis en relief cet aspect nouveau des maladies mentales, en lui consacrant un intéressant chapitre intitulé : *The Insanity of early life*.

Il semble cependant que les observateurs répugnent encore à admettre l'existence de la folie chez le tout petit enfant. Vers la huitième ou la dixième année, les faits sont trop nombreux et trop caractéristiques pour qu'il soit possible de les nier : « Il n'existe pas, dit le Dr Morel, un médecin d'aliénés qui ne puisse citer de véritables perturbations intellectuelles chez les enfants de six à quinze ans (4). » Six ans, ce serait donc la limite extrême en deçà de la-

(1) Esquirol, *des Maladies mentales*, t. I, p. 15.

(2) Voyez le journal allemand *Correspondenz-Blatt*, année 1864.

(3) Voyez surtout, dans la collection des *Annales*, les volumes suivants : 1840, p. 72 ; 1855, p. 60 ; *ibid.*, p. 527 ; 1857, p. 218 ; 1861, p. 305 ; 1867, p. 320 et suiv. ; 1870, p. 200 et suiv. — Voyez aussi dans le *Journal de médecine psychologique*, 1858, le travail de M. Brierre de Boismont, *Recherches sur l'aliénation mentale des enfants et particulièrement des jeunes gens*.

(4) Morel, *Traité des maladies mentales*, p. 100.

quelle seulement l'enfant pourrait devenir fou. Les faits contredisent encore cette opinion et prouvent que l'âge de la folie doit être reculé jusqu'aux premiers commencements de la vie. Esquirol rappelle l'observation, faite par le Dr Franck, d'un maniaque de vingt-quatre mois (1). Haslam parle d'une petite fille qui vers la troisième année fut atteinte d'aliénation, d'un garçon de deux ans, qui, sans cause connue, fut pris d'agitation maniaque (2).

Stoll raconte l'histoire d'un enfant qui à la suite de la vaccination tomba dans la manie (3). Nous aurons l'occasion de rapporter d'autres exemples analogues d'une folie tout aussi précoce. L'aliénation de l'intelligence peut donc suivre immédiatement et même accompagner son premier éveil. Ce n'est pas assez de dire que l'enfant peut devenir fou : la vérité, c'est que parfois il naît fou.

Rien de plus intelligible d'ailleurs, même *a priori* et à supposer qu'elle ne fût pas démontrée par l'expérience, que la possibilité de la folie chez l'enfant. Il suffit de considérer que le nouveau-né n'est pas un être entièrement neuf. Il a déjà un passé, celui de sa famille et de sa race. Il est l'héritier de tout un patrimoine de dispositions, d'aptitudes, de qualités et de défauts, patrimoine que lui ont fait les actions de ses ancêtres.

Sa nature individuelle plonge, par des racines profondes et cachées, dans la nature commune de la famille à laquelle il appartient. Il peut donc y avoir une innéité de la folie, comme il y a une innéité de la raison. L'enfant peut venir au monde avec des prédispositions morbides, au moral comme au physique. Sans doute, le plus souvent, les germes maladifs de l'âme ne se développeront pas tout de suite ; ils couveront de longues années, ils resteront à l'état latent, jusqu'à ce qu'ils éclatent sous l'action des circonstances. Parfois la virtualité transmise à l'individu nouveau ne doit éclore qu'à un jour donné, à une date en quelque sorte fixée d'avance. Un homme se marie, devient fou à une certaine époque : son fils, né avant cette époque, aura un accès de folie qui sera comme l'éphéméride de celui de son père. Mais la folie héréditaire ne connaît pas toujours ces répits et ces lenteurs. Il arrive aussi qu'elle éclate dès le premier jour, particulièrement quand l'aliénation des parents a coexisté avec l'acte de la génération ou de l'enfantement. Crichton en rapporte,

(1) Esquirol, *op. cit.*
(2) Haslam, *Observations on Madness*. London, 1809.
(3) Voyez *Annales médico-psychologiques*, 1807, I, p. 320.

d'après Greeding, un exemple bien frappant : « Une femme d'environ quarante ans, réellement folle, mais d'ailleurs bien portante, accoucha, le 20 janvier 1763, d'un enfant mâle qui fut aussitôt un fou furieux. Lorsqu'on l'apporta à notre asile, c'est-à-dire le 24 janvier, il avait dans les jambes et les bras une telle force que quatre femmes pouvaient à peine le tenir. Ces accès se terminaient par d'inexplicables éclats de rire ; ou bien l'enfant, dans un emportement de colère, brisait et déchirait tout ce qui était à sa portée, ses vêtements, ses couvertures, son lit... Nous n'osions pas le laisser seul, sans quoi il serait monté sur les bancs et sur les tables ou même il eût essayé de ramper dans les rues. Peu de temps après, quand les dents commencèrent à lui pousser, l'enfant mourut (1). » Ici la folie avait été transmise par la mère à l'enfant, par une sorte de communication directe de la main à la main, pour ainsi dire. L'aliénation de la mère se continuait sans interruption, et avec des caractères analogues, dans l'agitation maniaque du fils.

L'hérédité morbide n'agit donc pas seulement à distance et comme par des effets à longue portée : son action peut être immédiate et instantatée. Ce qui retarde en général l'explosion du mal, ce sont les conditions particulières de la vie morale de l'enfant. La faiblesse même de l'intelligence enfantine est une garantie, une protection contre la folie. La première condition pour qu'une cause de destruction agisse, c'est qu'il y ait quelque chose à détruire. Où il n'y a rien, comme on dit, le roi perd ses droits.

Par d'autres côtés cependant, la nature de l'enfant offre une proie facile à l'envahissement de la folie. Il y a, au milieu de tant de variétés pathologiques, deux formes très caractérisées, très distinctes d'aliénation mentale, la folie intellectuelle et la folie morale, l'une qui consiste essentiellement dans le désordre des idées et l'absurdité des croyances, l'autre dans l'altération des désirs et la perversité des actes. Or ce qui constitue la première, c'est l'absence des idées intermédiaires qui, dans l'état normal, viennent pour ainsi dire s'interposer entre la conception et la croyance, qui empêchent l'idée folle d'aboutir et de s'installer dans l'esprit, qui tout au moins la délogent, qui enfin rectifient les illusions et les hallucinations des sens. De même, ce qui caractérise la folie morale, c'est l'absence de la volonté, c'est-à-dire du pouvoir modérateur qui, chez l'homme sain, se place entre

(1) Voyez Maudsley, *op. cit.*, p. 258.

l'impulsion et l'acte, et arrête l'agent au moment où il allait obéir à l'entraînement de l'instinct ou du désir aveugle. Eh bien! précisément l'enfant, par la pauvreté de ses souvenirs et le dénuement de son intelligence, comme par l'inertie de sa volonté, l'enfant se trouve à ces deux points de vue dans la situation la plus favorable au développement de la folie. Les idées folles, si elles ont une fois pénétré dans sa conscience, n'y rencontrent aucun obstacle : sa mémoire est trop faible, trop dégarnie d'expériences, pour résister à la conception fausse que suggère l'hallucination. De même les impulsions morbides, transmises par l'hérédité, et qu'une volonté adulte parviendrait peut-être à maîtriser, sont irrésistibles chez l'enfant; sa volonté vacillante n'oppose aucune barrière aux mauvais instincts. La folie, quand elle menace l'homme mûr, doit d'abord triompher d'une intelligence éprouvée, depuis longtemps assise dans ses croyances, de sorte que l'hallucination même peut coexister avec la raison; il lui faut en outre vaincre cette énergie volontaire que l'âge a fortifiée, et devant laquelle s'arrêtent à chaque instant les suggestions irréfléchies de la passion, les désirs bizarres et capricieux qui sollicitent même l'esprit le plus sain. Mais, quand par malheur la folie s'abat sur l'enfant, elle est d'emblée maîtresse de la place, et c'est dans un terrain ouvert, sans défense, qu'elle exerce impunément ses ravages.

Il n'est donc plus permis de contester la possibilité de la folie chez les enfants. Mais, cette vérité générale une fois établie, il importe d'entrer dans le détail, de chercher sous quelles formes se présentent, dans des âmes mal équilibrées et en voie de formation, les phénomènes de l'aliénation mentale, de suivre enfin l'évolution parallèle des facultés et des maladies qui les frappent.

II

C'est par l'activité musculaire que se manifeste d'abord la vie de l'enfant. Dans les premiers jours de son existence, l'enfant, nous l'avons dit, pourrait être défini un être qui se meut. Ses mouvements sont spontanés, automatiques, ou réflexes, provoqués par des énergies internes, ou sollicités par les excitations du dehors.

La volonté ne les gouverne pas encore, mais, jusque dans cette mobilité presque inconsciente de l'enfant, il y a, quand aucune influence morbide n'agit, un ordre naturel, parfois une grâce involontaire et non cherchée. Que la maladie intervienne, et à la place de ces mouvements réguliers, rythmés, apparaîtra une mobilité absolument désordonnée, folle, des accès d'agitation terrible, enfin ce fléau de l'enfance qu'on appelle les *convulsions*.

Les convulsions ne sauraient être considérées comme une simple maladie physique : elles constituent, par certains côtés, une véritable maladie mentale. La preuve, c'est l'action qu'elles exercent souvent sur le développement futur de l'intelligence : elles ne laissent pas seulement à l'enfant qu'elles ont violemment atteint des infirmités corporelles ; elles ne se contentent pas de disloquer les membres, de faire grimacer le visage ; il arrive aussi qu'elles atteignent l'intelligence, qu'elles rendent le petit patient idiot pour la vie : « Nous voyons bien souvent l'idiotie succéder aux convulsions de la première enfance (1). » La preuve encore, ce sont les troubles intellectuels qui les accompagnent, quand elles se produisent chez des enfants déjà grands ; la perte complète de la connaissance, une sorte de stupeur en est alors l'effet immédiat. D'ailleurs en elles-mêmes, puisqu'elles sont un dérèglement de l'activité musculaire, les convulsions rentrent dans le domaine de la psychologie. On peut dire qu'elles sont un délire des muscles, de même que le délire sera comme une convulsion de l'esprit.

A l'âge où l'intelligence n'est pas encore éveillée, les convulsions sont la seule forme possible de la folie. Tandis que chez l'adulte elles se trouvent compliquées par tous les désordres de l'aliénation mentale, par le trouble de toutes les facultés, chez l'enfant elles se produisent, pour ainsi dire, à l'état d'isolement. La situation morbide qu'elles trahissent ne peut s'étendre alors qu'à la seule faculté qui soit développée, la faculté de se mouvoir. Remarquons d'ailleurs que les convulsions reproduisent extérieurement les apparences et comme le masque de la folie. Rien ne ressemble plus au maniaque qui se tord dans une agitation insensée, à la pythonisse qui se démène, au possédé dont le diable contracte les membres et qui gesticule à tort et à travers, que le petit enfant qui subit l'étreinte d'un accès convulsif. Chez les animaux, les affections mentales se manifestent aussi par des convulsions ou des accidents qui s'en rapprochent. Les pêcheurs du Volga connaissent une espèce de poissons qu'ils regardent comme susceptibles de folie, parce que ces poissons nagent impé-

(1) Trousseau, *Clinique médicale*, 1868, t. II, p. 181.

tueusement en cercle. L'éléphant, d'habitude si calme et si doux, est parfois saisi d'une sorte de frénésie qui le plonge dans une agitation furieuse; il se jette violemment sur tout ce qu'il rencontre, hommes, animaux, choses, et détruit tous les objets qui sont à sa portée. Dans ces deux cas, chez l'éléphant devenu destructeur comme chez l'enfant en proie aux convulsions, le principe de désordre est le même : une cause morbide a supprimé le lien naturel qui subordonne les mouvements de l'individu aux besoins normaux de ses organes ou aux impressions reçues du dehors; une cause morbide a déchaîné l'activité musculaire et livré à une sorte de fureur épileptique tous les éléments moteurs de l'organisme.

Si l'on considère chez l'enfant la nature des causes qui déterminent les convulsions, on sera encore plus disposé à admettre le caractère mental de ce fait pathologique. Sans doute l'accès convulsif provient souvent d'un accident. Trousseau en cite un exemple curieux. Un médecin, appelé auprès d'un petit enfant, s'avise d'ôter le bonnet du malade : il aperçoit un brin de fil posé sur le crâne, et, cherchant à l'enlever, il attire à lui une longue aiguille profondément enfoncée dans le cerveau. L'aiguille une fois arrachée, les convulsions cessèrent immédiatement (1). Mais le plus souvent les convulsions relèvent de causes intimes, d'affections cérébrales transmises par l'hérédité. Elles se produisent chez des individus doués d'une susceptibilité nerveuse particulière, qui passe, avec la vie, des ascendants aux descendants, et qui se manifeste, tantôt par un phénomène, tantôt par un autre, par un accès convulsif chez l'enfant, par l'épilepsie ou l'hystérie chez l'adulte. « Que l'on veuille bien y regarder avec soin, et l'on ne trouvera peut-être pas une seule famille d'aliénés dans laquelle l'éclampsie de l'enfance n'ait joué un certain rôle. Même dans les familles simplement *nerveuses*, ne renfermant pas encore d'aliénés dans leur sein, l'apparition de l'éclampsie de l'enfance, se manifestant successivement chez plusieurs enfants, doit être considérée comme un symptôme de mauvais augure (2). » Elle est comme le premier signal de l'invasion possible de la folie dans une famille jusque-là saine.

Les convulsions peuvent donc être considérées comme le premier degré de la folie chez l'enfant : l'hallucination est le second.

Le nouveau-né ne tarde pas à devenir autre chose qu'un petit être

(1) TROUSSEAU, *op. cit.*, p. 166.

(2) Voyez *Annales médico-psychologiques*, 1870, I, p. 55. *De l'alcoolisme des parents considéré comme cause d'épilepsie chez leurs descendants*, par le Dr H. MARTIN.

qui se meut. Il se manifeste bien vite comme un être sensible, capable de perceptions et de sensations. Il voit, il entend, il touche. L'intelligence s'ouvre à la représentation du monde extérieur. Chaque jour, un morceau de la réalité matérielle se détache, sous forme de perception, de l'ensemble des choses, et pénètre dans le cerveau de l'enfant. En même temps, la sensibilité s'émeut, et une multitude de petits plaisirs et de petites peines, comme les vagues qui rident la surface d'un lac, viennent agiter les parties superficielles du système nerveux. La mémoire s'empare de ces acquisitions des sens, et des souvenirs se forment. L'idée ou du moins l'image se fixe dans l'esprit. De là, et dès les premiers mois de l'enfance, la possibilité du rêve et de l'hallucination.

L'hallucination est un phénomène complexe dont nous n'avons pas à décrire ici toutes les formes. Il n'est guère plus possible de contester aujourd'hui que les perceptions fausses qui la constituent dérivent à la fois d'une lésion, d'une altération, d'un désordre quelconque qui atteint les organes des sens, et d'une perturbation plus profonde qui affecte les centres nerveux, et par suite la mémoire et l'imagination. On ne peut accepter ni l'opinion extrême d'Esquirol, de Leuret, de Lélut, pour lesquels l'hallucination n'est qu'une idée projetée au dehors et par suite une perturbation purement mentale, ni la thèse contraire de M. Luys, qui ne voit dans l'hallucination qu'un fait purement physiologique, qu'une lésion localisée dans les organes des sens et les ganglions nerveux. Sans doute la participation de l'organe sensible aux illusions de l'halluciné est démontrée par les faits, notamment par ceux que les aliénistes appellent les « hallucinations dédoublées ». Le malade voit de l'œil gauche un fantôme qui n'est nullement visible pour l'œil droit. De même, pour le déplacement de l'image qui se transporte d'un point à un autre, lorsqu'on fait mouvoir le globe de l'œil. De même encore, pour cette observation si précise qui établit que les hallucinations accompagnent parfois les maladies de l'œil, par exemple les ulcérations de la cornée.

Mais la participation de l'intelligence n'est pas moins certaine. Un halluciné de la vue verra des clartés célestes ou des flammes infernales, selon qu'il sera religieux ou impie. Les habitudes du caractère, les pensées familières, les sentiments invétérés donnent à chaque hallucination, selon les individus, une physionomie propre. Les habitants des villes ont des hallucinations autrement compliquées que les paysans. En un mot, l'imagination intervient pour fournir des aliments à l'hallucination. Il est même probable qu'elle en est le plus souvent le point de départ et la cause. L'imagination excitée, exaltée, trouble les sens à leur tour et y détermine des représentations illusoires. Les conditions normales sont alors détruites et comme renversées. En effet, tandis que la perception est une sensation devenue idée, l'hallucination est une idée devenue sensation.

L'imagination est encore trop peu développée chez l'enfant, pour que l'on puisse s'attendre à rencontrer fréquemment chez lui les phénomènes hallucinatoires. Il ne peut y avoir d'ailleurs, dans ces petites têtes enfantines, à peine peuplées de quelques souvenirs, que de courtes hallucinations : rien qui ressemble à ces illusions compliquées, qui font tableau, et qui déroulent la variété de leurs conceptions dans l'esprit de l'homme mûr, accablé d'idées et surchargé de passions. Lorsque l'esprit a grandi, lorsque la mémoire s'est enrichie, l'illusion peut puiser à pleines mains dans le vaste magasin des idées. Chez l'enfant, tout est en raccourci, les troubles et les désordres, non moins que les opérations normales et régulières de la pensée.

D'autre part, il est évident que, chez le petit enfant qui ne parle pas encore, l'hallucination, si elle se produit, échappe aisément au contrôle de l'observateur. Rares par eux-mêmes, les faits de ce genre sont encore plus rarement observables. On ne s'étonnera donc pas que les constatations, sur ce point, soient si peu fréquentes. Mais le fussent-elles encore moins, toutes les analogies nous donneraient le droit d'affirmer *a priori* la possibilité de l'hallucination enfantine. L'enfant rêve en effet : le petit dormeur de deux ans ou même moins pousse souvent de vrais éclats de rire, en souvenir de ses jeux et des amusements de la veille, ou des cris douloureux, comme sous l'oppression d'un songe effrayant. On le voit sourire, comme à une apparition qui l'égaie. Plus tard, il parle, il gesticule. Quoi qu'en dise Tiedemann, ces manifestations de l'enfant endormi ne sauraient s'expliquer par la seule irritabilité mécanique du corps : elles s p-posent un léger travail de l'imagination et de la mémoire, de fugitives impressions qui traversent le cerveau.

Quand on veut raisonner exactement sur la nature de l'enfant, il ne faut pas craindre de chercher chez l'animal des points de comparaison. L'homme enfant, en acte, sinon en puissance, est sur bien des points ce que l'animal restera toute sa vie. Ce que l'observation découvre chez l'un peut avec vraisemblance être attribué à l'autre.

Or l'animal présente parfois dans son état mental de véritables folies et, pour nous en tenir au sujet qui nous occupe, des phénomènes hallucinatoires. De récentes expériences établissent que le chien, par exemple, dont on savait déjà qu'il rêve, qu'il aboie en songe, peut aussi être la victime de l'hallucination. Le Dr Magnan, en injectant de l'alcool dans les veines d'un chien bien portant, a vu naître chez l'animal de sauvages accès de fureur : le chien se dresse, aboie furieusement et semble entrer en lutte avec des chiens imaginaires ; après quoi il s'apaise et rentre dans sa quiétude, tout en grognant encore une ou deux fois, dans la direction de son prétendu ennemi (1).

Il est arrivé qu'une imprudence, un hasard, a déterminé chez des enfants des désordres analogues, de manière à fournir la preuve directe de l'existence des hallucinations enfantines. L'absorption d'une substance toxique a pu jeter un baby de quatorze mois et demi dans un état singulier, voisin de la folie, et où l'hallucination jouait son rôle. Le cas a été signalé par le Dr Thoré dans les *Annales médico-psychologiques* (2). Une petite fille de quinze mois avait avalé, en l'absence de sa mère, un nombre considérable de graines de *Datura stramonium*. Presque aussitôt, l'enfant entra dans un état d'agitation qui effraya beaucoup ses parents. Le médecin appelé fit les constatations suivantes : « Un grand changement était survenu dans la vision ; l'enfant semble privée de vue ; elle ne regarde aucun des objets qui l'entourent et ne fait aucune attention à ceux qui lui plaisaient et qu'elle réclamait habituellement. On lui présente une montre, ses jouets ordinaires : ils n'attirent pas son attention ; tandis qu'au contraire elle paraît à la poursuite d'objets imaginaires, placés à une certaine distance d'elle, qu'elle cherche à atteindre, en allongeant à chaque instant ses bras, et à saisir avec la main. Elle se soulève même en s'appuyant sur les côtés de son berceau, comme pour s'en rapprocher plus facilement... Elle agite ses mains dans l'espace, comme à la recherche d'objets qui s'envolent. »

Dans le cas que nous venons de citer, il y a évidemment autre chose que des convulsions désordonnées. Par ses mouvements répétés dans la même direction, l'enfant manifestait bien qu'elle était le jouet d'une vision imaginaire ; obsédés par des images subjectives, ses yeux ne voyaient plus les objets réels.

(1) Voyez les *Archives de physiologie normale et pathologique*, mars et mai 1873.

(2) Voyez le mémoire intitulé : *Un mot sur les hallucinations dans la première enfance*, par le Dr Thoré (*Annales médico-psychologiques*, 1859, I, p. 72-79.)

Ici, comme il est naturel chez un tout petit enfant, l'hallucination a son principe dans une cause accidentelle et extérieure, dans une sorte d'empoisonnement passager (1). Mais si nous examinons des enfants plus avancés en âge, surtout des enfants particulièrement doués sous le rapport de l'imagination et destinés par leur nature nerveuse à devenir des artistes ou des poètes, nous rencontrerons des hallucinations d'un autre ordre, suggérées par la vivacité même de leur esprit, par une surexcitation de leurs facultés. Tel est, par exemple, le cas de Hartley Coleridge (2). Tout enfant, il s'imagina qu'il voyait près de la maison de son père une petite cataracte. A cette cataracte s'ajouta bientôt une île, à laquelle il donna un nom. Peu à peu ce monde que sa fantaisie avait créé devint pour lui un monde réel, où il voyageait tous les jours. Et quand, pour complaire à son caprice, on lui demandait par quel moyen il communiquait avec cette île enchantée, il répondait, en s'inspirant d'un conte des *Mille et une nuits* : « C'est sur les ailes d'un grand oiseau que j'y vais et que j'en reviens. » Si nous en croyons les témoins de ce fait psychologique, Coleridge était bien réellement convaincu de la réalité de sa vision. Son rêve poétique avait pris corps, et l'imagination de l'enfant, avivée par des lectures précoces, était dupe d'elle-même. Qui pourrait dire si chez les grands extatiques, chez les visionnaires et les rêveurs, les visions de l'âge mûr n'ont pas été préparées de même, dès les premières années de leur vie, par de petites hallucinations sans portée, qui les ont insensiblement accoutumés à vivre dans la chimère ?

On a souvent répété, dans ces dernières années, que l'étude des faits anormaux et morbides éclairait d'une lumière nouvelle la nature de l'esprit sain et normal. Les psychologues ne peuvent que profiter beaucoup à la fréquentation des asiles, et à la lecture des aliénistes. Mais la réciproque n'est pas moins vraie : les faits les plus ordinaires de la vie jettent parfois un jour très vif sur les

(1) L'hallucination chez les enfants a quelquefois pour principe une maladie physique. « Une petite fille à laquelle je donnais des soins avait la fièvre. Elle se réveilla tout à coup le matin en poussant des cris horribles ; elle montrait avec anxiété un coin de la chambre où elle voyait de grandes figures noires, un diable qui la menaçait du geste et de la voix. Le soir, elle eut une autre hallucination de la vue : c'étaient de grandes nappes d'eau qui tombaient du plafond... » (*Annales médico-psychologiques*, 1849, p. 77.)

(2) Voyez *The Journal of mental science*, avril 1860, article de J. Crichton Browne *Sur les maladies psychologiques du jeune âge*.

étrangetés de la folie. Il y a une solidarité profonde entre la psychologie morbide et la psychologie normale. Et peut-être, si la science de l'aliénation mentale, malgré les beaux travaux de ce siècle, n'est pas arrivée à débrouiller ce qu'Esquirol appelait « le chaos des misères humaines », c'est qu'elle attend encore que la psychologie lui fournisse une description exacte des facultés morales, surtout une analyse précise de leur développement naturel.

Dans le cas particulier qui nous occupe, il est certain que les faits les plus communs de la vie enfantine peuvent nous aider à comprendre comment se produit l'état irrégulier de l'hallucination. Rien de plus actif, de plus vivant, que le travail de l'imagination dès les premières années. Précisément parce que la réflexion ne lui apporte pas de correctif, et parce qu'elle n'est pas gênée comme elle le sera plus tard, par l'abondance des idées, l'imagination enfantine se représente les choses avec une vivacité inouïe. Menez un enfant dans un magasin, dans un appartement qu'il n'a jamais vu : ses yeux qui furettent dans tous les coins, auront bien vite reconnu tous les objets, et, après une inspection même rapide, sa mémoire gardera le souvenir fidèle et précis des détails les plus insignifiants. Comment s'étonner qu'un être doué d'une telle promptitude d'imagination en vienne aisément à confondre ses conceptions et ses perceptions, les images et les réalités ?

Le cauchemar, qui est comme l'hallucination de l'homme endormi, a été fréquemment observé chez les enfants, et ces illusions du sommeil se continuent pendant la veille. « Des enfants, dit le Dr Thoré, au moment où ils se réveillent, les yeux déjà parfaitement ouverts, voient très distinctement, auprès d'eux et le plus souvent sur le mur, se dessiner des objets plus ou moins effrayants et qu'ils décrivent aussi bien que leur intelligence le permet. » Parfois au contraire le réveil efface entièrement les impressions de la nuit : « L'enfant, dit M. Maudsley, se met à crier tout endormi ; ses yeux sont ouverts ; ses membres frissonnent de peur ; il ne reconnaît pas les parents ou les amis qui veulent le calmer... Mais le matin, il ne se rappelle plus la frayeur qu'il a éprouvée (1). »

On remarquera que les hallucinations de la vue sont les plus fréquentes chez les enfants. C'est que le nouveau-né est tout yeux avant d'être tout oreilles. Le Dr Berckham rapporte cependant l'ob-

(1) Maudsley, *op. cit.*, p. 203.

servation d'un enfant de trois ans, atteint d'une hallucination de l'ouïe (1).

Mais, sous quelque forme qu'elle se présente et quel que soit le sens affecté, l'hallucination n'est qu'un élément de la folie, une folie partielle. Chez l'enfant, comme chez l'homme mûr, l'aliénation de la perception extérieure peut coexister avec la santé générale des autres facultés et n'être suivie d'aucun autre symptôme délirant. Il nous reste à montrer que les folies générales, auxquelles l'hallucination peut se mêler, mais qu'elle ne constitue pas, qui atteignent l'esprit tout entier et que compliquent les plus graves désordres, ne sont pas non plus épargnées à l'enfance.

III

C'est la manie, c'est-à-dire l'incohérence et le délire des idées, l'agitation furieuse ou la divagation de la pensée, qui paraît être la forme la plus habituelle de la folie intellectuelle chez les enfants. Sur ce point la plupart des observateurs sont d'accord. Le Dr Delasiauve (2), le Dr Le Paulmier, dans sa thèse intitulée *Des affections mentales chez les enfants et en particulier de la manie* (3), le Dr Morel (4), déclarent que la folie se traduit le plus ordinairement chez les enfants par l'excitation maniaque.

Voici les cas les plus remarquables recueillis par les aliénistes. Nous citerons d'abord l'observation très complète du Dr Chatelain, qui a eu l'occasion d'étudier lui-même une enfant de quatre ans et quelques mois, fille de cultivateurs du Jura. Deux causes surtout, l'une toute physique, la rougeole, l'autre morale, une vive frayeur causée par la vue d'une pompe à incendie, avaient agi sur la faible constitution de l'enfant et avaient déterminé l'état bizarre dont elle souffrait. « Louise, dit le Dr Chatelain, est « drôle », singulière, distraite; elle répond de travers aux questions qui lui sont adressées... Un jour, son père lui dit de lui apporter sa poupée; elle va la chercher, mais ne rapporte rien, tout en disant : « La voilà »; la main et le bras font le geste d'une personne qui donne quelque chose, mais la main est vide... Depuis qu'elle est malade, son caractère a sensible-

(1) Voyez *Annales médico-psychologiques*, 1867, t. I, p. 327.
(2) *Ibid.*, 1855, I, p. 527. *Forme maniaque spéciale chez les enfants.*
(3) La thèse de M. Le Paulmier date de 1856.
(4) Voyez *Annales médico-psychologiques*, 1870, II, p. 260-269.

ment changé : elle a complètement perdu la timidité naturelle à son âge. En présence de deux médecins qui lui sont inconnus et qui l'examinent, elle n'éprouve aucune crainte, aucune gêne. Si on lui fait une question, elle répond vivement sans aucune hésitation, mais elle répond à faux. » Et l'observateur rapporte tout au long une conversation qui témoigne du désordre complet des idées, chez une enfant d'ailleurs très intelligente et dont la maladie ne peut être confondue avec l'idiotie.

L'exemple qui précède nous offre un cas de manie calme, tranquille. Cependant la petite fille en question éprouvait aussi des accès de manie furieuse, manifestés par un besoin violent de mouvement, par des pleurs et par des cris, par des menaces de mort proférées contre ses parents. D'autres fois, l'agitation est le caractère permanent de la manie enfantine. « On voit, dit Griesinger, chez des enfants de trois ou quatre ans, des accès de cris, avec besoin de frapper, de mordre et de détruire ce qui leur tombe sous la main (1). »

Chez les enfants un peu plus avancés en âge, les cas de folie maniaque deviennent plus fréquents encore. Le Dr Morel cite une enfant de cinq ans qui, à la suite d'une émotion de peur, tomba dans un état « de turbulence continuelle et d'exacerbation maniaque (2) ». Sous le nom de *monopathie furieuse*, le Dr Guislain signale une maladie du même genre, chez une petite fille de sept ans : ici le principe du mal était un coup reçu à la tête (3). Esquirol parle d'une enfant de huit ans qui fut atteinte de manie, à la suite d'une fièvre typhoïde. Et comme les causes morales alternent toujours avec les causes physiques, dans la génération de la folie, nous trouvons chez Foville l'observation d'un garçon de dix ans devenu maniaque pour avoir fait trop de lectures.

Ce qui est remarquable, c'est qu'à ces exemples si nombreux de manie enfantine, dont nous pourrions encore prolonger l'énumération, l'observateur ne puisse ajouter un seul cas de monomanie. La fixité des idées folles est tout aussi incompatible avec la manie de l'enfant que la fixité des idées raisonnables avec son état normal (4).

(1) Griesinger, *Pathologie und Therapie der psychischen Krankheiten*, 2e édit., p. 147.

(2) Morel, *op. cit.*, p. 102,

(3) *Dictionnaire de médecine*, 1829.

(4) « La mobilité de l'enfance est telle qu'un ordre déterminé d'idées délirantes

La petite folle observée par le Dr Chatelain changeait sans cesse de pensée. « Ordinairement une idée quelconque la préoccupait exclusivement pendant un jour ou deux, puis s'effaçait, pour céder la place à un autre. » La monomanie paraît être au premier abord un signe de grande faiblesse intellectuelle, puisque alors toutes les idées, tous les sentiments, sont comme annihilés devant une seule pensée, devenue souveraine maîtresse de la conscience. Et cependant, si l'on y réfléchit, la monomanie suppose une certaine force de l'intelligence, une certaine puissance de concentration, puisqu'elle est un délire tout à fait systématisé. L'enfant, avec la mobilité et l'inconsistance de ses idées, avec ses impressions flottantes et encore mal établies, peut facilement délirer, c'est-à-dire passer d'une idée à une autre sans suite et sans raison : mais il semble qu'il n'y ait pas chez lui cette aptitude morbide à grouper d'une manière permanente toutes ses facultés autour d'une seule conception folle. Voilà pourquoi, sans doute, le désordre intellectuel se manifeste chez lui par la succession rapide et incohérente, par la fuite incessante des idées, courant éperdues les unes après les autres, plutôt que par la concentration obstinée de toutes les forces de l'esprit dans une même direction.

Quant à l'évolution de la manie chez l'enfant, il est difficile, dans l'état actuel des observations, d'en écrire avec précision l'histoire. La terminaison varie : c'est tantôt la mort qui survient assez vite, tantôt l'idiotie qui succède pour toute la vie aux accès délirants, tantôt et assez fréquemment la guérison qui rétablit l'ordre et la paix dans ces petites âmes un instant troublées. La plupart des petits maniaques soignés par le Dr Delasiauve et par le Dr Le Paulmier ont guéri dans un espace de temps assez limité.

Le trait le plus caractéristique qui ressort d'une étude encore incomplète, c'est l'apparition fréquente, chez les enfants atteints de manie, de véritables crises extatiques, de ce que Maudsley appelle la folie cataleptique (*cataleptoid insanity*). Rien de plus conforme d'ailleurs à la logique de la nature que ces périodes de rémission, pour ainsi dire, de calme et de sommeil de l'âme, succédant à des périodes d'agitation et de violence. L'enfant reste pendant des heures, pendant des jours entiers, dans une sorte de contemplation mystique : la turbulence et la loquacité sont remplacées par l'immobilité et la

ne peut pas, à cet âge, s'emparer de l'esprit et se systématiser, comme cela se voit à un âge plus avancé de la vie. » (GRIESINGER, *Maladies mentales*, traduction DOUMIC. Paris, 1865, p. 171.)

stupeur. Les yeux sont fixes, le regard méditatif (1). Dans certains cas, il est vraisemblable que des hallucinations expliquent l'attitude immobile et la pose attentive de l'enfant extatique. La petite folle du Dr Chatelain « paraissait voir et entendre des choses qui n'existaient pas... De temps en temps elle prêtait subitement l'oreille, d'un côté où personne n'avait parlé, et écoutait attentivement pendant quelques secondes. » Dans d'autres cas, il est probable que l'enfant, comme il arrive à tous les extatiques, tout en ayant l'air de penser beaucoup, ne pense absolument à rien.

On a le droit d'espérer que la science, dont l'attention est désormais éveillée sur les phénomènes morbides, sur les états anormaux de la conscience des enfants, arrivera à déterminer, avec plus de précision que nous ne pouvons le faire encore, les diverses formes de la manie et des troubles de l'intelligence, dans les premières années de l'existence. Mais ce qui est certain d'avance, à raison des lois qui président au développement des facultés, c'est que les observateurs auront plus souvent à constater des cas de folie morale que des cas de folie intellectuelle proprement dite. On sait ce que les aliénistes appellent folie morale, affective ou impulsive, qui n'est quelquefois que la traduction dans les actes du désordre de l'esprit, mais qui, dans d'autres circonstances, par une scission bizarre des facultés, ne porte que sur les penchants, sur les instincts, ne pervertit que la volonté, en laissant l'intelligence intacte. Il est évident qu'une folie de ce genre est plus appropriée qu'aucune autre à la nature de l'enfant. La manie et le délire altèrent le jugement, le raisonnement : or le jugement est acquis, le raisonnement est acquis. Il faut quelque temps pour que l'enfant apprenne à raisonner : il faut quelque temps aussi, par conséquent, pour qu'il puisse déraisonner. Mais la folie morale affecte les penchants, les instincts; et tout cela est inné, immédiatement transmis par l'hérédité; tout cela aspire à agir, dès les premiers jours de la vie. Comment s'étonner par suite que

(1) Voyez *Annales médico-psychologiques*, 1855, I. p. 521. *Forme maniaque spéciale chez les enfants*, communication du Dr Delasiauve. L'immobilité n'est pas l'attitude exclusive de ces extatiques : « Chez quelques-uns de ces maniaques, il y a une jactitation lente et cadencée, à la façon de Polichinelle. La plupart, ne voulant pas être soustraits à l'entraînement de leur pensée, semblent insensibles aux paroles qu'on leur adresse; d'autres y répondent par de vagues monosyllabes, des gestes ou un sourire ironique décelant l'incertitude. Les crises enfin peuvent être entrecoupées par la turbulence et des cris, évident résultat de sensations fantastiques. »

l'on rencontre si souvent chez les plus jeunes enfants des tendances morbides, des impulsions maladives, qui déterminent les actes les plus extravagants?

Le Dr Renaudin mentionne un enfant, d'une intelligence ordinaire, dont la pensée ne manifestait aucun délire, aucune incohérence, mais qui était sujet à une véritable folie des actes et de la volonté. La maladie procédait par attaques d'une irrésistible violence, auxquelles correspondait toujours une complète insensibilité de la peau. Interrogé sur sa mauvaise conduite, l'enfant gardait le silence, ou bien répondait qu'il ne pouvait se maîtriser. La violence était telle, ajoute l'observateur, que « nous ne doutions pas qu'elle pût aller jusqu'au meurtre (1) ».

Un autre exemple de folie impulsive, à tendance homicide, nous est fourni par Esquirol (2). Il s'agit d'une petite fille de sept ans et demi, qui, ayant conçu une profonde aversion contre sa belle-mère, bien que celle-ci l'eût toujours traitée avec douceur, essaya à plusieurs reprises de la tuer ainsi que son jeune frère. Son père la menaçait de la faire mettre en prison: « Cela n'empêchera pas, lui dit-elle, que ma mère et mon petit frère meurent et que je les tue! »

Soumise à une sorte d'interrogatoire, voici quelles furent quelques-unes de ses réponses:

« D. Pourquoi voulez-vous tuer votre maman? — R. Parce que je ne l'aime pas.

« D. Pourquoi ne l'aimez-vous pas? — R. Je n'en sais rien.

« D. Vous a-t-elle maltraitée? — R. Non...

« D. Vous avez un petit frère? — R. Oui.

« D. Il est en nourrice et vous ne l'avez jamais vu? — R. Oui.

« D. L'aimez-vous? — R. Non.

« D. Voudriez-vous qu'il mourût? — R. Oui.

« D. Voulez-vous le tuer? — R. Oui. J'ai demandé à papa de le faire venir de nourrice, pour le tuer. »

Sans doute, dans ce dernier exemple, on a affaire à une volonté criminelle plutôt qu'à une véritable folie. Cependant l'obstination de l'enfant, son attitude pleine de sang-froid et de cynisme, l'absence même de motifs suffisants pour expliquer chez elle l'idée fixe du meurtre, tout autorise à considérer sa perversité comme un cas de pathologie mentale.

(1) Maudsley, *op. cit.*, p. 287.
(2) Esquirol, *op. cit.*, p. 360 et suiv.

Le Dr Prichard, qui, comme on sait, a le premier déterminé avec netteté les caractères de la folie morale (*moral insanity*), cite l'observation suivante : « Une fillette de sept ans s'était montrée, jusqu'à cet âge, douce, gaie, affectueuse, très intelligente, lorsqu'elle fut renvoyée chez elle par ses maîtres, à cause du grand changement survenu dans sa conduite. Elle était devenue grossière, indocile, ingouvernable. Son appétit s'était perverti au point qu'elle préférait les légumes crus à sa nourriture habituelle. Sa santé s'altéra. Seules ses facultés intellectuelles échappaient au mal. L'enfant du reste guérit au bout de deux mois (1). » Cet exemple est particulièrement intéressant, parce qu'il nous montre la folie morale envahissant soudain un caractère jusque-là bien réglé, une intelligence déjà éveillée, et procédant par accès passagers, à la façon de la plupart des maladies physiques ou mentales.

Il serait trop long de reproduire ici tous les cas de caractères maladivement viciés que présente l'enfance (2).

Sans vouloir faire de tous les espiègles des fous, sans imputer à la folie toutes les bizarreries de la sensibilité, nous n'hésiterons pas à dire, et l'art de l'éducation doit en faire son profit, que les excentricités des enfants ont souvent un principe morbide. J. Crichton Browne a recueilli des faits de kleptomanie, de pyromanie, de dipsomanie, de pantophobie, chez de tout jeunes enfants (3). La méchanceté acquiert souvent de telles proportions, dans ces débiles natures, qu'elle doit être considérée plutôt comme une maladie que comme un vice. Browne raconte l'histoire d'un jeune gentilhomme anglais, qui était animé de tels instincts de cruauté que, pour l'occuper, son père dut le renvoyer à la campagne et lui donner les fonctions de boucher chez ses fermiers. Son plus grand plaisir était de tuer, en

(1) Prichard, *On insanity*, 1835, p. 55.

(2) Citons encore les observations suivantes, qui appartiennent à la même catégorie : 1° Une fillette de huit ans, dont les sentiments affectifs avaient subi une perversion complète; on lui entendait souvent dire que, pour avoir les vêtements de sa grand'mère, elle la tuerait. Peu à peu, cette jeune fille guérit, et il ne resta d'autre trace de son ancien état qu'une propension à la tristesse (Voyez *Annales médic.-psychol.*, 1867, I, p. 331); 2° un garçon de six ans, observé par John Mislar (voyez le journal anglais, *The Lancet*, 21 mai 1863), qui fuyait les caresses de ses parents et n'y répondait que par des accès de violence. Sa sœur vint à mourir : l'enfant mit le feu au berceau où reposait le cadavre de la pauvre morte. Son goût était complètement dépravé et paraissait s'accommoder de sel et d'arêtes de poisson.

(3) Voyez *The Journal of mental science*, avril 1860.

les martyrisant, des poules et des lièvres. Lorsque les ouvriers dressaient des échafaudages pour travailler à leurs constructions, l'enfant s'ingéniait de toutes les manières possibles pour les faire tomber (1).

On voudrait croire tout d'abord que la folie suicide ne fait pas de victimes parmi les enfants. L'idée de la mort volontaire et le caractère de l'enfance semblent incompatibles. Comment est-il possible que l'être à peine créé aspire à se détruire, à se renier lui-même, que l'instinct de la conservation ne sorte pas victorieux des crises auxquelles est soumise la sensibilité enfantine? Et cependant les statistiques prouvent que le suicide de l'enfant, quoique rare, n'est pas, tant s'en faut, un fait exceptionnel. C'est que les douleurs puériles, que notre indifférence dédaigne trop souvent, peuvent atteindre un degré de vivacité inouï. Nous ne savons pas comprendre les enfants ; nous jugeons d'eux d'après nous-mêmes. Nous ne nous rendons pas compte que des causes futiles peuvent développer, dans ces cœurs naïfs, des émotions violentes qui égalent nos plus grandes douleurs. Ce qui est une égratignure pour l'homme fait devient une profonde blessure pour l'enfant. Nous ne nous imaginons pas tout ce qu'il peut y avoir de colère ou de frayeur dans les pleurs d'un enfant, tout ce que son attitude muette recèle parfois d'angoisse et de désespoir. Comme le disait déjà Malebranche, « une pomme et des dragées font dans le cerveau d'un enfant des impressions aussi profondes que les charges et les grandeurs en font dans celui d'un homme de quarante ans ». Il en est de l'âme des enfants comme de l'esprit d'un homme endormi, où les plus petites sensations se transforment et acquièrent d'énormes proportions. Des gronderies trop dures pour une faute légère, une déception subite pour un plaisir promis ou pour une récompense attendue, des impressions trop vives devant un spectacle qui nous laisserait froids, la cause la plus frivole enfin peut troubler assez profondément l'enfant pour le déterminer à cette résolution extrême du suicide, qui contient toujours quelque chose de morbide.

On consultera avec fruit sur ce sujet l'étude publiée, en 1855, dans les *Annales médico-psychologiques*, par le Dr Durand-Fardel (2). L'au-

(1) Le Dr Paul Moreau cite un enfant de quatre ans qui s'arma d'un couteau et, se penchant sur le berceau d'un nourrisson de dix mois, lui fit à la figure d'atroces mutilations (*op. cit.*, p. 256).

(2) *Annales médico-psychologiques*, 1855, I, p. 61-73. *Étude sur le suicide chez les enfants*, par le Dr Max. Durand-Fardel.

teur y rapporte plusieurs exemples de suicides d'enfants. « Nous avons réuni nous-même, dit-il, 26 exemples d'enfants suicidés ayant de 5 à 14 ans, 1 avait 5 ans, 2, 9 ans; 2, 10 ans; 5, 11 ans; 7, 12 ans; 7, 13 ans; 2, 14 ans. » Les *Comptes généraux de la justice criminelle*, de 1835 à 1844, établissent de leur côté que, sur 25,760 suicides observés en France, 129 ont eu lieu avant l'âge de 16 ans.

La progression fatale qu'on a constatée dans le nombre des suicides, et qui paraît être la loi des sociétés vieillies et des civilisations avancées, est vraie pour tous les âges. A Berlin, de 1788 à 1797, on ne comptait qu'un seul suicide d'enfant; de 1798 à 1805, la statistique en signale 3; de 1812 à 1821, le chiffre s'était élevé à 31. En France, de 1871 à 1875, il y a eu 175 suicides d'enfants de 7 à 16 ans (1).

L'étude des causes du suicide est toujours navrante : chez les enfants, elle est particulièrement instructive et curieuse. Rien de plus futile parfois que les motifs qui agissent sur les faibles cervelles de ces suicidés de huit ou dix ans. Un garçon se tue de chagrin, vers la neuvième année, parce qu'il a perdu un oiseau favori; un autre, vers le même âge, parce qu'il a été le douzième dans sa classe. Dans d'autres cas, les causes sont plus graves : le froissement des affections filiales, un précoce sentiment de l'honneur déterminent la mort volontaire. Des enfants se sont tués, parce qu'ils avaient perdu leur mère, parce qu'on les avait appelés voleurs. Les mauvais traitements, les réprimandes sévères, les punitions agissent plus souvent encore et dégoûtent l'enfant de la vie. Dans certaines circonstances, la cause du suicide reste mystérieuse, et c'est alors surtout que la résolution suprême peut être attribuée à une impulsion morbide et folle, plutôt qu'à une inspiration réfléchie. Esquirol cite un enfant qui, avant de se tuer, avait écrit ces paroles bizarres, évidemment empreintes d'exaltation maladive : « Je lègue mon âme à Rousseau et mon corps à la terre! » Un autre attente à ses jours, parce qu'il n'a pas assez d'air pour respirer à son aise!...

Une observation intéressante est celle des suicides qui n'ont été accomplis que dans l'âge mûr, après avoir été tentés à plusieurs reprises dans la première enfance. Esquirol mentionne une femme qui avait essayé de se noyer à neuf ans, et qui se jeta de nouveau dans la rivière à quarante. « Je connais dans ce moment, raconte

(1) Voyez P. Moreau (de Tours), *op. cit.*, p. 252.

Gall, une demoiselle très instruite et bien élevée, qui déjà, à l'âge de quatre ou six ans, quand ses père et mère l'enfermaient pour la punir, avait conçu l'envie de se détruire. Elle attend toujours la mort (1)... »

On ne saurait trop le répéter, pour la folie suicide, comme pour l'hallucination, comme pour les diverses formes de la folie, le germe du mal qui éclate à un moment donné, à l'âge de la maturité, couve longtemps inaperçu pendant les années de l'enfance et de la jeunesse. Il y a une éducation de la folie, si je puis dire, comme il y a une éducation de la sagesse ; et les manifestations morbides des esprits troublés, à part quelques exceptions, ne s'improvisent pas plus que les œuvres les plus parfaites des intelligences bien réglées.

IV

Nous avons montré que la plupart des formes de la folie se rencontraient chez l'enfant, que sa sensibilité et sa volonté pouvaient être atteintes, comme son intelligence, comme sa perception extérieure, comme son activité musculaire. Seulement l'enfant, n'étant pas capable de mettre immédiatement en jeu dans la plénitude de leurs forces ses facultés mentales, il y aura, chez lui, comme une évolution de la folie, une succession des diverses espèces morbides, depuis les convulsions des muscles et les hallucinations des sens jusqu'au délire de l'intelligence et de la volonté (2). De plus, et pour la même raison, les types essentiels de la folie, qui sont de tous les âges, ne se produiront dans l'enfant que sous des formes adoucies et de moindre proportion. Ils présenteront les mêmes symptômes que chez l'adulte, mais en raccourci. Nous avons déjà eu occasion de dire ailleurs que les opérations mentales, à l'état normal, différaient de l'enfant à l'homme, plutôt en quantité qu'en qualité ; le raisonnement est moins puissant, mais il procède de même ; l'imagination n'a pas la même envergure, mais son vol est le même. Eh bien ! il en est de l'action irrégulière et désordonnée des facultés de l'enfant comme de leur exercice normal : on y démêle déjà, comme en abrégé et en petit, les perturbations qui caractérisent l'aliénation

(1) GALL, *Sur les fonctions du cerveau*, 1825, t. IV, p. 338.

(2) « La folie systématisée est extrêmement rare dans l'enfance, parce que le moi, à cet âge, n'est pas encore assez développé pour pouvoir présenter une perversion durable et radicale » (MOREAU, p. 292).

de l'homme fait. La folie de l'enfant est l'image affaiblie, mais l'image exacte, de la folie de tous les âges.

Il n'est pas question cependant de retrouver dans la nature enfantine toutes les variétés de la folie, toutes les combinaisons bizarres, tous les amalgames fantasques, auxquels peuvent donner lieu, dans un cerveau détraqué, les divagations de l'intelligence et le dérèglement de la sensibilité. Ce qu'on trouve surtout chez l'enfant, ce sont, si je puis dire, les éléments de la folie, hallucinations, délire simple, impulsions maladives; éléments dont la nature se servira plus tard pour ourdir le tissu de tant de formes douloureuses et compliquées de la folie. L'enfant échappe, naturellement, aux aliénations que détermine l'alcoolisme (1), à celles qui proviennent de l'abus des passions, à beaucoup d'autres encore. Certaines plantes vénéneuses ne croissent que sur des terrains appropriés. Il y a de même des folies liées à certains états sociaux, à certains degrés de civilisation; il y a aussi des folies contemporaines de tel ou tel âge.

Remarquons d'ailleurs que les aliénistes de notre temps cèdent peut-être à une tendance fâcheuse, quand ils multiplient sans nécessité les espèces morbides, quand ils subdivisent indéfiniment leur sujet et fondent sur d'imperceptibles nuances des catégories nouvelles. La science de l'aliénation mentale attend encore son Darwin, un Darwin modéré qui dans la multiplicité des faits établisse un petit nombre de points de repère et ramène à l'unité les espèces à tort distinguées. Le jour où aura été fait ce travail de réduction et de simplification, nous sommes certain qu'on reconnaîtra plus aisément encore qu'aujourd'hui chez les enfants l'existence des formes principales, des formes typiques de la folie.

En attendant, ce qui importe le plus, c'est, tout en examinant les faits en eux-mêmes, d'insister sur les causes qui les produisent. Importante à tout âge, l'étiologie de la folie l'est particulièrement pour l'enfance, parce que dans une nature encore jeune, dont l'éducation n'est pas faite, dans un cerveau encore tendre, dont le développement n'est pas complet, le remède du mal est peut-être plus facile à trouver.

Les causes de la folie sont infiniment variées, comme la folie elle-même. Comment s'étonner qu'un fait aussi complexe, qui parcourt toute la gamme des sentiments humains, qui altère séparément cha-

(1) Il n'échappe pas, bien entendu, à celles que lui communique parfois l'alcoolisme des ascendants, et nous en avons cité des exemples.

que partie de l'âme ou toutes les parties à la fois, qui est toujours mêlé d'éléments physiologiques et d'éléments moraux, qui est constitué en même temps par une lésion organique et par une affection mentale, soit le résultat d'une multitude de principes? Ces causes sont tantôt morales, tantôt physiques. Les aliénistes admettent pour la plupart la prédominance, et cela dans une proportion assez considérable, des causes morales. Pour la folie de l'enfance, nous croirions volontiers, à raison de la nature d'un être où la vie morale est à ses débuts, que le rapport est renversé et que les causes physiques prédominent.

Voici quelques exemples de désordres intellectuels uniquement déterminés par des accidents matériels et des maladies physiques: Fr. Engelken parle d'un enfant de dix ans atteint de chorée, et consécutivement de délire, à la suite de l'extraction d'une dent (1) Forbes Winslow cite le cas d'un garçon de six ans, qui fut atteint de convulsions et pris d'un accès de manie, pendant la dentition (2). Nous avons déjà relaté l'observation d'un enfant qui devint maniaque à la suite de la vaccination. Chez d'autres, la folie succède à la petite vérole (3), à la fièvre typhoïde (4). Guislain a observé une petite fille de sept ans, dont les accès maniaques furent provoqués par un coup reçu à la tête. « L'exemple le plus frappant d'aliénation mentale chez les enfants qu'il m'ait été donné d'observer, écrit le Dr Morel, est celui d'une petite fille de onze ans, qui, après la répercussion d'une maladie du cuir chevelu, éprouva des accidents choréiques, et donna bientôt le spectacle d'une véritable fureur maniaque (5). » Les lésions matérielles et le développement anormal du cerveau sont aussi, chez l'enfant, comme à tout âge, des causes de folie. Ideler mentionne une fillette de onze ans atteinte de mélancolie et dont la tête avait un volume exagéré (6). Le cerveau des enfants est normalement d'une mollesse excessive; et bien qu'il ne faille pas assimiler l'enfant et le vieillard, — ce qui serait, selon les expressions un peu trop poétiques d'un aliéniste distingué (7),

(1) *Allgemeine Zeitschrift für Psychiatrie*, V, p. 373.
(2) *Ibid.*, VIII, p. 380. « La première dentition, dit Esquirol, en causant des convulsions aux enfants, les prédispose à la folie. »
(3) FOVILLE, *Dictionnaire de médecine*, 1829.
(4) Cité par Esquirol.
(5) MOREL, *Traité des maladies mentales*, 101.
(6) *Annales de charité*, Berlin, 1853.
(7) RENAUDIN, *Études médico-psychologiques*, 1854, p. 13.

confondre la rose effeuillée avec le bouton prêt à s'épanouir », — on ne saurait méconnaître qu'il y a dans ce fait comme une prédisposition à la folie; le ramollissement cérébral étant, comme on sait, une des causes habituelles de la démence sénile (1).

On n'est pas en peine non plus pour citer des cas où les causes morales ont agi, particulièrement la frayeur. Vering, Vogel, mentionnent des petites filles devenues folles à la suite d'une émotion de peur : l'une d'elles fut prise de l'idée fixe de tuer sa belle-mère que jusque-là elle avait aimée tendrement (2). Les terreurs superstitieuses, une exaltation précoce des sentiments religieux, la peur de l'enfer, la démonomanie, ont aussi une part d'influence. Une fillette de neuf à dix ans, dont les parents avaient surexcité l'imagination par des images trop vives de la vie future, vit un soir le diable lui apparaître : elle poussa un grand cri et tomba sans connaissance (3). Les épidémies de folie religieuse n'ont pas été épargnées à l'enfance; au dixième et au onzième siècle, on a vu se former des rassemblements d'enfants qui abandonnaient leur famille et leur patrie pour faire le pèlerinage de la Terre Sainte. En 1605, les enfants du pays de Labour, entraînés par l'exemple de leurs parents, furent atteints d'hallucinations et d'extases (4). Pendant les guerres religieuses des Cévennes, on vit jusqu'à sept ou huit mille enfants réunis qui prophétisaient avec l'exaltation la plus grande (5).

Dans bien des cas, la cause de la folie enfantine n'est ni exclusivement physique, ni exclusivement morale. L'aliénation des facultés morales succède à une maladie nerveuse. Quand on sait quel rapport étroit unit les différentes perturbations du système nerveux, on ne sera pas étonné d'avoir à constater que, chez l'enfant comme chez l'homme, la chorée, l'épilepsie, l'hystérie, les différentes névroses en un mot, n'apparaissent guère qu'avec leur cortège ordinaire de troubles intellectuels et de symptômes délirants.

Mais on commettrait une grave méprise si l'on attribuait seulement

(1) La méningite, d'autre part, c'est-à-dire l'irritation directe de la substance cérébrale, peut provoquer, soit un délire aigu, bruyant, soit la suppression des fonctions cérébrales, (V. Moreau (de Tours), *op. cit.*, p. 129.)

(2) *Psych. Heilkund.*, II. Leipzig, 1818, *Rust's Magazine*, XII, 1822.

(3) Crichton Browne, *On Insanity*, vol. XI, p. 15.

(4) Voyez Calmeil, *De la folie considérée au point de vue pathologique, historique*, etc., t. II, p. 434.

(5) Le Dr Moreau (de Tours) cite une école de jeunes filles où, une fillette de quatre ans ayant été prise d'un accès de convulsions épileptiformes, toutes ses camarades furent prises de convulsions analogues.

la folie des enfants aux accidents qui les frappent, aux maladies nerveuses ou autres qui les atteignent après leur naissance, aux défauts d'une éducation qui peut de bonne heure fausser leur intelligence et vicier leur sensibilité. Il faut le plus souvent remonter au delà de la naissance, jusqu'à la période de gestation de l'enfant, jusqu'aux émotions ressenties par la mère pendant la grossesse. Un observateur nous rapporte que, sur quatre-vingt-douze enfants nés pendant le siège de Landrecies, seize moururent en naissant, trente-cinq languirent quelques mois, une dizaine furent idiots (1). Il faut aller plus loin encore et rechercher dans les habitudes des parents, dans les tempéraments de la famille et de la race, le principe morbide qui désorganisera les facultés morales de l'enfant.

C'est particulièrement chez les individus issus de parents adonnés aux boissons, qu'il est facile de reconnaître l'influence fatale que les vices du père ou de la mère exercent sur la santé morale, comme sur la santé physique des descendants. Presque tous les enfants nés dans ces conditions meurent, en bas âge, de convulsions, ou bien, s'ils survivent, restent toute leur vie hystériques ou épileptiques (2). Le Dr Hippolyte Martin a étudié quatre-vingt-trois familles, chez lesquelles un ou plusieurs membres présentaient une surexcitation nerveuse d'origine alcoolique. « Sur quatre cent dix enfants nés de ces familles, cent huit, c'est-à-dire plus du quart, ont eu des convulsions, et au bout de quelques années cent soixante-neuf étaient morts, tandis que deux cent quarante et un vivaient encore; mais quatre-vingt-trois, c'est-à-dire plus du tiers des survivants, étaient épileptiques (3). »

Si des parents, par cela seul qu'ils ont eu l'habitude de l'ivrognerie, peuvent transmettre à leurs enfants une vie dégénérée, un tempérament nerveux dont la faiblesse et l'excitabilité sont une prédisposition et comme un appel aux convulsions, à l'épilepsie, enfin à toutes les altérations mentales; à combien plus forte raison est-il inévitable que des parents déjà fous, dont l'aliénation est déclarée, laissent en héritage à leurs descendants une sorte de manie instinc-

(1) Conférez Moreau (de Tours) : Les troubles d'évolution si nombreux et la mortalité exceptionnelle observés chez les enfants nés, à Paris, pendant les derniers mois de 1871, les fait désigner dans la population ouvrière sous le nom d'*Enfants du siège* (*op. cit.*, p. 31).

(2) Combe, *On the menagement of infancy*, p. 76.

(3) Voyez *Annales méd.-psychol.*, 1879, I, p. 48. *De l'alcoolisme des parents considéré comme cause d'épilepsie chez leurs descendants*, par le Dr Hippolyte Martin.

tive et de folie innée! « J'ai constamment observé pour ma part, dit le Dr Morel, que les enfants d'un père ou d'une mère aliénés présentaient, dès l'âge le plus tendre, des anomalies du côté des fonctions nerveuses, qui étaient les signes les plus certains d'une dégénérescence ultérieure, lorsque rien n'était fait pour combattre un danger aussi redoutable (1). »

L'hérédité est donc la cause la plus fréquente, quoique la plus obscure, de la folie chez les enfants. Ce n'est pas dans les mauvais traitements d'une belle-mère acariâtre, dans les petites déceptions de la vie enfantine, dans la brutalité d'un maître d'école, qu'il faut chercher le plus souvent le principe du mal ; la déviation des facultés a une origine plus lointaine. Par une sorte de sélection fatale, qui n'a rien de conforme à celle qu'on nous représente comme la cause du progrès dans le monde, le mal se transmet et s'aggrave d'une génération à l'autre. Une simple crise nerveuse, chez un grand-père, peut devenir, chez le fils, une disposition mélancolique ou maniaque, chez le petit-fils, un état d'idiotie et d'imbécillité absolue. Les phénomènes morbides, plus encore que les états normaux de la conscience humaine, manifestent la force de cette loi d'hérédité, qui transmet le mal plus aisément que le bien, et qui devient de plus en plus la formule scientifique d'une vérité que les religions ont pressentie, puisqu'elles l'ont exprimée par le dogme du péché originel. Il ne faut pas d'ailleurs se méprendre sur les caractères de cette loi. D'une part, on peut lutter avec succès contre les dispositions qu'elle transmet : le mal n'est pas toujours incurable. D'autre part, elle n'est elle-même que le résultat de l'emploi libre que les parents ont fait de leur volonté. Il y a eu, dans la vie des ascendants, dans le passé de la famille, une série d'actes déréglés dont la postérité portera la peine; il y a eu parfois un jour, une heure où s'est joué le sort de la famille entière, de sorte qu'une véritable solidarité morale lie les parents aux enfants, et que l'hérédité, malgré son faux air de fatalité, a encore la liberté pour principe.

(1) *Annales médico-psychologiques*, 1857, p. 466.

CHAPITRE XVI

LE SENTIMENT DU MOI ET LA PERSONNALITÉ

I. Examen de la théorie de M. Preyer sur le développement du sentiment du moi. — L'observation faite par l'enfant de son propre corps, et la reconnaissance de l'image dans un miroir. — Le rôle du langage dans la constitution du moi. — Opinion de M. Romanes et de M. Luys. — Le sentiment du moi précède certainement l'emploi des mots *je* et *moi*. — Le langage précise la notion du moi, mais ne la constitue pas. — Évolution de l'idée du moi. — Les états de conscience. — La mémoire, grâce à la répétition, au renouvellement des états de conscience, les relie les uns aux autres. — L'unité et la continuité du moi dérive de la coordination, de l'intégration des souvenirs. — Le rôle de l'activité volontaire dans le développement de la personnalité. — Comment l'éducation elle-même concourt à former chez l'enfant la personnalité et la conscience qu'il en a. — II. La loi générale du développement graduel. — Qu'il y a pourtant des moments de transition brusque, des éclosions soudaines. — Que la conscience ne nous révèle pas entièrement le fond de notre être. — La physiologie de l'enfant. — La métaphysique de l'âme de l'enfant. — L'évolution des facultés de l'enfant est plus ou moins rapide. — Causes principales de ces différences. — Le sexe joue-t-il un rôle dans l'évolution intellectuelle et morale des premières années? — Influence de l'éducation. — Que le petit enfant ne peut être assimilé à l'animal. — Les facultés de l'enfant diffèrent de celles de l'homme *quantitativement*, plus que *qualitativement*. — Conclusion.

I

La théorie de M. Preyer sur les origines et le développement du « sentiment du moi » est des plus intéressantes, et elle mérite d'être examinée; elle est incomplète, et par conséquent fausse, mais, si elle ne tient pas compte de tous les faits, les faits sur lesquels elle s'appuie sont exacts et ingénieusement observés (1).

M. Preyer commence par rechercher comment l'enfant acquiert la connaissance de son propre corps et à quels signes on reconnaît

(1) M. Preyer, p. 439-453.

qu'il l'a acquise. C'est par les impressions douloureuses surtout que lui serait d'abord révélée la distinction du sujet et de l'objet, et qu'il parviendrait à considérer, comme lui appartenant, les différentes parties de son être qu'il voit et qu'il touche, et où il ressent en même temps des sensations de douleur. Mais M. Preyer insiste surtout, dans ses observations, sur la façon dont l'enfant se regarde lui-même ou regarde son image dans un miroir. Et d'après lui, il suffirait que l'enfant se distinguât de son image réfléchie dans la glace, pour qu'on pût dire qu'il est passé « de l'état où le sentiment du moi n'existe pas à l'état où le moi est bien développé, où il est distingué de son image comme de l'image et de la personne des autres, et où cette distinction est consciente ».

Il y a, semble-t-il, quelque confusion dans la pensée du physiologiste allemand. L'observation de l'image est sans doute la preuve que l'enfant a déjà acquis dans une certaine mesure la connaissance de son corps, puisqu'il le reconnaît dans l'image que reproduit la surface polie du miroir. Mais cette observation elle-même ne contribue en rien au développement du sentiment du moi : elle le suppose. Elle peut servir comme témoignage extérieur, pour constater un progrès accompli dans la conscience de l'enfant : mais elle n'est pour rien dans ce progrès. L'animal lui aussi se regarde dans un miroir; mais les singes et les chats, quand on pose devant eux un miroir, prennent leurs images pour d'autres singes, pour d'autres chats; et on les voit passer derrière le miroir, en faire le tour, comme pour les chercher. Cela prouve simplement qu'ils ne sont capables, ni d'assez d'attention pour s'être formé une représentation, une image mentale de leur propre corps, ni d'assez d'intelligence et de réflexion pour avoir l'idée de leur individualité personnelle. L'enfant au début en est au même point : « A la cinquante-septième semaine, dit M. Preyer, je place tout près du visage d'Axel une petite glace à main. Il voit son image, la regarde, et dirige sa main derrière le miroir : sa main s'agite comme pour chercher. » Quelques semaines après, au contraire, Axel sourit à son image, ou bien lui fait des grimaces. Il est manifeste qu'il croit avoir affaire à un sosie, à un autre lui-même; et jamais l'animal n'en vient là. Mais si l'enfant y arrive, c'est que précisément, pour d'autres causes et à raison des conditions particulières de sa conscience, il est assez vite en possession au moins d'un sentiment vague et confus de son existence personnelle. M. Preyer, en un sens, confond l'effet avec la cause. Il y a un cercle vicieux évident à dire que l'enfant qui reconnaît son image, ou qui se rend compte de son propre corps, puise dans ces deux faits l'idée de sa personnalité. Cette idée, il l'y apporte au contraire; c'est elle qui rend ces deux faits possibles, et pour dire « mon corps », « mon image », il est nécessaire que préalablement l'enfant ait plus ou moins la conscience du moi. Il faut donc chercher ailleurs les vraies origines de la personnalité.

Où M. Preyer a vu plus juste, c'est lorsqu'il se refuse à considérer le langage comme la source du sentiment du moi. Il se distingue en cela de nombre d'observateurs qui n'hésitent pas à dire que l'enfant acquiert ce sentiment en apprenant à parler, et notamment le jour où il parle de lui, non plus à la troisième personne, mais en employant les mots *je* et *moi*; où il dit, par exemple, non plus : « George est sage », « Marcel a faim », mais : « Je suis sage », « J'ai faim. »

M. Romanes, lui, n'hésite pas à faire dériver du langage la constitution du sentiment du moi. « Le changement de phraséologie de l'enfant, qui cesse de parler de lui-même en tant qu'objet, pour en parler en tant que sujet, se produit rarement et le plus souvent ne se produit pas avant la troisième année. Quand ce changement s'est effectué, nous avons des preuves définies d'une conscience véritable, bien que rudimentaire encore. Il est même probable que cette modification ne se ferait point aussitôt, si elle n'était favorisée par le « milieu social », car, comme le fait remarquer M. Sully, la relation du moi et du non-moi, comprenant celle qui existe entre le *je* et le *vous*, est constamment imposée à l'attention de l'enfant par le langage des autres (1). »

Mais c'est surtout chez M. Luys que nous trouvons nettement formulée la doctrine de ce nominalisme nouveau, d'après lequel le pronom *je* aurait la toute-puissance magique de créer le *moi*. « Les enfants, dit M. Luys, vers la deuxième et troisième année, parlent comme ils sentent. Ils se sont accoutumés à se voir comme un corps qui a une forme extérieure et qui occupe une place déterminée dans l'espace. Leur nom lui-même n'est pas encore assimilé et complètement incarné en eux, comme expression concrète de tout leur être. Ils conservent encore une certaine nuance d'objectivité; dans les formes primitives de leur langage, ils parlent d'eux-mêmes à la troisième personne, comme s'il s'agissait d'une personne étrangère à

(1) M. Sully, *op. cit.*, p. 377.

eux, et manifestent leurs émotions ou leurs désirs suivant cette formule simple : « Paul veut telle chose », « Paul a mal à la tête. » Ce n'est que peu à peu, et en quelque sorte par l'effet des efforts incessants d'une trituration continue, qu'on arrive à lui apprendre que l'ensemble de sa personnalité, constituée à l'état d'unité, peut revêtir une autre façon abstraite que celle d'un nom propre, et que sa formule équivalente est représentée par les mots *je*, *moi*. Par un nouvel effort d'abstraction, le jeune être accepte inconsciemment cette donnée conventionnelle qu'on lui fournit toute préparée, et, comme elle est commode, expéditive, usuellement employée, il se l'approprie, la met en usage, et peu à peu s'en sert dans la conversation courante (1). »

La théorie de M. Luys, on le voit, tend à nous présenter l'idée du moi comme suggérée, comme soufflée à l'enfant par les mots *je* ou *moi*, qu'on lui aurait appris enfin à prononcer et à comprendre. L'enfant pour ainsi dire revêtirait sa personnalité, comme il revêt ses habits.

Il est aisé de répondre à ces nominalistes d'un nouveau genre, comme à tous les nominalistes, que le mot ne peut avoir de sens que s'il répond à une idée déjà existante, qu'il la suit, qu'il la précise, si l'on veut, mais qu'il ne la crée pas. C'est ce qu'a très bien vu M. Preyer, qui déclare erronée « l'opinion généralement répandue, d'après laquelle le sentiment du moi commencerait seulement à se constituer, quand commence l'emploi de *je* ou *moi* ». A n'en pas douter, l'enfant se connaît déjà vaguement lui-même, longtemps avant qu'il puisse conjuguer la première personne des verbes (2). Quand il se désigne par son nom propre, ce n'est pas le moins du monde qu'il se prenne pour un tiers : c'est seulement inexpérience de langage, imitation passive des expressions employées par ses parents, quand ils parlent de lui, quand ils disent « Paul est méchant », « Paul va se faire mal ». M. Preyer présente à ce sujet d'intéressantes observations : « Beaucoup d'enfants, de caractère très entêté et très personnel, ont un sentiment très développé du moi, sans que cependant ils se désignent eux-mêmes autrement que par leur nom ; et cela

(1) Luys, *le Cerveau et ses fonctions*, p. 190.

(2) M. Perez est du même avis : « Quoique le contraire soit généralement tenu pour vrai, dit-il, je ne puis admettre que, si les enfants parlent d'eux-mêmes à la troisième personne, c'est parce que la notion de leur personnalité et le terme qui l'exprime ne sont pas encore complètement dégagés de l'objectivité extérieure. » (*Les trois premières années de l'enfant*, p. 324.)

parce que leurs parents, lorsqu'ils parlent avec les enfants, se désignent eux-mêmes, non par *je* ou *moi*, mais par *papa*, *oncle*, *maman*, *grand'mère*, etc., de telle sorte que l'occasion d'entendre et d'employer les mots *je* ou *moi* ne se présente pas de très bonne heure. D'autres enfants, tout en les entendant souvent, en particulier dans la bouche d'enfants plus âgés, les emploient, il est vrai, mais sans les comprendre, et la preuve, c'est qu'ils y joignent leurs noms propres. » M. Preyer a donc raison de conclure que le sentiment du moi précède l'acquisition d'un langage approprié. « Seulement, en apprenant à parler, l'enfant précise la distinction des notions *je*, *moi*, *mien*; le sentiment le moi s'affirme et se développe, mais il ne se constitue pas. »

Jusqu'ici les résultats de notre analyse ont été négatifs, et nous avons à chercher ailleurs que dans les faits déjà mis en cause le principe de la conscience personnelle. Qu'est-ce que nous suggère M. Preyer? A vrai dire, dans sa conclusion définitive, rien autre chose que la doctrine des sensualistes, de ceux qui pensent que le moi n'est qu'une collection de sensations. Il y a, d'après lui, à l'origine, plusieurs consciences distinctes donnant chacune naissance à un moi. « Le moi cérébral, dit-il, est distinct du moi médullaire : l'un parle, voit, entend, goûte, flaire et sent; l'autre ne fait que sentir, et tous deux, à l'origine, sont entièrement distincts l'un de l'autre. » Mais deux *moi*, ce n'est pas assez dire : en réalité, il y en aurait autant que de sources diverses de perception. « Au début, quand les centres pour la vision, pour l'audition, pour l'odorat, pour le goût, sont encore imparfaitement développés dans le cerveau, chacun d'eux perçoit pour lui-même, les perceptions dans les divers domaines sensitifs n'étant pas encore associées les unes aux autres, de même que la moelle épinière, au commencement, ne communique pas avec le cerveau, ou ne communique avec lui que très imparfaitement (1). » Comment se ferait le raccord, la liaison de ces divers *moi* en un moi unique, c'est ce que M. Preyer ne saurait expliquer sérieusement. En effet, si chaque organe de perception par son exercice déterminait l'idée d'un moi distinct (ce qui d'ailleurs n'est pas, l'idée du moi supposant des conditions plus compliquées qu'une simple série de

(1) M. RIBOT croit lui aussi que « l'individualité est l'association et la condensation de consciences élémentaires, à l'origine autonomes et dispersées ». (*Les maladies de la personnalité*, p. 151.) « La conscience, dit-il encore, est une somme d'états. »

perceptions de même espèce), il nous paraît impossible de comprendre comment ces diverses consciences personnelles pourraient se rejoindre et se fondre, et aboutir à la conscience une et indivisible qui est le fondement de la véritable idée du moi. Le dédoublement du moi, de la personnalité, comme il se produit parfois dans les cas examinés par la psychologie morbide, est chose rare, exceptionnelle, et qui ne s'explique que par une perturbation de l'organisme. Mais comment admettre que chaque jour, dans les conditions régulières de l'existence, se renouvelle pour chaque nouveau-né le mouvement inverse : celui qui consisterait à unifier des *moi* distincts, six à sept *moi* pour le moins ? M. Preyer se contente, pour résoudre la difficulté, dont il ne paraît pas d'ailleurs soupçonner l'importance, de faire valoir que les impressions sensitives deviennent vite simultanées, que l'enfant à la fois flaire et touche, voit et entend, voit et touche, etc. Il en résulterait un lien, un rapport, entre les divers centres de perception, ce que M. Preyer appelle « des liens d'association intercentraux ». Mais si M. Preyer se rapproche ainsi de l'unité, il ne l'atteint pourtant pas encore. Il faudrait tout au moins, pour que l'édification du moi fût possible d'après ces principes, que dans un seul et même moment l'individu sentant développât tous ses sens à la fois, que toutes les fonctions que la conscience rapporte au moi fussent appelées à s'exercer dans une sorte de vibration unique et commune. Or, il n'en est rien, nos impressions sont successives ; elles s'égrènent l'une après l'autre dans la durée ; elles peuvent tout au plus se produire par couples de deux, et je ne sais même pas s'il y a jamais réellement simultanéité. En tout cas, à aucun moment ne se produit cette concentration, cette condensation, dans un *sensorium* unique, de toutes les différentes sensations et perceptions dont un individu humain est capable.

Et cela est si vrai qu'en fin de compte M. Preyer aboutit à nous présenter le sentiment du moi comme n'étant qu'une abstraction, et, par suite, comme ne correspondant pas à une réalité. « Cette notion abstraite du moi, qui n'appartient qu'à l'adulte qui pense, n'existe, comme toutes les autres notions abstraites, que par des représentations isolées desquelles elle résulte ; il n'y a de forêt que s'il y a des arbres. » Le moi serait donc un pur abstrait, pas même une collection d'états particuliers : « Le moi, qui n'est pas une unité, dit M. Preyer, est encore moins une somme (1) ; » et la conséquence en

(1) Il semblerait pourtant résulter de la comparaison qu'emploie M. Preyer, et

serait que l'enfant ne peut s'élever à l'idée supérieure du moi. Les *moi* secondaires, correspondant aux domaines sensitifs isolés, ne sont pas encore fondus chez le jeune enfant ; il n'y a pas unité, parce qu'il lui manque encore les liens organiques ; traduisez ce langage psychologique : il lui manque encore la faculté d'abstraction.

Nous restons convaincu tout au contraire que l'enfant est capable d'assez bonne heure de se connaître, de se distinguer comme une personne, et cela parce qu'il est en réalité une personne. L'idée du moi n'apparaît que le jour où le moi est constitué ; or, le moi se constitue, dans la mesure que comporte la faiblesse intellectuelle de l'enfant, lorsque les états de conscience successifs ont été reliés par la mémoire, et une fois constitué, il se développe et se fortifie lorsque l'activité volontaire est venue animer la conscience.

Le point de départ de l'évolution de l'idée du moi, c'est évidemment le fait conscient. Mais une multitude de faits conscients se déroule bien avant que le moi apparaisse (1). La conscience en effet, ou pour parler plus exactement, le fait d'être conscient pour un phénomène quelconque, ne constitue pas essentiellement pour ce phénomène l'attribution au moi, et n'entraine pas *ipso facto* la distinction du sujet et de l'objet. On pourrait soutenir que ces états de conscience, ces sensations et ces perceptions, malgré la diversité des objets qu'ils présentent à l'enfant, ont tous un caractère commun,

que nous avons citée trois lignes plus haut : « Il n'y a de forêt que s'il y a des arbres », — que le moi est comme la forêt, la somme de tous les éléments qui la composent. Il y a, il faut en convenir, quelque obscurité dans le langage de M. Preyer.

(1) « Ce n'est pas la conscience que nous dénions au nouveau-né, c'est la conscience du moi. Il est évident qu'il a des sensations, mais il ne les localise pas... Sans doute les sensations qui proviennent de points différents du corps doivent avoir chacune un caractère spécial ; mais pour apprendre à les distinguer et à les attribuer à un point plutôt qu'à un autre, une longue expérience est indispensable ; la fréquente répétition de ces sensations doit rendre possible leur reproduction subjective associée à l'image de la partie du corps dont elles proviennent. L'enfant ne peut donc arriver que peu à peu à se former une topographie de plus en plus complète de son propre corps. Or, comme toutes les parties de notre corps sont mises en communication entre elles au moyen des centres nerveux, comme ceux-ci reproduisent subjectivement l'image de plusieurs de ces parties ou de leur totalité, lorsqu'une seule est excitée, comme enfin cette reproduction est nécessairement la plus fréquente de toutes, le *moi* prend l'habitude de se considérer comme un individu, comme un tout *un* et *indivisible*. Mais pour qu'il ait aussi le sentiment de la continuité du moi, il faut que la mémoire soit arrivée à un haut degré de développement, ce qui ne peut arriver que beaucoup plus tard. » (HERZEN, *Revue philos.*, 1878, II, p. 380.

celui d'être sentis, d'être conscients, et que par suite, de la comparaison de ces phénomènes tous semblables en un point, se dégagerait lentement l'idée de leur ressemblance, qui serait précisément l'idée du moi. Mais cette opération ne serait possible que si les états de conscience comparaissaient tour à tour, pour ainsi dire, devant une âme toute formée, capable de saisir et de juger des rapports. Or, cette hypothèse est inadmissible.

Mais les états de conscience successifs ont un autre caractère, celui de se reconnaître eux-mêmes, quand ils se renouvellent. C'est la mémoire qui rejoint ces consciences dispersées, éparpillées dans chacun des actes successifs de la sensibilité et de la perception. Et c'est presque un truisme d'ajouter que la mémoire ne peut jouer ce rôle que parce que les mêmes faits de conscience se répètent et reparaissent. « La conscience de soi, dit M. Fouillée, exige que la même sensation ou représentation *se répète*; elle suppose une sorte d'intégration d'éléments semblables, une organisation des ressemblances au sein des différences (1). » C'est une conjecture permise que de se demander ce qu'il adviendrait du moi et si le sentiment du moi réussirait à s'organiser, au cas où le spectacle de la conscience changerait sans cesse et ne comporterait point le retour des mêmes impressions.

Nous éprouvons tous, chaque jour du fait d'un sommeil profond, d'un sommeil sans rêves, une interruption, une coupure, pour ainsi dire, dans la continuité de notre conscience (2). Or, au réveil, n'est-il point vrai que, pendant quelques instants tout au moins, nous n'éprouvons qu'un sentiment confus de l'existence, ne distinguant plus nettement notre moi? Il nous faut quelques minutes pour reprendre pied, en quelque sorte, dans le courant de la vie consciente, pour ressaisir notre existence personnelle et rejoindre à notre dernier état conscient de la veille, celui qui a précédé notre assoupissement, les premières consciences de notre réveil. Si, par exemple, nous avons dormi pour la première fois dans une chambre d'hôtel, où aucune sensation ne nous est familière, où des objets nouveaux se présentent à nous, où nous ne retrouvons pas les perceptions habituelles de la chambre que nous habitons d'ordinaire, ni les mêmes rideaux, ni les mêmes fenêtres, ni la même tapisserie, où en un mot la mémoire

(1) Fouillée, *l'Évolutionisme des idées-forces*, 1890, p. 46.

(2) Cela est encore plus vrai au sortir d'une syncope, d'un évanouissement.

ne nous rappelle rien, nous avons plus de peine encore à rentrer en possession de notre moi (1).

L'enfant traverse un état analogue à celui que nous venons de décrire. Et ce qui chez l'adulte, passant du sommeil à la veille, ne dure que quelques instants, se prolonge chez l'enfant pendant des mois. De même qu'il y a un développement graduel de la conscience, des degrés à franchir pour passer de l'inconscient au conscient, de même il y a dans la conscience, elle aussi, une évolution lente pour passer d'un sentiment confus de l'existence à une idée nette du moi. C'est la mémoire qui joue dans cette élaboration le principal rôle. Le moi est pour ainsi dire une trame de souvenirs, un ensemble de souvenirs « emboîtés les uns dans les autres, » selon l'expression de M. Taine. L'unité, la continuité de la vie consciente, c'est la coordination des souvenirs qui seule la rend possible; et dans les phénomènes anormaux de la double conscience, le dédoublement de la personnalité a en effet pour caractère qu'aucun des souvenirs d'une des deux vies ne se représente dans l'autre.

Hâtons-nous d'ajouter que l'enfant ne trouve pas seulement le principe de la notion du moi dans l'association de ses souvenirs. C'est dans son activité volontaire (2), dans sa puissance d'attention, dans ses petits efforts journaliers, qu'il puise aussi le sentiment de sa personnalité naissante. Sur ce point M. Preyer nous fournit lui-même des armes, pour combattre la théorie qu'il soutient et qui tend à faire du moi une abstraction. Est-ce M. Preyer, est-ce Maine de Biran qui a écrit la page que nous allons citer, ou tout au moins la conclusion qui la termine? « Un fait assez important, dans le développement du sentiment du moi, c'est la perception d'une modification provoquée par l'activité propre de l'enfant dans les objets qu'il manie. C'est un jour capital pour la psychogenèse et, en tout cas, un jour très significatif dans la vie de l'enfant, que celui où il s'aperçoit des relations existant entre un mouvement qu'il exécute et une impression sensitive qui suit ce mouvement... Par exemple au cinquième mois, l'en-

(1) Ce n'est pas le seul cas où pour éclairer la psychologie de l'enfant il soit utile de faire appel à ce qui se passe dans notre conscience au moment du réveil. Par exemple, j'ai eu plusieurs fois en me réveillant l'impression que des objets relativement éloignés de mes yeux en étaient tout rapprochés : les yeux, quand ils se réveillent, ne savent plus se rendre compte des rapports dans l'espace.

(2) D'après Wundt la plus importante des conditions de la genèse de la conscience serait fournie par le sens musculaire, dans les actes de mouvement volontaire. (*Vorlesungen über die Menschen und Thierseele*, ch. XVIII.)

fant découvre, en déchirant un morceau de papier, le bruit qui en résulte. Il n'y a certes pas, à cette époque, de notion claire de causalité, mais l'enfant a vu par expérience qu'il peut être lui-même la cause d'une perception visuelle et auditive à la fois, puisque, quand il déchire le papier, il y a régulièrement amoindrissement des morceaux et bruit. La patience avec laquelle il continue à découper ainsi s'explique par la satisfaction qu'il éprouve à être une cause de modification, et à percevoir que la transformation si frappante d'un journal entier en de petits morceaux est due à sa propre activité (1).... » M. Preyer continue en citant un grand nombre d'autres exemples, où l'enfant se montre absorbé par des occupations en apparence dépourvues d'intérêt, comme de jeter des pierres dans l'eau, de porter d'un endroit à un autre des tabourets, d'aligner des coquilles, des pierres, des bonbons. « La satisfaction que ces occupations procurent à l'enfant doit être considérable ; elle repose sans doute sur le sentiment qu'a l'enfant de sa propre force et sur le sentiment orgueilleux de jouer le rôle de cause. Toutes ces occupations ne sont pas un jeu pur et simple, quand bien même on leur appliquerait ce nom : c'est de l'expérimentation. L'enfant qui d'abord, jouant comme un chat, ne s'amusait que de la forme, de la couleur et du mouvement, est devenu un *être causal*. Ici le sentiment du moi entre dans une phase nouvelle de développement. »

Cette observation que M. Preyer jette en passant, et qui n'est qu'un incident de sa théorie, pourrait bien être le fond de la question. L'individu ne devient une personne que quand au sentiment de son unité, de sa continuité, il ajoute la conscience d'être une force agissante (2). Le jour où, animé d'une hardiesse nouvelle, l'enfant s'échappe aux embrassements de sa mère pour marcher et courir tout seul, ce n'est pas seulement sa petite individualité extérieure qui s'affirme, dans cet acte de locomotion et de vie indépendante : c'est assurément aussi sa personnalité morale qui agit et se sent agir dans l'effort accompli. Plus l'enfant osera, plus il entreprendra, et plus grandira à la fois son être et la conscience qu'il en a. Quoi qu'on pense de son origine ultime, qu'elle soit l'épanouissement supérieur

(1) M. Preyer, *op. cit.*, p. 441 et suivantes.

(2) Conférez Tiedemann : « A dix-neuf mois l'individualité de mon fils, de plus en plus développée, se manifestait ainsi plus visiblement par le plaisir qu'il éprouvait à faire ce qui présentait quelque difficulté : se fourrer dans un coin étroit, prendre des positions périlleuses porter des choses lourdes, etc. »

de l'organisme, ou bien la manifestation directe d'une cause immatérielle, la conscience répond par sa force et par sa clarté à l'intensité de l'action qu'elle exprime.

Et voilà comment l'éducation peut concourir elle-même au développement de la personnalité de l'enfant, en respectant sa liberté, en excitant son initiative. Ce qu'il y a de plus intime en chacun de nous, ce qui par définition devrait échapper à l'action des influences extérieures et n'avoir son principe que dans les forces absolument spontanées de la nature, nous est une nouvelle preuve que le milieu social, le milieu familial tout au moins, ne perd jamais ses droits. L'enfant qui aura été élevé dans la contrainte, qui ne sera que l'instrument passif de la volonté de ses parents, dans son inertie docile et résignée, ne deviendra que difficilement une personne, s'il le devient jamais. Tout au contraire celui qui, livré à lui-même, dans la mesure que comportent les besoins de l'ordre et de la règle, se sera de bonne heure décidé à agir, à ses risques et périls, acquerra relativement vite le sentiment de sa personnalité; il connaîtra les plaisirs des petits triomphes remportés par son effort, les peines aussi du désappointement; et une excitation précoce de ses sentiments personnels engendrera les qualités qui en sont l'effet naturel, le courage, l'émulation, comme aussi les défauts qui leur font cortège, l'orgueil, l'ambition, l'opiniâtreté. Il ne faudrait pas croire d'ailleurs que l'éducation négative seule, j'entends celle qui se contente de laisser faire, soit favorable à l'éclosion de la personnalité. Les parents qui, par leurs paroles, par leurs actes, témoignent qu'ils suivent avec sympathie les moindres faits et gestes de leurs enfants, qui les louent quand ils font bien, qui les blâment quand ils font mal, sont aussi des éducateurs de la personnalité. « C'est quand l'attention de l'enfant est dirigée introspectivement dans un acte de réflexion sur ses propres actions, en tant que naissant de motifs bons ou mauvais, qu'il s'éveille à une plus pleine conscience de lui-même (1). »

II

L'évolution de l'idée du moi nous a fourni un dernier exemple de ce développement graduel et lent dont nous avons donné des preuves à chaque page de ce livre. Les faits de l'ordre mental, quels qu'ils

(1) M. Sully, *op. cit.*, p. 377.

soient, avant d'acquérir leur forme définitive, ont été depuis longtemps essayés, ébauchés dans la vie antérieure de l'individu. Rien ne se fait tout d'un coup, par je ne sais quel miracle de la nature. Et la loi générale dont la science constate l'action dans toutes les parties de son domaine, dans le développement de la plante, comme dans l'organisation du système nerveux chez l'animal, ne trouve nulle part une vérification plus éclatante que dans l'étude de la vie psychique de l'enfant. De l'inconscient au conscient, de l'état automatique à l'état volontaire, de la diffusion et de l'éparpillement des impressions à la concentration de tous les états de conscience autour d'un moi unique et identique, il y a une multitude de transitions insensibles et de petits progrès successifs.

Dans cette évolution lente d'une conscience qui s'éclaire par lueurs graduées, il y a cependant des moments de crise brusque, de progression rapide et pour ainsi dire instantanée. « Il y a des raisons de penser, dit M. Romanes, que, quand le développement de la conscience a atteint un certain point, il fait dans ses progrès un bond soudain, que l'on peut considérer comme étant dans l'évolution de l'esprit ce que l'acte de la naissance est dans le développement du corps (1). » L'évolution lentement préparée et suivie éclate tout d'un coup. En une heure, en une minute parfois, il se produit dans l'âme de l'enfant, des poussées, des marches en avant qui la transforment, et qui réparent la lenteur et l'inertie apparentes des périodes précédentes. De même dans la nature on voit de ces poussées violentes de végétation qui, dans un après-midi de soleil clair et printanier, font éclore de toutes parts les bourgeons sur les tiges jusque-là nues et sèches des arbres. Le travail latent de la vie mentale fait explosion dans un éclair subit, qui nous révèle les dessous mystérieux de la pensée et de la sensibilité de l'enfant. Un mot, une réflexion d'une pénétration inattendue vient nous surprendre, et nous annoncer que l'enfant — sans que nous nous en doutions, sans qu'aucun signe extérieur ait trahi le travail latent et mystérieux qui s'est accompli — a fait de grands pas en avant, et qu'il a conquis plus de terrain que ne le faisaient supposer jusque-là les manifestations apparentes de son activité.

Mais jusque dans ces apparitions imprévues d'une conscience supérieure à ce que permettaient d'attendre les états conscients immé-

(1) Romanes, *l'Évolution mentale*, etc., p. 266.

diatement antécédents, il n'est nullement prouvé que la loi de la gradation ait perdu ses droits. La conscience sans doute paraît s'être éclairée brusquement. Mais qui nous dit que, dans ces éveils, dans ces éclosions soudaines, il n'y a pas l'effet, le résultat d'une série de transformations intérieures qui sont passées inaperçues, parce que, par nature, elles échappent à l'observation des témoins de la vie de l'enfant? L'enfant ne nous raconte pas tout ce qu'il sent, tout ce qu'il pense. Plusieurs anneaux dans la chaîne de ses états conscients peuvent échapper à nos investigations, et n'en exister pas moins. D'autre part, il faut bien le dire, la conscience, si elle est la révélatrice du fait psychique, et comme son apparence phénoménale, ne permet pas d'atteindre complètement ce fait. Elle ne pénètre pas jusqu'au fond de notre être. La psychologie de l'enfant, telle que nous l'avons esquissée, est nécessairement incomplète et ne saurait avoir la prétention d'éclaircir tous les mystères, de résoudre toutes les difficultés d'un sujet aussi complexe. Il y a d'abord la question des rapports constants qui existent entre le travail d'organisation du cerveau, du système nerveux en général, et l'évolution des fonctions mentales. Il y a en outre la question même de la nature essentielle de la force, quelle qu'elle soit, qui préside au développement de ces deux séries de phénomènes et qui les associe dans l'unité de la vie. En un mot l'histoire de l'évolution intellectuelle et morale du nouveau-né ne sera définitive et vraiment satisfaisante, que le jour où elle aura pour point d'appui et pour support, soit une physiologie de l'enfant, qui est loin encore d'être faite, soit une métaphysique de l'âme de l'enfant, qu'il sera peut-être toujours impossible de faire, qu'en tout cas on n'a pas encore tentée.

D'ailleurs ni cette physiologie ni cette métaphysique ne sauraient dans leurs conclusions prévaloir contre les résultats de nos études : d'un côté la liaison, la coordination, pour ainsi dire, autonome des états conscients, qui, quelles que soient leurs racines dans le système nerveux, s'engendrent les uns les autres, deviennent des forces déterminant d'autres états conscients, et constituent par conséquent un monde à part, un ensemble de faits *sui generis*, aboutissant à l'unité de la personne ; d'autre part le caractère progressif du principe inconnu de la vie mentale, qui n'est pas du premier jour, tant s'en faut, tout ce qu'il peut et doit être, qui le devient peu à peu en évoluant.

La doctrine de l'évolution, qui n'est encore qu'une hypothèse non démontrée, quand il s'agit des espèces et de leurs transformations, dans l'histoire de la vie et de la pensée sur le globe, la doctrine de l'évolution est au contraire une certitude absolument vérifiée par les faits, quand il s'agit du développement des organes, des fonctions et des facultés, dans l'histoire de chaque individu.

Cette évolution d'ailleurs peut être accélérée ou retardée. Un petit sauvage ne se développera point aussi vite qu'un enfant appartenant à des races depuis longtemps civilisées. L'hérédité de la race pèse sur le nouveau-né ou au contraire allège sa marche. Dans une même race, dans un même peuple, l'évolution sera aussi plus ou moins rapide, selon que les enfants appartiendront à telle ou telle famille : à côté de l'hérédité de la race, il y a l'hérédité de la famille ; les pères et les mères revivent dans leurs fils et dans leurs filles. Dans une même famille, on verra encore, d'un frère à un frère, apparaître des inégalités très sensibles ; c'est que les enfants, quoique issus des mêmes parents, ne sont pas nés dans les mêmes conditions ; il y a les aînés et les puînés ; il y a par suite bien des prédispositions diverses ; l'hérédité ne saurait être la même pour tous. Et enfin, s'il est vrai qu'il y ait entre deux jumeaux une plus grande similitude d'évolution qu'entre deux frères d'âge différent, les particularités d'évolution individuelle propres néanmoins à chacun d'eux nous rappellent que l'hérédité n'est pas tout ; qu'il y a pour ainsi dire une innéité individuelle, une mystérieuse préformation personnelle.

Voilà en résumé les causes naturelles des différences qui se manifestent dans l'évolution des individus, les causes qui expliquent en partie pourquoi Axel, le fils de M. Preyer, est toujours en retard, pourquoi le fils de Tiedemann est toujours en avance ; pourquoi enfin, dans la multitude des petits êtres appelés tour à tour à la vie, il n'y en a pas deux dont le développement soit trait pour trait identique.

Faut-il, dans l'histoire de l'âme de l'enfant, faire une part à l'action du sexe ? Assurément les petites filles ne sont pas en tout semblables aux petits garçons, dans leur façon d'agir, dans leur sensibilité, ni dans leur intelligence (1). On affirme qu'elles parlent plus vite ; on dit encore qu'elles témoignent de très bonne heure de ce qui sera leur caractéristique dans leur vie de femme : un peu plus

(1) « Les petites sourdes-muettes, dit M. Ladreyt de la Charrière, sont plus calmes que les garçons. »

de subtilité, de finesse, un peu moins de force d'abstraction et de généralisation dans le raisonnement, un peu plus de vivacité et aussi de mobilité dans leurs sentiments, peut-être un peu moins d'activité dans les mouvements. Mais nous pensons quand même que jusqu'à l'âge de trois ou quatre ans, où nous laissons l'enfant, il n'y a pas de différence sensible. L'observateur ne distingue pas à première vue un garçon d'une fille : leurs visages se ressemblent ; leurs âmes aussi, à part d'imperceptibles nuances, sont presque toutes pareilles ; leurs jouets sont les mêmes : la poupée amuse les garçons autant que les filles. Et c'est vers quatre ou cinq ans seulement qu'il pourra être question d'une psychologie distincte pour chaque sexe. « Les petites filles, disait Cabanis, participent à la pétulance des petits garçons, les petits garçons à la mobilité des petites filles. Les appétits, les idées, les passions de ces êtres naissant à la vie de l'âme, de ces êtres encore incertains que la plupart des langues confondent sous le nom commun d'*enfants*, ont dans les deux sexes la plus grande analogie. » Il est vrai que Cabanis ajoutait : « Ce n'est pas qu'un observateur attentif ne remarque entre eux déjà de notables différences ; que les traits distinctifs de la nature ne commencent à se montrer, et dans les formes générales de l'organisation, et dans les habitudes morales ou dans les accents naïfs des affections de cet âge... » Mais ces différences, si tant est qu'elles existent à un an, à deux ans, doivent être bien légères, car Cabanis ne les note pas.

Quel que soit le sexe, quelles que soient la famille et la race, l'évolution, ici plus lente, là plus pressée, impose à tous les enfants les mêmes lois. Et c'est un spectacle admirable que celui de cet ordre régulier, qui, dans l'infinie variété des physionomies et des caractères, courbe sous le même joug tous les petits êtres successivement venant en ce monde, les forçant à évoluer uniformément dans la même direction, selon une règle constante de succession, à débrouiller de la même manière le chaos de leurs émotions et de leurs pensées naissantes.

Quel ne serait pas le progrès possible de l'humanité, si à cet ordre d'évolution de la nature correspondait une éducation appropriée, assez sûre de ses principes et de ses règles pour seconder l'œuvre des instincts héréditaires ou innés ; assez vigilante pour commencer cette œuvre dès le berceau, pour organiser autour de l'enfant un milieu favorable, pour écarter, dans ce qu'il voit, dans ce qu'il entend, tout ce qui peut contrarier et faire dévier les tendances naturelles de la sensibilité et de l'intelligence; enfin assez éclairée pour fournir à la faiblesse de l'enfant tout ce qu'elle réclame de secours, d'appui et aussi d'excitation!

S'il est une vérité en effet qui ressorte de toutes nos observations, c'est que l'enfant ne peut rien sans l'aide de l'éducation. A l'inverse de M. Ribot, qui affirme que l'éducation est peu de chose auprès de l'innéité et de l'hérédité, nous sommes convaincu que l'action des parents, que l'action de la société est des plus considérables, et que c'est elle qui explique, plus encore que l'action de la nature, la différence des intelligences et des caractères. Pour certains partisans absolus du darwinisme, dans la nature de l'enfant, rien ne serait que réminiscence. Le nouveau-né n'aurait rien à découvrir, ni à inventer : il n'aurait qu'à se rappeler. Platon aurait trouvé, il y a longtemps, la vraie formule de l'existence, quoiqu'il l'entendît autrement. L'enfant n'aurait pas plus de peine à devenir un homme, à mettre en jeu des facultés qui ne seraient que les puissances endormies d'actes déjà réalisés par une série de générations, que n'en trouve un bavard à répéter machinalement une histoire qu'il a contée mille fois.

C'est trop oublier que, malgré la transmission héréditaire des instincts et des facultés, tout est perpétuellement à refaire, pour chaque individu nouveau; tout est à recommencer. La vie mentale ne se compose pas d'une série de réminiscences faciles : elle est une suite d'acquisitions laborieuses et de conquêtes personnelles. L'hérédité nous transmet non pas une âme toute faite, mais seulement des germes, qui ne se développeront qu'avec le concours du temps, du travail et de la réflexion. L'évolution de l'espèce ne doit pas nous cacher, nous empêcher de voir l'évolution sans cesse renouvelée de l'individu.

L'enfant est à la fois l'œuvre de la nature et l'œuvre de l'éducation, en comprenant dans ce mot d'éducation tout ce que son expérience personnelle lui permet d'acquérir. Il est impossible d'ailleurs de dire exactement dans quelle proportion se mêlent et se confondent, pour le former, ce qu'il donne de lui-même et ce qu'on lui donne (1). Il n'y a pas d'analyse chimique aussi difficile que l'analyse

(1) M. Perez soulève le même problème en ces termes : « Je me suis souvent posé, non sans anxiété, cette interrogation à moi-même, lorsque je me trouvais en face d'un petit enfant, sphinx mystérieux qui me regardait inconsciemment l'observer et dont les grands yeux calmes et ébahis déconcertaient mes laborieuses

mentale qui consisterait à distinguer les éléments propres de la spontanéité et les éléments qui dérivent de l'action éducatrice. C'est là une collaboration obscure, où la participation des deux forces concourantes seule est certaine ; de même que dans un drame bien fait, composé par deux poètes qui n'ont pas dit leur secret, il est malaisé de dire quelle est la part qui revient à chacun.

Mais quelque acquis que nous soyons à l'idée de la puissance de l'éducation, nous n'allons pas jusqu'à croire que l'éducation fasse l'enfant ce qu'il est, c'est-à-dire un peu plus qu'un animal, quoique beaucoup moins qu'un homme. L'enfant dès qu'il sait parler, dès qu'il sait dire *moi*, — sans parler des traits caractéristiques de sa sensibilité, de sa mémoire, de son imagination, de son raisonnement, sans parler surtout de ce qui est son caractère propre, sa faiblesse et aussi sa grandeur, l'obligation d'acquérir par l'expérience tout ce que l'animal sait d'instinct, — l'enfant a mis un abîme entre l'animal et lui.

Dans les comparaisons que les philosophes de l'école de Darwin instituent entre les animaux et l'homme, il est facile de distinguer une double tendance dont on devine l'intention et le but : d'une part, on apprécie au plus bas mot les facultés humaines, on vide de leur contenu essentiel les notions qui les représentent ; d'autre part, on transfigure, on exalte les moindres faits de la vie des animaux ; on interprète avec une admiration complaisante quelques-unes de leurs actions. De sorte que, grâce à ce mouvement contraire qui tend à amoindrir l'homme, tandis qu'on relève la bête, l'intervalle de ces deux formes de l'existence est singulièrement diminué : les deux rives se rapprochent, et quand on veut passer de l'une à l'autre le passage paraît facile. Et cependant, lorsqu'ils sont de bonne foi, les évolutionistes n'hésitent pas à reconnaître que la différence est déjà sensible entre l'enfant et l'animal. « On ne saurait confondre, au point de vue de l'intelligence, l'esprit du petit enfant et celui du chien adulte. » Ainsi parle Darwin, plus équitable en cela que son contradicteur Agassiz, qui, je ne sais pourquoi, a écrit quelque part :

inductions. Je me rappelais que telle action, longtemps enfouie dans le réservoir des facultés virtuelles, jaillissait tout à coup à la lumière, éveillée par la présentation fortuite de certaines circonstances favorables, et je me demandais s'il ne fallait pas restituer à l'instinct et à l'hérédité ce que mes observations me donnaient le droit de leur enlever pour le donner à la conscience et à l'expérience individuelle. »

« Je ne vois pas de différence essentielle entre l'intelligence d'un enfant de deux ans et celle d'un jeune chimpanzé. »

Si Agassiz disait vrai, la nature dès deux ans ayant déjà manifesté chez l'enfant sa force propre, il faudrait donc en conclure que les influences éducatrices et sociales seraient seules appelées à différencier l'homme de l'animal. Mais personne n'oserait adhérer à une telle énormité. Quand il n'y aurait que le langage, la démarcation est, dès deux ans, nettement tracée entre le petit enfant et l'animal. « Les organes de l'articulation, dit un physiologiste, existent chez les mammifères aussi bien que chez l'homme. Si donc l'homme articule, et les animaux pas, c'est que chez l'homme un acte intellectuel intervient (1). » N'est-ce pas reconnaître que le langage, s'il doit être le grand instrument du progrès ultérieur de l'intelligence, est lui-même l'effet de l'intelligence?

Est-ce à dire que le petit enfant, déjà très supérieur à l'animal, puisse être représenté, — ainsi fait Michelet(2), — comme étant « presque en naissant un petit homme,... déjà parfait, complet pour l'organisation nerveuse »?... Il y a quelque exagération à parler ainsi. Sans doute, sur la plupart des points, les enfants sont plus près de nous que nous ne sommes généralement disposés à le croire. Ils pensent plus qu'ils ne peuvent le dire, tant que la faculté de l'expression leur fait défaut. Avec moins de fermeté et de sûreté, leurs facultés intellectuelles ont déjà les allures qu'elles garderont toute la vie. Ils raisonnent à leur manière. Et leurs raisonnements ont beau être fondés sur des raisons frivoles il n'en est pas moins vrai que la marche logique est trouvée : de même que l'estomac du nouveau-né fonctionne déjà, bien qu'il ne puisse digérer que le lait. Les émotions n'ont pas sans doute chez lui l'intensité qu'elles acquerront plus tard : la vivacité des sensations est proportionnée à la force de l'être sentant. Mais, dans ses proportions modérées, la sensibilité enfantine n'en parcourt pas moins la gamme presque entière des sentiments de l'adulte... En un mot, et sans aller jusqu'au bout de l'énumération, on peut dire d'une manière générale que les facultés de l'enfant diffèrent de celles de l'homme *quantitativement* plutôt que *qualitativement*; ou en d'autres termes que l'enfant possède déjà tous les attributs distinctifs de la nature humaine, mais qu'il ne les possède que sous des formes réduites, et dans des propor-

(1) Béclard, *Physiologie*, 1884.
(2) Michelet, *Nos fils*, p. 79.

tions restreintes. Et cela suffit pour qu'on ne puisse pas dire avec Michelet que l'enfant est déjà un homme.

Mais ce qu'on peut affirmer sans hésiter, c'est que, arrivé à l'âge de quatre ans, l'enfant a achevé son évolution première, celle qui, où il n'y avait rien, a introduit des commencements de tout. Si l'on fait à cet âge l'appel des états conscients, on se convaincra qu'aucune des fonctions essentielles ne manque au rendez-vous. L'évolution ultérieure aura à fortifier ce qui est encore faible et grêle, à consolider ce qui est encore inconsistant et tendre. Les sens feront chaque jour des acquisitions nouvelles, et la mémoire enrichira ses trésors. Les connaissances s'étendront, mais les instruments des connaissances sont déjà mis au point. L'attention prolongera sa puissance de durée et accroîtra sa force de concentration. La volonté trouvera dans des idées plus arrêtées et plus fixes un support plus solide et plus résistant. En un mot, toutes les facultés grandiront, et l'effet de cette croissance sera tel qu'on ne voudra plus reconnaître peut-être, dans les généralisations abstraites d'un homme de science ou dans la force morale d'un caractère énergique, les pauvres petites facultés qui chez l'enfant président aux premiers essais de raisonnement ou aux premiers actes de volonté et de courage. Ce seront pourtant les mêmes facultés, avec la différence qui résulte du passage du moins au plus ; de même que les traits durs, accentués, de la physionomie marquée et prononcée de l'homme mûr sont bien, quoique méconnaissables, les traits délicats, indécis, indistincts, qui composaient, il y a des années, sa physionomie rose et souriante de bébé. Sauf les éléments nouveaux que les passions de la puberté apporteront dans le cœur du jeune homme, l'avenir ne fera qu'amplifier les facultés, sans en grossir le nombre. A quatre ans l'âme de l'enfant est réellement toute épanouie. Les cadres intellectuels sont prêts : il ne reste qu'à les remplir. Tous les ressorts de la machine sont à leur place : il n'y a plus qu'à les faire agir. L'esquisse ne demande qu'à se transformer en tableau. L'enfant n'a plus besoin que du temps, de l'étude et de l'expérience, pour devenir vraiment un homme. En un mot, comme disait déjà à peu près Aristote, la nature et la première éducation ont tout commencé, le rôle de l'éducation ultérieure sera de tout achever.

FIN.

TABLE DES MATIÈRES

FIN DE LA TABLE DES MATIÈRES.

6132-13. — Corbeil. Imprimerie Crété.

6132-13. — CORBEIL. Imprimerie CRÉTÉ. [6-1913].

www.ingramcontent.com/pod-product-compliance
Ingram Content Group UK Ltd.
Pitfield, Milton Keynes, MK11 3LW, UK
UKHW020258230726
13925UKWH00001B/112